A CONCISE HISTORY OF SPAIN

케임브리지 스페인사

A CONCISE HISTORY OF SPAIN

케임브리지 스페인사

윌리엄 D. 필립스 주니어 · 칼라 란 필립스 지음

박혜경 옮김

현대 스페인은 어떻게 만들어졌는가

글항아리

서 문

현대에 이르러 스페인은 여느 유럽 국가들과 다르다고 여겨지는데, 여기에는 일종의 경멸적인 의미가 함축되어 있다. 적어도 얼마간은 스페인 역사에 대한 지식이 부족해서 생긴 인식이다. 그럼에도 인구의 다양성 면에서, 그리고 유럽 바깥의 문명과 밀접하게 접촉했다는 점에서, 유사 이래로 스페인은 다른 유럽 국가들과 차이가 있다. 이 책에서는 스페인에 관심 있는 다양한 배경의 독자들이 접근할 수 있는 형태로 이 나라의 오래되고 복잡한 역사와 종교를 조망하려 했다. 스페인을 공부하는 진지한 학생이건 가볍게 여행을 다녀오려는 사람이건, 독자에게 스페인이라는 매혹적인 나라의 복잡다단한 역사를 알려줄 유용한 입문서가 될 수 있길 바란다. 이런 바람을 최대한 이루기 위해 최근 몇 세기에만 특별히 집중하지 않고 스페인 사람들이 지나온 모든 시기에 두루 주목했다. 그리고 스페인의 과거를 두고 갑론을박하는 수많은 목소리에도 응당 관심을 기울이려 노력했다.

이 책을 기획하고 출판하면서 수천 년을 아우르는 일련의 주제를 발견했다. 우리가 선택한 주제로는 앞서 언급한 다양한 거주자, 그리고 이베리아반도의 까다롭고 다채로운 생태 환경이 있다. 대서양과 지중해 사이, 나아가 유럽과 아프리카 사이에 위치한 스페인은 선사시대부터 중세에 이르기까지 다른 나라 및 문명과 지속적으로 접촉하며 갈등을 빚었다. 이 책 앞부분에서는 스페인을 나고 드는 여러 민족의 이주 물결이 어떻게 이곳의 인구학적 특성과 정치적·사회적 특성을 만들어냈는지를 다룬다. 이를테면 중세 스페인 역사는 기독교도, 무슬림, 유대인 공동체가 공존하는 가운데 독특한 특성을 갖게 됐다. 하지만 동시에 기독교와 이슬람 세력의 몇 세기에 걸친 정치 분쟁은 결국 양측의 종교적 교전 상태를 야기했다. 기독교 왕국이 중세 말 마침내 승리를 거두었고, 종교적 정체성은 스페인인의 삶 속 모든 면에 스며들었다. 그 정체성의 영향과 그에 대한 반감이 오늘날까지도 이어지고 있는 까닭에, 이 점을 고려하지 않으면 스페인 역사를 이해할 수 없다.

또 다른 주제는 권력의 문제다. 대략 1500년부터 1800년까지의 근세 합스부르크왕가와 그들을 잇는 부르봉왕가는 최초의 세계제국을 지배했다. 제국을 통치하는 과정에서 스페인 관료들은 세계 구석구석에서 빚어진 현안을 다루어야 했고, 이는 세계화에서 비롯된 현대적 문제들의 전구前驅 격 사안들이었다. 스페인은 1650년경에 경쟁국들에 유럽의 패권을 빼앗겼지만, 스페인제국은 19세기 초까지 이어졌고 그 조금의 잔재는 더 오래 지속되었다. 세계제국 스페인의 역사가 남긴 유산은 오늘날까지 스페인 정계에 계속 영향을 미치고 있다. 특히 유럽과 이슬람 세계, 유럽과 라틴아메리카 사이 중개자 역할을 수행

6

한다는 점에서 그렇다.

　스페인 사람들의 다채로운 문화생활은 거주 민족의 다양성과 외부 세계의 지속적인 영향으로부터 비롯되었다. 이 책에서 간추린 역사만으로는 그런 다양성을 충분히 보여줄 수 없다. 부족함을 메워보고자 '더 알아보기'에서 문화계 주요 인물이나 독자들의 흥미를 끌 만한 곳들을 언급해두었으니, 본문에서 간략하게만 다룬 내용을 얼마간 보충할 수 있을 것이다.

　이 책은 시대의 흐름과 함께 우리가 수십 년 동안 지녀온 스페인과 그곳 사람들에 대한 관심을 반영한다. 우리는 학자로서 보낸 시간 동안 스페인을 연구하고, 스페인을 방문하고, 스페인에 대해 가르쳐왔으며, 광범위한 주제에 걸쳐 각자의 저서와 공저를 출간해왔다. 연구와 가르침을 통해 배움을 얻은 것은 물론, 스페인 학계에서도 많은 혜택을 누렸다. 특히 2009년 설립 40주년을 맞이한 미국 기반의 국제 연구기관 스페인포르투갈사적연구회SSPHS(지금의 스페인포르투갈사적연구협회ASPHS)에 참여하며 많은 것을 배웠다. 이 연구회는 저명한 학자들과 신진 학자들에게 활발한 토론과 지적 교류의 장을 제공했다. 여기서 학술 모임에 참여하고 연구하고 저술하는 동안 많은 학자, 기록관리자, 도서관 사서, 편집자로부터 배울 수 있었다. 이분들께 개별적으로 고마움을 전하기는 불가능할 테니 여기서 감사 인사를 전한다. 그리고 케임브리지대학 출판부 편집진께도, 특히 이 책을 기획하고 원고를 청탁해준 헬렌 워터하우스와 메리골드 애클런드에게, 또 이 책을 보강하는 데 헤아릴 수 없는 도움을 준 리 뮬러와 익명의 독자들께 감사드리고 싶다. 이 책은 방대한 주제를 다룬 작은 책이다. 무엇을 강조하고 생략할지, 스페인사의 전 궤적을 어떻게 해석할지에 대한 선택의 책임은 전적으로 우리 저자들에게 있음을 밝혀둔다. 최선을 다해 노력했음에도 남아 있는 오류들에 대한 책임 또한 전부 우리에게 있다.

이 책은 스페인 문화부와 미국 대학들 간에 맺어진 문화 협력 프로그램에서 일부 후원을 받았다.

CONTENTS

CHAPTER 1

영토와 옛 주민

SPAIN

이베리아반도는 유럽과 아프리카, 지중해와 대서양, 유럽과 대서양 국가들을 연결하는 주요 교차로에 위치한다. 스페인과 아프리카의 관계는 선사시대까지 거슬러 올라간다. 이슬람 통치자들이 거의 스페인 전역을 다스리던 중세에는 북아프리카 국가들과의 긴밀한 관계가 한층 강화되었다. 오늘날 스페인은 유럽으로 이민하려는 아프리카인들의 목적지다. 역사와 지리에 의해 규정되고 유럽연합EU의 유대에 의해 강화된, 다른 유럽 국가들과의 관계도 강력하기는 마찬가지다. 스페인과 라틴아메리카의 관계는 탐험과 제국 건설의 시기인 15세기 후반으로 거슬러 올라간다. 오늘날 두 대륙을 오가는 항공기가 가장 많고, 라틴아메리카가 유럽 국가들의 최고 투자처이며, 라틴아메리카 이민자 대부분이 유럽으로 향한다는 사실과 더불어 스페인은 유럽과 라틴아메리카 사이에 중요한 연결 고리를 제공한다. 스페인은 전 세계적으로 여행의 중심지다. 유엔 세계관광기구WTO에 따르면 2007년 스페인은 관광객 수에서 세계 2위를 기록했다. 그해에 5920만 명이라는 어마어마한 수의 관광객이 스페인을 방문했으며, 이는 약 4500만 명이라는 스페인 인구와 비교할 때 여행과 운송 그리고 교환의 교차지로서 스페인이 갖는 지속적인 중요성을 명백히 드러낸다.

이 책은 간추린 스페인 역사서다. 스페인은 이베리아반도를 포르투갈과 공유하는 근대국가를 의미한다. 하지만 이곳의 지리적 용어는 모두 복잡한 역사를 지닌다. 그리스인은 이 반도를 이베리아Iberia라고, 로마인은 히스파니아Hispania라고 불렀다. 로마제국 말기부터 8세기까지 사용된 스페인Spain이라는 용어는 정치적 현실보다 편의에 따른 용어였다. 이곳의 영토와 민족들을 묘사한 다른 용어들은 잠깐씩 나타났다 사라졌다. 무슬림이 스페인을 장악했던 시기에 그들은 반도에서 손에 넣은 지역을 알안달루스al-Andalus라고 불렀고, 이 단어가 이르는 지리적 범위는 이슬람 세력의 통치하에 팽창하다가 종국에는 축소되었다. 중세 유대인들은 이곳을 세파라드Sefarad라고 불렀다. 중세 기독교 스페인에는 수많은 왕국과 작은 나라가 있었는데, 그 가운데 가장 두각을 나타냈던 카스티야와 아라곤이 중세 말에 이르러 반도의 상당 부분을 통치했다. 카스티야의 통치자 이사벨 1세와 아라곤의 통치자 페르난도 2세의 결혼은 스페인이라는 근대적 국가 개념의 기원이 되었다. 18세기 이후 스페인의 정치적 영향권은 포르투갈을 제외한 이베리아반도, 안도라, 지브롤터로 거의 변함없이 유지되어왔다. 대부분의 근대 작가는 이 반도를 언급할 때 그리스어 '이베리아'를, 스페인을 언급할 때는 로마어에서 유래한 단어 '히스파니아'를 사용한다. 다시 말해, 그리스·로마 시기에는 반도 전체를 언급할 때 두 단어가 동등하고 흡사하게 사용됐지만, 스페인과 이베리아는 동의어가 아니다.

포르투갈이 독립 왕국으로 발전한 것 또한 역사와 우연의 산물이었다. 중세 말 반도의 서쪽 지역을 개발한 이들은 주로 레온왕국의 왕이 지배하던 서북부 갈리시아에서 온 정복자와 정착민들이었다. 12세기 포르투갈의 아폰수 엔히크스 백작은 교황이 포르투갈을 독립 왕국으로, 자신을 왕으로 인정하도록 만들기 위해 노력을 기울였다. 하지만 포르투갈이 스페인에 병합될 뻔한 일도 몇 번 있었다. 14세기에는 카스티야가 포르투갈을 침공했다가 실패했다. 15세기 말과 16세기 초에 이사벨 1세와 페르난도 2세가 추진한 포르투갈 왕실과의 혼인 동맹이 반도의 통일로 이어질 수도 있었으나, 혼인 당사자들의 죽음으로 인해 중단되고 말았다. 스페인의 펠리페 2세가 1580년에 포르투갈의 왕좌를 차지했고, 1640년까지 스페인과 포르투갈 모두 합스부르크왕가의 지배를 받았다. 1640년에 봉기가 일어나면서 포르투갈은 마침내 독립을 되찾았고, 스페인에 대한 저항심이 국가 정체성의 일부로 고스란히 자리잡았다. 간단히 말해 스페인이라는 말은 이베리아와 동의어였던 적이 거의 없다. 그 오랜 역사에서 스페인은 대부분 이론적 개념이었거나, 끊임없이 국경을 달리하며 조각조각 나뉜 왕국과 지역을 편의상 뭉뚱그린 용어였다. 오늘날 지역주의 정치운동의 지도자들은 분리 불가능한 국가로서의 스페인이라는 개념에 이의를 제기하고, 근대적 자기 인식의 방편으로 고대와 중세의 선조를 되돌아보고 있다.

이베리아는 늘 다민족, 다종교, 다문화 지역이었다는 점이 이러한 지역적 복잡성의 일부를 이룬다. 따라서 반도의 다양한 언어를 공시적·통시적으로 탐구하는 것이 현대의 지역적 특징을 밝히는 한 가지 방법이 될 것이다. 반도의 언어들은 대부분 라틴어에서 파생된 소위

로망어로, 수 세기에 걸친 로마의 히스파니아 점령과 통치가 남긴 유산이다. 오늘날 이베리아인과 전 세계 스페인어 화자들은 중세 카스티야에서 쓰이던 언어에서 유래한 카스티야어를 가장 많이 사용한다. 스페인인 외에는 대부분 이 언어를 스페인어라고 부른다. 이 언어가 아메리카와 필리핀제도의 스페인제국 지역으로 전해졌고 현재는 중국어와 영어에 이어 세계에서 세 번째로 많이 사용되고 있다. 20세기 중반에 프란시스코 프랑코 정권이 스페인어, 즉 카스티야어를 스페인의 유일한 언어로 만들려고 했지만, 언어의 정체성은 이에 굴하지 않았으며 그의 임기 동안 더 많은 인정과 자치를 원하는 지역주의 투쟁의 강력한 구성 요소가 되었다.

반도의 로망어들 가운데 포르투갈어는 포르투갈의 공용어이고, 가까운 사촌 격인 갈리시아어는 지역 라디오와 텔레비전 방송국, 출판계에서 사용되며 스페인 서북부에서 부활하고 있다. 카탈루냐어는 수많은 카탈루냐 주민의 모국어로 교육과 대중매체 분야에서 두각을 나타내고 있다. 카탈루냐어는 프랑스 남부의 중세어인 오크어, 즉 프로방스어와 직접적인 연관이 있다. 중세 카탈루냐인들은 발렌시아와 발레아레스제도를 정복하는 과정에서 자신들의 언어를 이곳에 들여왔다. 오늘날 이 지역 언어들은 카탈루냐어와 다소 다르지만 밀접하게 연결되어 있다.

로망어 외에 다른 언어들도 스페인 역사에서 중요한 위치를 차지한다. 가장 특이한 언어는 바스크어(에우스케라Euskerra어)다. 이 언어는 유럽에서 가장 오래된 구어이며, 기원은 선사시대까지 거슬러 올라간다. 19세기 무렵 언어가 쇠퇴하자 바스크 지식인들은 바스크어를 다시 사용하고 이전에 미흡했던 문어체를 발전시켰다. 그 후 에우스케라어의 사용은 바스크 민족주의로, 스페인 정부로부터 자치권을 얻기 위한 다양한 모색으로 연결되고 있다. ETA로 알려진 극렬 민족운동 단체는 '바스크 조국과 자유Euskadi Ta Askatasuna'라는 바스크어 구호를 내세워 스페인으로부터의 분리 독립을 노리며 1968년 이후 계속해서 테러와 약탈 행위를 벌이고 있다.

아랍어는 8세기에 이슬람 정복자들과 함께 이베리아반도로 유입되어 알안달루스 정치인들의 언어로 자리매김했으며 17세기까지 스페인 곳곳에서 통용되었다. 또한 카스티야어와 반도 내 다른 로망어에 강력한 영향을 미쳤으며, 급기야 유럽 전역의 언어에서 '대수학algebra'부터 '천정zenith, 天頂'에 이르기까지 명사 변형을 가져오기도 했다. 북아프리카를 비롯한 이슬람 세계의 무슬림들이 반도로 이주하고 일부 스페인 토착민이 이슬람으로 개종해 쿠란에 쓰인 언어를 접하게 되면서 아랍어는 스페인에서 다시 사용되고 있다.

히브리어는 중세 스페인에서 수백 년간 번영을 누렸던 유대인 공동체의 공용어로, 아랍어 및 로망어들과 영향을 주고받았다. 15세기 말 유대인 추방령이 내려지자 지하로 쫓겨나거나 소멸되다시피 했던 히브리어는 모로코 및 다른 북아프리카 지역과 중동 지역 유대인 공동체의 재건에 힘입어 20세기 중엽부터 스페인에서 되살아나고 있다.

역사적으로 다양한 이베리아의 언어들은 지역마다 다른 다채로운 측면을 강하게 연상시킨다. 북부 산악 고지대의 빙하에서부터 동남부 엘체 인근의 사막에 이르기까지, 반도의 모든 문화는 다양한 지역으로 구성된 지질학적 특성을 근간으로 한다. 이베리아의 산맥들은 수백만 년 전에 형성되었으며, 스페인의 여러 독특한 지역을 구분하고 경계 짓는다. 동북부에서는 3350미터가 넘는 고봉들로 이루어진 피레네산맥이 스페인과 프랑스를 가른다. 바스크 지역의 계곡과 낮은 산들은 피레네산맥과 칸타브리아산맥(코르디예라 칸타브리카Cordillera Cantábrica)을 연결하고, 정상의 높이가 해발 2590미터쯤 되는 칸타브리아산맥은 스페인 북부 지역 대부분을 가로질러 뻗어 반도의 내륙과 좁은 해안 지역을 가른다. 칸타브리아산맥 서쪽 끝에는 위압적인 해안 절벽과 산이 많은 내지로 이루어진 아스투리아스 지방이 있다. 스페인의 서북쪽 끝, 갈리시아 해안 지역의 산과 계곡은 아스투리아스의 지형과 비슷하다. 갈리시아의 해안선은 리아스식해안으로, 대서양이 손가락처럼 들쑥날쑥한 해안선을 따라 언덕들 사이의 내륙을 탐사하는 모양새가 생동감은 덜하지만 스칸디나비아의 피오르해안을 닮았다.

칸타브리아산맥 서쪽 기슭에서 남쪽으로 뻗어 나온 레온산맥은 북北메세타라고 불리는 평균 해발고도 700~800미터의 드넓은 평원으로 이어진다. 평원의 동부는 2280미터에 달하는 고봉들로 이루어진 이베리아산맥(코르디예라 이베리카Cordillera Ibérica)과 접한다. 그보다 더 동쪽으로는 아라곤과 카탈루냐, 지중해 연안 발렌시아의 풍요로운 평원에 에브로 하곡河谷이 자리한다. 북메세타의 남쪽 경계는 센트랄산맥(코르디예라 센트랄Cordillera Central), 즉 마드리드 북부와 서쪽의 소모시에라, 과다라마, 그레도스를 아우르는 산맥과 접한다.

남南메세타는 평균 고도가 610~700미터다. 이베리아반도 전체 면적의 약 36퍼센트를 차지하는 두 메세타 고원은 서로 떨어져 있다. 높고 광대한 이들 고원 때문에 스페인의 평균 해발고도는 670미터에 달하는데, 이는 유럽에서 스위스 다음으로 높고 유럽 평균보다는 두 배나 높은 수치다. 스페인은 해발고도 400~1000미터인 곳이 표면적의

그림 1.1 유럽의 지붕Picos de Europa이라 불리는 칸타브리아산맥은 스페인 역사에서 오랜 시간 구카스티야와 북부 해안 지역 간의 막대한 소통 단절을 상징했다.

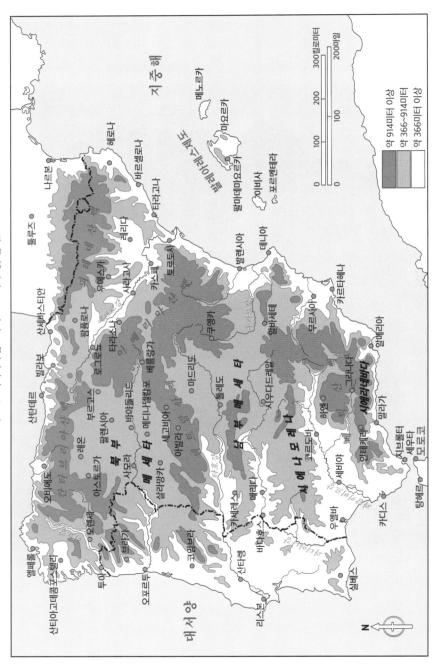

지도 1.1 이베리아반도의 주요 도시와 강, 산맥.

56퍼센트를 넘는다. 스페인을 여행하면 고원지대에서 위풍당당한 산지로 내려오고 나서야 더 낮은 고도의 평야에 이를 수 있는 곳들이 수도 없이 많다. 스페인 중심에 있는 마드리드는 유럽의 수도 가운데 고도가 가장 높아서, 마드리드공항의 해발고도가 610미터쯤 된다.

남메세타의 동쪽 경계는 (북메세타의 동쪽 경계이기도 한) 이베리아산맥과 훨씬 더 험준한 베틱산맥(코르디예라 베티카Cordillera Bética) 사이에 자리하며, 남메세타 및 동남부의 사막과 해안 평원지대를 가른다. 남메세타의 남쪽 경계는 시에라모레나산맥이다. 시에라모레나산맥의 남쪽과 서쪽, 그러니까 과달키비르 하곡은 넓고 풍요로운 농경지대를 이루며 대서양을 향해 서남쪽으로 뻗어 내려간다. 거기서 더 동쪽으로 그라나다와 다른 남부 산맥들로 이루어진 시에라네바다 산악지대는 1년 내내 눈이 덮여 있어 안달루시아의 더운 평원지대나 해안 지역과는 놀라운 대조를 이룬다.

이렇게 험준한 지형 때문에 수백 년 이상 농업에 제약이 있었고, 장거리 수송도 제한되었으며, 항구도시들과 내륙의 도시 및 평야가 단절되어 상업 발달이 억제되었다. 그래서 철도가 출현하기 전까지는 쉽게 옮길 수 있는 상품에 높은 가치가 매겨졌고, 가축처럼 스스로 움직일 수 있는 것은 더 가치 있게 여겨졌다.

반도의 강들은 선박이나 바지선을 이용해 물건을 수송할 수 있는 수로 역할을 거의 하지 못한다. 산악지대에 있는 수원지에서부터 얼마 안 되는 거리를 빠른 유속으로 흐르는 데다 불규칙하고 예측이 어려운 강우로 인해 유량 변동도 심한 편이기 때문이다. 스페인의 수많은 강은 유량이 풍부한 경우조차 경사가 급한 둑을 지나 흐르기 때문에 관개용 수원으로 활용하기 어렵다.

이런 제약에도 불구하고 19세기 이전까지는 항행 가능한 구역을 따라 선박의 교통량이 상당했다. 근대 들어서는 가장 큰 강들의 하류를 제외하곤 도로와 철도가 수로의 역할을 대신했다. 그래도 스페인의 주요 강들은 유역의 경계를 분명히 하는 데 일조하며 중요한 역사 발전의 장을 장식했다. 심지어 어떤 역사학자는 주요 하곡들을 지배한 정치 세력의 변화를 좇다보면 중세 스페인사를 가장 잘 이해하게 될 거라고도 했다.

스페인의 큰 강들 가운데 지중해로 흘러 들어가는 강은 단 하나다. 에브로강은 칸타브리아 산악지대에서 발원해 아라곤의 계곡들을 지나 하류에 삼각주를 만들고 발원지에서 910킬로미터 떨어진 바다에 도달한다. 로마 시대에는 에브로강 유역 암포스타에 큰 항구도시가 있었다. 당시 암포스타는 지중해 연안에 위치해 있었는데, 현재는 미사微沙가 퇴적되고 삼각주가 형성되면서 바다에서 약 25킬로미터 떨어진 곳이 되었다. 역사적으로 에브로강은 반도의 중앙부로 이어지는 일련의 경로들의 중추였다. 사라고사는 로마 개국 이래 에브로강을 건너는 내륙의 주요 거점이었으며, 덕분에 도시의 명성을 확보할 수 있었다.

대서양으로 흘러드는 큰 강들 중 최북단에 위치한 두에로강은 시에라데우르비온 산지에서 발원해 구舊카스티야와 포르투갈 북부의 곡물 및 와인 생산지를 지난다. 두에로강(포르투갈어명 도루강)과 계곡은 무슬림의 차지였던 반도의 통치권을 기독교 세력이 간신히 빼앗기 시작한 중세에 알안달루스와 기독교 왕국들 사이 경계가 되었다. 두에로강과 구카스티야를 흐르는 강의 지류 중 일부는 18세기 대규모 운하 건설 계획에서 연결 지점 역할을 했다. 운하들은 아직도 남아 있지만 19세기에 철도가 들어서면서 사용이 중단되었다. 두에로강은 항행 거리가 매우 짧아서 선박들은 포르투갈의 도시 포르투가 위치한 대서양까지 금세 도달한다. 두에로강 하류는 오늘날 와인을 비롯한 화물 수송의 바지선 체계를 떠받치고 있다.

그로부터 한참 남쪽에 위치한 타호강(영어명 타구스강)은 시에라데 알바라신 산지에서 발원해 톨레도의 경계가 되는 높은 언덕을 둘러싸고 흐른다. 톨레도는 로마인에 의해 건설된 이후 줄곧 군사 요충지였다. 1085년, 카스티야의 알폰소 6세는 무슬림에게서 톨레도를 탈환하면서 카스티야의 수도를 이베리아반도의 중앙으로 옮기는 중요한 전환기를 마련했다. 중세 왕들이 즐겨 지냈던 톨레도에는 주요 유대인 공동체가 자리잡았는데, 관광객들은 지금까지도 이곳의 유대교 회당을 찾는다. 스페인 내전 기간 톨레도는 전술적 이유에서보다는 선전 때문에 더 중요하게 여겨졌던 이름 높은 포위 작전지였다. 타호강은 스페인 중앙에서 포르투갈로 흘러들어 그곳에서는 테주강이라 불리며, 리스본이 있는 곳까지 더 흘러가 거대한 강어귀를 형성한다.

훨씬 더 남쪽으로 내려가 과디아나강(아랍어명 와디아나강)은 쿠엥카에서 발원해 라만차와 남부 엑스트레마두라를 지나 흐른다. 역사적으로 인구 밀도가 낮은 이들 지역에는 스페인의 유명한 유목 가축인 메리노 양의 겨울 목초지가 있어 13세기 이래 방대한 규모로 최상품 양모를 생산해왔다. 고대와 중세에는 과디아나강의 항행 가능한 구간을 이용하는 선박 수가 상당했다. 강은 메리다 쪽으로 흐르다가 하류에서 포르투갈 풀루두로부에 있는 폭포까지 닿는다. 엑스트레마두라를 지나는 구간에서는 거대한 댐 4기가 1950~1960년대에 바다호스 주변의 광범위한 지역에 전력과 관개용수를 공급할 목적으로 추진된 개발계획의 거점을 이룬다. 과디아나강은 스페인과 포르투갈 남부 일부 지역의 경계를 뚜렷이 가른 뒤, 항행 가능한 약 69킬로미터의 구간을 지나 스페인 아야몬테와 포르투갈 빌라헤알드산투안토니우 사이로 대서양까지 흐른다.

스페인 최남단의 주요 강인 과달키비르강은 안달루시아 지방의 중앙부를 이루는 비옥한 농업지대를 지나 흐른다. 강과 농지 덕분에 풍요로워진 코르도바는 로마 시대에 코르두바Corduba라 불렸고, 나중에 주요 이슬람 도시로 기능하며 10세기부터 17세기까지 스페인 내 칼리프국♦의 수도 역할을 했다. 이슬람 사원을 비롯한 여러 건축물 덕분에 현재 코르도바는 스페인의 주요 문화 관광지가 되었다.

유사 이래 과달키비르강을 지나는 배들은 상류의 코르도바까지 운항할 수 있었다. 오늘날 외양선은 세비야까지만 운항이 가능하다. 세비야는 스페인사에서 중요한 사건이 때마다 발생했던 곳이다. 헤라클레스가 발견했다는 전설이 있고 율리우스 카이사르가 건설한 것으로 보이는 이 도시는 로마인들에게 히스팔리스Hispalis라 불렸으며 나중에 주요 이슬람 왕국의 수도가 되었다. 기독교 세력은 13세기 레콩키스타를 통해 과달키비르 하곡을 확실히 지배하기에 이르렀다. 세비야는 16~17세기에 아메리카의 스페인제국으로 가는 모든 배가 취항하는 공식 항구였고, 그 이래로 지금껏 풍부한 건축 유산을 보유 중이다. 과달키비르강은 카디스만에 이르러 대서양에 닿는다. 이 만의 이름은 유럽에서 가장 오래된 이곳의 주요 도시 카디스에서 따온 것이다.

이베리아반도는 기후가 뚜렷이 구분되는 두 지역, 즉 비가 많은 지

♦ caliphate. 7세기부터 아라비아반도에 출현한, 군주 칼리프caliph(아랍어로 칼리파khalīfah)가 다스리는 이슬람 제정일치 국가. (옮긴이)

역과 반#건조지대로 이루어져 있다. 지리학자들이 강우지대라 부르는 습윤 지역은 리스본에서 갈리시아를 지나 북부 해안 대부분과 서부 해안의 북쪽 절반을 아우른다. 이곳은 여름에 시원하고 겨울에는 온화하며 연중 비가 잦다. 푸른색 산비탈은 곡물을 재배하기 좋은 환경을 보장하는 듯 보이지만, 사실 갈리시아의 언덕과 계곡, 넘치는 강우량은 몇 세기 동안 곡물 생산에 방해가 되었고, 주민은 바다에 의존해 식량을 수입하고 노동력을 수출해야 했다. 반도의 나머지 반건조지대는 이웃 지중해 지역과 같은 기후대라 해안 지역은 겨울이 온화한 반면 내륙 지역은 조금 더 춥다. 여름은 덥고 건조한 편이지만, 다른 계절은 강우량을 예측하기가 어렵다.

바람과 비는 대체로 북대서양을 지나는 편서풍의 경로 변화에 달려 있는데, 이는 1년 단위, 10년 단위로 변한다. 편서풍은 멕시코만류를 지나면서 고온다습한 공기를 머금고 유럽에 비를 뿌리는데, 남부에 비해 북부에 더 많은 비를 뿌린다. 편서풍의 경로 변화는 해수면 기압 시스템의 변화로 발생한다. 북유럽 쪽에는 영구 저기압 지대가, 남유럽에는 영구 고기압 지대가 있는데, 주로 아이슬란드 저기압과 아조레스 고기압(서반구에서는 버뮤다 고기압이 나타나기도 한다)이라고 알려져 있다. 기압 변화와 두 기압 시스템 사이의 상호작용으로 북대서양진동이라 불리는 시스템이 구성된다. 북부 기압이 남부 고기압에 비해 상대적으로 더 낮을 때 북대서양진동 지수가 높다고 알려져 있다. 그렇게 되면 편서풍이 북유럽으로 강하게 불면서 여름은 시원하고 겨울은 온난다습해지는 반면, 지중해 지역은 더 건조해지는 경향이 있다. 한편 북부 기압이 더 높고 아이슬란드 기압대와 아조레스 기압대가 서로 가까워지면, 북풍과 동북풍이 불어 서북 유럽은 추운 날씨가, 지중해 지역은 바람이 강하고 다습한 날씨가 된다.

이베리아반도에 인간이 거주한 역사는 환경과 극한의 지형 및 기후 조건이라는 제약을 배경으로 펼쳐졌다. 두 대륙 사이에 자리하며 동시에 두 대양을 가르는 위치는 인간의 접근이 비교적 쉬웠음을 의미한다. 수천 년 이상 이어진 이베리아반도로의 인구 이동은 선사시대와 역사시대 형성에 주요한 역할을 했다.

스페인 북부 시에라데아타푸에르카 산지의 부르고스 동쪽에서는 초기 유럽인의 화석이 아직까지 발견된다. 이들 화석은 최소 78만 년 전의 것으로, (사람속_homo_에 속하는) 인류의 조상이 어쩌면 100만 년 동안 이베리아반도에 거주했을 수 있음을 암시한다. 무척 오래된 인류 화석으로 보이지만 사실은 꽤나 최근 것에 해당된다. 아프리카 지역에 남아 있는 인류 화석 중 일부는 700만 년도 더 된 것들도 있다. 초기 인류는 아프리카 대륙 동북쪽을 통해 그곳을 떠나기 시작했고 이 물결을 타고 아시아까지 진출했다. 얼마 뒤에는 몇몇 무리가 서유럽으로 이동하기 시작했다. 그들은 약 170만 년 전쯤 캅카스 산악지대에 살았던 것이 확실시되며, 약 100만 년 전에는 유럽에 거주했다.

아타푸에르카가 유럽 초기 인류 연구의 중심지가 된 것은 우연에 가까운 일이었다. 19세기에 영국 기업 시에라컴퍼니가 이곳에서 금을 채굴할 목적으로 부르고스에서 탄광까지 철로를 개설했다. 시에라데아타푸에르카 산지 모처의 지반을 깊이 깎아내자 고대 퇴적층들이 드러났다. 결국 광산 채굴은 중단되었고 철로는 1920년대에 폐선되었으며, 동물과 인간만이 그곳에 남았다. 최초이자 가장 중요한 발견은 1976년 그란돌리나_Gran Dolina_라고 불리는 석회암 동굴에서 발굴된 인간의 턱뼈였다. 이후 고고학 발굴이 급격히 활발해졌고, 1995년에 과학자들은 열한 살 소년의 두개골 일부와 아래턱뼈, 척추뼈를 발견했다.

아타푸에르카에서 발견된 다양한 뼛조각은 잘 보존되어 있었던 편이라 고고학자들은 75만 년 전 그 지역에서 생활하던 인류의 모습을 그려낼 수 있었다. 그들은 죽은 고기를 먹거나 코뿔소, 매머드, 들소와 같은 대형 동물을 비롯해 약 스물다섯 종의 동물을 사냥해 먹고 살았다. 그들은 짐승을 죽여 동굴 안에 뼈를 늘어놓았다. 인간에 대해서도 마찬가지였으니, 아타푸에르카의 인류는 기록상 최초의 식인종에 해당한다.

고고학자들은 또 그란돌리나 근처에서 소위 뼈 구덩이Sima de los Huesos라는 것을 조사했는데, 그곳에서 짐승 뼈와 함께 세계 최대 규모의 고인류 뼈 무더기가 발견되었다. 잘 보존된 도끼머리 한 점과 서른 명 정도 되는 사람의 뼈였다. 이 인골들의 주인은 더 늦은 시기의 인류이며, 아마 그란돌리나의 인골과는 무관할 것이다. 이들은 전기 구석기시대(50만 년에서 10만 년 전)인 약 40만 년 전에 같은 지역에서 활동한 호모하이델베르겐시스Homo beidelbergensis(하이델베르크인)로 확인되었다. 이 뼈 구덩이에서 발견된 30인분의 인골은 모두 10대 후반에서 20대로 추정되었으며 부상을 입은 흔적이 있었다. 그것들은 사람이 살지 않은 동굴에 온전히 놓여 있었다. 그들이 장사를 지내던 방식일 수도, 모종의 전투 이후 전몰자들의 시신을 처리한 것일 수도 있다.

더 늦은 시기의 인류 집단들도 스페인으로 입성했다. 네안데르탈인은 약 20만 년 전에 도착해 반도 전역에 흩어져 정착했다. 사실 네안데르탈인은 1848년 지브롤터에서 처음으로 뼈가 발견되었지만,

1856년 독일 네안데르탈에서 다른 화석 자료가 발견되면서 나중에야 독립적인 종으로 분류되었다. 과학자들은 한때 네안데르탈인이 3만 5000년 전 자취를 감추었다고 생각하기도 했지만, 그들은 이베리아반도에서 훨씬 더 오랫동안 생존했을지도 모른다. 지브롤터에서 가장 최근에 발견된 네안데르탈인 뼈는 2만4500년 전 것으로 추정된다.

이런 다양한 발견을 통해 이베리아의 네안데르탈인은 후기 구석기시대(4만5000~1만 년 전)에 반도 전체에 정착한 현생 인류의 대표 종(호모사피엔스사피엔스*Homo sapiens sapiens*)을 포함해 다른 석기시대 문화와 공존했음을 알 수 있다. 이베리아 최초의 현생 인류는 약 3만 5000년 전에 나타나 유럽 전역으로 퍼진 오리냐크 문화의 구성원이었다. 특히 그들은 이주하면서 골각기骨角器나 사슴뿔 도구, 부싯돌 같은 좀더 발달된 기술을 전했다. 가죽과 모피를 꿰매어 옷을 지었을 가능성도 있어 보이는데, 고고학자들이 유적에서 그런 용도의 바늘을 발견했기 때문이다. 이베리아의 오리냐크인은 약 2만 년 전에 사냥용 활을 가지고 북아프리카에서 온 솔뤼트레인에게 자리를 내주었다. 이어서 약 1만7000년 전 순록을 사냥했던 북유럽의 마들렌 문화가 솔뤼트레 문화를 대체했다. 마지막으로 약 1만 년 전에 마들렌 문화 다음으로 후기 구석기 문화가 자리잡았다.

이들 구석기시대 문화의 고고학 발굴 현장은 수많은 동굴벽화를 포함해 이베리아반도 전역 곳곳에 포진해 있다. 스페인 북부 칸타브리아 해안지대 중심부, 낮은 해안평야의 동굴에서 발견된 알타미라 벽화가 가장 유명할 것이다. 알타미라 동굴의 후기 구석기시대 벽화는 지금까지 발견된 벽화를 통틀어 최고의 전형이며, 그려진 시기는 1만8500~1만4000년 전으로 거슬러 올라간다. 근처에서 얻은 안료에 동물 지방을 섞어 그린 벽화는 그들이 잡아먹은 동물들(특히 말, 들소, 붉은사슴, 순록)을 여러 자세로 묘사하고 있고, 그중 몇몇은 부상을 입은 모습이다. 사람들이 거주하던 동굴 입구에서 멀리 떨어진 안쪽에 그려진 것으로 보아 장식용 그림은 아니었을 가능성이 있다. 어쩌면 사냥을 시작하는 젊은이들을 위한 의식과 관련 있었을 것이다. 아니면 부족과 사냥감을 정신적·물질적으로 연결하려던 시도를 나타내는지도 모른다. 틀림없이 알타미라 벽화는 인류사를 통틀어 최고最古이자 최초의 사실주의 회화다.

동굴벽화에 묘사된 동물은 모두 지난 빙하기 환경에 잘 적응한 종에 속했으며 약 1만2000년 전 기후가 부쩍 온난해지자 보기 드물어졌다. 전 세계적으로 온난화가 진행되어 북극의 얼음과 빙하가 녹았고, 그로 인해 해안 저지대가 물에 잠겼다. 이베리아반도에서도 동물의 개체수가 감소하면서 석기시대의 생활상은 생계를 위해 해안가를 따라 조개류를 채집하는 방향으로 변해갔다.

약 8000년 전 신석기인들이 반도로 유입되면서 좀더 발달한 석기(신석기인이라 불린 이유다)를 들여왔지만, 더 중요한 건 이들이 농업과 목축 기술을 전했다는 점이다. 이들이 반도에 발을 들이며 새 무리가 오래된 무리를 몰아냈으며 인구 증가가 가속되었다. 수렵과 채집뿐 아니라 농업이 뒷받침되면서 신석기인들은 더 큰 공동체를 이룰 수 있었고, 더욱 안정된 정착생활을 영위할 수 있었다.

약 3400년 전에는 이베리아반도에 구리 도구가 등장했고, 더불어 구리 채굴과 제련의 증거가 나타났다. 이 시기와 관련된 가장 중요한 고고학 발굴 현장은 스페인 동남부 알메리아 근처의 로스미야레스다. 대부분의 동기시대銅器時代, Copper Age 유적지에는 방어 시설과 공들여지은 돌무덤들이 있다. 약 2200년 전에는 청동기인이 이베리아에 등장했다. 반도에는 강모래 속 금광상을 비롯해 남부의 구리와 서부의 은 등 광상이 여기저기에 흩어져 있다. 남부와 서북부에는 주석의 원료가 있다. 납과 철이 묻힌 광상은 대개 주석이 나는 지역과 겹치지만 인류가 그렇게 일찍부터 채굴했던 광물은 아니다. 과학자들은 스페인의 지중해 연안과 대서양 연안에서 청동기시대 문화의 흔적을 발견했다. 각각 이베리아인과 켈트족의 갑작스러운 등장과 관계가 있을 것으로 짐작된다.

이베리아인은 (아마도 동방에서 기원하여) 북아프리카를 통해 스페인으로 유입되어 지중해 연안을 따라 퍼져 나갔다. 그들은 농업 지식과 채굴 지식, 청동 등 금속을 제련하는 지식을 들여왔다. 대형 석재는 건축에 사용하고 돌덩어리들은 깎아서 석상을 만드는 등 석물을 만들기도 했다. 그중 가장 뛰어난 것은 소위 엘체 부인Dama de Elche이라 불리는 석상이다. 그들은 지중해의 상인들에게서 글쓰기와 동전 주조법을 배우고 그리스어와 페니키아어에서 파생한 알파벳을 이용해 문자를 개발했다. 이베리아어 기록은 현재 돌이나 동전에 새겨진 것 외에는 거의 남아 있지 않다. 켈트 문화는 여러 차례에 걸쳐 유입되었으며 기원전 9세기~기원전 7세기가 그 정점이었다. 북부에서 온 켈트족은 피레네산맥 서쪽을 거쳐 이베리아반도에 들어온 다음 대서양 연안을 따라 확산되었고, 주로 목축생활을 했다. 청동기시대 말기가 가까워지면서 제철 지식이 켈트족의 정주지 전체로 확산되었다. 여러 세대에 걸쳐 학자들은 켈트 문화의 확산이 인구 이동 때문이라고 추측했다. 하지만 최근의 전문가들은 인구 이동보다 사상과 기술의 전파가 더 크게 기여했을 것이라고 보는 편이다.

켈트 문화와 이베리아 문화가 나중에 선주민과 섞여들어, 적어도 반도의 중심부에서는 그리스인과 로마인의 기록에 남은 복합적인 문화가 만들어졌다. 로마인들은 이 지역 사람들을 히스파니Hispani라고 불렀다. 사회 상류층은 무인 귀족이었고, 그 아래는 자유로운 노동자 계층이었다. 그보다 밑에는 노예들이 있었는데, 대부분 전쟁 포로이거나 지역 지배층의 보호를 받는 대가로 스스로 자유를 포기한 이들이었다. 그들은 거대 왕국을 이룬 것은 아니었지만, 상류층이 지배하는 독립된 도시에서 무리 지어 살았다. 정주지는 남부 메세타 평원지대의 요새화된 마을이나 산허리에 자리하곤 했다. 위기 상황에는 여러 도시가 일시적으로 동맹을 맺기도 했지만 장기간 유지하지는 않았다. 경제활동은 목축과 농업이 주를 이뤘다. 또 도자기를 생산했으며, 양모와 리넨으로 옷감을 짓고 철제 무기와 바구니를 만들었다. 금속을 채굴해 지중해를 비롯한 다른 지역 상인들과 교역하기도 했다.

청동기시대에는 스페인 서남부가 대서양과의 주요 연결로가 되었으며, 이곳 주민들은 이베리아의 금속을 서유럽 및 북유럽에서 난 주석과 교환한 다음 역내에서 채굴한 구리를 주석에 섞어 청동을 만들었다. 이베리아반도 서남부의 대서양 연안은 그리스 신화에서 타르테소스Tartessos라 불리던 전설적인 지역이며, 헤라클레스(스페인의 발견자들 중 한 명으로 여겨진다)가 과업을 이룬 무대이기도 하다. 전설에 따르면 헤라클레스는 유럽과 아프리카를 쪼개 지브롤터해협을 만들었고, 고대인들은 해협 양쪽의 바위산이 '헤라클레스의 기둥'이라고 믿었다. 그리스 신화에서 헤라클레스는 타르테소스의 왕 게리온의 가축을 돌보기로 되어 있었다. 그리스 역사가 헤로도토스(기원전 5세기)는 여기에 타르테소스의 또 다른 지배자 아르간토니우스의 이야기를 연결 지으면서 이 땅의 풍부한 금속을 언급했다. 타르테소스는 교역도시로 묘사되지만, 과디아나강과 과달키비르강의 하류를 따라 조성된 지역과 그곳에 정착해 터전을 개발한 정주민을 부르는 이름으로 보는 게 더 적절하다. 타르테소스는 고대 무역의 중심지로 유명해지면서 결국 페니키아의 침입을 받게 되었고, 종국에는 그들에게 정복당했다.

기원전 800년경, 페니키아인을 시작으로 지중해 상인들이 스페인에 관심을 갖기 시작했다. 페니키아인들, 그리고 이후의 그리스인과 카르타고인은 그리스어로 클레루키아clerukia라 불리던 교역소를 연이어 설립했다. 정착지당 1000명가량으로 인구가 비교적 많았던 이 상인들은 지역 공급자들과 교역한 상품을 자기 고향으로 돌려보내는 것을 업으로 삼았다. 그들은 주로 은, 구리, 납 등 이베리아에 풍부한 귀금속, 그리고 해산물에 관심이 있었다. 냉장 기술이 없었던 고대 지중해 사람들은 음식을 저장하기 위해 잡은 물고기를 해안가로 가져와 씻고 다듬어 말린 뒤 팔았다. 일부 어종은 껍질을 벗긴 다음 말려 염장하면 썩지 않고 거의 그대로 유지되어 광범위한 지역에서 교역할 수 있었다. 그들은 생선의 껍질과 뼈, 내장 같은 부산물도 거대한 돌항아리에 담아 양지바른 곳에서 가공했다. 소금과 양념을 쳐 재우고 발효해 만드는 가론garon이라는 이 걸쭉한 소스는 보관만 잘 하면 먼 곳까지도 운송할 수 있었다.

스페인을 드나들던 고대 지중해 상인들은 목재에도 관심이 있었다. 지중해 지역은 대부분이 반건조지대여서 목재를 넉넉히 공급하는 데늘 어려움이 따랐기 때문이다. 이런 까닭에 지중해인들은 숲을 매우 소중하게 가꾸어야 했는가 하면, 어떤 곳은 인근에 숲이 전혀 없어서 필요한 목재를 수입해야 했다. 페니키아인들은 후자의 경우였기에 스페인에서 목재를 구했다. 통상적으로 페니키아인들은 기원전 1100년에 카디스를 건설해 그곳에서 3000년 넘게 역사를 일구었다고 알려져 있다. 하지만 도시는 그보다 더 나중인 기원전 800년 이후에 건설된 것이 거의 확실시된다. 그렇더라도 카디스는 서유럽에서 가장 오래된 도시다. 도시의 건설자들은 그곳을 가디르Gadir라 불렀고, 로마인들은 이를 가데스Gades라고 바꿔 불렀다.

페니키아인은 카디스 외에도 남부 해안의 말라카(말라가)와 오누바(우엘바)를 비롯해 이베리아반도 남쪽에 다른 무역 거점을 세우고 이비사섬에 거류지를 건설했다. 페니키아의 도시들(주로 티레와 비블로스)을 근거지로 둔 중개상들은 이런 거점들에 상주하면서 금과 보석, 그리스 도자기 같은 물건을 거래했다. 이베리아의 페니키아인 거주지는 기원전 6세기 고향 도시가 바빌로니아인에게 정복당하는 동안에도 살아남았다. 그들은 이베리아에서 활동을 이어갔으며 페니키아 출신 카르타고인이 조직한 새로운 무역체계에도 관여했다.

페니키아인에 이어 다른 이방인들도 이베리아에서 공동체를 형성하기 시작했다. 페니키아인들 덕에 그리스 도자기와 청동 상품은 그리스인이 이곳에 등장하기 전에도 흔하게 볼 수 있는 물건이었다. 그리스인들이 이베리아반도에 당도한 것은 팽창정책의 결과였다. 발칸반도에 있는 그들의 오랜 고향은 이베리아반도보다 산지가 더 많아서 쓸 만한 농지가 제한되어 있었다. 인구가 증가하면서 그리스인은 본토로부터 아주 먼 곳에 식민지를 건설했다(이 과정을 '싹틔우기'라 부르기도 했다). 인구 과잉인 그리스 도시국가 주민들은 다른 곳으로 이주해 자녀 도시를 건설했고 그곳에서 본국의 풍습을 공유하고 유지했다. 이 풍습에 따라 아나톨리아의 해안선 전체와 흑해 주변 지역(특히 남부 해안), 이탈리아와 시칠리아 남부, 프랑스 남부, 마지막으로 이베리아반도 동부에 걸쳐 그리스 식민지가 세워졌다. 이베리아반도 동부는 특히 주요 거주지에 해당했다. 지중해 서부의 그리스 식민지 대부분은 마살리아(지금의 마르세유)의 큰 정착지로부터 뻗어나왔다.

그리스 식민지 개척자들은 스페인의 지중해 연안을 따라 무역소를 몇 곳 세운 후, 기원전 6세기경 이베리아에 최초의 진정한 그리스 도시를 건설하고 이곳을 엠포리온Emporion이라 불렀다. 거래가 이루어지는 곳이라는 뜻의 영단어 엠포리엄emporium이 이 지명과 관련 있는데, 이는 엠포리온이 주로 교역지로서 기능했다는 것을 드러낸다. 엠포리온은 이베리아 동부의 그리스 도시국가 중 가장 중요한 곳이 되었다. 로마인들은 이곳을 엠포리아이Emporiae라고 불렀다. 현대 스페인 사람들은 이 지역의 주요 도시를 암푸리아스Ampurias라고 부르며 카탈루냐인은 엠푸리에스Empuries라 부른다.

그리스인과 페니키아인은 포도나무와 올리브나무 등 수많은 주요 재배식물을 이베리아반도에 들여왔다. 그 이래로 지금까지 이 재배식물들이 이곳에 잘 적응한 덕분에 스페인은 포도주와 올리브유의 주요 산지가 되었다. 올리브나무는 비교적 고온건조한 지역에서 잘 자라는데, 스페인 국토의 3분의 2가 이런 지역에 해당한다. 올리브나무가 잘 자라려면 당연히 비도 약간 와야 하지만 무엇보다 일조량이 풍부하고 겨울에 온화해야 한다. 그래서 여름이 충분히 뜨겁지 않고 연 강우량도 너무 많은 북부와 서북부에서는 잘 자라지 않는다. 오늘날 스페인에서는 기후만 맞으면 거의 전역에서 올리브나무를 기르지만 주요 재배지는 반도의 남부 4분의 1에 해당되는 지역으로, 그곳에 가면 올리브나무만 사방 가득 광대하게 펼쳐진 광경을 볼 수 있다. 그리스인과 페니키아인이 이베리아반도에 들여온 것이 또 있다. 바로 문자다. 아마 이베리아인은 페니키아인에게서 알파벳을 배워 자기들 말을 글로 썼을 것이다. 그리스인은 동전 주조법도 들여와(주로 은화를 주조했다) 이베리아인에게 전했다.

페니키아인의 후손, 카르타고인도 이베리아에 정착했다. 카르타고인은 서부 지중해 지역과 교역하는 페니키아의 전통을 유지하며 북아프리카와 이베리아반도로 진출했다. 그들 또한 이비사섬(에부수스섬)에 식민지를 건설했다. 카르타고는 로마를 마주보는 지중해 지역에 자리했는데, 지금의 튀니스 인근에 그 유적지가 있다. 카르타고인과 로마인은 갖은 이유로 경쟁했지만, 특히 고대에 크게 번영했던 풍요의 섬 시칠리아의 소유권을 두고 다투었다. 시칠리아는 각지에 밀을 수출하는 지중해 중앙부의 곡창지대였다.

카르타고인은 여기서 더 나아가 이베리아반도에 거대한 정주지를 꾸릴 수 있으리라 생각하기에 이르렀고, 이런 발상은 로마와의 오랜 싸움에 불을 붙였다. 이베리아에서 카르타고인의 활동 대부분을 관장하던 이들은 장군과 고위 정치가들로 구성된 바르카 가문이었다. 하밀카르 바르카는 스페인이 카르타고와 로마의 관계에 있어 훌륭한 균형추 역할을 하게 될 것이라고 지배층을 설득했다. 그는 기원전 236년에 사실상 독립적인 군사 지휘권을 가지고 카르타고 군대를 꾸려 스페인에 입성했는데, 아마 스페인 전역을 정복하려는 의도였을 것이다. 몇몇 지역의 수장과 일부 도시국가가 바르카의 군에 협력했다. 나머지 지역에서까지 협력을 이끌어내진 못했지만, 그는 군을 통솔하며 얼마간의 성공을 거두었고 주목할 만한 정복지를 연이어 획득했다. 하밀카르 바르카는 스페인에 수많은 요새를 세웠고 그중 몇 곳은

그림 1.2 기산도의 황소Toros de Guisando라 불리는 이 유적은 기원전 2세기에 만들어 졌으며, 로마인들이 현재의 위치로 옮겨놓았다고 생각하는 학자가 많다.

도시로 성장했다. 이베리아반도 동남부 끄트머리에 있는 한 소도시가 가장 성공적인 사례였다. 로마인들에게 누에바카르타고Nueva Cartago(새 로운 카르타고)라 불렸던 이곳은 오늘날 스페인 사람들에게 카르타헤 나라고 불린다.

바르카가 스페인으로 들어갔을 당시 그곳에는 통합된 정치 세력이 없었다. 대신 지중해 연안의 여러 그리스 도시 및 교역소와 더불어 다 양한 도시국가와 부족 집단이 사실상 서로 단절된 채 반도 전역에 퍼 져 살고 있었다. 스페인에 있는 그리스인의 정주지는 고향 도시들뿐 아니라 로마와도 긴밀한 관계를 맺고 있었지만 각각 독립체로 기능했 다. 그리스인 정주지의 지도자들은 로마인들과 독자적인 조약을 체결 했는데, 기본적으로 공격당할 시 로마군의 보호를 받기로 하고 대가를 지불한다는 내용이었다. 로마는 또 기원전 226년에 카르타고와 조약을 체결하고 에브로강을 경계로 설정하여 강 이북은 로마, 이남은 카르타고의 영향력 아래 두었다.

카르타고인이 스페인에서 활동하면서 로마인도 점차 스페인에 관심을 갖게 되었다. 기원전 209년에 하밀카르 바르카의 아들 한니발이 에브로강 이남의 도시 사군툼을 공격한 후 상황은 임계점에 이르렀다. 엄밀히 말해 사군툼은 카르타고의 관할이었음에도 도시 지도자들은 로마에 도움을 호소했다. 하지만 한니발이 도시를 포위해버리는 바람에 로마의 손길은 미치지 못했다. 사군툼 사람들은 마지막 한 명까지 자력으로 맞서 싸웠고, 그들의 분투는 역경을 견디고 국가를 위해 희생한 이야기로 스페인 역사에 길이 남았다. 포위가 풀리자마자 로마는 카르타고를 상대로 전면전을 준비했다.

로마가 전쟁 준비를 마칠 무렵 한니발은 스페인에서 이탈리아로 침략을 개시했다. 군대와 코끼리를 이끌고 갈리아로 진입해 겨울의 알프스산맥을 넘은 그는 로마군과의 교전에서 몇 번의 승리를 거두었지만, 결국 승리한 것은 로마였다. 기원전 206년 푸블리우스 코르넬리우스 스키피오의 지휘하에 로마군은 카르타고인을 스페인에서 몰아냈다. 그리고 4년 뒤 스키피오의 군대는 카르타고와 인접한 북아프리카 자마에서 벌어진 전투에서 제2차 포에니전쟁의 종지부를 찍었다. 이때 거둔 승리로 그는 스키피오 아프리카누스라는 이름을 얻었다. 이제 로마인들은 카르타고인에게서 빼앗은 스페인 땅을 어떻게 할 것인지 결정해야 했다.

CHAPTER 2

고대의 유산

스페인 역사의 결정적 시기는 기원전 3세기 말 로마의 정복과 함께 시작되었다. 이후 로마의 정치적 지배가 이베리아반도 전역으로 확산되어 4세기 내내 이어졌고, 이곳은 마침내 로마제국에서 가장 로마화된 지역이 되었다. 이베리아인의 삶의 기본 요소들도 이 시기에 정립되어, 로마제국이 멸망한 후에도 지역 발달에 오래도록 영향을 미쳤다. 로마가 가져온 혁신과 기틀은 스페인이 중세와 근대에 걸쳐 발전하는 데 토대가 되었고, 그 자취는 언어, 법, 종교 등 오늘날 스페인의 여러 분야에 강렬하고도 뚜렷하게 남아 있다.

맨 처음 이베리아의 로마화 과정은 로마인의 조상이 이탈리아반도를 손에 넣기 시작하던 때의 양식에 따라 서서히 진행되었다. 즉, 자발적으로 동조하는 집단과는 조약을 체결하고 저항을 선택한 집단은 정복해나가는 식이었다. 그럼에도 로마인이 갈리아를 정복하는 데는 10년이 걸린 반면 이베리아를 완전히 통치하는 데는 약 200년이 걸렸다. 로마의 정복활동은 험난한 지형과 이베리아 지역의 전통적 규범 때문에 특히나 어려움을 겪었고, 200년 동안 한두 곳에서라도 거의 매해 싸움이 일어났다.

정복 직후 로마인들은 그 지역을 히스파니아키테리오르_{Hispania} Citerior와 히스파니아울테리오르_{Hispania Ulterior}(각각 '스페인에서 가까운 곳'과 '스페인에서 먼 곳')로 나누었다. 포에니전쟁이 끝날 무렵 그들이 실제로 통치한 지역은 지브롤터를 지나 카디스까지, 지중해 연안을 따라 띠처럼 이어졌다. 이들 지역은 반도에서 소도시와 도시가 가장 많고, 다른 지중해 문명의 영향을 가장 오랫동안 받은 곳이었다. 당시까지 이베리아반도에는 대규모 정치체가 존재하지 않았기 때문에 로마인들은 작은 공동체들을 차례로 하나하나 상대해야 했다. 그들은 이렇게 도시와 소도시에 집중하며 부분 단위로 확장해나갔고, 제국의 지배를 받아들인 소도시 및 부족과 조약을 체결하면서 그곳 주민에게 로마인의 지위를 부여했다. 저항하는 지역이 있으면 오랜 전쟁 끝에 항복을 받아내기도 했다. 누만시아가 그런 도시로, 장기간에 걸친 로마군의 포위 끝에 결국 함락되었다.

로마인은 자신들이 히스파니아라고 부르던 이 땅에 관여하고 카르타고인의 야심까지 좌절시키는 과정에서 이베리아반도를 통해 누릴 수 있는 이점들을 재빨리 알아차렸다. 이점은 심리적인 것에서부터 실질적이고 일상적인 것에 이르기까지 다양했다. 어느 역사가의 말대로 그들은 히스파니아에 접한 끝없이 펼쳐진 대양, 곧 세상의 끝에 이르렀노라고 주장할 수 있었다. 로마인은 반도를 지배함으로써 갈리아 서부, 브리튼섬 그리고 라인강 어귀까지 닿는 해로를 확보할 수 있었을 것이다. 한편 공화정 시대와 로마 후기 황제들은 이 땅에 토지세를 부과해 국고를 늘리고 반도 전역에서 광물을 채취해 수익을 올렸다. 황제가 되려 했던 이들은 수익성 높은 땅을 차지하고 실제로 제위에 오르기 위해 히스파니아를 거점으로 군사 행동을 개시했다. 로마인이 이곳에 정착하면서 상인과 관료들도 성공적으로 자리를 잡았다.

로마의 영향력은 내륙에서도 서서히 범위를 넓혀 겨우 2세기 만에 반도 전역으로 퍼졌다. 그때까지도 반도가 완전히 로마화되지는 않은 상태였지만, 로마인이 이주해온 직후부터 여러 도시에서 문화변용acculturation이 일어나 지역 문화와 유입 문화가 기원에 상관없이 상호작용하며 뒤섞였다. 로마인은 이 지역에 로마의 율법을 도입했고, 제국의 권력자들을 상대하며 새로운 지배체제에서 자리를 차지하고 싶어했던 지역 유지들은 라틴어와 로마법을 배워야 했다. 오늘날 스페인에는 로마법의 기본 원리와 라틴어의 변이형인 로망어가 남아 있다. 한편 이민족 간의 결혼을 통해 생물학적 결합과 문화 동화가 촉진되었다. 선주민과 결혼한 이들 가운데 유력 인사였던 로마 장군들은 스페인에 남아 복무 기간을 마치고 토지를 취득했다. 훗날 기회를 찾아 스페인에 온 로마 이주민들은 선주민과 혼인관계를 맺음으로써 연줄을 확고히 했다. 로마 및 지중해 동부에서 기원한 여러 신비 종교와 황제 숭배를 포함한 로마의 종교들은 이주민들에 의해 스페인으로 전해져 뿌리를 내렸다.

로마 지배 시기의 스페인을 이해하기 위한 중요한 열쇠는 반도의 여러 곳을 처음 잇고 더 넓은 지중해 세계와도 연결한 도시와 소도시의 역사다. 경우에 따라 로마인은 퇴역병이나 상이군인에게 토지를 제공함으로써 새로운 자치 정부를 만들었다. 로마의 직접적인 통치하에 새로 조성된 자치 정부는 식민지colony라 불렸고 그곳의 거주자들은 세제 특혜를 누리는 로마 시민이었다. 식민지 건설은 매우 이른 시점부터 시작되었다. 기원전 206년 로마 장군 푸블리우스 코르넬리우스 스키피오는 세비야 인근의 이탈리카라는 신생 소도시에 퇴역병들이 거주하는 식민지를 세웠고, 이곳은 현재 아주 중요한 고고학 유적지다. 다른 식민도시들은 기존 자치정부, 즉 메리다 같은 소도시나 혹은 이미 규모가 꽤 커진 케세타니족의 수도 타라고나(로마어로 타라코Tarraco) 같은 곳에 합류하는 방식으로 만들어졌다(타라코는 히스파니아 키테리오르의 수도가 되었다). 이윽고 토착 공동체는 로마인과 교류하게 되었고 무니키피아municipia(단수는 무니키피움municipium)라는 호칭을 얻었다. 그런 소도시의 공직자들은 로마 시민권을 받았고 일반 주민은 한층 낮은 라틴 시민이 되어 면세는 받지 못했다.

지형이 허락하는 곳이라면 로마인은 남북 주도로 카르두스cardus와 동서 주도로 데쿠마누스decumanus를 교차시켜 중앙 광장을 형성하는 식으로, 소도시 내부를 격자 형태로 배치했다. 공공 토목사업도 도시의 로마화에 도움이 되었다. 한번 로마제국에 편입되면 신생 소도시든 재구성된 기존 소도시든 다양한 형태로 개량되었다. 로마의 도시에는 대개 성벽과 다리와 송수로가 있었다. 송수로는 세고비아에 남아 있는 것이 오늘날 가장 유명하지만, 메리다와 타라고나에도 일부가 남아 있다. 로마의 주택은 전형적인 지중해 양식에 따라, 중앙의 안마당을 향하도록 방문을 내고 거리와 접하는 면은 반드시 높은 벽을 올렸다. 현지 재료료 지은 타일 지붕이나 석재, 벽돌, 회반죽 외벽 또한 집의 구조를 견고하게 만들었다. 이러한 양식은 기독교 시대와 이슬람 시대를 아울러 중세에도 유지되었으며 스페인 사람들에 의해 아메리카대륙으로 전해졌다. 송수로와 다리 같은 실용적인 구조물 외에도

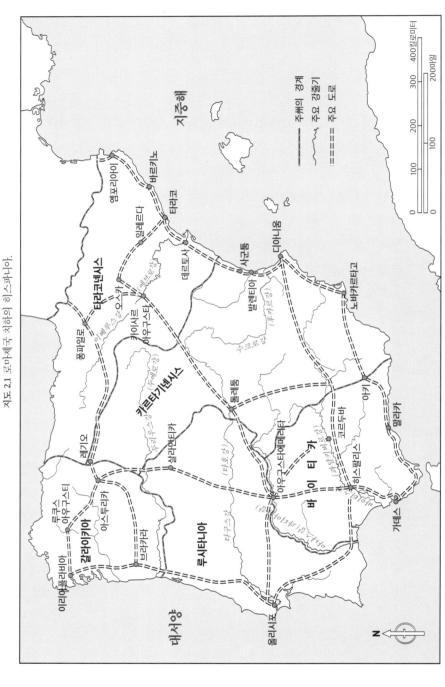

지도 2.1 로마제국 치하의 히스파니아.

대부분의 로마 소도시는 사원(훗날의 교회), 공중목욕탕, 학교를 갖추고 있었고, 규모가 더 큰 도시에는 경기장과 경마장, 정교한 공연장과 원형극장이 있었다.

　로마 지배하의 스페인에서 가장 중요한 도시들은 전략적 이점을 제공함으로써 그 지위를 얻었다. 히스파니아키테리오르의 수도 타라코는 전략적으로 언덕 꼭대기에 자리했으며, 앞서 이곳을 지배했던 케세타니인들이 이미 성벽을 쌓아놓은 상태였다. 로마 지배 시기 이전에 만들어진 거대한 저층부에 로마제국의 증축과 중세 시대의 보수가 더해져, 타라코의 성벽은 21세기에도 여전히 인상적인 모습으로 남아 있다. 로마에서 바닷길로 겨우 5일 거리인 타라코에는 에브로 협곡으로 이어지는 도로도 있어 스페인 내지로 접근하기가 쉬웠다. 타라코와 연결된 내지에서 가장 중요한 도시는 카이사르아우구스타(현재의 사라고사)로, 그 이름은 기원전 19~기원전 15년에 아우구스투스 황제가 그곳을 건설했음을 가리킨다. 로마 시대의 카이사르아우구스타에는 이베리아의 광활한 내지로 이어지는, 에브로강을 건너는 다리가 있었다. 로마 시대의 건축물들은 현대 사라고사에 뒤덮여 빛을 잃었지만, 방문객들은 여전히 그곳이 전략적 요충지임을 실감할 수 있다. 지중해에 위치한 오늘날 카르타헤나의 자연 항구는 카르타고 시대에 도시로서 이상적인 입지였고, 로마인들은 그곳을 히스파니아키테리오르 동남부 전체를 위한 훌륭한 항구로 만들었다. 카르타헤나는 로마인들이 주화를 주조한 곳이기도 했다.

　로마의 크고 작은 선박들은 히스파니아울테리오르의 서남부에서 과달키비르강을 거슬러 코르두바, 즉 지금의 코르도바에 이르렀으며, 큰 다리가 그 강을 가로질렀다. 코르두바는 로마제국의 지역 수도였

ⒸFerran Llorens

그림 2.1 타라코(카탈루냐)의 요새 유적에 쌓인 거대한 주춧돌들은 기원전 6세기의 것으로 추정된다. 중층부는 스키피오 시대(기원전 200년경)에, 상층부는 카이사르 아우구스투스 시대(기원전 1세기 후반)에 축조됐다.

으며, 기원전 2세기에 무니키피움 격으로 건설되었고 율리우스 카이사르와 아우구스투스 치하에서는 퇴역 군인들의 식민도시였다. 오늘날 코르도바에서 가장 두드러지는 것은 이슬람 시대의 기념물들과 도시 계획이지만, 로마 시대 코르두바는 송수로, 사원, 대중목욕탕 그리고 공연장과 원형극장 등으로 방문객들에게 깊은 인상을 주었다. 코르도바에서 과달키비르강을 따라 내려가면 만나는 이탈리카 인근의 히스팔리스(세비야)는 율리우스 카이사르 시대부터 존재한 도시다. 사실상 기원전 61년부터 기원전 60년까지 히스파니아울테리오르의 총독으로 부임했던 카이사르에 의해 짧은 기간에 세워졌다고도 할 수 있다. 히스팔리스는 대서양으로의 접근성 때문에 중요한 포구가 되었으며, 이를 통해 이곳의 지위가 이탈리카보다 높았음을 확실히 알 수 있다. 로마 시대에 히스팔리스는 성벽으로 완전히 둘러싸여 있었고 (아직 일부가 보존되어 있다) 시민들에게 물을 공급하기 위한 송수로가 있었다. 과달키비르강 어귀의 가데스(카디스)는 로마인들이 당도했을 당시 이미 고대 도시를 이루고 있었다. 거대한 만과 방어에 이상적인 지형을 갖춘 가데스는 로마의 대서양 해상활동의 전략적 항구로서 기능하며 어업을 통해 추가적인 부를 쌓았다. 율리우스 카이사르는 가데스 거주자들에게 로마 시민권을 제공했다. 이곳에는 사원, 송수로, 공연장, 원형극장 등의 사회 기반 시설도 갖추어져 있었다.

포르투갈 국경에 인접한 스페인 서부 과디아나강에 위치한 메리다에는 과거의 로마를 상기시키는 수많은 건축물과 공학 기술이 남아 있다. 처음 아우구스타에메리타Augusta Emerita라는 이름으로 생겨난 이곳은 아우구스투스가 반도 서북부에서 치른 전투의 퇴역병을 정주시켜 세워진 식민도시였다. 메리다에는 지금도 로마 시대의 다리와 몇몇

그림 2.2 세고비아의 송수로는 스페인에 남아 있는 가장 인상적인 로마 시대 유적 중 하나다.

그림 2.3 비아데라플라타Via de la Plata를 따라 메리다(엑스트레마두라)에 지어져 있는 로마 극장의 정교한 프로시니엄(무대와 객석을 구분하는 액자 모양의 건축 구조)은 루시티니아 지방의 부와 세련된 문화를 환기한다

그림 2.4 다리와 송수로 외에 도로 또한 이베리아반도의 기반시설 확충에 있어 로마가 중요하게 공헌한 건축물이었다. 센트랄산맥 그레도스 산악지대에 있는 이 길은 지금까지도 유목 가축들의 이동로로 이용된다.

송수로 유적, 극장, 원형극장 그리고 다른 수많은 기념물이 남아 있다. 아울러 1986년에 건설된 메리다 국립로마미술박물관은 로마 시대의 조각상, 모자이크, 다양한 예술품, 상품, 무기, 가재도구 등 인상적인 수집품을 소장하고 있다. 이베리아반도 전역의 다른 여러 소도시와 도시도 과거 로마 시대의 건축물과 공예품들을 보존하고 있다. 가령 바르셀로나(로마 시대의 바르키노)의 특별한 로마 박물관은 도시의 지하에 있어, 방문객들이 로마 시대 건축물의 기초를 따라 당시의 거리를 몇 구역 걸어볼 수 있다. 세고비아의 거대한 로마 시대 송수로는 반도에서 보존 상태가 가장 좋으며, 오랫동안 도시를 상징하는 건축물로 기능해왔다.

오늘날에도 스페인 도시와 여타 기관의 공식 용어에 라틴어 형용사형이 종종 등장한다. 마드리드Madrid의 형용사형으로 matritense,

우엘바$_{Huelva}$(로마어로 오누바$_{Onuba}$)의 형용사형으로 onubense, 아빌라$_{Avila}$의 형용사형으로 abulense, 세비야$_{Seville}$의 형용사형으로 hispalense 등 무수한 예가 있다. 마드리드에서 가장 오래된 대학교인 콤플루텐세대학$_{Universidad\ Complutense}$은 로마 시대에 콤플루툼$_{Complutum}$이라 불렸던 알칼라데에나레스에 건설되었다.

이렇듯 스페인 구석구석에 로마의 흔적이 남아 있음에도 반도 전역에서 로마화가 완성된 것은 결코 아니었다. 동부와 남부 히스파니아는 그곳의 오랜 전통에 따라 지중해 문명과 접촉하며 로마제국에 가장 완벽하게 동화되었다. 서부와 북부는 특기할 만한 예외 몇 곳을 빼면 로마의 영향력이 미미했다. 북부 산악지대는 로마와의 접촉에 따른 영향을 가장 적게 받았다. 실제로 어떤 지역은 로마가 그들을 결코 정복하지 못했다는 사실에 긍지를 보인다. 반도 전역에 걸쳐 도시가 시골보다 더 많이 로마화되었고, 도시의 지배 계층이 빈곤층보다 훨씬 더 완벽하게 동화되었다. 2세기부터는 히스파니아의 여러 도시에 유대인 공동체가 형성되기 시작했는데, 1세기에 로마가 예루살렘의 신전을 파괴해 난민들이 서쪽으로 도망쳐온 결과였다. 그때부터 이베리아의 유대 공동체가 지속되어 풍요로운 문화를 발달시키며 세파르디$_{Sephardi}$라는 유럽 유대인 계통을 형성했다.

로마가 지배하는 동안 이베리아반도의 지역 경제는 사뭇 달라졌다. 이전의 특징이었던 소규모 자작농은 로마인 이주민과 지역 지배층이 축적한 대규모 농지와의 경쟁에서 밀려 소작농으로 전락했다. 대지주들은 노예를 획득해 훨씬 더 큰 규모의 농장을 운영하며 이베리아반도 안팎으로 내다 팔 농작물을 생산할 수 있었다. 이에 로마식 빌라 (소유주의 주거지, 노동자들의 숙소, 헛간, 작업장을 갖춘 대규모 복합 건물)

가 로마화된 지역에 퍼졌다.

대지주들은 스페인 전역의 도시 시장에서 농산물을 팔고, 바다를 통해 지중해 주변과 다른 곳의 시장으로 농산물을 수출했다. 올리브 유는 커다란 암포라 항아리에 담겨 이탈리아와 라인강 계곡으로 운반되었다. 이탈리아로 운반된 품목 중에는 와인도 있었는데, 스페인산 와인을 담았던 암포라 항아리가 폼페이 유적지에 남아 있다. 밀, 아마, 양모, 에스파르토♦ 등의 품목도 미가공 상태나 비스킷, 옷감, 밧줄, 바구니 등의 형태로 히스파니아에서 수출되었다. 스페인제 도자기와 유리 제품 또한 지중해와 론강 및 유럽 내륙으로 이어지는 여러 강 상류의 수출 시장으로 진출했다. 금, 은, 구리, 진사辰砂, 납 등 고대의 광물 교역은 로마 지배 초기까지 계속되었으나, 채굴하기 용이한 매장층이 고갈되고 다른 로마 지방에서도 광물이 생산되면서 스페인의 주요 공급원 역할은 위축되었다.

초기 지중해 무역상들 중에는 풍부한 연안 어획량 때문에 이베리아에 온 이들도 있었다. 어업과 수산물 가공업은 로마 시대에 계속해서 고도로 발달했다. 상인들은 소금 공급지 인근의 만이나 비바람이 들이치지 않는 잔잔한 해안 지역에서 가공품을 수출했다. 바엘로클라우디아는 생선 염장업의 중심지였다. 클라우디우스 황제 시기(41~54년)에 건설된 무니키피움인 바엘로클라우디아는 지브롤터(로마인은 '칼페산'이라 불렀다)와 트라팔가르곶 사이의 대서양 연안에 위치하고 북아프리카의 탕헤르와 밀접하게 연결되어 있었다. 오늘날 남아 있는 바엘로클라우디아의 고고학 유적에서는 갓 잡은 생선을 통째로

♦esparto. 스페인과 북아프리카에서 나는 풀의 일종으로 밧줄, 바구니, 종이 등의 원료. (옮긴이)

혹은 뼈를 바른 후 염장해 운송 가능한 도자기에 보관 처리하는 시설을 볼 수 있다. 바엘로클라우디아에서 생산한 생선 소스는 널리 인기를 끌었는데, 초기 정착민들은 이를 '가론'이라 불렀고 로마인들은 '가룸garum'이라 불렀다. 로마제국 서쪽 어디서나 볼 수 있었던 가룸은 평범한 가정에서는 물론이고 로마 황실의 주방에서도 영광스러운 자리를 차지했다. 노동자들은 가룸을 생산하기 위해 돌 항아리에 생선과 소금, 다양한 향신료를 켜켜이 담아 뜨거운 햇볕 아래에 몇 주간 놓아두고 발효시켰다. 그렇게 만들어진 톡 쏘는 소스를 토분에 담아두면 몇 달에서 몇 년까지 보관할 수 있었다. 상인들이 멀리 떨어진 다양한 소비자에게 가룸을 전할 수 있었다는 의미다. 가룸은 고대 지중해 전역에서 수 세기 동안 팔렸다. 하지만 2세기 바엘로클라우디아에 지진이 발생해 내륙으로 가는 쉬운 접근로가 차단되었다. 그 후 바엘로클라우디아는 쇠락했고 마침내 7세기에 이르러 황폐해졌다.

로마제국에서 차지하는 중요성 때문에, 이탈리아와 히스파니아는 서로 접촉이 잦고 이주가 빈번했다. 트라야누스와 하드리아누스, 테오도시우스 1세 황제가 스페인에서 태어났다. 황제이자 스토아 철학자인 마르쿠스 아우렐리우스는 로마에서 태어났지만 스페인계였다. 세네카, 쿠인틸리아누스, 마르티알리스, 루카누스 모두 히스파니아에서 태어난 철학자 및 문학가이며 히스파니아 또는 로마 혈통이었다. 로마인들은 가는 곳마다 로마에 대한 충성심과 황제 숭배 의식을 포함한 종교를 전파시켰다. 제국의 변방에서 복무한 로마 군인들은 지중해 동부와 그 너머의 종교를 취해 로마의 종교의식에 접목시켰다.

기독교가 일찍이 2세기 무렵에 이베리아로 유입됐다는 분명한 사실은 스페인의 후대 역사에서 근본적으로 중요한 의미를 띤다. 성 야고

보와 성 바울이 스페인에서 설교했다는 이야기도 전해 내려온다. 이
베리아 기독교의 초기 역사는 잘 알려져 있지 않지만, 아마 처음에는
유대인이 디아스포라가 되었던 2세기에 스페인 동부와 남부에 설립된
유대 공동체와 연관 있었을 것이다. 3세기 무렵에는 이베리아 기독교
역사의 세부적인 이야기들이 좀더 명백해졌다. 그 무렵 기독교 공동
체는 어엿하게 성장해 자신들만의 주교를 두었고 로마의 교황권과도
관계를 지속했다. 로마는 히스파니아에서 산발적으로 기독교를 박해
했다. 259년 타라코의 주교 프룩투오소와 부제 두 명이 화형당해 순
교했고 히스팔리스의 수호성인 유스타와 루피나 또한 3세기 후반 로
마의 지배하에 순교자가 되었다.

기독교는 4세기 초 로마제국 전역에서 합법적인 종교로 승인받은
후 빠르게 확산했다. 390년경에는 테오도시우스 1세 치하에서 로마
제국의 국교가 되었다. 당시 기독교는 스페인에 완전히 뿌리를 내리고
있었다. 400년 톨레도 공의회에서는 스페인 초기 교회의 가장 중요한
결정이 내려졌다. 성직자들이 믿음의 토대로 니케아 신조를 택해 충
성을 선언한 것이다. 스페인 교회는 대개 교구로부터 독립을 유지함으
로써 로마 당국으로부터 세금을 면제받고 사법 자치권을 보장받았다.

3세기에서 4세기 사이에 로마제국 서쪽의 경제와 인구가 변화했다.
대중 역사는 종종 이를 로마제국의 쇠퇴로 언급하지만, 이 쇠퇴가 제
국 전체에 고루 영향을 미치지는 않았다. 동쪽 지방은 계속 더 강해지
고 정치적으로 더 긴밀히 연결되었던 반면, 대부분의 변화는 서쪽에
서 발생했다. 서쪽에서는 다양한 이유로 인구가 감소했고 남은 인구
는 대도시에서 이탈해 자급자족이 가능한 시골의 사유지로 향했다.
서쪽의 이러한 변화로 제국은 방위에 어려움을 겪었고, 외부 침략자

들의 물결에 대항해 북쪽 국경을 지키기도 점점 더 어려워졌다. 4세기 후반 무렵에는 제국의 군 지휘부가 동서로 분리되어 있었을 뿐 아니라 각각 다른 황제의 지배하에 있었다.

410년대 초에는 게르만족인 서고트족이 유입되면서 스페인 역사의 새 장이 열린다. 유럽 동북부에서 시작되어 후대에 스페인에서 활동을 펼친 서고트족의 역사를 통찰하기 위해서는 그 기원과 초기 역사를 좇는 일이 중요하다. 다른 게르만족들처럼 서고트족도 친족 및 비친족 집단이 연합을 이루며 생겨났는데, 학자들은 이를 민족 형성 ethnogenesis이라고 부른다. 서고트족은 동부 유럽 전역을 전전하던 시기를 거쳐 3세기 후반 다뉴브강 북쪽 다키아 지역에 자리를 잡았다. 이 시기에 로마의 관습을 일부 채택하고 로마제국의 연방federates으로 기능했으며, 지역 수장들은 매년 보상금을 받는 대가로 군대를 제공했다. 다키아에 있는 동안 그들은 로마의 제도를 상당히 존중했으며, 기독교 종파 중 아리우스파로의 개종을 받아들였다.

서고트족의 개종은 상당 부분 울필라스의 노력 덕분이었다. 그의 부모는 서고트족의 습격에서 포로로 잡혀 노예 신세로 살았던 카파도키아인이었다. 수많은 카파도키아인과 일부 서고트족은 이미 기독교도였다. 새로운 개종자들이 추가되면서 그 수가 더 늘어나, 이들은 자신들의 주교를 선정할 권리를 청원해야 마땅하다고 느끼게 되었다. 이들은 울필라스를 지명했고, 그는 로마제국으로 가서 주교들에게 성직 서임을 받았다(그 주교들 중에는 당시 니코메디아의 주교였던 에우세비우스도 있었다). 울필라스의 성직 서임은 은총이자 저주로 판명되었다. 그는 아리우스파가 되어 자신을 따르는 무리를 개종시켰다. 하지만 그가 로마제국을 떠난 뒤 니케아 공의회는 곧바로 아리우스주의(성자가 성부에 종속되었다는 믿음)를 이단으로 선언했고, 울필라스와 그의 무리는 가톨릭 정통 신앙의 바깥에 남겨졌다.

이러한 교리의 불일치에도 불구하고, 울필라스가 서고트족을 개종시켰다는 사실은 서고트족이 기독교 전통을 상당히 흡수했다는 의미였다. 울필라스는 수년간 노력을 들여 만든 고트어 성서를 개종의 수단으로 삼았다. 성서를 고트어로 번역하는 과정에서 그는 그리스어 알파벳을 기반으로 고트어 알파벳을 고안해, 고트어를 문자 언어로 변형했다. 울필라스는 서고트족 개종에 혁혁한 공을 세웠다. 그가 죽고 20년이 지나지 않아 온 서고트족이 아리우스주의를 수용했으니 말이다.

같은 시기에 로마제국으로 이주하고 싶어하는 서고트인이 많아졌다. 이유는 여러 가지였다. 다른 게르만인처럼 서고트인도 로마제국과 교역하며 로마 문명과 지중해 생태계의 이점을 인정하게 되었다. 로마인들을 통해 농업을 도입하고 나서 그들은 지중해 인근 땅이 농업에 더 유리하다는 것을 알아보았다. 더 건조하고 본질적으로 북부 유럽보다 더 척박한 토지였지만, 그 시기에 존재하던 농기구와 기술들을 고려했을 때 경작과 관리가 더 쉬웠다.

고대의 경작 기술은 소위 천경淺耕 쟁기와 수레끄는 동물들에게 씌우는 간단한 마구에 의존했다. 그런 기술은 지중해와 중동의 가벼운 토양에 잘 맞았다. 하지만 강우량이 풍부하고 초목이 무성하며 토양이 무겁고 밀도가 높은 알프스와 피레네 북쪽 땅 대부분에서는 효과가 미미했다. 10세기에서 11세기 무렵에는 무거운 신형 쟁기와 더 좋은 마구가 개발되고 보급되면서 북부 유럽 땅도 경작이 더 쉬워졌지만, 서고트족이 오직 남쪽으로만 향하던 때로부터 한참 뒤의 일이다.

그럼에도 서고트족과 여타 게르만족이 받아들인 로마의 농업 기술은 인구를 증가시켰고, 사람들은 경작을 위해 더 넓은 토지와 더 부드러운 토양을 필요로 하게 됐다.

인구 증가로 인한 부담에 더해, 서고트족 등의 게르만족은 4세기 중앙아시아에서 건너와 5세기 초 세력을 키운 유목민 훈족의 침입으로 압박을 받았다. 그들은 훈족으로부터 벗어나기 위해 로마 영토로 들어가려 했다. 이 시점에 서고트족이 일종의 연합체를 형성했는데, 여기에는 몇몇 고트족과 일부 이민족, 심지어 훈족과 알란족(이란 유목민)까지도 포함되어 있었다. 376년 동로마제국 황제 발렌스는 서고트족이 발칸반도 동남부의 다뉴브강 남쪽 모이시아로 들어오는 것을 허락했으며, 이로써 서고트족은 제국 국경을 넘은 최초의 북부 이방인 집단이 되었다.

서고트족은 기독교도 족장 프리티게른의 지휘하에 계속 로마제국의 '연방'으로서 기능했지만, 곧 약속된 보상금을 놓고 로마제국과 분쟁을 일으켰다. 서고트족은 합의 내용을 위반하고 모이시아와 트라키아의 상당 부분을 유린했으며, 버텨낸 것은 도시들뿐이었다. 발렌스 황제가 군대를 결집해 서고트족의 확장을 저지했지만 그들은 동고트족 기수들의 도움을 받아 378년 8월 9일 아드리아노플에서 로마군에게 패배를 안기고 황제를 사살했다. 로마 영토에서 로마 군대가 외국군에 패배했다는 점에서 이는 치명적인 패전이었으며 간담을 서늘하게 하는 충격이었다. 새 황제 테오도시우스 1세는 제국 수비를 계속했고 382년에 서고트족과 합의에 이를 수 있었다. 그들은 모이시아에 남아 자치 속국으로서 로마제국에 군대를 제공했다.

테오도시우스 1세가 재위하는 동안은 그런 상황이 유지되었지만,

395년 그가 서거하자 서고트족은 본인들의 위치를 재고하게 되었다. 그들은 새 황제를 믿지 못하고 정착생활로 침체되어 힘을 잃지 않을까 두려워했는지도 모른다. 진실이 무엇이었든 서고트족의 상류층은 발티 가문의 알라리쿠스를 왕으로 추대하고 그의 지휘를 따르는 데 동의했다. 어쩌면 테오도시우스 1세가 알라리쿠스에게 로마군의 지휘를 약속했을 수도 있다. 그렇다면 테오도시우스 1세의 죽음으로 인해 연방으로서 합의한 바를 지킬 필요가 없어진 셈이다. 알라리쿠스는 서고트족을 이끌고 트라키아, 마케도니아, 그리스를 쑥대밭으로 만들면서 시골을 약탈했고 도시는 대체로 남겨두었다. 서로마의 총사령관 스틸리코는 명목상 서로마 황제 호노리우스의 지배 아래 있었지만 군대를 이끌고 펠로폰네소스로 진격해 알라리쿠스를 저지했다. 승패를 종잡을 길 없는 전투를 얼마간 치른 뒤, 두 지도자는 합의하에 군대를 철수했다. 그 후 397년에 동로마제국의 아르카디우스 황제가 알라리쿠스를 아드리아해 동쪽 해안 지방 일리리쿰의 마기스테르 밀리툼 magister militum(군사령관)에 임명했다. 스틸리코는 분명 일리리쿰이 동로마제국의 지배를 벗어나 서로마제국에 편입되게 해달라고 알라리쿠스를 회유했을 것이다.

이후 이어지는 15년간 서고트족의 역사는 복잡하게 흘러간다. 그들의 역사는 부분적으로 알라리쿠스의 욕망과 계획에 의해 좌우된 듯 보인다. 그는 여전히 개인적으로는 제국의 고위 지휘부를, 추종자들을 위해서는 귀중한 고향을 원했다. 동고트족 라다가이수스의 양동작전에 도움을 받아, 알라리쿠스는 호노리우스 황제를 생포하려는 목적으로 이탈리아반도를 침공해 밀라노를 점령했다. 스틸리코는 포위를 무너트리고 알라리쿠스를 폴렌티아까지 뒤쫓아, 402년 초에 그곳에서 서고트족에게 치명적인 패배를 안겼다. 알라리쿠스는 일리리쿰으로 되돌아가는 데 합의했으나 이듬해 다시 이탈리아반도 침공을 시도했다가 또다시 격퇴당했다.

여러 가능성을 고려해도 당시 서고트족의 인구는 10만 명을 넘지 않았을 것으로 보인다. 그중 지배 계층이 4000~5000명, 군인이 2만 5000~3만 명이었을 것이다. 여기에는 고트족이 아닌 사람도 상당수 포함되어 있었고, 해방 노예와 이탈리아반도 침공 때 서고트족에 합류했던 전직 군인들도 있었다. 여전히 추종자들의 정착지를 획득하고 싶어했던 알라리쿠스는 다시 이탈리아반도를 침공했고, 재빨리 치고 내려가 로마를 포위하기에 이른다. 그는 어마어마한 배상금을 요구했고, 로마 원로원은 라벤나에 있던 호노리우스 황제가 도움을 보내지 않았기에 그 요구에 응했다. 그러자 알라리쿠스는 호노리우스와도 협상해 노리쿰, 베네치아, 이스트리아, 달마티아 지역을 서고트족에 내줄 것을 요구했다. 하지만 알라리쿠스가 끝내 노리쿰 지역까지만 이양하라고 물러섰음에도 호노리우스와 그의 고문들은 이를 거부했다.

다시 한번 알라리쿠스는 로마로 진군했다. 그는 원로원을 압박해 프리스쿠스 아탈루스를 동로마 황제로 옹립했지만 아탈루스가 호노리우스보다 협조적인 것은 아니었다. 410년 8월, 서고트족은 로마로 쳐들어가 4일 동안 도시를 약탈했다. 그들은 주로 이동 가능한 물자를 원했기 때문에 도시에 엄청난 물리적 피해를 입히지는 않았지만, 로마인들에게 혹독한 심리적 타격을 안겼다. 서고트족은 또한 로마에 머물던 여러 주요 인물을 포로로 확보했으며, 그중에는 아탈루스 황제와 호노리우스의 여동생 갈라 플리키디아도 있었다. 로마인 전통주의자들은 자신들의 역경을 390년대에 기독교를 유일 국교로 정한 탓으로 돌렸다. 그들은 기독교가 서고트족의 제국 침입을 용납함으로써 로마 체제에 붕괴를 가져왔다고 여겼다. 그러한 비난은 히포의 주교이자 신학자였던 아우구스티누스가 『신국론』을 저술하는 데 동기를 부여했고, 그는 책에서 필연적으로 진보하는 기독교 세계와 여러 우여곡절로 이를 방해하곤 하는 세속세계를 극명하게 구별했다.

알라리쿠스는 부족을 이끌고 로마를 떠나 남부 이탈리아를 거쳐 아프리카를 향해 빠르게 진격했다. 시실리로 향하던 첫 선단이 레기움에서 난파되었고, 알라리쿠스는 다른 운송 수단을 찾아 나폴리에 도착하기도 전에 세상을 떠났다. 그의 장례는 바센투스의 강에서 치러졌다. 서고트족은 알라리쿠스의 후계자로 아타울푸스를 추대했다. 당대의 저술가 오소리우스에 따르면, 아타울푸스는 근본적으로 반로마주의자였지만 곧 고트족에 환멸을 느끼고 존속 중인 로마 체제 내에 부족을 흡수시키기로 결심했다. 그는 호노리우스와 화해하고 갈리아 지방으로 떠나 그곳을 다시 황제의 치하로 되돌려준다는 데 합의했다. 이에 따라 아타울푸스는 남부 갈리아로 진입해 나르본, 툴루즈, 보르도 등의 도시를 거점으로 삼았다. 그는 또한 갈라 플리키디아를 설득해 결혼했는데, 이로 인해 그녀의 오빠인 호노리우스는 지원을 철회했다. 그러자 아타울푸스는 다시 프리스쿠스 아탈루스를 황제로 옹립하고 이베리아반도 원정을 시작했지만 415년 죽을 때까지 이렇다 할 큰 성취를 이루지는 못했다.

그 무렵 다른 게르만 부족들도 서고트족처럼 국경을 넘어 로마제국으로 들어왔는데, 서쪽의 로마 군대는 그들을 쫓아낼 수 없었다. 아타울푸스 사후 서고트족이 왕으로 추대한 왈리아는 아프리카에 부족을 정착시키려는 알라리쿠스의 꿈을 소생시키고자 애썼다. 또다시 배가 난파되어 계획은 좌절됐지만 그는 여전히 부족민을 위한 곡창지대를 확보하고자 했다. 이를 위해 왈리아는 호노리우스의 장군 콘스탄티우스와 협정을 맺었다. 적절한 식량 공급을 위해 서고트족은 아타울푸스의 미망인 갈라 플리키디아를 오빠에게 돌려보냈고 로마의 편에 서서 다른 게르만 부족을 이베리아에서 몰아내기로 약속했다.

스페인은 후대에 로마제국을 괴롭힌 내부 문제로부터 자유롭지 못했다. '팍스 로마나Pax Romana'와 뒤이은 군대 해산으로 인해 이베리아 반도는 외침에 대한 대응력과 방어력이 약해졌다. 게다가 조세 제도 또한 가혹해져서, 주민 중에는 로마제국 통치의 대안으로 이민족의 침입을 사실상 환영하는 이들도 있었다. 409년부터 415년까지 수에 비족, 반달족, 알란족이 로마 치하의 이베리아반도에 쳐들어왔다. 첫 침입 후 5년이 지날 무렵 그들은 반도 서쪽과 남쪽에 자리를 잡았다. 수에비족과 일부 반달족은 서북부의 갈라이키아(후대의 갈리시아)에, 반달족의 주요 집단은 서남부의 바이티카에, 알란족은 두에로 남쪽의 루시타니아에 자리를 잡았다. 반도의 나머지 영토는 아직 로마의 손아귀에 남아 있었다.

왈리아는 이베리아반도를 재정복하기 시작했고(이 과업은 585년에야 완료되었다) 그 보상으로 로마제국으로부터 서고트족의 남부 갈리아 지배를 인정받았다. 서고트왕국은 툴루즈를 수도로 정했고, 왈리아는 자신이 정복한 스페인 땅에 대한 통치권을 포기했다. 서고트족은 이 협약을 456년까지 지켰다. 429년 테오도리쿠스 1세 치하에서 그들은 반달족을 스페인에서 아프리카로 몰아냈고 훗날 수에비족을 갈리시아에서 몰아냈다. 그들은 실상 알란족을 전멸시켰다. 456년에 서고트의 왕 테오도리쿠스 2세는 제국의 통치권을 거부하고 독단으로 갈리아와 스페인의 영토를 추가로 정복하기 시작했다. 테오도리쿠스 2세의 뒤를 이은 에우리쿠스는 서북부와 스페인계 로마인이 저항한 일부 지역을 제외하고 반도 전체를 손에 넣을 수 있었다. 세상을 떠날 무렵 에우리쿠스는 아마도 서유럽에서 가장 강력한 통치자였을 것이다.

에우리쿠스가 죽고 곧바로 북부 갈리아의 프랑크족이 서고트족의 지배에 도전하기 시작했다. 프랑크족은 496년 가톨릭으로 개종했는데, 이것이 아리우스파 서고트족을 몰아내려는 계획에 추가적인 자극제가 되었다. 508년 무렵 서고트족 영토 내 토착 가톨릭교도의 도움으로 프랑크족과 그들의 왕 클로도베쿠스는 셉티마니아◆를 제외한 갈리아 전역에서 서고트족을 몰아냈다. 서고트족은 수도 툴루즈를 빼앗기고 임시로 나르본을 정치 거점으로 삼았다. 6세기 중엽 서고트 왕좌에 대한 권리를 주장하던 아타나길두스가 동로마 황제 유스티니아누스 1세에게 원조를 요청했고, 그는 군대를 파견해 아타나길두스가 왕좌를 차지하는 것을 도왔다. 이 과정에서 비잔틴의 군대는 대략적으로 서쪽 과달키비르강 어귀에서 동쪽 후카르강 어귀까지 펼쳐진 히스파니아 동남부의 영토를 획득했다. 비록 유스티니아누스 1세가 서거한 뒤 그 땅을 모두 잃었지만, 비잔틴의 영향은 550년대부터 620년대까지 스페인 동남부에 여전히 짙게 남아 있었다. 서고트족의 스페인 지배에 있어 아타나길두스가 가장 크게 기여한 바는 톨레도를 수도로 정한 것이었다. 톨레도는 왕국이 지속되는 한 수도의 지위를 유지하게 된다.

◆ Septimania. 현 프랑스의 동남부, 지중해와 접한 지역을 이르던 명칭. (옮긴이)

서고트족의 법률 발달은 그들이 로마의 관례를 수용했으며 교양 수준도 점점 더 높아지고 있었음을 보여준다. 다른 게르만 부족들처럼 그들도 어마어마한 분량의 관습법을 축적했고, 이것이 법제도의 기초를 이뤘다. 게르만족 관습법은 로마 성문법과 달리 새로운 법률을 만들어낼 방법이 없다는 것이 주요한 차이였다. 숙련된 법률가와 재판관이 없는 상황에서 관습법의 해석은 공동체 내 연장자들의 집단 기억에 의존했다. 서고트족의 수도가 아직 툴루즈였을 때 에우리쿠스는 로마 치하 갈리아의 법관이었던 나르본의 레온에게 의뢰해, 서고트족의 더 오래된 법과 관습을 기초로 하여 라틴어로 된 그들만의 국가 법전을 마련하고자 했다. 아울러 교회법 제정을 포함해 로마법의 요소들을 법전에 집어넣었다. 에우리쿠스의 법전은 오직 서고트족에게만 적용되었다. 그들은 반도에 함께 거주하는 로마계 갈리아인과 히스파니아인이 로마법을 따르는 것을 허용했다. 506년 알라리쿠스 2세는 훗날 알라리쿠스의 적요Brevium Alarici Regis로 알려진 『서고트 로마 법전Lex Romana Visigothorum』을 민족의 통일 법전으로 공포했다. 이 법전은 실제로 서고트왕국에서 시행되던 로마법을 집대성하고 현행법이 아니거나 서로 모순되는 법률 조항을 삭제한 것이었다.

　킨타스빈투스 왕은 초기 서고트족이 유지한 로마의 관례 대신 피지배 민족이 그들의 법을 따르도록 용납하는 일종의 지역법을 반도 전체와 셉티마니아에서 확립하고 싶어했다. 후대 왕들이 더 상세하게 작성해간 서고트족의 법전은 『재판서Liber Iudiciorum』 혹은 『서고트 법전Lex Visigothorum』으로 알려졌고, 그보다 더 시간이 지난 뒤에는 『푸에로 후스고Fuero Juzgo』라 불렸다. 이 법전은 민법, 형법, 행정법 그리고 정치 과정상의 규약을 얼마간 포함하고 있었다. 프랑크족이나 앵글로

색슨족과는 달리 서고트족 입법자들은 단순히 관습을 기록한 것이 아니라 의도적으로 새로운 법들을 도입했다. 법전을 검토해보면 관습법이 완전히 제외된 것을 알 수 있다. 로마법이 강력해지면서 게르만의 관습법이 쓰이지 않게 되었다고 추정하는 학자도 많지만, 스페인의 여러 중세 기독교 왕국의 법전은 관습법도 『재판서』와 함께 살아남았으며 『재판서』의 조항과 모순을 일으키기도 했음을 보여준다.

기독교의 아리우스파와 가톨릭파는 서고트왕국에서 여전히 갈등을 일으켰다. 후기 로마제국의 통치가 와해되면서 한때 정부 관료가 담당했던 수많은 업무를 주교들이 맡기 시작했다. 서고트왕국 형성기에는 아리우스파가 지배층이고 가톨릭교도는 피지배층이었으며, 이러한 종교적 간극은 끊임없는 갈등의 원인이 되었다. 로마계 히스파니아인과 수에비족 가톨릭은 서고트족 정복자들을 야만족이자 이단으로 간주했고, 이 아리우스파 지배자들에 대항해 프랑크족과 비잔틴제국의 침입을 지지하곤 했다.

이런 문제들을 잠재우고 다른 갈등도 피하기 위해 586년 레카레두스 왕이 가톨릭 개종을 선언했다. 세비야의 주교 레안드루스가 공을 들인 결과였다. 레안드루스는 589년에 제3차 톨레도 공의회를 주재했고, 그때 서고트왕국의 나머지 왕실 구성원과 아리우스파 고위 성직자 및 서고트 귀족 대부분이 공식적으로 가톨릭에 충성을 선언했다. 이미 개종한 수많은 서고트족과 마찬가지로, 이들에게도 개종할 이유는 충분했다. 서고트 군주들은 가톨릭 성직자들이 평신도 유력자들보다 더 적극적이고 순종적인 협력자가 되리라 믿은 듯하다. 게다가 가톨릭의 종교적 위계는 신도들에게 막강한 정치적 권력을 행사했으므로 이를 가톨릭 왕가의 이점으로 연관 짓기도 쉬웠을 것이다.

그림 2.5 레케스빈투스 왕 (7세기 중엽)의 이름을 따른 이 왕관은 스페인 서고트족의 기독교 정체성을 보여준다. 금으로 주조해 귀금속으로 장식한 뒤 교회에 봉헌하기 위해, 다시 말해 성스러운 서약을 이행하기 위해 제작되었다.

이런 이점들에도 불구하고 서고트족의 개종으로 종교적 관행이 변화하며 몇 가지 격변을 불렀다. 첫째, 가톨릭 개종으로 인해 고트어는 스페인에서 사실상 소멸하기 시작했다. 이미 1세기 전에 에우리쿠스 왕의 법전에서 행정 조항에 라틴어가 사용된 터였다. 고트어는 오직 아리우스파 교회의 언어로서만 살아남았다. 아리우스파가 비난받고 파문된 후, 레카레두스 왕은 찾아낼 수 있는 아리우스파 서적을 전부 압수해 분서할 것을 명했다. 그 결과 스페인에 고트어 서적이라고는 한 권도 남지 않게 되었다. 이에 통속 라틴어Latina Vulgata가 구어로서 고트어의 자리를 완전히 대신했다. 고트어를 기원으로 하는 단어가 현대 스페인어에 100여 개쯤 남아 있지만, 학자들 대부분은 서고트족이 스페인에 발을 들이기 전에 이미 게르만족과 로마 군대를 통해 이 단어들이 라틴어에 유입되었다고 본다.

서고트왕국을 통치하는 왕가는 원칙적으로 귀족과 주교들(처음에는 아리우스파, 그다음에는 가톨릭)에 의해 선출되었다. 왕정은 경건하고 자비롭고 공정해야 했다. 관습에서 벗어난 왕은 더 이상 왕이 아니었다. 서고트 법전에는 "바르게 행하면 왕일 것이요, 그르게 행한다면 왕이 아닐 것"이라는 개념이 나타난다. 그런 고귀한 원칙들에도 불구하고 서고트족 치하 스페인 정계는 평온함과 거리가 멀었다. 귀족의 원심력은 늘 군주의 권한에 잠재적 위협이 되었다. 귀족들은 왕을 선출한다는 원칙을 고수하려 했던 반면, 왕들은 대부분 왕위 세습권을 확보하려 했다. 왕이 서거하면 귀족들이 투표해 다음 왕을 내세우는 한편 선대왕이 지목했던 계승자가 반대파의 지지를 결집시켜 사회 불안과 내전이 이어졌다. 이따금 한쪽에서 외부 세력의 지지를 구하기도 했다. 유스티니아누스가 이끈 비잔틴군의 침입과 훗날 무슬림의 침입이 왕위 계승 위기를 틈타 발생했다. 589년 이후 왕들은 귀족들의 권력을 누르기 위해 점차 가톨릭 성직자 공의회의 힘을 빌렸다.

589년부터 710년까지 톨레도에서 18회에 걸쳐 소집된 이러한 공의회는 프랑크족의 캄푸스 마르티우스Campus Martius와 캄푸스 마디우스Campus Madius, 앵글로색슨족의 위티너여모트witenagemot 같은 귀족 회의와 유사했다. 왕에 의해 소집된 위원회는 부분적으로 스페인 교회 회의의 결과물이었고 다수의 성직자와 소수의 평신도 귀족을 포함했다. 위원회는 교회와 세속의 문제를 모두 다루었고, 왕은 매 회기가 시작될 때 해당 회기에 다룰 세속의 문제를 명기했다. 위원회는 청원이나 입법을 할 수 있었지만 그것을 받아들일지 여부는 왕의 선택이었다. 위원회는 세제에 권한이 없었지만 사법제도에는 제한적으로나마 권한을 행사했다.

서고트족의 정복 직후, 스페인의 교육에서는 수사학의 대가들이 자취를 감추고 로마식 공립학교들이 사라졌다. 유대 공동체는 자신들만의 학교를 유지하며 스승과 학생들이 함께 책을 읽고 토론했지만, 서고트족 치하에서는 교회가 교육을 도맡았다. 최초로 교육 관할 구역을 내세운 곳도 수도원으로, 5세기 발렌시아에 스페인 최초의 수도원 학교가 생겼다. 수도원은 단순히 교육받기를 원하는 이들뿐만 아니라 장차 성직자가 될 소년들을 수련시키기도 했다. 아침저녁의 예배에 연계된 공개 강의와, 예배와 관계없는 별도의 강의가 있었으며 겨울에는 예닐곱 시간, 여름에는 서너 시간씩 매일 진행됐다. 수도원은 도서관도 운영했는데, 이교도 작가들을 못마땅하게 여겼을지언정 도서관은 고전 지식의 보고였다. 여성 교육은 거의 전적으로 가정에서 이루어졌고 집 밖에서 이뤄지는 경우가 있더라도 남성 교육과는 구분

되었다.

나중에는 교회들도 학교를 운영하기 시작했는데, 사라고사와 세비야에 그런 시설들이 있었고 톨레도에 가장 영향력 강한 시설이 있었다. 여러 시설이 갖춰진 서고트족의 수도였던 덕에 톨레도는 인근 아갈리의 수도원과 연계해서 운영되는 학교 한 곳, 성당에서 운영하는 학교 한 곳과 더불어 반도에서 가장 중요한 교육 중심지가 되었다. 이들 학교는 무엇보다 귀족의 자제를 교육하는 것을 목표로 학예와 체육을 번갈아 가르쳤다. 법학과 의학 과목도 꾸준히 가르쳤지만 교과 과정에서는 다른 주제들, 즉 마상창술, 승마 등의 무예 수업이 강조되

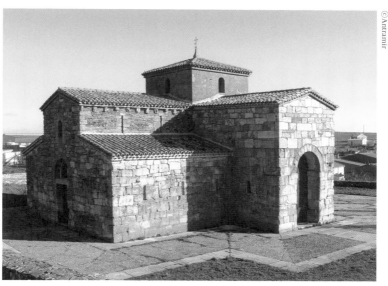

그림 2.6 680~711년 사모라에 지어진 산 페드로 데 라 나베는 서고트족 건축의 특성을 보유하고 있는 몇 안 되는 교회 중 하나다. 1930~1932년 댐 건설 계획으로 사라질 위험에 처했는데, 어떤 지역 건축가가 앞장선 덕분에 돌 하나하나까지 현재 위치인 엘캄피요로 옮겨졌다.

어 로마식 김나지움gymnasium 교육을 대신했다.

서고트족 시대의 작가들은 대부분 교회와 연이 있었다. 파울루스 오로시우스는 후기 로마에서 초기 서고트족 지배기로 넘어가는 과도 기에 이름을 떨친 작가였다. 히스파니아계 로마인이었던 오로시우스 는 4세기 후반 브라카라(지금의 브라가)에서 태어나 415년에서 420년 사이 히포에서 아우구스티누스를, 예루살렘 인근에서 히에로니무스 를 만났다. 오로시우스는 (아마도 기독교도가 쓴 최초의) 세계사 책을 쓰기도 했는데, 여기서 스페인 애국자이자 열렬한 로마제국 추종자 를 자처했다. 그는 410년 서고트족의 로마 약탈을 전혀 비난하지 않 았으며, 오히려 서고트족이 스페인 통일과 로마제국 부활의 유일한 희 망이라고 보았다. 성직자 저술가들은 대부분 신학과 변증론에 초점을 맞추었다. 그들 가운데 시인으로는 드라콘시우스와 톨레도의 주교 에 우제니우스 2세가 있었다. 7세기 후반에 유려한 라틴어로 성자들의 삶과 서간에 관해 저술한 사라고사의 주교 브라울리우스는 라틴 고 전에 익숙했다. 율리아누스(7세기 후반)는 빼어난 라틴어로 신학과 변 증론에 관한 책을 저술한 것은 물론 서고트족 왕 왐바의 전기를 썼다. 이다시우스는 서고트족 침략사를 저술했다.

물론 평신도 저술가들도 있었다. 문학적 재능의 증거를 남긴 서고트 왕으로는 특히 레카레두스, 킨타스빈투스, 레케스빈투스, 시세부투스 등이 있다. 클라디우스 공작으로 알려진 이도 저술가였으며 로렌소를 다스렸던 한 백작도 거대한 도서관을 갖고 있었다. 사실 아름다운 필 사본을 수없이 소장한 대규모 도서관을 소유하는 것은 서고트족 지배 하의 스페인에서 왕과 귀족들이 선호하는 지위의 상징이었다.

서고트 문화는 세비야의 대주교 레안드루스의 동생, 세비야의 이시도루스와 더불어 정점에 이르렀다. 형이 세비야에 세운 성당 학교에서 교육받은 이시도루스는 라틴어, 그리스어, 히브리어를 배웠고 599년에 형의 뒤를 이어 세비야의 대주교가 되었다. 뒤이은 활동은 그가 학자로서의 삶과 실무자로서의 삶을 조화롭게 살아냈음을 보여준다. 왕국의 정치계에서도 활발히 활동했던 그는 형 레안드루스가 레카레두스 왕을 개종시킨 589년의 톨레도 공의회에도 참석했다. 그는 또한 619년 세비야의 교회 회의와 633년 톨레도 전국 교회 회의를 주재했다. 이시도루스는 수도자로서 자신만의 규칙을 만들어, 경건함과 근면함으로 대변되는 능동적인 생활을 강조했다.

대주교로서 이시도루스는 어린이들을 가르치는 학교와 성직자들을 가르치는 신학대학 및 수도원을 설립했다. 그는 이미 규모가 상당했던 세비야의 성당 도서관을 더 확장하고 기록실을 재조직해 필경사들에게 작품을 정확하고 아름답고 빼어나게 기록할 것을 요구했다. 이시도루스는 다작한 저술가이기도 했는데, 역사가 가장 잘 기억한 그의 작품은 문학이었다. 역사가로서 그는 『고트족, 반달족, 수에비족의 역사Historia de regibus Gothorum, Vandalorum et Suevorum』와 『명사들에 대하여De viris illustribus』라는 문학사 책을 저술했다. 신학 작품으로는 구약성서 주해와 기독교 교리를 다양한 측면에서 다룬 해설서가 있다. 최고의 작품은 의심의 여지 없이 그가 노년에 쓴 『어원학Etymologiae』이다.

이 책은 일종의 백과사전이었는데, 이시도루스는 처음으로 용어의 언어적 기원을 설명하고 그와 관련해 찾아낼 수 있는 모든 지식을 찾아내 기술했다. 그는 이교도적 근거를 기독교적 근거로 가능한 한 대체했다. 636년에 이시도루스가 죽고 난 뒤, 그의 제자 브라울리우스는 책을 재구성해 스무 권으로 나누었다. 1권과 2권은 로마의 트리비움trivium(문법, 수사학, 논리학)을 다루고 3권은 콰드리비움quadrivium(산술, 기하, 천문, 음악)을 다룬다. 다른 책들은 의학, 법률, 왕위에서 음식, 의복, 가구에 이르기까지 어마어마한 범위의 온갖 주제를 다룬다.

간단히 말해 이시도루스는 자신이 이용할 수 있는 자료에 근거해 기존의 모든 지식을 아우르는 백과사전을 편찬하려 한 것이었다. 철학은 플라톤, 아리스토텔레스, 세네카에 의존했다. 신학은 오리게네스, 테르툴리아누스, 아우구스티누스, 대★ 그레고리우스, 문법과 수사학에서는 키케로와 쿠인틸리아누스를 차용했다. 역사는 살루티우스, 리비우스, 히에로니무스, 오로시우스, 히다티우스를, 법률에서는 울피아누스와 테오도시우스 법전을 이용했다. 이시도루스는 또 베르길리우스, 호라티우스, 오비디우스, 루카누스, 루크레티우스 등 시인들의 작품을 기록했다. 건축학에 대한 지식은 비트루비우스를 기초로 삼았고, 헤시오도스, 데모크리토스, 플리니우스, 바로, 콜루멜라 등의 과학 연구에도 익숙했다. 그는 또 보에티우스와 카시오도루스의 백과사전적 저서에도 의존했다. 역사가들은 종종 자료를 있는 그대로 받아들이는 이시도루스의 순진함과 무비판적인 정보 축적을 비웃었다. 그런 비판에도 불구하고, 그가 수집하지 않았더라면 수많은 고전 저작이 유실되고 말았을 것이다.

이시도루스의 『어원학』은 중세 교육에서 중요한 교재가 되었고 잘 갖춰진 중세 도서관이라면 대부분 사본을 소장하고 있었다. 성 비드는 8세기 초 7왕국 시대의 브리튼섬에서 이시도루스의 작품을 접했다. 이시도루스에 대한 언급은 카롤링거 르네상스 시기 프랑스 저술가들의 저서에도 빈번히 등장한다. 보베의 뱅상이 13세기에 『거울Speculum』을 쓸 때까지 『어원학』은 매우 광범위한 주제를 다루는 가장 쉽게 접할 수 있는 저작이었다. 15세기 인쇄술의 발달과 함께 이시도루스의 저작은 새로운 인기를 구가했다. 1477년에서 1577년 사이 『어원학』은 열 가지 판본이 인쇄되었고, 그 이후로도 다른 판본들이 등장했다. 사실 영어 완역본은 2006년에야 최초로 출간되었는데, 이는 이 초기 백과사전의 바래지 않는 중요성과 소구력을 보여주는 증거였다.

스페인의 서고트왕국은 게르만과 로마의 제도 및 관습이 불균등하게 융합된 예이긴 하지만, 로마 시대의 계승은 서고트족이 이루어낸 어떤 변화보다도 더 중요했다. 이는 부분적으로 서고트족의 인구수가 적었던 것에 기인한다. 아마 로마계 히스파니아인은 수백만 명이고 서고트족은 10만 명에 불과했을 것이다. 로마의 전통은 서고트족이 오기 전에 이미 언어, 법률, 종교 안에 단단히 자리잡고 있었으며 이 역시 로마 전통의 우세함을 설명해준다. 변화의 와중에도 물질적 삶은 거의 변하지 않았음을 보여주는 고고학적 증거를 통해 그러한 연속성이 뚜렷이 드러난다. 서고트족의 건물은 중세 구조물들에 대체되어 거의 남아 있지 않다. 그렇다 해도 711년경 서고트족이 자신들의 관습과 그들이 수용한 관습을 토대로 수립한 왕국은 서유럽의 다른 초기 왕국들과 매우 유사했다. 하지만 무슬림의 침입 전에 왕국이 갑자기 멸망했기 때문에 그들이 마침내 이룩했을 나라에 대해서는 알 수 없다.

스페인 서고트왕국의 마지막 왕은 로데리쿠스였다. 그는 아들 아킬라 2세에게 왕위를 물려주려 했던 선왕 위티자의 유지를 무시한 귀족들에 의해 710년에 선출되었다. 로데리쿠스가 선출된 후 아킬라 2세는 반도의 동북부로 물러나며 내전의 깃발을 들어올리고 스스로를 통치자로 선언했다. 아킬라 2세의 서고트족 지지자 몇몇이 율리아누스라는 인물(아마 세우타의 비잔틴 총독)과 손잡고 로데리쿠스를 공격하도록 무슬림들을 부추기고 짧게나마 침입자들을 돕기도 했다는 뚜렷한 정황 증거가 몇 가지 있다. 그렇다 해도 불완전한 기록이고, 후대의 연대기 작가들은 다년간 전해온 입증할 수 없는 전설과 사담史談을 전했다. 하지만 로데리쿠스가 서고트왕국의 피지배자인 히스파니아계 로마인들의 계속된 불만과 지배층의 분열에 직면했다는 데는 의심의 여지가 없다.

710년 7월, 400명의 무슬림 정찰 부대가 북아프리카에서 해협을 건너 지브롤터 바로 서쪽 이베리아반도에 상륙했다. 초반에 급습에 성공하고 저항이 미미하자 기가 선 그들은 이듬해 봄 더 큰 규모의 침략군을 조직한다. 탕헤르의 총독 타리끄 이븐 지야드가 이끄는 7000명에서 1만2000명에 이르는 베르베르족 군대가 해협을 건너 오늘날 타리끄의 언덕, 즉 지브롤터라는 이름이 붙은 칼페산 기슭에 군영을 설치했다. 로데리쿠스가 침략군에 맞서기 위해 북방에서 서둘러 군대를 이끌고 왔지만, 이미 너무 늦었다. 그는 전투에서 패하고 목숨을 잃었으며 이슬람 침략에 맞선 실전적 저항은 실패로 돌아갔다. 그렇게 서고트왕국과 함께 이베리아반도의 고대사는 갑작스러운 최후를 맞이했다.

CHAPTER 3

중세 스페인의 다양성

SPAIN

서고트왕국의 몰락은 스페인 역사에서 이슬람 시대의 시작을 알렸다. 711년부터 1492년까지 무슬림은 이베리아의 여러 지역을 지배했고, 그들의 오랜 존속은 정치적 지배력을 잃은 뒤에도 스페인 문화에 깊은 영향을 미쳤다. 선지자 무함마드의 시대에 아라비아반도에서 기원한 무슬림은 중동 지역 전체와 북아프리카 전역으로 급속히, 널리 확산되었다. 그들은 싸워야 할 때는 싸우고 협상해야 할 때는 협상하며 도시들을 정복해나갔다. 무슬림의 지배하에 들어간 사람들은 이슬람으로 개종할 수 있었지만, 새로운 지배자들 아래서 평화롭게 사는 데 반드시 개종이 필요했던 것은 아니다. 기독교도와 유대교도는 '성서의 민족들' 또는 동료 일신교도로 간주되었고, 개종을 원치 않는 자들은 특별세를 납부하거나 무슬림보다 더 큰 권위를 누리지 못하도록 하는 정치적 제약을 감수한다면 종교와 관습을 유지할 수 있었다.

서고트왕국 말기 이슬람이 스페인을 정복하고 세력을 확립하던 시기의 사료는 기독교 쪽이든 이슬람 쪽이든 사료가 풍부하지 않고, 후대에 나온 것들이다. 동시대의 해석은 입수할 수 없고 후대의 것들은 모순되며 전설적인 내용을 포함하고 있다. 그렇기는 해도 학자들은 대개 무슬림 시대 초기 스페인의 주된 개요에는 동의한다.

남부 스페인에서 로데리쿠스 왕을 패배시킨 후 베르베르 군대를 통솔하던 이슬람 지휘관 타리끄 이븐 지야드는 코르도바로 군사를 보냈다. 그들은 도중에 서고트족 잔여 세력을 소탕하고 오랜 포위 끝에 도시를 함락했다. 타리끄는 유대 공동체 상당수와 서고트족에게 억압받던, 특히 불만을 품고 있던 주민 등 그 지역 반정부 세력의 충성을 받아들였다. 타리끄는 분견대가 코르도바를 방비하는 동안 서고트족의 수도 톨레도로 이동해 그곳을 쉽게 함락했다. 그의 직속 상관이자 서북아프리카 총독이었던 무사 이븐 누사이르가 주로 아랍인으로 이루어진 군대 1만8000명을 이끌고 스페인에 도착해 카르모나, 세비야, 메리다를 정복했다. 타리끄와 무사는 톨레도에서 군대를 합치고 겨울을 났다. 이듬해에 타리끄는 서북부로 향했고 무사는 에브로 계곡을 차지했다. 이는 어느 정도 이슬람으로 개종한 두 유력 기독교 가문 덕택이었고, 그들은 바누 카시 가문과 바누 암루스 가문이 되어 계속해서 그 지역을 지배했다. 무사는 피레네산맥을 넘어 나르본으로 진격했다. 동남부의 오리우엘라에서 그 지역의 공작 테오도미루스는 무슬림과 우호 조약을 체결해 현물을 공납하는 대가로 자치권을 얻었다. 714년에 다마스쿠스의 칼리프는 무사와 타리끄를 호출해 점령지에 대한 보고를 받았다. 그들이 자리를 비운 동안 스페인은 무사의 아들 압둘아지즈에게 맡겨졌고 그는 이슬람 세력을 이베리아의 동쪽 지역까지 확장했다.

716년 초, 무슬림은 멀리 서북 지역과 북쪽의 또 다른 산악지대를 제외하고 반도의 대부분을 점령했다. 남은 영토에는 저항군도 있었고 겉으로만 충성하는 지역도 분명 있었지만, 무슬림은 멸망한 서고트족보다 훨씬 더 효과적으로 통치했을 것이다. 새로이 이슬람 세력권에 놓인 지역은 알안달루스라는 이름을 받아들였고 최종적으로는 다마스쿠스 우마이야왕조 칼리프의 지배하에 놓였다. 716년 우마이야의 칼리프는 새로 정복한 알안달루스를 이프리키아Ifriqiya(현재의 튀니지 일대) 총독의 지배하에 두고 그 아래에는 지방 총독을 두었다. 716년부터 756년까지 20여 명의 지방 장관이 알안달루스에서 근무했지만 짧은 임기 때문에 지휘부 내에서 일어나는 여러 파벌 간의 분란을 진압할 수 없었다.

아랍계 무슬림과 베르베르족이 침략군의 중심축이 되었고 그들은 전리품을 급료로 받았다. 때에 따라 지주가 영지 밖으로 달아나면 이슬람 전사들이 그 땅의 통치권을 얻었다. 이런 관행은 약 750년까지 계속되었으며 그 과정에서 스페인에 수많은 무슬림 지주가 생겨났다. 그 와중에 아랍인들이 최고의 땅을 받고 베르베르족이 최하의 땅을 받으면서 마찰이 빚어졌다.

스페인의 대부분을 점령하고 나서 719~721년에 알안달루스의 이슬람 총독들은 나르본을 장악하고 프랑스로 진격했지만 툴루즈 함락에는 실패했다. 725년에는 론강 골짜기까지 진군을 시도했지만 성공하지 못했다. 732년에는 론세스바예스에서 피레네산맥의 서쪽을 넘어 보르도를 장악하고 그곳에서 프랑스 중부로 진격했다. 프랑크족의 지배자 카를 마르텔은 732년 10월 투르와 푸아티에 사이에서 침략군을 격퇴했다. 전투에서 이슬람 군대가 크게 타격을 입지는 않았지만,

서부 유럽에서의 진군은 기세가 꺾였다.

무슬림이 물러난 이유를 설명하는 데는 경제학과 심리학이 도움이된다. 첫째, 그들의 전략은 주로 신속하고 맹렬한 군사작전을 통해 전리품을 획득하는 것이었다. 그들은 길고 격렬한 싸움을 좋아하지 않았다. 8세기 초에 서부 유럽은 약탈할 게 거의 없을 만큼 상대적으로 가난하고 퇴보해 있었다. 프랑크족의 세력이 점점 더 강해지고 있던 반면, 이슬람 세계는 내부 불화가 크게 늘어나 군 징집이 점점 더 어려워졌으며 특히 약탈이 거의 없는 군사작전은 그 정도가 더 심했다. 게다가 무슬림들은 피레네 북부의 기후를 혹독하고 낯설게 여겼을 것이다. 그들은 734년에 론 지역을 한 번 더 습격했지만 이후 카를 마르텔과 그의 아들은 무슬림을 프랑스에서 점진적으로, 그러나 가차 없이 몰아냈고 759년경에는 스페인에 효과적으로 묶어두었다.

정복과 개종, 그리고 동화

알안달루스의 정복자들은 때로 심각한 내부 문제, 즉 민족과 지역의 소속 구분에 따른 균열에 직면했다. 심지어 아랍인 지배층조차 경쟁관계의 파벌로 나뉘어 있었다. 그 파벌이란 카이스파와 칼브파로, 아라비아반도의 대립관계에 기원을 둔 것이었다. 정치적으로도 매우 유사하게 나뉘어, 다마스쿠스에도 두 파벌이 있었다. 칼리프는 세력을 유지하기 위해 주기적으로 당파를 바꿔가며 한 집단을 희생시키고 다른 집단에 의탁했다. 특정 시기에 칼리프가 자신이 좋아하는 정파에서 스페인의 지배자를 임명하면, 스페인은 물론이고 다마스쿠스에서도 파벌 싸움이 극심한 양상으로 치달았다.

아랍인과 나중에 이슬람으로 개종한 다른 민족 집단도 이슬람 세계에서 이미 명백한 마찰을 일으키고 있었다. 아랍인은 무슬림의 본원으로서, 그리고 정복지에서 가장 좋은 땅을 취하는 자들로서 자신들의 위치에 긍지를 지녔다. 개종자들과 그 자손은 아랍인들이 우월한 위치를 모두 차지하는 데 분개했다. 이러한 분노는 시리아인들에게까지 확산되었고 특히 스페인 침략자들 중 가장 많은 수를 차지했던 베르베르족 사이에서 극심해졌다. 베르베르족은 정복에 커다란 기여를 하고서도 가치가 현저히 떨어지는 땅을 보상으로 받았다. 이런 이들 중 대다수는 불만이 극에 달해, 740년 모로코에서 베르베르족이 일으킨 반란에 가담했다. 칼리프는 시리아인 파견대를 모로코로 보내 불만을 잠재우려고 했지만 실패했다. 파견대 생존자는(3만 명 가운데 7000명이 살아남았다) 스페인으로 옮겨졌고, 남부의 세 지역에서 베르베르족 반역자들을 척결했다. 스페인 내 베르베르족은 흩어졌으며 일부는 모로코로 돌려보내졌다. 시리아인들은 스페인에 남았다.

반도로 들어간 무슬림은 종합해보면 비교적 적은 수였다. 타리끄의 주요 군대였던 베르베르족은 모두 1만2000명가량이었고 무사는 아랍인 1만8000명을 지휘했으며, 시리아인 7000명이 741년에 도착했다. 무슬림 습격 당시 이베리아반도의 인구는 400만~800만 명으로 추산되며, 주로 기독교도였지만 큰 도시들에는 주요 유대인 공동체도 있었다. 따라서 통계학적으로 무슬림의 수는 매우 적었지만 시간이 지나면서 개종자들이 더해지면서 그 수가 증가했다.

기독교에서 무슬림으로 개종한 이들은 크게 아주 다른 두 범주에서 생겨났다. 최상위층은 서고트족 왕가, 귀족, 에브로 계곡 상류를 지배했던 바누 카시 같은 영향력 있는 가문의 구성원들이었고, 그들은 새 지배자들과 연합하면 얻게 될 정치적 이점을 내다보았다. 지방의 지배층은 그 수가 극히 적었다. 하지만 이슬람으로 개종한 낮은 신분의 서고트족과 히스파니아계 로마인 기독교도는 훨씬 더 많았다. 그들은 대개 사회적으로 하층민에 속했다. 그럼에도 무슬림이 스페인을 지배하던 초기 몇 세기 동안 기독교도 대부분은 조상 대대로 내려온 믿음을 유지했다. 하지만 여전히 많은 이가 이슬람의 관습을 수용하고 아랍어를 배웠으며, 이들을 부르는 말로 '무슬림스럽다'라는 뜻을 가진 모사라베mozárabe 같은 단어가 생겨나기도 했다. 수많은 도시의 대규모 유대인 공동체 또한 자신들의 믿음에 충실했다. 다른 이슬람 세계의 동종 신자들이 그러했듯이 기독교도와 유대교도 모두 무슬림이 지배하던 스페인에서 '성서의 민족'으로 살았다.

에미르국에서 무슬림 스페인의 칼리프국으로

스페인은 다마스쿠스의 칼리프국으로부터 얼마간 거리가 있었다. 하지만 스페인이 무슬림의 정치적 노선을 따르기 시작하자 이슬람 세계의 중심에서 일어나는 사건들은 알안달루스에 의도치 않게 중요한 영향을 끼쳤다. 750년 아바스 가문이 우마이야왕조로부터 다마스쿠스 칼리프국의 통치권을 빼앗았다. 패배한 우마이야왕조의 자제 압두르라흐만 이븐 무아위야(압두르라흐만 1세)는 그의 외가가 영향력을 행사하고 있던 현재의 모로코 지역으로 도주했다. 그곳에서 그는 알안달루스의 반대파에게 사자를 보냈다. 카이스파는 그를 거부했지만 예멘인들은 그의 제안을 환영했다. 그는 시리아인, 예멘인, 이베리아와 관계가 있는 약간의 베르베르인으로 구성된 군대를 이끌고 해협을 건넜다. 756년 5월경 그는 카이스파 군대를 격파하고 수도 코르도바에서 알안달루스의 에미르 자리를 차지했다. 단독으로 그 지위를 획득했다는 점에서 가히 혁명적인 행동이었다. 756년 이후 알안달루스는 실질적인 정치적 독립을 누렸고, 이는 이슬람 세계의 정치적 통합을 깨뜨린 최초의 사건이었다.

압두르라흐만 1세는 독립 에미르국을 효과적으로 다스렸으며 도시를 아름답게 가꾸었다. 또한 12세기가 흐른 지금도 위풍당당하게 서 있는 대모스크를 짓는 등 코르도바를 강력한 수도로 만들었다. 코르도바는 알안달루스의 중심이 되었고 200년 이상 지위를 누렸다. 하지만 압두르라흐만도 나라의 사회 문제를 해결하지는 못했다. 종교와 민족 간의 분열은 8세기와 9세기에 걸쳐 그의 후계자들을 계속해서 괴롭혔다. 잇따라 권좌에 오른 에미르들은 때로 어려움과 심각한 유혈 사태를 겪기도 하면서 756~822년에 일어난 반란을 간신히 진압했다. 알안달루스에서 지속적인 반란의 위협을 없애고 나라를 효과적으로 통치하려면 에미르의 권력을 강화해야 했다. 종교 통합에 대한 헛된 읍소를 차치하면, 물리력이야말로 만성 불안에 대한 유일한 해결책이었다. 따라서 에미르들은 자신들이 관할하고 외국 용병으로 운영되는 직업 군대를 창설했으며, 여기에는 유럽 다른 곳에서 온 노예 군인도 포함되어 있었다. 그중 많은 이가 슬라브족이었기 때문에 그들의 이름은 노예slave와 동의어가 되었다.

고대와 그리스 로마 시대에 지중해 세계 전역과 중동에 노예가 존재했듯이 이슬람 세계에도 노예가 있었다. 무슬림은 같은 무슬림을 노예로 삼지 않고 비신자들만 노예로 삼았으나, 노예가 무슬림으로 개종한다고 해서 저절로 자유의 몸이 되지는 않았다. 단지 해방될 자

그림 3.1 코르도바(안달루시아)의 대모스크. 8세기에서 10세기 사이에 건설된 이슬람 치하 스페인의 경이로운 건축물 가운데 하나다. 붉은색과 흰색으로 된 특유의 열쇠 구멍 모양 아치는 신자들이 매일 기도하는 드넓은 장소를 분명히 나타낸다.

격을 얻을 뿐이었다. 여종은 집안일과 간호를 비롯해 소실 노릇도 해야 했다. 남종은 기능공과 육체 노동자가 됐으며, 군인이 되는 이들도 있었다. 노예 군인은 이슬람 세계 밖에서 수입되었고, 많은 수가 중부와 동부 유럽의 젊은이였다. 그들은 이슬람으로 개종하고 나서 군사 훈련을 받았는데, 이 훈련은 지휘자와 통치자를 향한 완전한 충성심이 서서히 스며들도록 고안되어 있었다. 스페인에서 이집트까지 이슬람의 통치자들은 이 충성스러운 군대를 이용했다. 그들은 중세 초기에 계급 상승을 이루면서 종종 자유의 몸이 되어 가정을 꾸렸다.

에미르◆들이 창설한 군대는 알안달루스 내에서 의견 차이가 발생하면 이를 해결하고 나라가 문화적으로 융성할 수 있는 환경을 조성했다. 코르도바는 압두르라흐만 1세 이후 계속 알안달루스의 중심지로 남으며, 후계자들이 도시를 확장하고 아름답게 가꾸면서 유럽 최대 도시 중 하나가 되었다. 지식과 사상이 이슬람의 심장부로부터 스페인으로 전해졌고 알안달루스는 이슬람 세계 극서의 전초 기지에서 대단히 중요한 장소가 됐다.

코르도바의 이슬람 문화가 더 강해지자 수많은 기독교도가 무슬림의 의복과 예절을 수용했으며 점점 더 많은 이가 아랍어를 사용했다. 문화변용을 통해 모사라베 기독교도는 이웃 무슬림과 더욱 가까워졌다. 압두르라흐만 2세 시대에는 아랍화된 기독교도가 마지막 단계를 밟아 무슬림으로 개종하는 경우도 많았다. 코르도바의 몇몇 교회 지도자는 이슬람에 신자를 빼앗기는 것이 기독교 공동체의 존속에 큰 위협이 된다고 여겨 개종의 물결을 억제하려고도 했다. 극단적인 경우에는 순교를 하거나 동료 신도들에게까지 순교를 권장하기도 했다. 그들은 종종 순교를 작심하고 이슬람과 그 선지자를 맹비난하는 도발적인 표현으로 기독교 신앙을 드러내기도 했다. 이슬람 지휘부는 주동자들을 체포해 처형하는 식으로 대응했다. 코르도바의 순교자들은 이슬람 치하 스페인의 전반적인 특성에 전혀 영향을 미치지 않은 것처럼 보이지만 실제로는 기독교적 정체성과 사기를 북돋웠을 수도 있다. 모사라베 공동체는 잔존했지만, 이슬람의 땅에 남기를 꺼려했던 모사라베 개인 및 무리가 알안달루스의 북쪽 멀리 기독교 세력권으

◆ emir(아랍어로 아미르'amīr). 사령관 혹은 총독이라는 의미를 지니고 있으며, 이슬람 세계의 제후에 해당한다. (옮긴이)

로 이주했다.

한편 알안달루스의 이슬람 지도자들은 지방 세력을 키워 코르도바의 에미르에 대한 굴종에서 점점 벗어나려 애썼다. 912년 에미르가 된 압두르라흐만 3세는 비교적 수도에서 가까운 반경 너머로는 중앙의 권력을 행사하지 못하는 어려운 상황에 직면한다. 그는 교묘한 계획과 강한 전술로 중앙 지휘부를 재건하고 노예 군인을 보강해 지배력을 확고히 했다. 그는 또 지중해 지역에 해군 주둔군을 늘려 노르만족과 북아프리카의 신예 파티마왕조 등 해양의 주적에도 대항했다.

훗날 이집트를 지배하는 파티마왕조는 모든 무슬림이 겉으로라도 복종해야만 하는 바그다드의 아바스 칼리프에 도전한다는 뜻으로 칼리프의 칭호를 사용했다. 파티마왕조의 도전은 그 지배층이 무함마드의 딸 파티마의 혈통을 물려받았다는 데 그 근거를 두었다. 파티마는 시아파의 숭배를 받는 인물인 무함마드의 사촌 알리의 부인이기도 했다. 알안달루스는 이미 독립 에미르국이었고 실제로 멀리 떨어진 바그다드나 그 권력의 유지와는 전혀 관계가 없었지만, 이미 모로코에 세력 기반을 수립한 파티마왕조의 발흥을 에미르들이 불안스레 지켜볼 근거는 충분했다. 압두르라흐만 3세는 이베리아반도에서 권력을 강화하고 해협 건너 파티마왕조에 맞서 균형을 유지하기 위해 칼리프를 자칭하고 상위 권력으로부터 알안달루스를 완전히 독립시켰다.

칼리프 칭호를 쓰는 것은 정치적 권위를 확립하려는 압두르라흐만 3세의 계획에 들어맞았다. 그는 코르도바 칼리프국 정부의 구조를 재조직하고 효과적인 관료제를 통해 충실한 지방 총독들과 관계망을 수립했다. 그와 그의 아들이자 후대 왕인 알하캄 2세 때까지는 이런 정책이 유효했지만 10세기 후반을 지나 11세기, 뒤이은 칼리프들의 통치기에 이르러 권력은 두 방향으로 분산되었다. 코르도바 내에서는 궁중 고관이나 칼리프국의 재상들이 권력을 키우고 칼리프를 무시했다. 수도 밖에서는 지방 도시와 소도시가 점차 자결권을 강화해 코르도바로부터 독립적인 입지를 다져갔다. 중앙부를 장악하기가 힘들어진 데다 종교적 열정마저 칼리프에 대한 지지를 지탱하기에는 부족해지자, 정치적 분열은 관례가 되었다. 11세기 초 우마이야왕조의 마지막 칼리프 히샴 2세가 끌어내려진 뒤 복권하지 못하던 무렵 분열은 정점에 이르렀다. 1031년에는 알안달루스의 여러 지도자가 코르도바에서 만나 칼리프국을 폐지하는 데 동의했다.

그들은 왜 그랬을까? 스페인 칼리프국이 종말을 맞은 이유는 아직도 명확하지 않으며, 수많은 가능성이 제기된다. 무슬림이 스페인을 지배한 지도 3세기가 흘렀고 이슬람 지도자들은 이를 영원한 상태, 이론의 여지가 없는 상태로 여겼을 것이다. 기독교 군대가 북쪽에서 진군해왔을 때 무슬림들은 여전히 반도의 3분의 2와 특히 번영한 남부 및 동남부를 장악하고 있었다. 하지만 이슬람 공동체들 사이에는 민족적 차이가 존재했다. 더욱이 압두르라흐만 3세 이후의 칼리프들은 선대들만큼 유능하지 못해서 궁중 고관들에게 권력을 내주었다. 알만수르(승리자)라는 칭호를 얻은 무함마드 이븐 아비 아미르는 칼리프국의 통치권을 획득한 최초의 고위 관리였다. 하지만 독재자로 알려진 그와 후계자들은 알안달루스를 전체적으로 장악할 수 없었다. 여러 도시 지도자가 독립성을 확보해나감에 따라 지역주의가 발달했기 때문이다.

최후의 칼리프 히샴 2세는 1009년에 한 번, 그리고 결정적으로 1013년에 또 한 번 자리를 내놓음으로써 두 번 폐위되었다. 끝이 없어 보이는 갈등과 대결 상황에 무너진 것이다. 1031년 코르도바에서 가장 유력한 도시 지도자들이 모여 칼리프국을 폐지하자 약 30년간 독립을 유지했던 도시국가들이 모습을 드러냈다. 소왕국 혹은 타이파taifa(아랍어 ṭāʾifa에서 유래)라 불린 각각의 왕국은 수도와 크고 작은 시골 지역으로 이루어져 있었다. 어떤 곳은 슬라브인이, 또 어떤 곳은 아랍인이, 또 다른 곳은 베르베르인이, 나머지는 옛 히스파니아계 로마인의 후손이 지배했다. 1031년에 지도자들은 이런 모자이크 형태의 소왕국을 계속 유지할 수 있을 거라고 자신한 듯하다. 하지만 11세기를 거치면서 도시국가 사이의 갈등이 증폭되었고 북쪽의 기독교도들은 이런 무슬림의 분열을 재빨리 이용했다.

북부 기독교 국가들의 기원

무슬림은 처음 이베리아반도에 침입했을 때 외지고 가난하며 인구 밀도가 희박한 북부 산악지대는 점령하지 못했다. 그 후 이슬람 지도자들은 북부에 별로 주의를 기울이지 않았고, 알안달루스의 경계에 위치한 독립 기독교 집단을 몰아낼 공동의 활동은 전혀 전개하지 않았다. 이러한 부주의는 서고트족의 잔존 지배층이 칸타브리아 산지에 자리를 잡고 지역 지배층과 힘을 합칠 빌미를 제공했다. 무슬림의 정복에 저항한 최초의 기독교 지도자는 펠라기우스였는데, 그는 서고트족의 귀족으로 아마 로데리쿠스 왕실과 관계가 있었을 것이다. 718년이나 그 무렵에 그는 '유럽의 지붕'이라 알려진 칸타브리아 지역에서 이슬람 군대를 격파할 지지 기반을 규합하는 데 성공했다. 전투는 근처 동굴의 종교적 의미가 함축된 이름을 따 코바동가(라쿠에바데산타

마리아 혹은 코바도미니카) 전투라 불렸다.

그 작은 전투의 중요성이라고는 훗날 벌어질 교전의 전조라는 것뿐이었지만 펠라기우스는 재빨리 이익을 좇았다. 그는 영토 기반을 점검하고 다른 기독교 무리를 독려해 자신에게 가담하도록 했으며, 왕국을 아스투리아스라 칭하고 캉가스데오니스에 수도를 세웠다. 펠라기우스의 조직에 가담한 수많은 귀족과 성직자는 멸망한 서고트왕국과 관계가 있었고, 펠라기우스의 활동 와중에도 귀족과 왕권 사이의 갈등은 여전했다. 성직자들은 왕의 충실한 동맹으로 판명되었지만, 알안달루스와 치른 전쟁 초기에는 종교적 혹은 민족적 동기가 강하지 않았다. 왕은 지배 영역을 확장하고 싶어했고 귀족들은 영토를 원했다. 목표를 이루기 위해 그들은 상황에 따라 기꺼이 군대를 연합하는가 하면 독자적으로 무슬림을 상대하기도 했다.

왕권은 펠라기우스에서 서고트 칸타브리아공국의 군주이자 펠라기우스의 사위였던 알폰소 1세로 이어졌다. 그는 아스투리아스왕국의 독자적인 군주제를 수립하고 영토를 확장하기 시작했다. 알폰소 1세의 통치 기간은 알안달루스에서 무슬림이 크게 어려움을 겪었던 시기와 일치한다. 반란을 일으킨 베르베르인이 아랍인과 싸우고 아랍인끼리도 서로 싸우자 이슬람 군대는 북부 지역을 포기했다. 알폰소는 세력권을 계속 활발히 확대할 수 있었고, 덕분에 기독교의 영역을 남쪽으로 두에로 협곡, 동쪽으로 바스크 지방, 서쪽으로 갈리시아까지 넓혔다. 이렇게 확보한 땅을 지키기 위해 알폰소 1세는 전략적 요충지에 요새를 세우고 가능하다면 점령지 어디서든 기독교도가 다시 살도록 했다. 그렇다 해도 기독교와 이슬람 사이의 경계는 여전히 가변적이고 단속적이었다. 거의 사막에 가까운 광대한 지역이 기독교와 이슬람의 영토 사이에 놓였으며, 양측이 대규모 군대를 이끌고 그곳을 주기적으로 침입했다.

아스투리아스왕국 내에서 알폰소 1세(일명 '가톨릭왕')는 성직자들에게 심하게 의존했다. 성직자들은 가끔씩 다루기 힘든 귀족들보다 훨씬 더 나은 협력자였다. 그들은 종교적 의무에서, 또 참여를 꺼리는 이들을 질책하기 위해서 무슬림에 대한 전쟁을 고안하기 시작했다. 알폰소 1세와 후대 왕들은 정치적 지지자인 성직자들에게 영토를 하사하고 성당과 대성당, 수도원을 세워 권력과 종교 시설의 가시성을 강화했다. 그럼에도 무슬림을 상대로 한 간헐적인 전쟁에는 종교적인 동기뿐 아니라 물질적인 동기도 있었다.

알폰소 1세가 죽은 시기와 압두르라흐만 1세가 알안달루스에 독립

그림 3.2 전형적으로 중세 수도원에는 안뜰(파티오patio)를 둘러싼 열주식 내부 통로가 있었고, 이를 통해 수도원에서 생활하는 이들이 외부와 접촉할 수 있었다. 사진 속의 라스두에냐스 수도원(살라망카) 회랑은 그중 백미다.

에미르국을 세우고 강화한 시기는 757년으로 일치한다. 이슬람 세력이 내부 갈등을 종결하고 강력해지면서 아스투리아스왕국은 세력을 더 확장할 수 없게 되었다. 따라서 알폰소 1세의 후계자들은 독립하려는 귀족의 저항과 움직임에 대응함으로써 왕국의 지배권을 강화하는 데 관심을 기울였다. 그 덕분에 위대한 아스투리아스의 다음 왕 알폰소 2세는 강한 내실과 결속력을 지닌 왕국을 물려받았다.

'정결왕' 알폰소 2세는 세 번에 걸친 이슬람 군대의 공격을 성공적으로 격퇴했다. 그는 또 알하캄 1세와 압두르라흐만 2세 치하 이슬람 세력의 불안을 이용해 지금은 포르투갈 영토인 이슬람 지역을 몇 차례 습격해 포로와 전리품, 요새 도시들을 획득했다. 또한 이슬람 에미르의 지배를 받던 수많은 기독교도에게 북쪽 변방으로 이주해 정착할 것을 권장했다. 피레네산맥 북쪽의 기독교 세력에 대해서는 카를대제 및 루도비쿠스 1세(경건왕)와 동맹을 맺었지만 왕국의 정치적 독립을 유지하려 애썼다. 그는 왕의 지배권과 통치력도 계속 강화해, 폐기되었던 서고트 법전, 즉『서고트 로마 법전』『심판서』『푸에로 후스고』로 알려진 법전을 재도입했다. 그는 수도를 오비에도로 옮기고, 무슬림의 지배에 저항하도록 바스크인들을 부추겼다.

알폰소 2세의 통치 기간에 유럽에 엄청난 영향을 끼치며 기독교 이베리아에 관심을 집중시킨 사건이 발생한다. 갈리시아의 서북쪽 끝 이리아플라비아라는 도시 인근 평야의 주민이 사도 성 야고보(대⼤ 야고보)의 무덤과 유물로 보이는 것들을 발견한 것이다. 성 야고보(스페인에서는 산티아고로 불린다)의 이야기는 스페인의 가톨릭에서 권위 있는 신화 중 하나다. 오늘날에도 스페인 사람들은 가톨릭 달력에서 성 야고보의 날인 7월 25일을 널리 축하한다. 산티아고는 예수 그리스도의 12사도 중 한 사람이었다. 전해 내려오는 이야기에 따르면, 예수가 십자가에 못 박혀 부활한 뒤 산티아고는 스페인을 기독교로 개종시킬 임무를 맡았다. 그가 전혀 성공을 거두지 못하고 절망 속에 있을 때 성모 마리아가 나타나 기둥Pillar 위에 섰다. 그녀의 개입으로 산티아고는 용기를 얻었고, 훗날 성직자들이 사라고사 성당을 짓게 될 위치에 교회를 건립할 영감을 받게 된다. 마리아 델 필라르Maria del pilar(필라르 성모 대성당)라는 이름은 아직까지, 특히 스페인 북부에서 여자아이들의 세례명으로 인기가 높다.

산티아고의 전설은 그가 팔레스타인으로 돌아가 죽음을 맞이할 때도 계속된다. 그가 죽었을 때 시신을 배에 실은 이들은 아마 그의 추종자들이었을 테고, 배는 기적적으로 이베리아 서북부에 닿았다. 피오르와 유사한 리아스식 해안, 배를 댄 해안가에서는 리아스를 따라 말을 타고 달리는 이교도의 결혼 피로연이 열리고 있었다. 신랑의 말이 발을 헛디뎠고, 배가 떠 있는 바다로 신랑을 내동댕이쳤다. 배에 타고 있던 산티아고 추종자들은 그를 배 위로 건져 올렸고, 그중 한 명이 신랑의 옷에 매달려 있던 가리비 껍데기 하나를 바가지 삼아 즉석에서 세례를 베풀었다. 이후 조가비는 산티아고의 영원한 상징이 되었다.

이교도들은 기독교도들의 재빠른 대처에 감명을 받고 만족했다. 하지만 그들이 석관에 안치되어 있는 사도 야고보의 매장을 허락해달라고 지역 통치자였던 루파 여왕에게 청하자, 여왕은 이를 거절하고 그들을 감금했다. 그들은 기적적으로 감금 상태에서 벗어나 도주했으며, 지나온 다리가 무너져 내려 여왕의 추격대를 피할 수 있었다. 이런 기적 같은 이야기들이 지역 주민의 관심을 끌기 시작했고 많은 이의 기독교 개종으로 이어졌다. 그때 여왕이 변심한 척하고 산티아고를 매장할 땅을 내주었다. 그녀는 산티아고의 추종자들에게 근처 산으로 올라가 그곳의 소 떼를 몰고 와서 매장지까지 석관을 끌고 가라고 일렀다. 그녀는 산에 용이 산다는 것과 그 소 떼가 실은 야생 황소라는 이야기를 하지 않았다. 용이 신자들에게 싸움을 걸어오자 그들은 십자가 표식을 내보였고, 이를 보는 것만으로도 용은 죽고 말았다. 그런 다음 그들은 야생 황소 떼를 발견했는데, 그들이 다가가자 유순해진 황소들은 관을 끌 멍에를 씌우도록 얌전히 있었다. 마침내 여왕 본인도 신자가 되었고 자신의 땅에 시신을 매장하도록 허락했다. 작은 제단으로 그 장소를 표시했지만 제단과 석관 모두 행방이 묘연했는데, 알폰소 2세 때 어떤 은자가 별똥별이 가리키는 곳에서 제단을 발견했다. 신심이 솟아난 지역의 기독교도들은 이내 그 자리에 교회를 세웠다. 그들은 그곳을 라틴어 캄푸스 스텔라이Campus Stellae에서 따와 콤포스텔라라고 불렀고, 그 주변으로 생겨난 도시에는 산티아고의 이름을 붙였다.

산티아고데콤포스텔라는 중세 유럽의 기독교 순례지 중에서 로마를 제외하면 가장 인기가 높은 주요 중심지가 되었다. 그곳으로 가는 순례자의 행렬은 16세기에 전쟁과 개신교의 발흥으로 줄어들었고, 이는 북유럽 순례자의 수를 감소시켰다. 하지만 20세기 후반에 산티아고 길 걷기에 대한 관심이 부활했고, 21세기 초에도 신자들은 물론 신자가 아닌 이들에게까지 인기가 여전하다. 진정한 순례자들은 파리의 생자크 탑에서 걷기를 시작해 남쪽으로 내려가면서 프랑스 시골을 지나 스페인과의 국경인 피레네로 향한다. 거기서부터 두 주요 경로 중 하나를 따라 서쪽으로 이동하는데, 순례자들에게 음식을 제공하면서 커진 도시들도 종종 지나지만 시골을 더 자주 지나친다. 중세 시기처럼 예배당과 교회가 경로를 나타내고 길을 따라 이어진 호스텔에서 순례자들을 위해 숙소와 음식을 제공한다.

9세기에 갈리시아주 산티아고가 성장한 것은 그 지역에 대한 기독교의 지배력이 강화되고 성지 순례길의 명성이 높아졌음을 의미했다. 기독교의 영역은 칸타브리아 산악지대와 갈리시아의 초기 핵심 지역들에서 점차 남쪽의 이슬람 지역으로까지 확장되었다. 이는 돌격대를 이용해 도시를 약탈하고, 작물을 망가뜨리고, 가축을 강탈하고, 몸값을 받거나 노예로 삼기 위해 전리품과 포로들을 모으고, 또 모사라베들이 돌격대와 함께 기독교의 영역으로 돌아와 정주하도록 장려하는 등의 활동과 동시에 일어났다.

8세기와 9세기 초에는 두에로강 협곡의 땅이 크게 황폐해졌다. 무슬림들은 그 지역에 대규모로 정착한 적이 없었고 740년대 베르베르족의 반란 이후 그곳을 떠난 무슬림도 많았다. 9세기 후반에서 10세기로 접어들면서 기독교도들은 사모라와 토로를 거점으로 두에로강의 북쪽 제방을 따라 정착지를 조성하기 시작했고, 아스투리아스 왕 오르도뇨 2세는 수도를 남쪽으로, 오비에도에서 레온으로 옮길 수 있었다. 기독교의 영토는 그 이후 레온왕국이 되었다.

반도 동북부에서 기독교 세력의 확대는 프랑크왕국과 밀접한 관련이 있었다. 8세기에 카롤링거왕조는 남쪽의 피레네산맥까지 무슬림을 몰아붙였고, 카를 대제는 그들을 더 남쪽까지 밀어붙여 산맥 건너편 이베리아반도 쪽에서 이어진 경계 지방을 조성하고 싶어했다. 그는 사라고사의 이슬람 총독이 우마이야왕조의 에미르 히샴 1세를 상대로 반란을 일으키고 프랑크왕국에 원조를 청했을 때 기회가 왔다고 생각했다.

그 반란은 단지 지방 무슬림의 지역적인 세력 다툼을 넘어 더 넓은 지중해 세계의 상위 정치를 반영하고 있었다. 바그다드의 칼리프로서 여전히 건재한 아바스왕조가 이슬람 세계 전역에서 지배권을 주장하던 반면, 우마이야왕조는 스페인 통치자로서는 신진 세력이었다. 778년에 카를 대제는 이슬람 총독의 사라고사 탈환을 돕기 위해 군대를 이끌고 산맥을 넘어 론세스바예스의 서쪽 통로를 통해 스페인으로 들어갔다. 그는 팜플로나에서 지역 기독교도들과 친선관계를 맺었고, 외상으로 식량을 제공받은 후 사라고사를 향해 이동했다. 이슬람 반란군의 도움에도 프랑크족은 도시를 포위하지 못하고 반도로 들어왔던 경로를 따라 후퇴했고, 지역 기독교 공동체에 진 빚을 갚지 못했다. 그러자 론세스바예스에서 주민들이 카를 대제의 후위 부대를 매복 습격했고, 그 결과 영웅 흐로딜란드(롤랑)와 안셀무스를 비롯해 많은 이가 죽었다. 이 사건으로 카를 대제는 몇 년 동안 스페인 습격을 단념했다.

수 세기가 지난 뒤, 11세기 후반을 시작으로 그 이야기는 전설이 되었고 마침내 프랑스 중세의 위대한 서사시, 『롤랑의 노래La Chanson de Roland』를 낳았다. 이 서사시는 초기 십자군이 동지중해로 진출하던 11~12세기의 관심사를 드러내면서도 역사적 사건과는 크게 다르다. 기독교화된 프랑크족과 무슬림 반란군의 동맹, 그리고 갚지 않은 빚을 두고 기독교끼리 맞붙은 마지막 전투를 『롤랑의 노래』는 기독교와 이슬람의 대립으로 각색한다.

카를 대제 본인은 절대 스페인으로 돌아가지 않았지만, 785년 헤로나 정복을 시작으로 그의 군대는 스페인 변경백령Marca Hispánica을 수립했다. 사라고사와 론세스바예스에서 패주한 이후 거의 20년이 지난

797년에 카를 대제는 아바스왕조의 칼리프 하룬알라시드에게 특사를 보내 스페인의 우마이야왕조에 대항해 동맹을 맺을 것을 청했다. 동맹은 허사가 되었지만 하룬알라시드가 카를 대제에게 코끼리를 선물로 보내자 대제의 지지자들은 수년 동안 감동에 사로잡혔고 적들은 두려움에 떨었다. 801년에는 바르셀로나와 인근의 수많은 소도시가 기독교도의 지배하에 놓였다. 타라고나와 토르토사는 10년 뒤에 정복되어 스페인 변경백령에 합류했고 전체가 아키타니아(아키텐) 공작의 영지가 되었다.

곧 지역 유력자들이 아키타니아 공작의 지배에 반항하기 시작해, 지금의 프랑스에 속한 땅을 포함해 여러 지역이 바르셀로나와 손잡고 바르셀로나 백작령을 형성했다(이 지역은 훗날 카탈루냐가 된다). 초반에는 백작들이 카롤링거왕조의 지배권을 인정했지만, 그 세기가 다 가기 전에 카탈루냐는 독립국이 되었다. 스페인 변경백령 전체가 확실히 독립한 것은 카를 대제의 후손의 세력이 점차 약해지면서였다. 피레네산맥 남부에서 프랑크족의 지배권이 약화되었음은 지역 성직자들의 태도에서 명백히 드러났다. 이전에는 성직자들이 프랑크왕국의 법원에서 교회 문제의 해결책을 구하려 했던 반면, 점차 교황을 찾거나 최소한 바르셀로나의 백작에게 가기 시작했던 것이다.

9세기 중반 무렵, 갈리시아에서 동쪽으로 비스케이만과 피레네산맥의 남쪽 비탈을 따라 바르셀로나까지, 반도의 북부 지역 전체가 기독교도의 손에 들어갔다. 아스투리아스왕국을 시작으로 그들을 계승한 레온왕국, 나바라왕국과 거기서 분리 독립한 아라곤왕국, 바르셀로나 백작령 등, 반도 북부의 여러 기독교 왕국은 마침내 이슬람 영토인 남쪽까지 영역을 확장했다. 하지만 9세기와 10세기에는 아무도 기독교 군대가 승리하리라고 예측할 수 없었다. 이슬람 스페인은 여전히 건재했고 알안달루스는 이슬람 세계의 보배였기 때문이다.

무슬림 스페인의 정점

절정기의 이슬람 스페인은 인더스강에서 대서양까지 널리 세력을 떨치던 이슬람 세계의 일부였다. 이슬람 세계는 풍요로웠으며, 처음에는 약탈을 기반으로 하다가 이후 농업, 가축 사육, 광산 채굴, 장인들의 수공예품, 무역 등으로 황금기를 누렸다. 세계 전역에서 종교, 언어, 법률, 상업적 관행의 통일 효과가 상업활동을 촉진했다. 무함마드부터가 상인이었으며, 쿠란에 표현된 상인들에 대한 공경은 무역과 그 종사자들의 가치를 높였다.

하지만 도시와 무역의 중요성에도 불구하고 여전히 이슬람 세계는 대부분이 시골이었으며, 광범위한 농업 발달이 시작된 것은 스페인의 무슬림 덕택이었다. 그들은 밀, 올리브, (종교적으로 금기였지만) 포도주용 포도와 같은 기존의 곡물로 계속 이익을 보았다. 특히 남부와 동남부 무슬림은 새로운 곡물과 생산법을 도입하기도 했다. 사탕수수, 쌀, 사프란과 마찬가지로 다양한 감귤류 과일, 무화과, 아몬드 모두 무슬림이 스페인에 들여온 것이었다. 저지의 강 유역에서는 로마 시대부터 전해져 내려온 관개시설을 확장하거나 새 시설을 지어 관개 농업을 확대했다. 무슬림은 관개 공사 경험이 풍부했는데, 시리아에서 스페인에 이르는 점령지에서 기술을 습득해 가장 효율적인 것을 채택하고 변형한 덕분이었다. 가축 사육에 있어서는 소와 양과 말의 품종 개량법을 개발했고 이집트에서 나귀를 들여왔으며 닭, 공작, 비둘기도 사육했다.

이슬람 도시들은 농산물, 광물, 무엇보다 수공예품 무역의 중요한 연결 거점이었다. 다른 서부 유럽의 도시생활은 로마제국의 쇠퇴와 맞물려 12세기 무렵 시들해졌던 반면, 이슬람 스페인에서는 도시가 번성했다. 처음에는 에미르국의 수도였다가 나중에는 독립 칼리프국의 수도가 된 코르도바는 무슬림 지배하의 스페인에서 가장 규모가 큰 도시였고, 인구는 10만 명 이상이었을 것이다. 사라고사, 톨레도, 세비야, 그라나다, 알메리아, 말라가의 인구는 각각 1만5000명에서 4만 명 사이였다. 고대에 그랬듯 반도 남부와 동남부가 가장 활기차고 발전된 지역이었다.

이슬람 스페인의 도시들은 반도에서 채굴된 광물로 무기, 순금 세공품, 주조된 금화를 포함해 다양한 제품을 생산했다. 현지의 가죽으로 만든 제품 또한 수공예품 시장에서 중요한 자리를 차지했다. 코도반이나 모로코가죽 등, 가죽과 관련된 오늘날의 단어들도 이슬람 스페인의 가죽 산업에서 기원한 것이다. 반도에서 생산되는 양모, 면, 리넨, 비단으로 옷감을 짜는 장인들도 있었다. 무슬림은 9세기에 중국이 발명한 제지술을 스페인에 들여와 10세기부터 그 수출 산업을 발달시켰다. 궁궐과 이슬람 사원에 쓰이는 장식용 타일을 포함해 유리와 도자기 제품의 주요 산업 또한 이슬람 스페인 시대부터 발달했다. 알안달루스 전역에서 상인들은 서부 지중해와 그 너머의 시장으로 상품을 수출했다. 스페인이 더 넓은 이슬람 세계로 하루아침에 통합된 것은 아니지만, 9세기 무렵에 이미 무역로와 연결망이 충분히 갖추어져 있었고 적절히 기능하고 있었다.

로마인, 서고트족, 무슬림, 기독교도의 지배하에서 경제의 팽창은 스페인의 자연 자원에 큰 피해를 가져왔다. 하지만 마땅히 주목받아

지도 3.1 11세기 후반 이베리아반도. 로마 지배 당시 반도의 통합과는 대조적으로,
11세기 후반 나타난 정치적 분열은 중세의 기독교도 지역과 이슬람교도 지역의 분리를 보여준다.

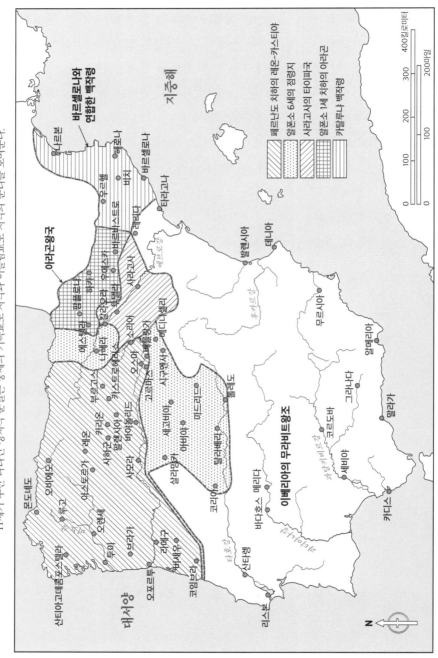

바르셀로나와
연합한 백작령

아라곤왕국

지중해

페르난도 치하의 레온-카스티야
알폰소 6세의 점령지
사라고사의 타이파국
알폰소 1세 치하의 아라곤
카탈루냐 백작령

이베리아의 무라비트왕조

대서양

N

0   100   200   300   400킬로미터

200마일

야 할 이 주제를 두고 역사학자들의 의견이 모두 일치하는 것은 아니다. 토목 공사, 채굴, 조선, 무엇보다 유리와 타일 제조업은 모두 엄청난 양의 나무를 소비한다. 스페인의 원시림은 1000년이라는 경제 발전의 시간을 어떻게 살아냈을까? 단서는 모호하고 해석은 굉장히 다양하다. 무슬림이 목재 생산을 확대하면서 숲을 주의 깊게 관리했다는 학자들이 있는 반면, 이슬람 시대부터 삼림 벌채와 환경 악화가 시작되었다고 주장하는 학자들도 있다. 학계에서 시간을 들여 더 상세히 검토할 때까지 이 주제는 미해결된 채로 남아 있을 것이다. 하지만 이슬람 시대에 장인의 수공예품 생산이 증가하고 도시가 확장한 사실은 분명하며, 그러기 위해서는 삼림을 개발해야 했다.

경제 팽창과 더불어 코르도바 칼리프국의 전성기에는 이슬람으로의 개종 비율도 증가했는데, 이는 당시 기독교와 유대교 지도자들에게 골칫거리였다. 조상 대대로 내려온 지역에서 살던 기독교도와 유대교도조차 주변에서 우세를 점하고 있던 이슬람식 물질문화를 거침없이 흡수했다. 독특한 건축 양식, 요리, 의복 등이 그렇게 만들어졌다. 세 종교 집단이 아랍어를 공용어로 쓰면서 언어 또한 변했다. 그 덕에 아랍의 학문적 지식을 전달하거나 로마와 기독교 라틴 국가들, 특히 그리스의 고전 유산을 아랍어로 번역하기가 용이해졌다. 뒤이은 몇 세기 동안 이러한 현상은 더욱 가속화됐다.

11세기는 스페인 내 기독교 영역과 무슬림 영역의 관계에 중요한 변화의 시작을 알렸다. 칼리프국이 붕괴하자 지역 통치자들은 타이파로 독립해나가는 수순을 밟았다. 어떤 타이파는 주요 도시와 그 인근만을 통치했던 반면, 더 넓은 지역을 통치한 타이파도 있었다. 가장 중요한 타이파는 아랍인이 다스리던 사라고사, 톨레도, 바다호스, 세비야, 베르베르인이 통치하던 그라나다, 슬라브 혈통의 군인 노예 후손이 차지했던 발렌시아였다. 타이파 시대는 눈부신 문화의 번영을 이루어냈는데, 타이파 왕들이 궁궐의 화려함을 경쟁적으로 자랑한 까닭이었다. 그들은 궁궐과 건물을 짓고 지적 성취(사실이든 아니든)의 증거로 많은 장서를 모았으며 뛰어난 학자들을 뽑아 후원했다.

정치적으로, 북부에서 부상하는 기독교 왕국들과 홀로 맞설 수 있는 타이파는 없었다. 하지만 아직 기독교 스페인은 광범위한 지역을 재정복해 이주해올 만큼 강하지 않았다. 대신 기독교 지도자들은 타이파 간의 분쟁에 개입해, 몇몇 타이파와 동맹을 맺어 다른 타이파에 대항하거나 독자적으로 공격을 개시해 도시를 약탈하고 영토를 확보했다. 공격하는 대신 취약한 타이파를 위협해 공물의 형태로 보호금(파리아스parias)을 받아낼 수도 있었다. 잦은 습격(알가라스algaras)을 포함한 이 모든 행위는 기독교 전사계급의 군사 기술을 연마시키고 지도자에 대한 충성을 강화했다. 비록 기독교와 이슬람이라는 문화적 경계가 있었지만, 종교적 차이는 11세기에 일어난 충돌에서 분명 주요 동기가 아니었다. 더욱이 중간중간의 평화로운 시기에는 종교의 경계를 넘어 다양한 문화적, 상업적, 사회적, 정치적 교류가 일어났다.

북부의 기독교 국가들은 11세기에 타이파를 희생시켜가며 점차 세력을 키웠지만 자기들끼리도 분쟁하며 많은 힘을 소모했다. 더욱이 기독교 통치자들은 어렵게 얻은 영토를 후계자들에게 분할 상속하다보니 자신들이 구축한 세력을 얼마간 잃어버렸다. 이런 약점들에도 불구하고 일생 동안 상당한 세력과 영토를 축적할 수 있었던 강력한 왕이 몇 명은 있었다. 그중 첫 번째로 나타난 이는 대왕(마요르el Mayor)이라 불렸던 나바라의 왕 산초 3세였다. 그는 칸타브리아로 세력을 확대해 카스티야를 나바라에 병합시키고 레온왕국의 티에라데캄포스(피수에르가강과 세아강 사이)를 점령했다. 또한 아라곤 백작령을 통제하에 두고 카탈루냐 백작령의 통치권을 주장했다. 서고트 시대 이래 스페인에서 규모가 가장 컸던 두 기독교 왕국을 병합하고 나서 산초 대왕은 '스페인 모든 왕국의 왕'을 자처하기 시작했다. 그는 귀족들의 협력을 얻고 영토에 평화를 가져왔다. 나바라는 피레네산맥 너머 유럽의 영향에 열려 있었고 그는 산티아고데콤포스텔라로 가는 순례자의 통행을 촉진함으로써 이를 확장시켰다. 하지만 강력한 나바라의 패권이 산초 대왕 이후로 오래 지속되지는 못했다. 1035년 그가 죽자마자 영토는 유언에 따라 아들들에게 배분되었고, 가장 나이 많은 세 아들이 왕으로 지명되었다. 가르시아는 나바라의 왕, 페르난도는 카스티

©QUIM70

그림 3.3 푸엔테라레이나(나바라)의 우아한 로마네스크 양식 다리는 점점 더 많아지던 산티아고데콤포스텔라 순례자를 수용하기 위해 11세기에 건설되었다.

야의 왕, 라미로는 아라곤의 왕이 되었다. 이렇게 카스티야와 아라곤의 왕국으로서의 기원이 산초 대왕의 유언에서 비롯되었다.

카스티야 최초의 왕 페르난도 1세는 산초의 아들 중에서 가장 괄목할 만한 인물로 거듭났다. 산초 대왕이 병합한 티에라데캄포스를 레온의 왕 베르무도 3세가 탈환하려 하자 페르난도 1세는 타마라에서 맞서 싸웠다. 전투에서 베르무도가 전사하고 페르난도가 그의 왕국을 차지하자 일시적으로나마 카스티야와 레온이 통합되었다. 이후에 페르난도는 형이었던 나바라의 가르시아를 무찔러 죽이고 카스티야의 나바라 쪽 국경을 에브로강까지 확장할 수 있었다. 그는 무슬림을 계속 습격해 훗날 포르투갈 땅이 될 비제우와 코임브라를 포함해 서쪽의 이슬람 도시(나중에 무슬림이 일시적으로 탈환하긴 하지만)에 이르기까지 세력을 확장하기도 했다. 힘과 명성을 증명하기 위해 페르난도는 톨레도, 세비야, 바다호스, 사라고사의 이슬람 통치자에게 공물을 요구했다. 요컨대 페르난도 1세는 카스티야를 기독교 왕국 중에서 최강으로 바꿔놓았다. 하지만 그는 1065년에 세상을 떠나면서 영토를 분할했다. 큰아들 산초는 카스티야를 물려받음으로써 산초 2세가 되어 그곳을 다스렸고, 알폰소가 레온을, 가르시아가 갈리시아를 얻었다. 딸들에게는 도시를 남겼다. 우라카는 사모라를, 엘비라는 토로를 받았고, 아버지 영토 전역의 수도원에서 수입을 확보했다.

산초 2세는 침략정책에 착수하고 형제들의 땅인 갈리시아와 레온을 점령했지만 여동생의 도시 사모라를 포위하는 동안 암살자의 손에 죽었다. 이후 이슬람의 톨레도로 망명했던 알폰소가 산초의 뒤를 이어 카스티야의 왕 알폰소 6세가 되었다. 알폰소 6세의 통치는 톨레도 정복에서 그 절정에 이르렀다. 1085년, 그의 군대는 오랜 포위 작전

끝에 톨레도로 입성해 그곳을 카스티야에 병합시켰다. 카스티야에 있어 톨레도 정복은, 최근 재정복한 과다라마산맥 남부의 도시들을 보호할 수 있는 강력한 요새 도시를 갖게 되었음을 의미했다. 톨레도는 그 시점에 기독교도가 무슬림에게서 빼앗은 도시 중 최대 규모였으며 수많은 이슬람 인구를 보유하고 있었다.

기독교도가 톨레도를 함락시킴으로써 기독교와 이슬람의 관계에 새로운 장이 열렸다. 톨레도 함락 1년 후인 1086년, 세비야의 이슬람 통치자는 기독교의 확장세에 대항하고자 모로코의 무라비트왕조에 도움을 청했다. 무라비트왕조는 스페인에서 알려진 것처럼 사하라 서부에서 발흥했는데, 그곳은 이슬람 교리를 엄격하게 고수할 것을 주장하는 베르베르인에게 모로코인 압둘라 이븐 야신이 개혁적인 이슬람의 메시지를 설파한 곳으로, 비신자들에게 좀더 엄격했다. 그는 대서양 연안에서 멀리 떨어진 세네갈강에 리바트ribat, 즉 종교 공동체를 형성하고 추종자들을 끌어들였다.

그들 세력은 모로코를 지나 북쪽으로 정치적 지배를 확장하기 시작했고 1080년에는 모로코 대부분을 장악했다. 6년 후 무라비트의 지도자 유수프 이븐타슈핀이 낙타와 북이 완비된 대규모 군대를 이끌고 해협을 건넜고 바다호스 인근의 전투에서 카스티야인을 궤멸시켰다. 1090년에 다른 정복활동으로 되돌아온 그는 (사라고사를 제외한) 알안달루스의 상당 부분을 장악했으며 일부 타이파 지도자, 특히 바다호스와 그라나다의 지도자들에게 위협적인 존재가 되었다. 그는 또다시 기독교도의 영토로 출격했지만, 기독교 지도자들이 완전히 장악해 주민을 재정주시킨 터라 탈환이 불가능했다.

유수프의 후계자들은 알안달루스의 상당 지역을 50여 년간 계속 지배했다. 비무슬림에게 더 엄격한 무라비트인의 태도에 수많은 유대인은 기독교 스페인이 더 안전한 피난처를 제공하리라 생각하기 시작했고 기독교 왕국의 환영을 받을 수 있는 북쪽으로 이주했다. 1145년경 무라비트왕국은 무너졌지만, 무라비트 시대를 거치며 이슬람과 기독교 진영 사이에는 종교적 적대감이 더욱 강해졌다.

무라비트의 침략에 대응하고자 11세기 말부터 피레네산맥을 넘어 이베리아로 들어오는 외지 기사와 수도승의 수가 계속해서 늘어났다. 그들은 무슬림에게 깊은 적의를 품고 있었다. 기사들과 그에 상응하는 북유럽의 해군도 새로운 해상전술과 함께 개선된 포위 전법과 무기를 가져왔다. 그들은 육지와 해상에서 스페인의 기독교 군에 여러모로 상당한 도움을 주었다. 그렇지만 이따금 스페인 지도자들이 이슬람의 항복 협정을 기꺼이 받아들여 우호관계를 확대할 때는 실망을 감추지 않았다. 무슬림을 향한 그들의 공격적인 태도가 스페인에 퍼지자 교황들은 잇따라 무슬림을 상대로 한 군사작전에 종교적 혜택을 제공하고 재정을 지원했다. 이런 새로운 분위기에서 훗날 스페인 레콩키스타라 불리게 될 군사작전들은 종종 팔레스타인 등지에서 벌어진 십자군 전쟁들과 동일한 지위를 얻었다.

이렇게 교전이 잦아졌음에도, 스페인에는 여전히 종교를 초월한 교역과 상호 존중이 있었다. 일례로 레온의 왕 알폰소는 망명 기간에 톨레도의 이슬람 통치자로부터 환대를 받았다. 기독교와 이슬람의 영역 간 경계가 열려 있었음을 가장 명백하게 보여주는 예는 엘시드El Cid라고도 알려진 로드리고 디아스 데 비바르의 업적이다. 그는 스페인 레콩키스타를 상징하는 인물이 되었다. 1040년대 중반 부르고스 인근 비바르라는 도시의 하급 귀족 가문에서 태어난 로드리고는 페르난도 1세가 아직 살아 있던 시기에 산초 왕자의 궁궐에 들어가 그의 지도를 받았다. 산초에게서 기사 서임을 받은 뒤 로드리고는 산초 그리고 페르난도 1세와 전투를 함께하곤 했다. 산초가 왕이 된 후 로드리고는 국왕군의 지휘관, 알페레스alférez(왕의 기수)가 되었다. 또한 그의 용감무쌍함은 마침내 두 개의 별칭, 엘시드(아랍어 sidi에서 온, 경 또는 군주라는 뜻의 단어)와 캄페아도르Campeador(라틴어 campi doctor에서 온, 투사라는 뜻의 단어)라는 별칭을 가져다주었다. 첫 번째 별칭은 그의 활약이 끝나갈 무렵에 얻었지만, 캄페아도르라는 별칭은 후대인이 붙였을 것이다.

로드리고는 산초의 주요 보좌관 중 한 명이었으며, 왕이 죽은 뒤에는 알폰소 6세의 정부에 합류했다. 알폰소의 궁궐에 적이 늘어나자 그는 추방당했고, 추방된 동안 사라고사 이슬람 왕의 군대에서 5년을 봉사했다. 로드리고는 톨레도의 함락에 즈음하여 알폰소의 궁궐로 돌아왔지만 다시 추방되었다. 이번에는 그도 카스티야에서 군대를 일으키고 전투를 벌여 동쪽의 발렌시아를 정복한 뒤 여생 동안 그곳을 장악했다. 그가 죽고 부인이었던 도냐 히메나가 발렌시아를 몇 년 더 지배할 수 있었으나, 이어 무슬림이 그곳을 탈환했다. 로드리고는 모든 전투에 무슬림을 기용했고 그들에게서 도움을 받았다. 이는 중세 카스티야의 주요 서사시 『시드의 노래Poema del Cid』 안에 각색되어 담긴 이야기는 물론, 찰턴 헤스턴이 엘시드를 연기하고 소피아 로렌이 도냐 히메나로 분한 호화로운 1950년대 할리우드 영화에서도 분명히 드러난다. 이와 대조적으로 프랑스의 국민 서사시 『롤랑의 노래』는 기독교도와 무슬림 간의 전투를 사투의 전장으로, 무슬림을 악의 화신으로 묘사한다. 다시 말해, 두 국민 서사시는 거의 동시대에 쓰였음에도 피레네 북부와 남부에서 기독교도들이 무슬림을 묘사한 방식의 명백한 차이를 보여준다. 12세기와 13세기가 지나는 동안 스페인에서는 종교의 차이를 넘어서는 교류와 친선관계가 여전히 가능했다. 하지만 시간이 지나면서는 점점 더 어려워졌다.

무슬림과 기독교도 사이의 적대감을 증대시킨 데 더하여, 알폰소 6세의 톨레도 정복은 뜻하지 않게도 포르투갈 독립 왕국이 부상할 수 있는 장을 마련해주었다. 수많은 프랑스 기사가 알폰소의 전투와 톨레도 포위 작전에 참여했고, 알폰소는 후하게 보상했다. 그들 중 한 명이 부르고뉴의 앙리로, 알폰소의 사생아 테레사와 결혼해 지참금으로 포르투갈 백작령을 받았다. 갈리시아 남쪽에 위치한, 오늘날 포르투갈에 속하는 작은 지역이었다. 1112년에 앙리가 죽자 테레사는 아들 아폰수 엔히크스를 대신해 사실상 여왕으로 군림했다. 아폰수는 오랜 통치 기간 동안 타호강 남쪽을 재정복해 포르투갈의 영토를 확장했다. 1147년, 팔레스타인으로 가던 북부 십자군의 파견대가 합류하여 강화된 그의 군대가 리스본을 장악했다. 아폰수와 그의 어머니는 포르투갈이 레온-카스티야 연합 왕국으로부터 독립할 수 있도록 노력했다. 그는 1143년에 자신이 왕임을, 1144년에 교황의 봉신임을 선언했다. 그리고 마침내 1179년에는 교황으로부터 왕의 지위를 인정받았다.

그보다 몇 년 앞서, 북아프리카에서 새로운 침략의 물결이 시작되었다. 무함마드 이븐 투마르트라는 학자가 세운 두 번째 베르베르 왕국이 모로코에서 발흥한 것이다. 이븐 투마르트는 1080년대에 아틀라스산맥에서 태어나 이슬람 세계의 여러 지식기관에서 공부하고 이슬람에 대한 엄격한 해석을 발전시켰다. 그는 알무와히둔

그림 3.4 세비야의 토레델오로Torre del Oro(황금의 탑). 무와히드왕조 때(1220) 건설된 12각 망루로 도시의 성곽 궁전, 알카사르Alcázar의 일부였다. 꼭대기의 등은 18세기 중반에 더해 졌다.

alMuwaḥḥidūn(스페인어로 알모아데스Almohades)이라 불리는 추종자를 끌어모으고 1121년에 자신이 알라에 의해 인도된 지도자, 마흐디Mahdi라고 선언했다. 이븐 투마르트의 죽음에 이어 압둘무민이 지도자가 되어 모로코 내에서 무와히드의 영향력을 확장하기 시작했다. 그는 1145년 혹은 1146년에 아주 짧게 이베리아로 원정을 다녀왔다. 하지만 알무와히드 세력의 진정한 시작은 1147년에 무라비트를 마라케시에서 몰아내면서부터였다. 그들은 북아프리카를 지나 트리폴리까지 동쪽으로 세력을 확장하며 성공을 이어갔다.

1172년에 무와히드왕조는 스페인에서 중요한 군사작전을 수행했다. 그들은 먼저 세비야를, 이어서 알안달루스의 상당 부분을 장악했다. 1195년 시우다드레알 인근의 알라르코스 전투에서는 카스티야의 알폰소 8세가 이끄는 군대에 대항해 커다란 승리를 거두었다. 알폰소 8세가 처참하게 패배하고(그는 생포되어 죽을 위기를 가까스로 모면했다) 오기로 했던 레온 군대가 나타나지 않으면서 기독교 군대 간의 협력 실패가 드러나자, 세속과 교회의 지도자들은 충격을 받았다. 기독교 왕국들은 교황 인노켄티우스 3세의 호소에 응답하며 군사 연합을 다짐하고 무와히드에 대항해 공세를 취했다. 프랑스 기사들이 일부 합류한 카스티야, 아라곤, 레온, 나바라의 파견대는 1212년 7월 라스나바스데톨로사에서 무와히드 군대를 맞아 압도적인 승리를 거두었다. 이 전투는 반도 내 주요 이슬람 세력의 종말을 알렸다. 하지만 기독교 군대가 부상과 손실 및 비용을 회복하는 데는 시간이 좀 걸렸다.

이 전투로 인해 스페인의 수많은 무슬림은 무와히드 세력의 종말이 시작되었음을 인정했고, 몇몇 지역 지도자는 기독교 왕들의 도움을 받아 무와히드에 반기를 들었다. 카스티야의 페르난도 3세는 무슬림과 협력하고 그들의 도움을 받아 안달루시아와 무르시아 전투를 승리로 이끌었다. 그는 1236년에 코르도바를, 1241~1243년에 무르시아를, 1246년에 하엔을, 1248년에는 어느 곳보다도 더 값진 세비야를 정복했다. 페르난도 3세는 카스티야 군대로 육상과 해상 전투를 병행해 세비야를 함락했다. 승리를 결정지은 것은 북부 항구도시들이 제공한 선박이었다. 이후 북부의 상인, 조선업자와 선원은 남부의 항만 시설과 상업 발달에 적극적인 역할을 했다.

그라나다의 이슬람 왕은 페르난도 3세가 세비야를 정복하는 데 지원을 아끼지 않았다. 이후 그라나다왕국은 카스티야 왕에게 매년 금을 바치는 속국으로 남았다. 그라나다 왕들이 카스티야 지도자들과 맺은 조약을 늘 이행했던 것은 아니며 공물을 지급하지 않은 적도 종종 있었지만, 이들의 합의는 2세기 이상 양쪽 모두에게 만족할 만한 것이었다. 그라나다는 1492년까지 이슬람의 통치하에 있었다. 이 도시는 지형상 방어가 쉽고 공격이 어려운 지형이었기에, 기독교도의 지배하에 놓인 이슬람 반체제 인사들을 위한 피난처 역할을 했다. 같은 이치로 카스티야의 반체제 인사들에게도 안전한 곳이었다.

페르난도 3세는 레온과 카스티야왕국의 최종적인 연합을 달성했으며, 두 왕국 모두 12세기 말 이후 제 기능을 하는 의회(코르테스cortes)가 있었다. 페르난도는 또 다른 면에서도 통합을 이루어냈다. 그는 십자군 전사였으며, 기독교 신앙이 신실하여 성 루이로 추대된 프랑스 왕 루이 9세와 동시대인이었다. 루이 9세가 철저한 십자군 전사이자 거의 광신적인 반이슬람주의자였던 반면 페르난도 3세는 다소 견해를 달리했다. 그는 무슬림에 대항한 스페인의 길고 오랜 싸움을 승리로 이끌었고 점령지의 이슬람 사원을 교회로 바꾸는 데 망설임이 없

지도 3.2 13세기 후반의 이베리아반도. 이 무렵 기독교 왕국들은 이슬람 왕국 그라나다를 제외한 이베리아 전역을 재정복했다.

지중해

메노르카

마요르카

이비사
(스포르멘테라)

나르본

툴루즈

헤로나

바르셀로나

타라고나

우에스카

레리다

산세바스티안

팜플로나

아라곤 왕국

카스페

사라고사

발렌시아

데니아

카르타헤나

알메리아

무르시아

나바라왕국

빌바오

산탄데르

토르토사

타라소나

로그로뇨

카스티야 왕국

부르고스

바야돌리드

베를랑가

쿠엥카

엘바세테

그라나다 왕국

하엔

알메리아

말라가

오비에도

레온

사모라

아빌라

세고비아

마드리드

톨레도

시우다드레알

코르도바

세비아

우엘바

카디스

탕헤르

세우타

지브롤터

레온-카스티야 왕국

살라망카

델감포

알라르콘

카세레스

메리다

엘페롤

콤포스텔라

산티아고

투이

브라가

레온

오렌세

오포르투

코임브라

산타렝

리스본

포르투갈 왕국

두에로 강

타호 강

과달키비르 강

에브로 강

미뇨 강

대서양

모로코

N

0   100   200   300킬로미터
0   100   200마일

무슬림 지배령
기독교 영토

었다. 그럼에도 영토를 정복하면 이슬람과 유대교에 대한 관용정책을 유지했고 자신이 세 종교 공동체 모두의 왕이라 여겼다. 또한 그는 마침내 성 페르난도로 시성되었는데, 단지 종교적 열정뿐 아니라 모범적 삶과 자애로운 통치를 보여준 덕분이었다. 페르난도 3세의 또 다른 업적 가운데 하나는 중세 유럽에서 가장 오래된 명문대 중 하나인 살라망카대학을 설립한 것이었다.

페르난도의 아들 알폰소 10세가 뒤를 이어 레온과 카스티야의 왕이 되었다. 현왕賢王(사비오el Sabio) 알폰소로 역사에 남은 그는 지적인 지도자이자 배움의 수호자로서는 탁월했지만 스페인의 정치 지도자로서는 무참히 실패했다. 알폰소는 신성로마제국 황제로 선출되기 위한 선거운동에 시간과 돈을 소모했다. 이기기 위해 뇌물을 주기도 했지만 독일인들은 외국인 왕을 받아들이지 않았고, 스페인 귀족들은 자신들의 왕이 카스티야의 부로 살아가면서 중부 유럽으로 떠나버리는 것을 바라지 않았다. 따라서 황제 자리는 1273년까지 공석으로 남았다가 합스부르크 가문의 루돌프가 선출되면서 합스부르크왕가의 기나긴 역사가 시작되었다. 알폰소 10세는 자신을 폐위시키려는 움직임을 저지하고 왕위 계승권을 주장하는 이들을 상대하는 데 생의 마지막 몇 년을 보냈고, 아들 및 손자(죽은 장남의 아들)와 다투어야 했다.

그에 반해 알폰소 10세의 문화적 공헌은 응당 불후의 명성을 가져다주었다. 그는 이슬람 세계에서 서쪽 라틴 세계로 번역을 통해 지식을 전달하는 거대한 움직임에 기여했다. 아랍어와 라틴어에 모두 능통한 스페인의 유대 학자들에 의해 아랍의 과학 논문이 종종 번역되었고 그리스 및 헬레니즘의 과학, 철학 저작물이 아랍어로 번역되었다. 알폰소 10세는 과학과 체스에 대한 아랍어 저작물을 직접 번역하거나 감독했고 법전과 역사서를 편찬하며 시를 썼다. 왕권의 정당성을 세우고 나라를 중앙집권화하려는 노력의 일환으로 그는 레온-카스티야 연합 왕국의 새 법전, 『7부 법전Siete Partidas』의 편찬을 주관했다. 이 법전은 전통적인 관습법보다 로마법에 크게 의존했다. 1부는 종교, 2부는 왕권, 3부는 법 집행, 4부는 결혼생활, 5부는 계약, 6부는 유언, 7부는 법률 위반과 형벌을 다루었다. 법률과 관습을 광범위하고 세세하게 모아놓았기 때문에 역사가들은 종종 『7부 법전』을 13세기의 스페인을 들여다볼 수 있는 창으로 활용한다. 하지만 이 법전은 얄궂게도 귀족이 왕권 강화에 반대해 알폰소 10세의 통치 기간에는 카스티야에 적용되지 않았다. 그러나 후대 스페인 법학자들에 의해 아주 잘 활용되었으며 여전히 근대 스페인 법전의 한 구성 요소를 이루고 있다.

알폰소 10세는 또한 역사를 높이 존중해, 연구자와 저술가 집단을 고용하여 수많은 저작물을 편찬했다. 가장 중요한 저작은 『일반 연대기Crónica general』로도 알려진 『스페인 역사La historia de Espanã』와 세계 역사를 다룬 『세계사Grande e general historia』다. 『스페인 역사』는 알폰소 시대까지의 자료들을 모아놓은 것으로 레온-카스티야왕국뿐 아니라 스페인 전체를 아울렀다. 『세계사』는 역사 지식에 대한 개론서로서 기독교 역사의 시작부터 13세기 후반까지를 다루었다. 두 책 모두 라틴어가 아닌 카스티야어로 쓰였는데, 카스티야가 행정과 학문에서 토착어를 사용한 유럽 최초의 나라 중 하나였던 까닭이다. 사실상 『세계사』는 토착어로 쓰인 중세 유럽 최초의 세계사였다. 알폰소 10세는 시인이기도 했으며 카스티야어가 아닌 갈리시아어로 시를 썼는데, 갈리시아어의 음이 더 부드러워서 시적 화법에 더 적절해 보였기 때문이다. 학자들은 중세 시의 수작 『성모 마리아 찬가Cantigas de Santa María』가 그의 작품이라고 여긴다. 표현력이 풍부하며 묘사가 장대한 시다. 현대의 학자들은 13세기 생활을 엿볼 최고의 기회라는 점에서 이 작품을 높이 평가한다.

많은 학자가 13세기 스페인을 종교와 문화의 황금시대로 묘사하는 것은 기독교, 이슬람, 유대교 공동체들이 조화로운 관계, 즉 콘비벤시아convivencia 속에서 서로 어울려 지낼 수 있었기 때문이다. 하지만 이는 오늘날 진정한 관용이라고 여겨지는 상호 존중이나 다양한 신앙의 수용이 아니었다. 그보다는 기껏해야 조심스러워하는 시민들이 이

©Choniron

그림 3.5 과달라하라(카스티야-라만차) 산타 마리아 공동 대성당의 열주와 현관 지붕은 당시 보편적이던 이슬람 양식과 기독교 양식이 혼합된 건축 양식을 보여준다.

루어낸 조화라고 볼 수 있으며, 사회의 평화를 도모하려는 왕에 의해 조성되었고 간간이 무력 충돌이 끼어들었다. 그렇지만 세 종교 공동체가 같은 공간에서 끊임없는 갈등과 상호 증오의 무수한 가능성 속에 있었다는 점을 고려할 때 중세 스페인의 콘비벤시아는 실상 놀라운 일이었다.

12세기와 13세기에 카스티야에서 전개된 사건들처럼 스페인 동부의 기독교 지도자들도 통치 영역을 확장했다. 피레네산맥에서 에브로 강 유역까지 뻗어 있던 아라곤왕국은 카스티야와 유사한 방식으로 성장했다. 반도 동북쪽 가장자리의 카탈루냐는 백작령이 몰려 있던 곳으로, 그중 바르셀로나가 가장 중요했다. 아라곤과 카탈루냐의 연합은 1134년 나바라와 아라곤의 왕인 '전사' 알폰소 1세의 죽음에 이은 기이한 일련의 사건들 속에서 일어났다. 알폰소 1세는 상속자가 없었기 때문에 무슬림과의 싸움에 헌신한 군사 종단에 왕국을 물려주었다.

아라곤의 귀족들은 이 같은 전례 없는 유증을 이행할 수 없다고 결정하고 이를 무시했다. 그런 다음 알폰소 1세의 형제 라미로를 새 왕으로 선출했고, 라미로는 왕위를 받아들여 라미로 2세가 되었다. 불행히도 라미로는 수도승이었고, 수도승의 서원 때문에 결혼이 불가능했다. 이는 또다시 혈통 계승에 위협이 되었다. 귀족들은 라미로를 설득해 수도원을 떠나 교황에게 결혼을 허락받도록 했다. 교황은 이를 승인했고, 그는 결혼해 페트로니야라는 딸을 낳았다. 그러자 아라곤의 귀족들은 바르셀로나의 백작 라몬 베렝게르를 당시 아직 젖먹이였던 페트로니야와 약혼시키고 아라곤의 왕위를 이을 수 있도록 했다. 승계가 결정되자 라미로는 다시 수도원으로 물러났다. 이 모든 기이한 사건은 3년 동안 일어난 일이었다.

1137년 이후 줄곧 라몬 베렝게르가 아라곤과 카탈루냐 연합 왕국을 다스렸고, 페트로니야가 성인이 되었을 때 둘은 결혼했다. 왕은 경계 지역을 재정복했고 무슬림에게는 관대한 조건을 제시해 기독교의 지배권 내에서 살더라도 종교를 유지하도록 허용했다. 또한 아라곤과 카탈루냐의 지배자들은 오늘날 프랑스에 속하는 피레네 북쪽에 재산을 보유하고 있었다. 중세 스페인에 단일 왕국이 없었던 것처럼 중세 '프랑스'도 왕의 영지와 백작령, 공작령, 유사 독립 도시의 집합체였다. 파리에서 통치하던 프랑스 왕의 지배권이 미치지 못한 지중해 지역을 후대 학자들은 옥시탄Occitan 혹은 랑그도크Languedoc라 불렀는데, 이 지방의 프로방스어는 카탈루냐어와 매우 유사하다. 피레네산맥과 지중해 서부 해안가를 통해 사람들이 무역하고 여행하면서 이 지역은 아라곤, 카탈루냐 지역과 연결되었다. 라몬 베렝게르는 랑그도크에서 지배권을 확대하기 시작했으며, 그의 아들 알폰소 2세가 훗날 지배권을 강화하고 '피레네의 왕'을 자처했다.

그런데 랑그도크 지역에서 카타르파Cathars 혹은 알비파Albigensians라 불리는 이단이 관심의 초점이 되자 어려움이 생겨났다. 그들의 교리는 거의 동등한 힘을 가진 선과 악의 우주적 투쟁이 아직 전개되지 않은 인간의 역사를 설명한다는 것이었다. 초기의 기독교 교회는 이러한 '이원론'을 이단이라 비난했지만, 특히 기독교 정교적 신앙의 지배력이 미약한 외딴 지역에서는 그런 신앙에 대한 반향이 계속해서 불쑥불쑥 일어났다. 랑그도크의 카타르파는 수많은 개종자와 지지자를 확보했으며 1200년경 정점에 이르렀을 때는 지역 인구 대다수가 독실한 신도였다. 교회 관계자들이 애를 태운 것도 당연했다.

교황 인노켄티우스 3세는 13세기 초 카타르파에 대항해 십자군을 일으켰고 시몽 드 몽포르가 군을 이끌었다. 아라곤의 '가톨릭왕' 페드로 2세는 카타르파가 득세한 지역에 봉신을 두고 있었고, 그 봉신들은 기독교 신앙을 지키면서도 소작농과 소도시 주민의 인기를 끌던 카타르파를 지지했다. 페드로 2세는 법과 관습 때문에 봉신들을 지원해야 했지만 동시에 독실한 가톨릭 신자이자 교황의 봉신이기도 했다. 십자군 전쟁이 일어나기 전, 그는 봉신들과 교회 및 십자군의 관계를 중재하려고 애썼다. 전쟁이 불가피해지자 페드로 2세는 봉신들을 지지하여 결국 십자군에 대항하게 되었다. 그는 1212년 무슬림을 상대로 한 라스나바스데톨로사 전투를 기독교도의 대승으로 이끈 지도자들 중 한 명이었다. 하지만 그는 이듬해 모순적으로 뒤바뀐 형세 속에 기독교 교회를 상대로 뮈레 전투에서 싸우다가 목숨을 잃었다. 페드로 2세가 카타르파를 지지하는 바람에 카탈루냐와 아라곤의 군주들은 피레네 북부의 재산을 모두 잃었고, 이는 결국 프랑스 왕의 수중에 들어갔다.

페드로 2세의 아들, 정복왕 하이메 1세는 다섯 살에 왕이 되었다. 그는 아버지가 왕국 밖에서 모험을 겪는 동안 생겨난 무질서를 마무리 짓느라 14년가량 노력을 기울였다. 1227년 무렵 그는 카탈루냐의 의회Corts를 포함해 제도를 재확립했다. 국내 상황이 상대적으로 안정되자 하이메 1세는 왕국의 확장을 기대할 수 있었다. 피레네산맥 저편의 땅을 잃은 뒤 카탈루냐와 아라곤의 군주들은 재산을 늘릴 다른 곳을 찾아야 했다. 무슬림의 영토가 가장 확실한 표적이었다. 동쪽 발레아레스제도에서는 마요르카, 메노르카, 이비사가 무슬림의 영토였다. 마요르카는 스페인 해안을 습격해 물건과 노예를 약탈해가는 이슬람 해적의 주요 기지였다. 하이메 1세는 1227년에 마요르카를 상대로 군사를 일으켜 주요 도시인 팔마를 장악했다. 1230년 무렵에는 섬 전체의 지배권을 확보했다. 메노르카는 50년 동안 계속 이슬람 속국으로 남았다. 1277년에 타라고나의 주교가 이끄는 군대가 이비사를 장악한 뒤, 카탈루냐인들이 발레아레스제도로 대거 이주하기 시작했다. 13세기 말엽에는 그들이 인구의 대다수를 차지했고 섬들은 독립 왕국이 되었다.

하이메 1세의 주요 업적은 주요 타이파국 가운데 하나인 발렌시아왕국을 정복한 것이다. 발렌시아는 산지의 계단식 농업과 관개 기술이라는 이슬람의 농업 유산으로 부를 축적했다. 발렌시아의 우에르타huerta는 관개 시설을 갖춘 넓은 평원이었고 인구 밀도와 생산성이 높았다. 하이메 1세의 정복은 13년을 들인 끝에 완성되었다. 그는 1238년에 도시 발렌시아를 장악했고 1248년에 왕국 전체를 정복했다. 이슬람 지배층 가운데 많은 수가 떠났지만 새로운 기독교 왕국에 남은 이들도 있었고, 수많은 소작농과 시골 거주자도 마찬가지였다. 발레아레스제도에서처럼 카탈루냐인이 주요 기독교도 정착민이 되었고 카탈루냐어가 공용어로 쓰였다.

하이메 1세는 카스티야와 협력해 무르시아를 정복했고 카스티야는 1244년 알미스라 조약에 따라 정복한 왕국의 지배권을 확보했다. 알미스라 조약은 당시 정복 전이던 무르시아를 미래의 카스티야 영토로 표시했던 카솔라 조약(1179)을 약간 수정해 확정한 것이었다. 이로써 반도 내에는 아라곤 왕이 확장할 영토가 더 이상 남아 있지 않았다. 북쪽으로는 1253년에 코르베유에서 프랑스 왕과 조약을 체결했다. 하이메 1세는 이 조약에서 선왕이 피레네 북쪽 영토를 잃어버렸음을 인정했다. 대신 프랑스는 카롤링거왕조 때부터 주장해오던 스페인 변경백령에 대한 권리를 포기했다. 현재의 안도라공화국은 한때 스페인 변경백령을 구성했던 여러 작은 백작령 가운데 마지막으로 남은 곳이며, 여전히 프랑스 대통령과 우르헬의 카탈루냐 주교의 공동 주권하에 놓여 있다. 고립된 영토가 확장됨에 따라 카탈루냐와 아라곤의 군주들은 발레아레스제도 너머 동쪽의 지중해로 눈을 돌렸다.

하이메 1세의 아들 '대왕' 페드로 3세는 시칠리아로 눈길을 돌렸고, 1262년 콘스탄사 2세와의 결혼을 근거로 왕가의 권리를 주장했다. 콘스탄사는 만프레트 호엔슈타우펜(프리드리히 2세의 사생아이자 호엔슈타우펜왕가 최후의 시칠리아 통치자)의 딸이었다. 페드로 3세 시대에 시칠리아의 통치자는 프랑스 왕실 방계의 우두머리였던 앙주의 샤를이었으며, 그는 1266년에 만프레트를 물리치고 시칠리아에 대한 지배권을 획득했다. 시칠리아는 오랫동안 지중해의 다양한 문화가 만나던 교차로로, 간혹 분쟁도 있었지만 사람들은 대개 그런대로 잘 공존했다. 그리스, 로마, 이슬람, 유대, 노르만의 요소들 덕분에 시칠리아는 지중해의 여러 민족에게 편안한 거처가 되었다. 샤를은 지역 문화를 인정하지 못하고 새로운 법과 세금 및 제도를, 프랑스인 관료들과 더불어 프랑스식 규칙을 도입하려 했다. 이런 프랑스식 행정에 대해 대중의 마음속에 쌓인 불만은 1282년에 공공연해지기 시작했으며, 그해 어린 소녀를 강간한 혐의로 기소된 프랑스 관료들을 소도시 주민들이 공격했고 팔레르모에서 폭동이 발발했다. 뒤이은 오랜 전쟁은 폭동이 저녁 기도 시간에 일어났다고 해서 '시칠리아의 저녁 기도'라 불렸다.

시칠리아의 반란군은 페드로 3세에게 도움을 청했고, 마침 시칠리아에서 이틀 거리에 그의 대규모 함대가 모여 있었다. 초기의 정복 과정은 상당히 수월했지만 뒤이은 프랑스와의 전쟁은 교황과 프랑스 왕이 시칠리아를 아라곤의 소유로 인정할 때까지 20년을 질질 끌었다. 그 오랜 전쟁 동안 카탈루냐에는 아라곤 왕의 백성과 외국인으로 구성된 새로운 용병 집단이 형성되었다. 이들 알모가바르Almogávar 는 직업 군인으로서 일자리를 구했으며, 그중 6000명가량은 루게로 다 피오레의 휘하에서 카탈루냐동지회Gran Compañía Catalana를 형성했다. 이 집단의 목적은 튀르크인에 대항해 비잔틴제국을 지원하는 것이었다. 그들은 봉급이 다 마련되지 않자 비잔틴 영토를 자체적으로 정복하기 시작했고, 마침내 아테네를 포함해 그리스의 공작령 두 곳을 손에 넣었다. 그들의 정복은 아라곤 왕들의 후원하에 공식적으로 이루어진 것이 아닌 독립적인 행동이었지만, 그렇다 해도 그들은 아라곤 왕과 밀접한 관계를 맺고 있었다.

　전체적으로 말해, 13세기가 막을 내리자 다양한 기독교 세력이 이베리아에 광범위하게 등장했다. 레온-카스티야 연합 왕국이 안달루시아 지역의 상당 부분을, 카탈루냐-아라곤 연합 왕국이 무르시아를 정복함으로써 기독교 세력은 이슬람으로부터 반도를 거의 다 탈환했다. 포르투갈 독립 왕국에서는 1249년 알가르브를 정복하며 기독교 군대가 무슬림을 완전히 몰아냈다. 스페인의 왕국들 가운데 이슬람의 수중에 남은 곳은 오직 그라나다뿐이었다. 중세 이베리아의 레콩키스타가 거의 끝나가면서 기독교 영토에서는 중세의 마지막 몇 세기 동안 주목할 만한 정치적 발전이 이루어졌다.

CHAPTER 4

국제 강국으로의 발흥

SPAIN

스페인과 포르투갈이 나누어 차지하고 있는 지금의 이베리아반도 지리에 너무 익숙해진 나머지, 두 나라가 현재의 국경선을 향해 나아간 것이 운명이었다고 생각할 수 있다. 하지만 중세 후기 반도의 역사를 추적해보면 그런 전개가 불가피했던 것은 아니다. 카스티야와 포르투갈이 합병되었을 수도 있다(이 가능성은 스페인과 포르투갈 양측의 왕가에서 계승에 얽힌 사전 대책을 세우는 데 영향을 미쳤다). 그리고 15세기 후반 카스티야와 아라곤이 연합하지 않고 분리된 채 남았을 수도 있다. 요컨대 왕조의 정치와 인구 구조의 현실이 예측 불가능하게 변화했기에 이베리아반도의 국경선은 오늘날과 아주 달라졌을 수도 있다.

　우리가 아는 식으로 사건들이 전개된 이유를 이해하려면 중세 후기 스페인 역사의 모든 면에 자리한 예측 불허의 특성을 인정해야 한다. 가령 외교 면에서 이베리아의 왕국들은 북아프리카는 물론 지중해 및 대서양 유럽의 여러 지역과 외교관계를 강화하기 위해 각자 밖으로 눈을 돌렸고, 그러한 관계들은 불가피하게 국내 정치에 영향을 미쳤다. 경제 면에서 14~15세기 스페인왕국의 성장(축산, 농업, 제조업에 기반한)은 지중해와 대서양을 연결한다는 지리적 이점을 누리고 있던 수출 무역의 확대를 뒷받침했다. 중세 후기의 경제성장은 스페인이 세계 최강국으로 자리잡는 데 밑거름이 되었다.

아이러니하게도, 경제 발달의 배경은 사회 격변이었다. 14세기 중반 흑사병은 심각한 인구 감소를 초래하고 스페인의 경제와 사회에 광범위하게 영향을 미쳤다. 노동 인구가 감소하자 노동력이 덜 드는 유목업이 반도 전역의 광대한 목초지를 활용할 수 있게 되었고, 농업 생산이 감소했다. 흑사병은 또 정치에도 미묘하고 즉각적인 영향을 미쳤다. 가장 극적인 사건은 1350년 카스티야의 왕 알폰소 11세의 죽음이었다. 지브롤터의 무슬림을 포위하고 있던 그를 전염병이 덮친 것이다.

알폰소는 유럽에서 유일하게 통치 기간에 흑사병으로 죽은 통치자였다. 그의 죽음으로 적자 상속자와 사생아 트라스타마라의 엔리케 사이에 싸움이 시작되면서 오랜 내전의 서막이 열렸다. 엔리케가 싸움에서 승리했고 카스티야에 트라스타마라왕조가 등장했다. 이는 중세 후기의 가장 중요한 정치적 국면 중 하나였다. 앞으로 보게 되겠지만 15세기 초에는 또 다른 트라스타마라 왕자가 아라곤의 왕이 되었다. 같은 혈통의 두 가계는 옥신각신하다가 때로 싸우기도 했지만 마침내 아라곤의 페르난도와 카스티야의 이사벨이 결혼함으로써 15세기 후반에 하나가 되었다. 알려진 대로, 주요한 두 왕국을 하나의 왕조가 통치하면서 오늘날의 스페인이 그 모습을 갖추기 시작했다. 이는 불가피한 전개 과정이라기보다는 의도적이었던 것만큼이나 우연한 역사 진행의 일부였다.

스페인의 모든 거주자 가운데, 중세 후기의 격변에 따른 최악의 결과를 경험한 이들은 아마도 유대 공동체일 것이다. 우위를 점한 주변 기독교 사회로부터 구속이 심해지며 압박을 느낀 많은 유대인은 기독교 개종을 택했고, 위기의 시기에 개종을 강요받은 이도 많았다. 그 결과 유대인은 더 적어졌고 기독교 공동체의 압박이 점차 심화되며 더욱 취약해졌다. 1492년에 스페인의 군주들은 남은 유대인들에게 개종 아니면 추방이라는 쓰라린 선택을 강요했다. 1492년의 추방령은 유대인이 법적으로 기독교 스페인에 거주할 수 없음을 의미했으며, 기독교로 개종한 유대인들에 대한 감시도 더 심해졌다. 무슬림의 지위 역시 보잘것없어지기는 마찬가지였다. 1492년에 기독교 군대는 그라나다의 마지막 이슬람 왕국을 정복했고 뒤이어 무슬림에 대해서도 더 강하게 개종을 요구했다. 이 모든 우연한 전개를 이해하기 위해서는 스페인 중세 후기의 복잡한 역사 속으로 들어가야 할 것이다.

레콩키스타와 경제 발달

중세 후기 스페인의 여러 왕국은 바깥세계와 밀접한 관계를 유지하고 있었다. 세비야, 바르셀로나, 발렌시아는 주요 무역 중심지이자 지중해 전역에서 상거래를 하는 상인들의 근거지였다. 아라곤 왕은 지중해 서부 및 북아프리카와 상업적 관계를 유지했고, 카스티야는 지중해 지역뿐 아니라 유럽 서북부와도 관계를 맺었다. 학자들은 카스티야를 상업과 무관심한 낙후된 내륙지역으로 묘사했다. 하지만 카스티야의 중간 계층과 귀족들은 사실 정반대였다. 무르시아와 과달키비르강 유역 레콩키스타로 이슬람의 지브롤터해협 장악은 끝이 났고 지중해와 대서양 사이 해안 무역로는 더욱 확고하게 연결되었다. 이탈리아와 스페인 동부에서 오는 선박들은 방해받지 않고 해협을 통과해 포르투갈과 유럽 서북부, 특히 플랑드르까지 항해할 수 있었다. 플랑드르의 브뤼주는 유럽에서 으뜸가는 금융 및 상업 중심지였다.

지브롤터 인근 기독교도의 존재는 남부 스페인에서 점차 활발해지던 이탈리아인의 상업활동에도 장을 마련해주었다. 이탈리아의 도시에서 온 상인들은 중세 후기 유럽에서 가장 성공한 무역상들이었다. 제노바인과 베네치아인은 지중해 동부의 십자군 국가들에 물자를 보급하기 시작했다. 그 대가로 이들 국가의 몇몇 도시에서 상업적 혜택과 지분을 얻었고, 이는 기존의 무역을 강화시켰다. 이탈리아 상인들은 무슬림과도 교역을 했으며, 교황의 불평에도 개의치 않았다.

13세기 말 십자군 국가들이 몰락한 이후, 의욕에 찬 이탈리아인들은 상업적 선택지를 재검토했다. 베네치아인들이 지중해 동부에서 우세를 보이자 제노바인들은 서쪽으로 눈을 돌렸다. 이미 있던 관습에 따라, 그들은 팍토리아factoria라는 교역장을 조성하고 지역 통치자 및 관료와 치외법권의 지위를 교섭했다. 거주지와 창고를 포함하는 각각의 팍토리아에서는 상업 대표(도매상)가 거주지를 운영하고 고향의 법과 상업 규칙을 집행했다. 한편 팍토리아 밖에서는 동포들이 현지의 법을 지키도록 했으며 지역 당국과 우호관계를 유지했다.

스페인의 제노바인들은 이슬람 지역에도, 기독교 지역에도 항구에 팍토리아를 두었다. 1248년, 기독교도는 세비야를 정복한 후 그곳에서 활동하며 제노바와 교역했다. 주로 곡물을 거래했지만, 와인과 감귤류 제품도 다루었다. 더욱이 그들은 서아프리카의 금을 획득할 기회를 좇았다. 서아프리카의 금은 주요 지역 세 곳에서 공급되어 지중해 시장까지 진출했다. 무슬림 상인들에게는 사하라를 건너는 오래된 무역로가 있어서, 사하라 이남 아프리카에서 말과 공산품을 금, 노예와 교환했다. 그들이 획득한 금이 이슬람 세계 전체로 퍼져 기독교 스페인까지 들어갔고 제노바인들은 그 공급망에 합세하고 싶어했다.

세비야의 제노바인들은 무역 사업의 합작 및 지역 가문과의 결혼을 통해 스페인 사회에 흡수되었다. 그 결과 그들은 이슬람 세계와 이탈리아 당대의 영업 관행 및 고전주의의 전례에서 습득한 자본주의의 기법을 퍼뜨리는 데 일조했다. 사실상 현대의 모든 자본주의적 기법(복식부기, 수표, 환어음, 해상 보험 등)은 13세기에 이미 통용되었고 제노바인들은 그 모든 기법에 있어 전문가였다. 그들은 세비야에서 먼저 리스본으로, 13세기 말경에는 상업과 금융의 중심지이자 서북 유럽 모직 제조의 중심지인 브뤼주로 확장해나갔으며, 잉글랜드와도 관계를 맺었다. 머지않아 스페인 사람들도 제노바인과 브뤼주의 이탈리아인에 가담해 상업자본주의의 기법을 퍼뜨리는 데 일조했다.

스페인 북부의 해안 도시들(특히 산탄데르, 라레도, 빌바오, 산세바스티안)은 처음에는 어업을 목적으로, 나중에는 해상 무역을 목적으로 바다로 나간 선원들을 배출했다. 중세 후기에 이 북부 항구들은 번영을 맞이했고 대서양 유럽의 여러 지역과 관계를 맺었다. 이베리아반도, 프랑스 서부, 영국제도와 저지대 국가◆를 포함해 대서양 연안에 접한 수많은 왕국과 공작령은 경제적으로 서로 중요한 관계를 맺었고, 중세 후기에는 북해와 발트해로 관계를 더 넓혔으며, 그중에는 아

◆오늘날의 벨기에, 네덜란드, 룩셈부르크 그리고 프랑스 북부 지역 일부와 독일 서부 지역 일부를 말한다. (옮긴이)

프리카와 교역을 진전시킨 곳도 있었다.

밀접한 연결과 광범위한 무역을 통해 대서양 지역은 상호 보완적인 경제 체제를 형성할 잠재력을 얻게 되었다. 대서양 유럽은 강우, 일조량, 기온, 해상 조건 등의 차이가 커서 지역마다 환경 특성이 크게 달랐다. 이런 특성들이 근본적인 토양의 지질 구조 및 광물 자원과 상호작용을 일으켰다. 철과 귀중한 광물을 생산할 수 있는 지역에서는 선사시대부터 그것들로 교역을 했다. 대서양 지역은 전역에 걸쳐 훌륭한 농지와 목초지, 중세 후기에도 존재했던 숲으로 덮인 경사지가 있었다. 해안가에서는 해류, 수심, 수온 차에 따라 주민이 접할 수 있는 물고기의 수와 어종에 차이가 있었다. 전반적으로 대서양 유럽이 보유한 자연 자원은 다양했다.

대서양 여러 지역의 거주자들은 자연이 내려준 조건을 활용해 지역에 가장 적합한 농작물과 가축을 키웠다. 그들은 수입품을 통해 현지 생산량을 늘릴 수 있었고 특산품을 수출해 벌어들인 이익으로 수입품의 대금을 지불할 수 있었다. 따라서 대서양 연안을 따라 일찍부터 교역이 발달했고 13세기경에는 항로를 따라 서로 연결된 상업 중심지들의 조직망이 확립되었다. 중세와 근대 초기의 도로 및 다리를 통해서는 지형을 고려하지 않더라도 대량의 화물을 멀리까지 운송할 수 없었기에 이 지역의 원거리 교역은 대부분 바다를 통했다. 수 세기 동안 대서양 연안의 주민은 조선과 항해 등 해양 기술, 농작물과 제조품의 상술을 발달시켰다. 세부적인 것들이 점진적으로 바뀌면서 배의 구조가 진화했으며, 이에 따라 현지 선원들이 직면하는 여러 상황에 맞게 항해술도 개선되었다. 선원들은 외국 배의 특성들을 변용하기도 했고 어떤 때에는 독자적으로 선박을 개선하기도 했다. 이베리아반도의 해안가 주민은 보통 대서양과 지중해 모두를 항해했기 때문에 바다의 다양한 상황에 대처할 수 있는 외항선 개발에 앞장섰다.

바다를 통해 거래되는 품목들은 아주 긴 목록을 이루었다. 스페인 및 포르투갈산 포도주가 이베리아에서 다른 대서양 유럽 지역으로 이동했으며, 여기에는 일반적인 적포도주, 백포도주와 함께 더 중요한 셰리와인과 포트와인 같은 주정 강화 와인이 포함되어 있었다. 포도밭의 또 다른 생산품인 식초 또한 도처의 시장으로 진출했다. 과수작물, 즉 감귤류, 사과, 무화과, 대추야자, 건포도, 견과류, 특히 아몬드 등도 인기가 있었다. 올리브유와 그것으로 만든 비누는 수요가 매우 높았다. 스페인 광산의 철은 주괴, 못, 바늘, 무기, 갑옷, 닻, 조임쇠, 선박 부품 등의 형태로 북부 시장으로 진출했다. 또 다른 광물 제품으로는 소금과 더불어 수은과 진사가 있었다. 축·수산물로는 생선(산 채로든 염장을 했든), 보존 처리한 가죽과 가죽 제품이 있었다. 하지만 수출 소득의 가장 큰 원천은, 나중에 더 자세히 검토하겠지만, 스페인의 대규모 메리노 양떼가 생산한 질 좋은 양모였다.

이베리아로 들어오는 수입품에는 다양한 곡물, 주로 밀과 보리가 포함되어 있었다. 카스티야에서 많은 양의 밀을 생산했지만, 바스크 지방은 칸타브리아산맥을 넘어 북부 평야의 밀을 운송하는 것보다 프랑스에서 배로 밀을 들여오는 비용이 더 저렴하곤 했다. 카스티야는 현지 수요를 거의 충족할 만큼 상당한 양의 모직물을 자체 생산했지만, 가장 부드러운 모직물은 잉글랜드에서, 나중에는 플랑드르 지방에서 들여왔다. 이베리아의 남쪽에서 교역된 금속으로는 납, 주석, 은이 있었다. 스페인의 사치품 시장은 플랑드르로부터 태피스트리, 상아 조각품, 그림 등도 수입했다. 북부 해역에서 일상적으로 수입하는 청어와 대구 같은 품목은 이베리아 어부들의 어획량을 보충했다.

13세기경 카스티야와 잉글랜드 사이의 교역은 계절적인 양상을 띠었다. 겨울이면 카스티야와 잉글랜드의 배가 남부의 식품을 브리스톨로 운반했다. 여름에 북으로 향하는 화물들은 철과 제조품들로 구성되어 있었다. 못과 빗, 닻과 석궁, 올리브유와 포도주, 비누와 가죽, 의류 산업용 백반白礬, 북부의 어장용 소금 등이었다. 중세 후기에 스페인 양모도 일부 잉글랜드로 진출했지만 많은 양은 아니었다. 잉글랜드도 자체적으로 상당한 양의 양모를 생산했기 때문이다. 잉글랜드가 스페인으로 수출한 품목에는 모직물과 앞서 언급한 제품이 포함되어 있었고, 무역을 관장한 이들은 대체로 잉글랜드 상인들이었다.

유럽 대륙에서는 카스티야 상인들이 더 중요한 역할을 했다. 주요 육로 가운데 하나는 부르고스에서 바욘, 푸아티에, 오를레앙을 거쳐 파리와 아라스로 이어졌다. 백반 등 일부 카스티야산 무역품이 중세 후기에 툴루즈로 진출했지만, 이 무역로는 험난했기에 거의 사용되지 않았다. 스페인-프랑스 무역이 최고조로 확장된 시기는 항로의 성장과 함께했다. 13세기경 카스티야, 프랑스, 잉글랜드, 플랑드르를 잇는 교역로 및 스페인과 프랑스 북부 사이의 운송업에서 바스크인들이 두각을 나타냈다. 예를 들어 바스크인은 스페인 북부의 선박 회사와 함께 잉글랜드와의 가스코뉴 포도주 교역에서 중요한 역할을 했다. 현재 프랑스 서남부 보르도의 중앙에 위치했던 가스코뉴는 유명한 포도주 산지였고 중세 후기까지 잉글랜드의 통치하에 있었다. 가스코뉴는 잉글랜드인의 식탁에 많은 양의 식사용 포도주를 공급했지만, 포도주를 운반한 것은 잉글랜드 선박이 아니었다. 가스코뉴인, 스페인의 바스크인, 다른 칸타브리아인의 선박이 교역에 동참해 대부분의 포도주를 운송했다.

　대서양 연안의 교역 중 카스티야의 가장 중요한 쌍무무역은 네덜란드 플랑드르 백작령과의 무역이었을 것이다. 13세기에 칸타브리아와 바스크의 선박 회사들이 플랑드르를 찾기 시작했고, 15세기에는 카스티야 상인들이 플랑드르 직조의 중심지, 주로 브뤼주에 소규모 집단 거주지를 조성하기 시작했다. 이들 거주지의 목적은 플랑드르의 직조공과 거래할 스페인의 고급 메리노 양모 판매를 관리하는 것이었다. 대신 플랑드르인들은 고급 원단, 태피스트리, 그림 등의 사치품을 수출했다. 이는 플랑드르의 사치품 산업뿐 아니라 스페인 양모의 가치를 보여준다. 카스티야 북부의 수많은 교회는 이런 식으로 플랑드르의 그림을 획득했다. 시간이 흐르면서 브뤼주의 카스티야인들은 스페인과 관계를 유지하는 가운데 독립된 거주지에 계속 남아 있기보다 플랑드르 가문과의 혼인을 통해 지역사회로 섞여 들어갔다.

　그런 상인 공동체는 유럽 전역에서 무역을 촉진하는 데 중요한 역할을 했다. 이베리아의 여러 곳에 잉글랜드, 플랑드르, 일부 프랑스 상인들의 거주지가 있었고, 플랑드르뿐 아니라 브르타뉴, 노르망디, 프랑스의 다른 곳에는 스페인 상인의 주요 집단 거주지가 있었다. 스페인어는 프랑스 서부와 플랑드르 무역 도시의 공용어 가운데 하나였고, 브뤼주 같은 도시의 지역 방언에도 영향을 미쳤다. 이처럼 무역을 통해 대서양 지역은 관계자 모두에게 혜택을 주는 하나의 체제 안에서 서로 밀접하게 결합되었다. 하지만 그 체제는 자주 흔들렸다. 예를 들어 1337년부터 1453년까지 불규칙하게 이어졌던 백년전쟁은 (그보다 좀더 자잘했던 여러 충돌과 마찬가지로) 계절적 양상을 띤 기존 무역에 심각한 문제를 야기했다.

카스티야의 양모 산업

이런 주기적 혼란에도 불구하고 여러 지역의 특산품은 꾸준히 국제무역에서 제 역할을 톡톡히 했다. 카스티야왕국의 고급 양모 생산과 무역은 양치기, 양떼 소유주, 상인, 선박 회사 등을 포함해 사회의 광범위한 영역에서 소득원이 되었다. 왕실도 양과 원모의 이동에 따른 세금을 거둬들임으로써 번영을 이루었다. 앞서 보았듯이 기독교와 이슬람 지역 모두에서 목축은 시골 경제의 중요한 부분을 형성했다. 북부 기독교 지역의 수도원과 도시에서는 대부분 대규모의 양떼를 길렀고, 남부로의 영토 확장이 목축업을 키울 기회라고 여겼다. 기독교도의 레콩키스타가 남쪽으로 세를 더 확장하면서 왕들은 대대로 산티아고, 칼라트라바, 알칸타라의 카스티야 군대에 엑스트레마두라와 라만차의 커다란 땅덩어리들을 하사했다. 11세기 후반부터 13세기 초반까지 이슬람의 위협에 계속 직면해 있던 이들 지역의 정주 도시와 마을에 농부를 이주시키는 것은 전혀 말이 안 됐다. 대신 군대가 그 땅을 주로 가축 방목에 이용했고, 공격받을 때는 다른 곳으로 이동했다. 이를 통해 군대는 많은 주민에게 의지할 필요 없이 영토에서 경제적 이득을 얻을 수 있었다.

13세기의 군사적 성공으로 기독교도는 광대한 땅을 지배하게 되었다. 새롭게 정복한 변경지역의 땅은 대개 인구 밀도가 매우 낮았고, 14세기 중반의 흑사병 이후로는 인구가 한층 더 감소했다. 희박한 인구 밀도를 고려했을 때 목축은 토지를 이용하는 이상적인 방법이었으며 스페인의 다채로운 지형과 극한의 기후 조건은 가축의 계절적 이동을 촉진하는 요소로 작용했다. 북부의 산지는 여름에는 풀이 무성하게 자라지만 겨울에는 사그라들고, 겨울철 날씨는 방목하기에 지나

그림 4.1 페냐피엘 성채. 레콩키스타가 남쪽으로 진행되면서 변경지역의 성채들이 기독교의 지배력을 강화했다. 두에로강 계곡이 내려다보이는 곳에 위치한 카스티야-레온의 이 성도 그중 하나다.

치게 혹독하다. 반대로 남부의 광활한 평야에서는 여름철의 열기에 풀이 자취를 감추었다가 가을비가 내린 뒤 겨울에 무성하게 자란다. 이런 계절적 양상을 이용하기 위해 스페인의 목축업자들은 이동 방목이라 불리는 가축의 원거리 이동 방식을 발달시켰다. 목축의 중요성을 잘 알았던 기독교 군주들은 해마다 모자이크처럼 각기 다른 관할 구역들을 거치는 양떼의 이동로, 카냐다cañada를 설치했다.

쿠엥카와 베하르 같은 도시는 목축 산업에서 그들의 역할을 규정하는 왕의 칙허장을 받고 토대를 마련했다. 가령 쿠엥카의 칙허장에 따르면 그곳 주민의 양떼는 봄에 도시 인근에서 풀을 뜯은 다음 털을 깎고 여름에 북부 산지로 이동할 수 있었고, 겨울에는 라만차의 평원까지 이동해 풀을 뜯었다. 그라나다가 이슬람의 손아귀에 있는 이상, 쿠엥카 주민은 겨울철 무슬림의 공격에 대비해 양떼를 지킬 군인을 제공해야 했다. 비록 그 시점에 양떼가 쿠엥카에서 상당히 멀리 떨어져 있더라도 말이다. 주요 카냐다 인근의 다른 스페인 마을과 도시에도 유사한 규칙이 적용되었다.

이동 방목의 형태가 발달하면서 매년 수십만, 수백만 마리의 가축이 이동했고, 여름 목초지와 겨울 목초지 사이의 이동 경로가 수백 킬로미터에 이르고 한 달 이상이 걸리는 경우도 있었다. 목축은 유럽 전역에서 시골 경제의 일부를 형성했지만, 특히 스페인의 이동식 목축은 그 경제적 범위와 규모가 이례적이었다. 예상할 수 있듯이, 이동식 목축이 매끄럽게 기능하기 위해서는 법과 관습의 정교한 관계망이 요구되었지만 목축업자들과 다른 경제 분야의 대표자들 사이에는 분쟁이 자주 발생했다. 지역 기관들은 가축 이동에 관한 규칙을 만들고 집행했으며, 13세기에 지역 협회가 통합되며 왕국 전체를 아우르는 기관 메스타_{Mesta}(카스티야의 목장주 조합 회의)가 생겨났다. 큰 떼를 소유한 이들이 메스타를 지배하는 경향이 있었지만, 방목 양떼를 소유한 이라면 누구나 이 기관에 가입할 수 있었다. 메스타는 방목 가축 소유주의 강력한 대의기관으로 기능했으며, 계절성 목초지에서의 지나친 방목을 막는 규칙을 포함해 적절한 가축 관리법을 공포했다. 또한 목축업자와 농부의 분쟁을 조정하기 위해 노력했는데, 가령 이동 중인 가축이 농작물과 숲에 해를 끼치지 못하도록 해야 한다고 주장하는 식이었다.

13세기부터 카스티야의 양떼 소유주가 메리노 품종의 양을 개발했다. 아마도 이베리아와 북아프리카의 양을 이종교배했을 것이다. 메리노 양모는 길고 곱슬곱슬하고 섬유가 극히 가늘었으며, 고품질의 실을 뽑아낼 수 있었다. 오랜 품질 기준에 따라, 순수한 메리노 양모는 18세기까지 스페인에서만 생산되었다. 그 이후 조건이 맞는 전 세계의 지역으로 확산되었고 오늘날에는 호주, 뉴질랜드, 미국 같은 나라에서 대규모 양떼가 자라고 있다. 스페인은 중세 후기부터 막대한 양의 메리노 양모를 북부 유럽, 특히 플랑드르 지방으로 수출했다. 플랑드르의 고급 원단 생산 중심지는 현지 양떼가 제공할 수 있는 것보다 훨씬 더 많은 양의 양모를 소비했기 때문에 14세기까지 잉글랜드산 양모에 크게 의존했다. 하지만 14세기에 백년전쟁으로 공급로가 차단되었고, 잉글랜드는 자국의 옷감 산업에 혜택을 주기 위해 수출을 금지했다. 그러자 플랑드르와 네덜란드 등 저지대 국가의 직조공들은 대량 구입이 가능하고 메리노 품종의 개발에 따라 질이 향상된 스페인산 양모로 눈을 돌렸다. 잉글랜드도 스페인산 양모를 일부 수입했다. 그런데 잉글랜드인들이 그들 양모와 메리노 양모를 혼합해보니 옷감의 질이 좋지 못했다. 메리노 양모로 옷감을 생산하려면 다른 기술이 필요했던 탓이다.

카스티야 상인들은 양모 수출 무역을 체계화하고 관리했다. 부르고스, 세고비아 등 내륙 도시의 상인 조합들은 대개 양털 깎기 현장에서 소유주로부터 양모를 구매해 등급을 매기고 세척하고 부대에 담아 수출할 채비를 했다. 그런 다음 북부 해안의 항구까지 육로로 운송했고, 상인과 계약한 지역 선박 회사가 양모를 배에 실었다. 보험업자 조합(이들은 양모 상인을 겸하기도 했다)이 화물 운송을 보증했고, 양모가 플랑드르에 도착하면 그곳에 거주하는 카스티야 상인이 화물 하역의 책임을 맡아 그것들을 판매했다.

내륙 카스티야의 상인들과 북부 해안 도시의 선박 회사들은 반도 북단의 무역을 관리하기 위해 지중해의 팍토리아와 비슷한 소규모 거주지를 플랑드르에 조성하고, 치외법권과 자신들의 법에 따라 내부 분쟁을 심판할 권리를 인정받았다. 브뤼주에는 이탈리아의 여러 도시에서 온 이탈리아인, 카스티야인, 바스크인, 아라곤 왕국의 백성으로 이루어진 집단 거주지가 있었다. 다양한 이해관계 때문에 비스카야 해안의 선박 회사들과 카스티야의 상인들은 브뤼주에 개별적으로 집단 거주지를 조성했다. 카스티야의 상인들은 또 노르망디와 브르타뉴에 영구 집단 거주지를, 잉글랜드에는 그보다 더 짧게 지속된 집단 거주지를 조성했다. 이들 거주지는 상품과 서비스 외에 사업 기술도 전파했다. 가령 해상 보험은 지중해에서 처음 개발되었고 스페인 상인들은 이베리아의 이탈리아 상인들에게 그 사용법을 배웠다. 그런 다음 북으로 간 부르고스와 세비야 상인들이 해상 보험을 유럽 서북부에 소개했다.

스페인 경제에서 양모 수출이 차지하는 중요성에도 불구하고 중세 후기부터 18세기까지, 매해 반도에 남은 양모의 양은 대개 수출량보다 더 많았다. 스페인 여러 왕국의 수많은 제조업 중심지에서는 그 양모를 사용해 거친 것에서 고운 것까지 다양한 옷감을 생산했다. 수입품은 최고급 옷감 시장에서만 세력을 떨쳤다. 13세기경 카스티야왕국에는 특히 사모라, 팔렌시아, 세고비아, 부르고스, 소리아, 마드리드, 알칼라데에나레스, 톨레도, 쿠엥카, 무르시아, 코르도바를 포함해 섬유 산업 중심지가 수도 없이 많았다. 각 중심지는 지역의 수요를 채우고 포르투갈, 아라곤, 그 외 지역으로 수출할 특별한 종류의 옷감을 만들도록 전문화되어 있었다. 중부와 남부의 도시들은 새로운 직조 및 염색 기술을 쓰기 시작했고 북부의 더 오래된 직조 도시나 마을보다 더 유리한 위치를 점했다. 카스티야의 직조 단체는 수출용 양모의 3분의 1까지 점유할 수 있었고, 시세만 주고도 최고 품질의 양모를 손에 넣도록 보장한 15세기 중반 법률의 혜택을 받았다. 이 법은 큰 변화 없이 근대 초기까지 계속 시행됐다.

중세 후기의 섬유 도시들에서 최고의 교훈을 얻은 쿠엥카는 공장에 동력을 공급할 수 있는 강이 있었고 축융縮絨과 염색에 쓸 물이 있

그림 4.2 산타마리아 대성당. 부르고스는 중세 내내 카스티야-레온에서 정치, 상업, 종교의 중심지였으며, 산티아고데콤포스텔라로 가는 순례길의 주요 중간 기착지였다. 사방에서 부가 흘러들던 덕에 부르고스는 13세기에서 14세기에 이 웅장한 대성당을 지을 수 있었다.

었다. 스페인 양떼에서 얻은 최고급 양모가 인근에서 깎이고, 씻기고, 팔린 덕분에 현지 옷감 제조업은 고품질 양모 물량을 꾸준히 확보했다. '옷감의 제왕들'이라 불린 사업가들은 원모를 구매한 후 제조 공정 내내 그에 대한 지배력을 유지함으로써 쿠엥카의 섬유 생산을 관리했다. 그들은 각 부문의 숙련된 노동자들을 고용했다. 양털 선별하는 사람, 세탁하는 사람, 마무리하는 사람(원모의 뭉친 부분을 제거하는 사람), 소모공梳毛工, 양털 빗는 사람, 방적공 등은 모두 직조 전 단계의 양모를 준비하는 사람들이었다. 15세기에 방직공들은 더 좁은 베틀을 이용하는 신기술을 사용했지만 더 오랜 방법도 남아 있었다. 직조가 끝나면 옷감은 축융공, 염색공, 마무리 직공, 전모공剪毛工의 손을 거쳐 마무리되었다. 각각의 전문화된 노동자들에게는 길드가 있었고, 길드에서는 품질과 가격을 규제하는가 하면, 도제와 숙련공이 장인이 되려고 할 때 따를 규칙을 관리했다. 길드의 관료들은 또한 도시 관료들에 맞서 집단의 이익을 옹호하고 구성원의 가족과 도시의 자선단체를 후원했다.

15세기에는 모직업의 일부 요소가 스페인의 시골로 이동하기도 했다. 전통적으로 집에서 손으로 자신들이 사용할 모직물을 짰던 농부들은 이제 더 광범위하고 생산적인 관계망에 들어오게 됐다. 기업가들은 양모를 가내 수공업자들에게 분배, 즉 선대先貸했다. 도시 수공업자들에게 줄 때도 있었지만, 도시의 길드 규제를 피하기 위해 시골에 하청을 주는 경우가 잦았다. 직조된 옷감의 마무리와 염색 단계는 옷감 생산에서 가장 특화된, 기술적으로 복잡한 부분으로 대개 도시에 남아 있었지만, 다른 생산 공정은 시골에서도 똑같이 잘 수행될수 있었다. 결과적으로 선대제는 확산되었고 카스티야의 모직업에서 일반적인 방식이 되었다.

아라곤 연합 왕국의 교역

중세 후기의 교역은 주요 중심지인 바르셀로나, 마요르카, 발렌시아와 더불어 아라곤 연합 왕국의 지중해 지역에서 급성장했다. 이들 지역의 상인과 선주는 지중해 지역과 지브롤터 해협에서 서북 유럽 도처로 확장된 복잡한 무역을 수행했다. 왕실의 후원을 입은 그들은 이집트의 알렉산드리아에서 플랑드르의 브뤼주에 이르는 주요 무역항에 알폰디고스alfondigos, 즉 영사관을 설치했다. 치외법권이 있는 소규모 거주지는 잠깐 묵을 곳과 안전한 창고를 제공했다. 그곳에 상주하는 영사는 상인과 선주가 서로 간의 일이나 현지 상인 및 관료의 일을 처리하는 것을 감독했다. 고향에서는 해양 영사Consolat del Mar가 상인과 선주의 경제활동을 지원하고 상인들끼리의 분쟁, 선주들끼리의 분쟁, 상인과 선주 사이 분쟁을 해결했다.

그렇게 확립한 폭넓은 교역망 내에서 그들은 다양한 생산물과 제품을 취급했다. 그들은 북아프리카에서 사들인 산호를 포함해 중급 보석과 카탈루냐의 직물을 수출했다. 이집트 시장에서는 아시아 세계의 향신료를 구매해 지중해의 기독교 세계 전역으로 퍼뜨렸다. 북아프리카 및 지중해 동부와 흑해의 시장에서는 노예를 사고 다른 것들은 해적질해 얻었다. 수출품은 포도주와 올리브유, 과일과 견과류, 꿀과 염장한 돼지고기, 밧줄과 철제품 등의 선박 부품이었다. 카스티야와 멀리 잉글랜드에서 원모를 수입해 옷감을 만들어 수출하기도 했다. 그들은 출신지나 이탈리아, 프랑스 남부에 곡물이 부족할 때면 시칠리

그림 4.3a, 4.3b 1482년에서 1498년 사이에 세워진 발렌시아의 롱하 데 로스 메르카데레스(무역 거래소)는 후기 고딕양식 상업 건축의 독특한 예로서 상인 공동체의 부와 권력을 보여준다. 외설적인 괴물 석상들이 있어 오늘날의 관광객에게 매력 혹은 충격으로 다가가는데, 표면적으로는 훌륭한 기독교 상인이라면 피해야 할 육욕의 탐닉을 보여주기 위해 만들어진 것이라 한다.

아에서 곡물을 확보해 실어날랐다. 평판이 좋았던 조선업 분야에서는 자국 선주들은 물론 외국 수요층에게도 배를 제공했는데, 이는 때로 그들의 경쟁력에 해가 되었다. 바르셀로나에는 폐쇄된 조선소가 아직도 남아 인상적인 해양박물관으로 사용되고 있다. 14세기 초 아라곤 연합 왕국의 선원들은 아프리카의 대서양 연안을 따라 카나리아제도까지 남쪽을 탐사했다.

쇠퇴는 14세기 중반에 시작되어, 특히 바르셀로나에서 두드러졌다. 발렌시아는 좀 나은 편이었지만 역시 어려운 시기를 겪었다. 본국에서 반란의 형태로 나타난 사회적 갈등이나 기독교 적국과의 전쟁이 일부 원인이었다. 더 넓게는 유럽 대부분과 그보다 더 광범한 지중해 세계에 영향을 미친 주요한 사회적 격변 때문이었다.

중세 후기 스페인의 경제 위기와 극복

서부 유럽은 14세기에 일련의 중요한 경제 위기를 겪었다. 인구는 2세기에 걸쳐 증가한 후 기존의 농업 기술이 지탱할 수 있는 한계치에 다다랐다. 그러다 기근과 전염병으로 인구가 줄기 시작했고 이에 따라 식량 수요도 감소했다. 불모지의 농장들이 버려졌고 그 과정에서 14세기 초 북부 유럽의 마을들도 모조리 사라지기 시작했다. 그런 뒤 14세기 중반 흑사병으로 알려진 무시무시한 전염병이 유럽을 강타했다. 4년도 채 안 되어 전체 유럽 인구의 4분의 1에서 3분의 1이 사망했다. 흑사병이 덮쳐오자 유럽인은 최악의 인구 재난을 경험했다. 같은 시기에 북아프리카와 중동의 이슬람 세계도 비슷한 변화를 겪었다. 급격한 인구 감소에 이어 유럽은 경제와 사회의 변화를 겪었고,

많은 경우에 이는 폭도와 반란으로 이어졌다.

이 기간 이베리아에서는 북유럽만큼 기근과 질병이 뚜렷하게 나타나지는 않았다. 좀더 춥고 습한 북유럽의 날씨는 흉작과 그로 인한 기근, 인간과 동물들 사이의 질병을 확산시켰다. 이베리아에서라면 그런 기후 조건은 재난이 되기보다는 더 건조한 지역에 어느 정도의 발달을 가져왔을 것이다. 그렇지만 14세기 중반의 서유럽은 전체적으로 흑사병을 겪었다. 첫 번째이자 최악이었다고 판명된 이베리아반도의 흑사병 확산은 1348년 3월 마요르카섬에서 시작되어 4월에 피레네 인근의 북부 국경지대인 로세욘과 세르다냐(프랑스어로 루시용, 세르다뉴) 지방으로 확산되었다. 바르셀로나, 타라고나, 카탈루냐의 여타 지방에서는 5월 초에 발병이 확인되었다. 14세기 중반까지도 여전히 이슬람의 항구였던 알메리아 또한 5월 말경 병마가 덮친 도시의 대열에 들었다. 7월 무렵 흑사병은 멀리 서북쪽의 주요 순례지인 산티아고데콤포스텔라를 강타했다. 이해의 흑사병 확산은, 짐작건대 전부는 아니더라도 대부분, 발생지에서 확산되었다기보다 반도 바깥에서 들어왔을 것이다. 그렇다 해도 항구도시에 일단 자리를 잡은 흑사병은 내륙으로 확산되었다. 바르셀로나와 발렌시아에서 각각의 경로로 흑사병이 진격해 9월 내륙의 사라고사에 닿았다. 10월까지 사라고사는 매달 약 300명의 사망자 수를 기록했다. 1349년에는 반도 전체에 병이 퍼졌고, 전하는 바에 따르면 그해 가장 많은 희생자가 발생했으며 갖은 양상으로 목숨을 잃었다. 전체적으로 봤을 때 흑사병은 1350년 3월까지 계속되었다. 이베리아를 덮친 최초의 전염병이었다.

감염 경로와 전반적인 치사율을 볼 때 이베리아의 흑사병도 여타 유럽 지역에서 나타난 양상을 따랐다. 보통 해안지역이 내륙보다 더 큰 타격을 입었다. 규모가 더 큰 마을과 도시들이 좀더 작은 마을에 비해 인명 손실이 더 심했다. 산지는 전염병에서 완전히 벗어난 곳도 있었는가 하면 인구가 집중된 평야지대는 흑사병에 훨씬 많이 시달렸는데, 도시들이 무역로를 통해 서로 그리고 항구도시들과 연결되어 있었기 때문이다. 흑사병이 기승을 부리는 동안 전체 사망률은 치솟았지만 사망자 전체가 림프절 페스트(흑사병 발병의 원인으로 의심되는 전형적 증상)에 걸린 것은 아니었다. 사망률은 지역마다 크게 달랐다. 감염의 위험성이 더 큰 직업들이 있기도 했다. 직업 특성상 의료인, 성직자, 공증인이 위험에 처했고, 엄청난 수가 목숨을 잃었다. 이들은 병마가 덮친 환자의 침대 곁을 자주 드나들며 병을 치료해보려하고, 영혼의 일을 돌보며 유언장을 작성하는 동안 감염될 위험에 처했다. 소도시에서는 대개 더 가난한 이들이 처음으로 감염됐고 부자들보다 더 큰 고통을 겪었다. 그러나 흑사병으로부터 벗어난 계층은 없었으며, 스페인은 유럽 전역에서 가장 많은 희생자 수를 기록한 곳이었다. 아라곤의 왕 페드로 4세('예식왕')의 왕비이자 포르투갈의 아폰수 4세의 딸이었던 포르투갈의 레오노르가 1348년 10월 말에 죽었다. 카스티야의 왕 알폰소 11세는 군대를 이끌고 지브롤터를 포위했던 1350년 3월에 흑사병으로 숨겼다.

이베리아의 기독교 왕국들은 전염병과 뒤이은 경제적·사회적 붕괴에 따른 심각한 사태를 경험했다. 하지만 지역마다 대응이 달랐으며, 피레네 너머의 이웃과도 다른 양상을 보이곤 했다. 카탈루냐의 농부들, 특히 생산성이 미미한 지역에 사는 농부들은 종종 개인 농장을 버리고 떠났지만 마을에는 여전히 사람이 살았다. 살아남은 소농 중에는 수익성 없는 농지를 버리고 생산성이 더 높은 곳으로 이주하는 이들도 있었다. 버려진 농장은 다른 소작농가가 거둬들였다. 결과적으로 사라진 마을이 있다 하더라도 그 수는 미미했다. 구舊카스티야는 상황이 달랐다. 13세기에 존재했던 수많은 마을이 15세기 무렵에는 유령 도시가 되었다. 하지만 문제는 흑사병이 어디까지 그 원인이 되었는지다. 연구자들의 중론에 근거해 답하자면, 흑사병은 만성적인 문제에 급성스러운 국면을 유발했다. 구카스티야의 마을 유기는 13세기에 시작된 과정의 일부였으며, 전염병에 의해 악화된 것이다.

흑사병의 여파 속에서 군주들은 이베리아반도 전역에 걸쳐 사회 지배층의 불평을 들었고, 그 내용은 우리가 아는 여타 서유럽 지역에 팽배했던 불만과 유사했다. 불만의 기저에는 사회와 경제가 기능하는 방식의 두드러진 변화가 깔려 있었다. 변화는 즉각적으로 노동자 계층에게 기회를 열어젖혔고, 지배층이 행사하던 권한을 축소시켰다. 노동력이 부족해지자 노동자들은 이곳저곳을 옮겨 다니며 더 나은 환경과 더 높은 임금을 확보했다. 임금 상승은 물가 상승으로 이어졌다. 이에 대응해, 반도 전역의 지배층은 자신들이 우세했던 흑사병 이전으로 상황을 되돌릴 규칙과 규정들을 추구했다. 이는 대체로 세 범주로 구분된다. 하나는 이주의 자유를 제한하는 것이었다. 방랑생활을 끝낼 방법이라고 포장했지만, 실제로는 노동자들을 한 분야에 혹은 출신 지역에 붙잡아두려 했다. 다른 두 범주는 더 노골적이었다. 가격과 임금을 흑사병 이전의 수준으로 묶어두고자 한 것이다.

아라곤에서는 1350년 사라고사에서 코르테스가 열려, 전염병으로 인해 임금과 가격에 가해진 시장 압력을 무화하려 시도했다. 그들은 장인들이 지켜야 할 세부 규칙에 그들의 임금과 작업 조건을 명시하고 규칙을 위반한 이들을 벌금으로 위협했다. 비슷한 방식으로 정부는 장인이 만든 제품의 가격을 고정했다. 카스티야의 페드로 1세는 1351년 코르테스의 요구에 응답하여 개인의 이주와 임금, 가격에 대한 규제책을 발표했다. 장인과 다양한 농장 노동자, 즉 쟁기꾼, 수확기 일꾼, 포도밭 일꾼, 날품팔이 등을 위한 작업 조건 또한 확립되었다. 규정에는 노동자의 단체 조직을 금지하는 조항도 있었는데, 아마 폭동의 원인이 될까 우려했기 때문일 것이다. 이렇게 페드로 1세가 극심한 위기에 직면해 규정을 발표했지만 그 가운데 새로 생겨난 것은 없었다. 군주들은 오랫동안 경제에 개입할 기회를 노려왔다. 전염병은 단지 그러한 개입에 긴박함을 더했을 따름이다.

흑사병이 창궐한 후 반도 전역에서 마을과 교외, 고용주와 노동자의 관계는 도시에서나 시골에서나 근본적으로 변화했다. 틀림없이 그런 변화 가운데 대다수는 전염병 이전에도 진행 중이었으며 심각한 시기가 지나고 나서도 오랫동안 계속되었다. 전염병을 무사히 넘긴 사람들은 불모지를 버리고 생산성이 가장 높은 곳에 집중할 수 있었으며, 도시 시장에서 최고의 수익을 내는 곡물로 갈아탈 수 있었다. 카스티야의 목축업, 특히 양의 이동식 방목이 전염병 이후 2세기에 걸쳐 융성했다. 하지만 인구 감소 때문에 더 많은 불모지가 목초지로 쓰였는지 혹은 늘 사용 가능한 목초지가 충분했는지는 명확하지 않다. 목축, 특히 고급 메리노 양모의 수익성이 단지 흑사병의 여파로 더 높아진 것인지도 불명확하다.

유럽 전역에서 민중 봉기가 이어졌고, 겉으로는 흑사병이 이유인 것처럼 보였다. 영국의 농민 반란, 프랑스 시골 지역의 여러 농민 봉기(자크리Jacquerie), 피렌체 도시 장인들의 반란(촘피Ciompi)은 모두 흑사병 이후 농민과 도시 노동자가 이득을 보지 못하도록 방해하려는 정부의 시도에 대한 대응이었다는 것이 특징이다. 이베리아에서는 바르셀로나 및 동부 도시들에서 반反유대인 민중 반란이 몇 건 발생했다. 하지만 대규모 반란이 발생한 때는 무시무시한 전염병이 돌고 두 세대가 지난 1390년대였다. 후대의 반란들은 해석의 문제를 드러내고 있으며, 그 주요 원인이 반유대주의인지 사회경제적 목적인지에 대해서는 의견이 일치되지 못하고 있다. 원인이 어느 쪽이든, 혹은 두 원인이 어우러진 것이든(더 가능성이 높아 보인다), 중세 후기 스페인의 반란들은 14세기 말까지 지속되다가 15세기에 이르러 계속 불안을 촉발하던 여러 조건에 대한 반응이었다.

스페인 유대 공동체의 감소와 위기

중세 스페인은 늘 유럽에서 가장 관대한 지역에 속했다. 앞서 보았듯이, 무슬림이 스페인을 지배하던 시절에 이슬람 통치자들은 기독교와 유대인 공동체를 '성서의 민족들'로 여겨 받아들였다. 이는 기독교 스페인 시대에도 계속되어 지배자들은 도시와 큰 마을에 유대인 공동체를, 발렌시아 등지에 이슬람 공동체를 받아들였다. 중세 후기의 압박감 아래에서는 이런 관용이 줄어들었다. 잉글랜드는 1290년에 유대인을 추방했고 프랑스도 1306년에 법령에 따라 같은 조치를 취했다(이 법령은 같은 세기 후반에만 적어도 두 번은 다시 고쳐진다).

아라곤과 카스티야의 대중은 1390년대까지는 유대인에 대한 적개심으로 물들지 않았다. 반유대주의 감정의 얼마나 많은 부분이 종교적 반감에서 비롯되었는지에 대해서는 의심의 여지가 있다. 이유가 무엇이든, 반감이 심해지며 스페인의 수많은 지역에서 반유대주의의 집단 폭력이 발생하고 대규모 개종(대부분 강요에 의한)의 물결이 이어지곤 했다. 목숨을 부지하려면 개종 외에 선택의 여지가 없었던 유대인이 수없이 많았다. 교황과 왕, 지역 주교가 폭력과 개종 강요를 비난했지만 문제는 여전했다. 가톨릭 교리에 따르면 죽음의 공포에 의해 강요된 것일지라도 모든 세례는 구속력을 지녔다. 어떤 상황에서 세례받았든, 세례받은 이라면 기독교적 삶을 살아야 했다. 누구도 개종이나 세례를 부인할 수 없었고 배교자라는 꼬리표 없이는 이전의 종교로 되돌아갈 수 없었다. 이는 치명적인 비난거리였다. 원치 않는 개종자들은 따라서 어쩔 수 없는 상황에 처해 개종을 번복한다면 박해에 직면하리라는 것을 알았다.

몇 년에 걸친 불안의 시기 이후 반유대주의 폭동은 점차 줄었지만 수많은 개종자를 남겼고, 강압에 의해서였든 자발적이었든 모두 콘베르소converso라는 이름이 붙었다. 모든 개종자가 강요 혹은 강압에 의해 기독교도가 된 것은 아니었다. 일부, 어쩌면 많은 수가 자발적으로 개종했으며 진심으로 기독교 사회에 동화되기 위해 노력했다. 하지만 그들 역시 어려운 상황에 맞닥뜨렸다. 15세기에 산발적인 반유대주의 폭동과 광범위한 반콘베르소 정서가 동시에 생겨났는데, 소위 구舊기독교도cristià vell들이 모든 개종자를 수상쩍게 보았기 때문이다. 1440년대와 1460년대에 스페인의 여러 도시에서 반유대주의 법이 제정되었고 그중 일부는 콘베르소에게도 적용되었다. 1449년에 톨레도 도시 의회는 유대인의 공직 근무를 금지하는 법과 유대인이 기독교인에게 권력을 행사할 수 있는 직업을 갖지 못하도록 금지하는 법을 통과시켰다. 가령 유대인 의사는 더 이상 기독교도 환자를 치료할 수 없었다. 톨레도 한 지역에서 내려진 결정이었지만 그 영향은 일파만파로 확산되었다. 왕은 이 조치를 비난하고, 톨레도와 여타 지방의 유대인을 겨냥한 법을 폐지하려 움직였다. 그럼에도 1460년대에 톨레도와 유사한 법을 제정했던 안달루시아의 몇몇 소도시에서 반유대인 폭동이 일어났고, 반유대주의 정서가 심화하고 있음이 명확해졌다.

같은 시기, 신앙심을 조사해야 한다는 식의 요구가 광범위하게 나타나기 시작했다. 더불어 진정한 개종자와 그렇지 않은 자를 공식적으로 판단하는 모종의 방법(요컨대 종교재판)을 요구하는 시민들이 등장했다. 얄궂게도 종교재판을 가장 열렬히 요구한 이들은 본인의 기독교 정통성을 간절히 증명하고 싶어하는 콘베르소 공동체의 일부 구성원이었다. 가톨릭교회는 늘 기독교인의 신앙과 도덕을 판단할 막대한 권리를 지니고 있었다. 주교들은 항상 조사관으로 활동했고, 지역주교가 어떤 개인이 이단인지 아닌지를 판단했다. 13세기 초 유럽에서 발생한 몇몇 이단운동 중 두드러진 것은 앞서 살펴본 남부 프랑스의 카타르파(알비파)였다. 교황청은 이들을 심각한 위협으로 간주했고, 교황들은 카타르파를 처리하기 위해 13세기 초반에 종교재판소를 세웠다. 그 후 조사관 혹은 종교재판관이 로마에서 유럽 여러 곳으로 파견되어 지역 주교를 거치지 않고 이단을 조사했다. 종교재판은 그 절차와 과정에 있어 당시 서유럽에서 부활하고 있던 로마법에 의존했고, 고문을 사용하는 심문이 그중에 있었다. 아라곤과 카스티야는 자신들의 영토에서 교황의 종교재판이 행해지는 것을 용납하지 않았다. 카스티야의 엔리케 4세는 독립적인 종교재판을 확립하기 위해 교황의 승인을 받아냈지만 실제로 시행하지는 않았고, 그런 수상쩍은 모습은 그의 의붓동생이자 후계자였던 카스티야의 이사벨이 해결해야 할 문제로 남았다. 이사벨은 남편 아라곤의 페르난도와 함께

1478년에 카스티야에서 종교재판을 시행했으며, 1492년에는 개종하지 않은 유대인을 스페인에서 추방했다.

중세 후기 스페인의 정치적 양상

유대인 종교재판과 추방은 중세 후기로 접어들고서도 한참 후에 일어난 일이지만, 13세기와 14세기에 스페인 왕국들을 뒤흔든 연속된 위기 속에서 생겨났다. 그런 위기 가운데 대부분은 귀족의 불안과 어느 정도 관련이 있었다. 스페인 정치에서 최상위 계층인 귀족과 왕들은 결론이 나지 않기 마련인 투쟁을 대대로 이어왔다. 대체로 각각의 편에서 얼마나 많은 권력을 주장하고 집행할 수 있느냐가 쟁점이었다. 귀족 집단은 군주가 통치한다는 것에는 불만이 없었지만 개인으로서든 집단으로서든 나랏일에 상당한 영향력을 행사하고 싶어했다. 강한 군주들은 권력을 나눠 갖기 싫어했고, 귀족 정파들은 힘 있고 영리한 군주라면 정파끼리 싸움을 붙일 수 있으리라고 확신했다. 한 가지 확실한 방법은 충성의 대가인 임명권을 통제하는 것이었다. 군주는 충성스러운 귀족들에게 사법권을 주거나 왕실의 일을 하사해 화폐 소득이나 지대의 수취권을 주는 것으로 보상했다. 봉토를 하사하는 방법도 있었다. 교묘하게 적용할 경우, 군주는 임명권을 통해 귀족의 야심이 정치적 이득보다는 물질적 이득 쪽으로 계속 향하도록 할 수 있었다.

통치자들은 또 도시ciudad, 소도시villa, 촌락aldea, 그리고 소규모 정착지lugar의 관계망을 통해 상보적 관계를 유지해야 했으며, 이들 각각은 주민에게서 어느 정도 세금을 징수할 수 있었다. 도시 관계망은 카스티야에서 특히 중요했는데, 레콩키스타가 진행되는 몇 세기 동안 도시와 도시민에게 부여된 권리라는 유산이 있었기 때문이다. 도시의 시민권vecindad은 각각의 주민vecino에게 일정 권리와 특권을 부여했으며, 남성 가장의 투표권도 여기에 포함되었다. 많은 자치단체는 지배자에 대한 의무를 지고 있었고, 이는 대개 화폐 형태로 지불되었다. 귀족과 교회 구성원은 일부 자치단체를 직접 지배했는데, 보통 재정복 초기에 왕실이 권리를 수여한 경우였다. 시간이 흐르며 대를 이은 군주들에게서 또 다른 왕실의 소도시 혹은 촌락을 하사받은 교회나 귀족이 수입과 사법권을 얻었다.

촌락과 소규모 정착지는 대체로 도시의 사법권 아래로 들어갔으며 지배자에 관계없이 다양한 정도의 자치권을 가졌다. 카스티야의 수도에는 투표권을 가진 시민이 선출한 의회가 있었고, 의회는 정해진 수의 평의원regidor과 시의회jurado로 구성되었다. 의회는 전시에 왕을 도와야 했으며 세금을 책정 및 징수해야 했다. 14세기, 지방 관계망에 대한 통제권을 잃어가고 있음을 깨달은 왕들은 코레히도르corregidor라는 왕실 대리인을 임명해 각 도시의 의회에 앉혔다. 이들 왕실 대리인은 시간이 지나면서 영향력이 강해졌고 15세기 말에는 지방자치 정부에서 막강한 세력이 되었다. 그럼에도 소도시들은 왕과 제휴하여 상당한 자치권을 유지했다.

중세 후기의 정치라는 게임에서 예측 불허의 요인(사전적으로는 물론 비유적으로도)은 귀족이었다. 권력과 재정적 이득을 좇으며, 귀족들은 왕이 새로 즉위하면 그들의 꾸준한 충성과 지지에 대한 대가를 지불하도록 했다. 나이 어린 왕이 즉위한 시기에는 귀족 개개인이 일시적으로 약화된 왕권을 이용해 충성의 대가로 이득을 챙겼다. 왕의 통치가 안정적일 때조차 귀족 정파들은 왕의 호의를 놓고 서로 다투거나, 복종의 대가를 받을 때까지 반기는 들지 않되 왕의 말을 듣지 않는 식으로 불복했다. 귀족들의 정파는 원하는 바를 얻기 위해 때로는 나라를 내전의 위기로 몰아가기까지 했다. 한 가지 계책은 또 다른 왕위 계승권자를 내세워 쿠데타를 일으키는 것이었다. 군주는 왕정파와 더불어 쿠데타를 저지하더라도 반대파를 같은 편으로 다시 끌어들이기 위해 혜택을 제공해야 했다. 14세기와 15세기에 걸쳐 연속된 스페인 내전은 대체로 이 틀에 딱 들어맞는다. 귀족들은 좀처럼 도를 넘지도 않았고 그다지 과감하지도 않았다. 대신 스페인에서 군주의 지휘권을 시험하는 방식을 뚜렷이 보여주었으며, 이는 동시대 유럽의 다른 곳에서 나타난 분쟁들과도 비슷했다. 전쟁과 내전은 정치의 연장이었다. 14세기와 15세기 스페인의 정치적 서사는 이런 행동 양식을 매우 명확히 보여준다.

중세 후기 스페인의 정치와 특성

1325년, 카스티야의 알폰소 11세는 성년이 되었다. 그는 오랜 미성년기 동안 기다린 끝에 귀족 세력을 억제함으로써 군주의 힘을 확립하기로 결정한 듯했다. 귀족의 지도자 중에는 그의 삼촌이자 카스티야에서 가장 뛰어난 작가였던 후안 마누엘도 있었다. 왕은 정당성 없는 수많은 귀족의 성채를 무너뜨리라 명했고, 완강히 반항하는 귀족은 군사 체계에 강제로 복속시켰다. 다른 귀족들은 그 뜻을 알아채고 도전을 삼갔다. 알폰소 11세는 그라나다의 이슬람 세력에 대항해 전쟁에 참여한 귀족을 중용하기 시작했고, 그의 후계자들도 이 정책을 자주 따라 했다. 이로써 귀족들은 왕의 깃발 아래서 나라 밖의 적에 대항해 싸웠다. 승리한 귀족은 땅과 전리품을 획득했고 왕은 그 5분의 1을 가져갔다. 이슬람을 상대로 한 전쟁은 패배하더라도 귀족에게 해가 되지 않았다. 1340년에 알폰소와 그의 군대는 타리파 인근에 상륙해, 반도로 침입한 모로코의 마지막 침략군인 마린왕조를 되돌려보낼 수 있었다. 그가 사망한 것은 그로부터 10년 뒤였다.

알폰소 11세가 남긴 한 명의 적자는 페드로 1세가 되었다. 알폰소 11세는 또한 정부 레오노르 데 구스만과 열 명의 후사를 낳았는데, 그중 장자가 트라스타마라의 이슬람을 상대로 업적을 세워 이름을 높인 트라스타마라의 엔리케였다. 페드로 1세와 엔리케는 19년 동안 왕위를 놓고 다투며 내전을 벌였고, 이로 인해 카스티야는 둘로 나뉘었다. 양측 모두 용병을 내전에 끌어들였다. 엔리케가 프랑스에서 베르나르 드 게클랭 휘하의 백색군단을 데려왔고, 페드로는 잉글랜드의 용병을 불러왔다. 1369년에 게클랭은 페드로에게 들러붙을 요량으로 그와의 만남을 주선하면서도 엔리케에게 충성을 유지하며 그 만남에 대해 털어놓았다. 페드로와 맞닥뜨린 엔리케는 그를 칼로 찔러 죽였다. 물론 정치적 행동이었지만, 페드로가 엔리케의 엄마와 형제 몇 명을 처형했기 때문에 개인적인 복수이기도 했다. 트라스타마라의 엔리케는 그렇게 엔리케 2세가 되어 카스티야의 왕위를 차지했고 1516년까지 스페인을 다스린 왕조의 첫 번째 왕이 되었다.

엔리케 2세는 왕이 된 이후 포르투갈, 프랑스, 잉글랜드, 아라곤 등 잠재적인 적국들과의 전쟁 가능성에 직면했다. 경쟁국들에 대응하기 위해 그는 강력한 방어 태세를 유지해야 했으며, 전쟁에 필요할 경우에 대비해 귀족들의 충성을 유지해야 했다. 엔리케의 후계자들도 같은 이유로 귀족들을 계속 지원했다. 후안 1세는 대외적인 일에 전념했으며, 포르투갈 출신인 아내의 권리를 내세워 포르투갈을 장악하려 하기도 했다. 그의 침략은 1385년 알주바호타 전투에서 아비스의 주앙이 이끄는 포르투갈 군대에 패하면서 실패로 끝났다. 주앙은 포르투갈의 왕위를 차지했고 아비스왕조를 세웠다. 이후 아비스왕조는 카스티야 왕들의 주요 경쟁자로 남았다.

포르투갈에 패배했음에도 카스티야의 세력은 계속 커져갔다. 후안 1세는 1390년에 죽었고, 매우 안정된 왕국을 남겼다. 그의 아들 엔리케 3세는 1406년에 죽었고, 그의 미성년 상속자 후안 2세가 1454년까지 나라를 통치하는 동안 왕권은 정치 피라미드의 꼭대기에서 안정을 유지했다. 후안 2세가 성년이 되기 전에는 그의 모후 카탈리나와 삼촌 페르난도가 꾸린 섭정 위원회가 카스티야를 통치했다. 권세가 하늘을 찌르고 야심만만했던 페르난도는 그라나다왕국을 상대로 격렬한 전투를 벌였고, 안테케라 습격을 성공시킨 후 '안테케라의de Antequera'라는 칭호를 얻었다. 그는 카스티야에 넓은 영토와 재산을 축적했고 아라곤 연합 왕국의 중대한 정치적 변화를 이용하는 데 매우 유리한 입장을 차지했다.

1410년 아라곤 연합 왕국의 왕 마르틴 1세가 상속자 없이 죽었다. 왕위가 비어 있는 2년 동안 아라곤, 카탈루냐, 발렌시아의 중간에 알맞게 위치한 카스페에 선출 위원회가 모여 일을 처리했다. 1412년에 그들은 카스페 타협에 이르렀으며 안테케라의 페르난도가 왕위를 제안받았다. 그는 이를 받아들였고 아라곤과 시칠리아의 왕 페르난도 1세가 되어 1412년부터 1416년 사망할 때까지 통치했다. 그렇게 해서 트라스타마라 가계의 두 줄기가 카스티야와 아라곤의 왕좌를 차지하게 되었다. 이렇게 권력이 합치된 것이 두 왕국이 합병될 전조였다고 보는 역사학자도 있지만, 이는 반드시 정해진 결론은 아니었다.

페르난도 1세는 새로 맡은 책무로 바쁜 와중에도 카스티야에 주의를 기울이고 있었던 게 분명했다. 그는 어쨌든 카스티야 왕들의 아들이자 형제요 삼촌이었다. 더욱이 그의 아내는 카스티야 최고의 부자 중 한 명이었고, 둘의 재산을 합치면 왕국 내 수많은 도시와 거대한 영토가 그의 것이었다. 그는 카스티야에서 영향력을 공고히 하기 위해 지위와 가족관계를 이용했다. 아라곤의 아이들(인판테◆)라 불린 그의 여러 자식은 카스티야에 살며 도시와 재산을 유지했고 한 세대 동안 또다시 카스티야에 거대한 정치적 문제를 불러일으켰다.

1416년에 아라곤의 페르난도 1세가 죽자 먼저 인판테 가운데 장자였던 알폰소 5세로 왕위가 이어졌고, 그는 나중에 '관대왕'이라는 별칭을 얻었다. 그의 주요 관심사는 지중해 지역에 흩어져 있던 자신의 상속 재산이었다. 시칠리아의 왕이라는 지위를 이용해 그는 나폴리 지배권을 확고히 했고, 그로써 지중해 중부 지역까지 제국적인 영향력을 행사하려는 욕망을 달성했다. 그는 카탈루냐동지회가 차지하고 있던 발칸반도 영토(원칙적으로는 아테네 공작의 영지였다)에도 관심을 보였다. 알폰소 5세는 르네상스 시대의 대담한 통치자로서 나폴리에 아름답고 빛나는 궁궐을 유지했으며, 이베리아의 재산은 형제 후안에게 남겨두고 떠남으로써 본질적으로 포기했다. 인판테 가운데 한 명으로서 출생에 충실했던 후안은 사촌이었던 카스티야의 왕들과 대립했다. 다른 인판테들도 스페인에 남아 후안을 따랐다. 당시 카스티야

◆ Infante. 왕위를 계승하지 않는 왕실의 자녀. (옮긴이)

의 왕은 후안 2세였다. 그가 아라곤의 마리아와 결혼하면서 성미 고약한 인판테의 누이가 왕실의 침실에 발을 들여놓게 되었다. 그러나이 결혼도 인판테들을 달래지는 못했고, 후안 2세는 카스티야에서 세력을 키우려는 그들에 맞서 투쟁하며 엄청난 시간과 에너지를 쏟아부어야 했다. 카스티야의 후안 2세는 박식한 사람으로, 까다로운 친척과의 싸움에 관심이 있기는커녕 통치에도 그다지 흥미가 없었다. 결국 그는 일상적 업무를 카스티야의 귀족 알바로 데 루나에게 대부분위임했다. 루나는 관직에 있는 동안 부를 쌓고 아마도 왕을 좌지우지할 만큼의 영향력을 획득했을 것이다. 필요에 의해 그는 아라곤 인판테들의 적이 되었다.

아라곤의 마리아와 카스티야의 후안 2세에게는 엔리케라는 아들이 있었다. 엔리케는 일찍이 왕자일 때부터 아라곤에 있는 모친의 유산에 마음이 기울었다. 그는 열다섯 살에 나바라의 블랑카와 결혼했지만 11년 뒤 후대를 보지 않고 결혼생활을 끝냈다. 결혼 무효화의 배경을 조사하는 성직자 공청회에서 엔리케는 아내와 한 번도 성관계를 갖지 않았다고 증언했다. 그는 아내와 성관계를 할 수 없었다고 주장했으며, 자신과 성관계를 하는 데 어려움이 없었다는 여자들을 공청회에 등장시켰다. 엔리케 왕자는 결혼 무효를 얻어냈지만, 적들은나중에 이를 이용해 그의 성적 성향에 의문을 제기했다. 블랑카는 결혼 무효에 이의를 제기하지 않고 나바라로 돌아갔다. 그녀는 최후의유언장에서 모든 재산을 엔리케에게 남겼다.

후안 2세의 통치 기간 대부분에 걸쳐 카스티야 군대와 아라곤의인판테들은 주기적으로 싸움을 벌였다. 마침내 1445년 올메도 전투에서 아라곤의 인판테들은 무참히 패배해 카스티야의 많은 재산을 포기해야 했다. 그렇지만 왕은 그들의 목숨을 살려주고 추종자들을 거의 벌하지 않았으며, 이는 승패가 나지 않는 또 다른 전투라는 전형적인 결말을 낳았다. 아라곤의 마리아가 1445년에 죽고, 1447년에 후안 2세는 포르투갈의 이사벨과 재혼했다. 그녀의 할아버지는 포르투갈의 주앙 1세, 외할아버지는 브라간사 초대 공작 아폰수였다. 후안 2세는 7년 후 죽기 전까지 자식 둘을 더 낳았다. 이사벨과 알폰소가 그들로, 카스티야의 왕위 계승 서열에서 엔리케 왕자 다음이었다. 1454년 후안 2세가 죽자 엔리케가 카스티야의 왕위에 올라 엔리케 4세가 되었다.

아라곤의 관대왕 알폰소 5세가 1458년에 후대 없이 죽자 그의 동생이 후안 2세로 왕위에 올라, 아라곤과 이탈리아에 있는 왕국 및 지중해 동부를 다스렸다. 후안 2세는 1445년 올메도 전투에서 패한 이래 카스티야에 있는 아라곤 인판테의 세력을 복구하기 위해 애써오고 있었다. 왕으로서 그는 카스티야와 그곳의 새 왕 엔리케 4세를 상대로 군사 행동을 강화했다. 아라곤의 후안 2세와 추종자들은 카스티야의 엔리케 4세가 상속자를 낳을 수 없다고 믿고 카스티야 전체를 차지할 기회를 노린 것이 분명했다. 카스티야로 돌아간 엔리케 4세는 왕위에 오른 해에 포르투갈의 주아나와 두 번째로 결혼했다. 여러 해 동안 자식은 생기지 않았고 이는 엔리케 4세가 성교 불능이라는 의심을 부채질했다. 1462년 마침내 왕비가 딸을 낳았고 그 아이는 후아나라는 세례명을 받았다. 당시의 카스티야 귀족과 의회 대표자 모두 후아나를 카스티야의 공주로서 왕위 계승 서열 1위로 인정했다.

엔리케 4세는 통치 기간의 전반기를 성공적으로 다스리며 주요 귀족들과 정치적 합의를 이끌어내고 대학에서 교육받은 이들을 관료로 앉혀 왕실 정치를 전문화했다. 통치 체제를 더욱 강화하기 위해 형제단Hermandad이라 불리는 지방 경찰을 조직해 주요 소도시에 본부를 두었고, 도시 의회에서 코레히도르의 쓰임새를 확장했다. 모직물 산업에도 호의를 보여 여러 주요 도시에 혜택을 주었다. 이 모든 행위는 왕과 카스티야 도시 관계망 사이의 연결을 강화하고 귀족 권력을 상대하는 평형추로 작용했다. 종교적으로는 카스티야에서 종교재판을 시작할 수 있도록 교황의 승인을 얻었다. 수많은 소도시의 의회가 조치를 지지했지만, 여러 사건으로 실제 도입은 불가능했다.

후아나 공주를 낳은 이후 엔리케 4세는 적들로부터 정치적 압박을 점점 더 많이 받았다. 카스티야에 있는 아라곤 대표단은 좀더 유순한 이가 카스티야 왕위에 오르기를 원했고, 엔리케 4세의 어린 의붓동생 알폰소와 이사벨이라면 그들이 조종할 수 있으리라 생각했다. 그들은 후아나가 엔리케 4세의 딸이 아니며, 공교롭게도 후아나가 태어난 직후 왕의 친구이자 믿을 만한 사람이라는 두 별칭을 얻은 벨트란 데 라 쿠에바의 딸이라고 주장하기 시작했다. 그 결과 괴팍한 귀족들은 후아나에게 벨트라네하la Beltraneja(벨트란의 딸)라는 모욕적인 별칭을 안겨주었다. 정치 선전이 심해졌고 가능한 모든 방법으로 엔리케의 명예를 실추시키려는 시도가 있었다. 심지어 왕은 훌륭한 기독교인이 아니며, 궁궐의 유대인과 무슬림을 총애한다는 소문까지 돌았다.

1465년 6월 5일, 반란군은 아빌라에서 열한 살 알폰소 왕자의 이름으로 엔리케를 상징적으로 퇴위시키고 알폰소를 왕위에 앉히는 의식을 열었다. 하지만 반란군에게는 불행하게도 1468년 7월 알폰소가 소화기 질병으로 죽었고, 추종자들은 명목상의 우두머리를 잠깐 잃었다. 그때 그들의 대표가 어린 이사벨에게 접근했다. 차례로 이사벨과 그녀의 추종자들도 엔리케 4세에게 접근해 반란 종식을 돕겠다고 제안하며, 대신 이사벨을 왕위 계승자로 인정할 것을 요구했다. 이는 암묵적으로 후아나와의 절연을 의미했지만, 반란을 종식시킴으로써 이사벨을 인정하고 후아나를 거부한 것이 정당화될 터였기에 엔리케 4세는 이러한 실리적 입장에 동의했다. 대신 그는 이사벨로부터 자기 허락 없이는 결혼할 수도 없고 결혼하지도 않을 것이라는 분명한 동의를 얻어냈다.

정치활동 초기에는 이사벨의 행동을 결정하는 이가 그녀인지 그녀의 추종자들인지 알기 어려웠지만, 이내 그녀가 자신의 지배권을 반영하는 영리한 결정을 내리고 있음이 명확해진다. 이사벨은 신하들을 조직하기 시작했고, 자기 쪽 추종자에게 그녀를 시집 보내려는 엔리케 4세를 막아냈다. 그리고 1469년, 아라곤의 후안 2세의 아들이자 후계자인 사촌 페르난도와 결혼하기로 결정했다. 이는 굉장히 충격적인 정치적 사건이었다. 그들은 함께 달아나 바야돌리드에서 결혼했다. 엔리케 4세의 승인은 없었다. 그러자 엔리케는 이사벨을 왕위 계승권자로 지명한 합의를 철회한다. 엔리케 4세와 그의 이복 여동생이 사적으로는 매우 잘 지냈다는 확실한 증거들이 있지만, 이 일은 정치적으로 대단히 심각한 갈등이었다.

신혼의 공주와 엔리케 4세 사이의 갈등은 정치판의 당파 싸움에 새로운 원인을 더했다. 페르난도 왕자와 그의 아버지는 카스티야에 있는 아라곤의 인판테들과 밀접한 관계를 유지했고 페르난도가 이사벨과 결혼한 뒤에도 그 관계를 지속했다. 이는 엔리케에게 대항한 신혼 부부의 지지 기반을 형성했다. 카스티야의 다른 귀족들은 자신들의 지지를 어느 한쪽의 총애와 맞바꿈으로써 그 갈등을 이용하고자 했

그림 4.4 산파블로 교회. 중세 후기와 르네상스 시기 바야돌리드(카스티야-레온)는 부르고스에 견줄 만했고, 북부 스페인 전체에서 왕정과 종교의 중심지가 되었다. 15세기에 지어진 이 교회의 정면은 플라테레스코plateresco로 알려진 스페인 건축 양식의 훌륭한 예다.

다. 1473년에 이사벨은 엔리케 4세를 초대해 페르난도와 대면시키고 그들 사이의 불화를 진정시켰다. 한 번의 예비 만남 후에 엔리케는 그들의 점심 초대를 받아들였고 부부 사이에 앉았다. 식사를 마치자마자 왕은 배 속이 뻐근해지는 고통을 느꼈다. 어떤 학자들은 이것이 비소중독과 유사한 증상이라는 의견을 제시했다. 진실이 무엇이든 엔리케 4세는 결코 완전히 건강을 회복하지 못했으며 이듬해 1474년 숨을 거두며 왕위 계승의 위기를 촉발했다.

처음에는 왕의 딸 후아나가 카스티야에서, 그리고 포르투갈의 왕(그녀의 정혼자였다)으로부터 상당한 지지를 얻었다. 이사벨도 카스티야에서 상당한 지지층을 모았고 여기에 페르난도와 결혼하여 얻게 된 아라곤의 세력을 더했다. 이사벨이 왕좌를 차지하기 위해 포르투갈과 싸워야 했던 것은 얄궂은 일이었다. 그녀의 모계 혈통에는 포르투갈의 인척이 꽤 많이 포함되어 있었기 때문이다. 그녀의 남편인 아라곤의 페르난도는 카스티야의 정치판에서 아라곤 정파를 대변했지만, 부모가 모두 카스티야 출신이어서 카스티야와 매우 밀접한 환경에서 자랐다. 반대로 이사벨은 다분히 포르투갈적인 환경에서 자랐다. 이사벨의 아버지 후안 2세가 1454년에 죽고 그의 아들 엔리케가 왕위에 올랐을 때, 후안 2세의 미망인은 구舊카스티야 평원의 아레발로에 가정을 꾸리고 이사벨과 알폰소를 키웠다. 곧 이사벨의 할머니였던 바르셀로스의 이사벨이 합류해 딸을 도와 집안을 이끌었다. 바르셀로스의 이사벨은 젊었을 적 포르투갈의 주앙 1세의 아들, 왕자 주앙과 결혼했다. 그녀와 주앙은 친척 사이였다. 그녀의 아버지 아폰수가 주앙 1세의 서자였기 때문이다. 아폰수는 바르셀로스의 백작이자 브라간사 최초의 공작이 되었다. 그 후 브라간사왕조는 포르투갈의 상류 정치에서 중요한 역할을 했다.

바르셀로스의 이사벨의 시동생은 영어권 사료에서 항해 왕자 헨리로 알려진 엔히크 왕자였다. 포르투갈 민족이 아프리카와 대서양에 대한 유럽인의 지식 지평을 확장했던 시기, 그녀는 주앙 1세의 궁궐에서 살며 포르투갈 최고 귀족들의 내분을 목도했다. 또한 대서양 탐험, 정복, 교역의 초기 단계에 포르투갈로 흘러들던 번영과 부를 목격했다. 1442년 주앙 왕자가 이른 나이에 죽자 바르셀로스의 이사벨은 미망인이 되었지만 공적인 삶은 끝났다고 보기 어려웠다. 1447년 이후, 그녀는 카스티야로 가서 딸과 합류했고 후안 2세는 그녀를 왕실 의회의 일원으로 삼았다. 1454년에 바르셀로스의 이사벨은 카스티야의 엔리케 왕자와 포르투갈의 주아나 공주 사이의 결혼 조건 협상에 일조했다. 후안 2세가 죽고 엔리케 4세가 즉위하자 그녀는 미망인이 된 딸 그리고 어린 손주 둘과 아레발로에 정착했다. 그녀는 거기서 1466년 죽을 때까지 살았다.

따라서 카스티야의 이사벨은 세 살 때부터 열 살 때까지 할머니인 바르셀로스의 이사벨과 어머니 포르투갈의 이사벨이 가계를 꾸리는 아레발로의 집에서 포르투갈식 환경에 둘러싸여 성장했다. 어린 이사벨 공주를 수행한 이도 클라라 알바르나에스라는 포르투갈 여인이었다. 클라라는 몬티엘의 수훈기사comendador였던 곤살로 차콘의 아내로, 포르투갈의 이사벨을 위해 가사를 관리했다. 이사벨 집안의 또 다른 포르투갈 여인, 베아트리스 데 실바는 훗날 무염시태無染始胎 교단을 설립했다. 이런 환경을 고려할 때 이사벨의 모국어는 아마 포르투갈어였을 것이다. 의붓오빠 엔리케 4세의 궁궐에 들어간 이후에는 엔리케 4세의 둘째 부인 주아나 왕비 아래 포르투갈 출신 귀족과 하인으로 이루어진 수행단이 있었기 때문에 아마도 포르투갈어로 가끔씩 이야기를 나누었을 것이다. 훗날 여왕이 된 카스티야의 이사벨은 친척을 포함해 뛰어난 포르투갈 귀족들을 궁중에 계속 데리고 있었다.

엔리케 4세가 죽고 5년 동안 카스티야는 두 번에 걸친 포르투갈의 침략으로 인해 극심한 내부 분쟁을 겪었다. 그 투쟁 과정에서 카스티야의 이사벨은 귀족들을 사면해줌으로써 처음에는 반대편에 섰던 수많은 귀족을 점점 자기편으로 끌어들였다. 또한 새로운 봉토와 작위 및 왕실의 직위를 하사함으로써 카스티야의 도시 대부분으로부터 후원을 확보하기도 했다. 시간이 지나면서 후아나 공주 측은 변절자가 점점 많아졌고 결국 이사벨과 페르난도는 왕위 계승의 전장에서 적대자들을 진압해냈다. 후아나는 포르투갈로 도망쳤고, 포르투갈 왕과의 결혼은 카스티야 지배에 대한 모든 희망을 잃어버리면서 물거품이 되었다. 그녀는 포르투갈에서 유형생활을 하며 오랜 여생을 보냈다. 그렇게 카스티야의 왕위 계승 위기는 1479년 카스티야와 포르투갈의 조약에서 모두가 이사벨을 카스티야 여왕으로 인정하며 막을 내렸다. 같은 해에 페르난도는 아버지 후안 2세 사후 아라곤의 왕이 되었다.

왕좌를 차지한 페르난도와 이사벨은 왕권 강화라는 야심찬 계획을 시작할 수 있었다. 카스티야의 왕위 계승권을 확보하기 오래전에 이사벨은 남편과 지배권을 서로 나누기로 합의했다. 1475년에 이루어진 그 합의에서 페르난도는 이사벨의 카스티야 왕위 계승권과 카스티야 귀족 및 도시를 후원할 고유 권한을 인정했다. 더욱이 이사벨은 카스티야 요새들에 총독을 임명하고 왕의 영토를 하사할 수 있는 유일한 인물이었다. 그녀는 카스티야 지역 및 카스티야왕국 영토 바깥에 대해서는 실질적 권한이 없었지만, 나중에 밝혀진 바에 따르면 그 영토만 해도 실로 놀랄 만큼 광대했다. 페르난도는 이사벨과 협력하여 카스티야에서 어느 정도 제한된 권한을 행사할 수 있었지만 단독으로 행동할 수는 없었다. 게다가 이사벨이 살아 있는 동안에만 그런 권력을 행사할 수 있었다. 그렇기는 해도 이사벨은 특히 그처럼 불안정한 시기에 여성으로서 나라를 다스리는 일이 어렵다는 것을, 따라서 페르난도의 역할을 의례적인 기능에만 국한시키는 게 현명하지 못하다는 점을 깨달았다. 이에 따라 그들은 카스티야를 공동으로 통치한다고 여겼고, 역사는 그들을 가톨릭 공동왕Reyes Católicos으로 알고 있다. 이사벨과 다르게 페르난도는 아라곤의 왕위 계승에 있어 심각한 반대나 분쟁을 겪지 않았다. 따라서 아라곤에서 이사벨에게 실권을 내줄 이유가 전혀 없었고 그렇게 하지도 않았다.

1480년 무렵 카스티야는 주변 왕국들과의 관계에서 수십 년 만에 처음으로 평화를 얻었다. 아라곤과 프랑스의 오랜 국경 전쟁은 계속되었지만 1493년에 이르자 휴지기로 접어들었다. 그 전쟁을 통해 피레네 동쪽의 두 지방, 로세욘과 세르다냐는 다시 카탈루냐의 지배하에 놓이게 되었다. 이사벨과 페르난도는 교황청과 밀접한 관계를 유지하면서도 영토 내의 스페인 교회에 대해 폭넓은 지배력을 유지했다. 무엇보다도 그들은 교황을 설득해 주교와 대주교의 임명권을 공식화했고, 카스티야가 무슬림 그라나다와 꾸준히 대치하며 투입하는 비용을 인정받아 교황이 내려준 십자군의 칙령들을 통해 수입을 확보했다.

최후의 그라나다 정복은 가톨릭 공동왕에게 의심의 여지 없이 가장 중요한 전쟁이었고, 1482년부터 1492년까지 간헐적으로 이어지며

10년의 세월을 끌었다. 두 왕이 이슬람의 그라나다에 가한 마지막 공격은 그들에게 도전이자 기회였다. 전면전은 비싼 대가를 치러야 했지만, 이사벨과 페르난도는 외적과 맞선다는 왕실의 의제에 귀족의 야망과 에너지를 활용하고 그라나다왕국 전체를 영토로 삼을 수 있으리라 기대했다. 그렇기에 그들은 스페인 이슬람 문명의 마지막 전초기지를 상대로 길고 힘들어질 전쟁을 시작했다. 이베리아 남부의 산지는 방어자들에게는 호의를 베풀고 공격자들에게는 겁을 줬지만, 카스티야의 군대는 결국 승리했다. 1491년에 왕실 군대가 상당한 영토를 정복했고 공동왕은 그라나다 정계의 내분을 이용해 아부 압둘라 무함

©Michal Osmenda

그림 4.5 이슬람 치하 그라나다의 알함브라 궁전은 13세기에서 15세기 사이에 세워졌고, 하나같이 매우 정교한 밝은 색 타일과 회반죽 조각, 석재 장식으로 되어 있다.

마드 12세(보압딜 왕)를 굴복시켰다. 보압딜은 1491년 11월 말에 이사벨과 페르난도와의 조약에 서명하고 그라나다 입성을 허용하며 거기서 왕국을 넘겨주었다.

보압딜의 그라나다는 1492년 1월에 최종적으로 항복했다. 이사벨과 페르난도는 1월 1일~2일에 알함브라궁을 넘겨받고 6일에 입성식을 치렀으며, 그렇게 이베리아반도에서 7세기 이상 지속되었던 무슬림의 통치는 끝이 났다. 그라나다의 무슬림을 항복시킨 조건은 얼핏 관대해 보인다. 그들은 원한다면 자유롭게 북아프리카로 떠날 수 있었고, 머물고 싶다면 카스티야 법을 지키는 한 재산과 종교도 유지할 수 있다는 말을 들었다. 하지만 종교를 용인하겠다던 약속은 오래가지 않았다. 1499년에 지속되는 불안을 이유로 가톨릭 공동왕은 카스티야와 아라곤의 모든 무슬림에게 기독교로 개종하지 않을 거라면 스페인을 떠나라고 명했다. 모리스코morisco로 알려진 개종 무슬림들은 스페인에 남아 구기독교 공동체와 불안정한 관계를 100년 더 유지했다.

스페인의 종교재판과 유대인 추방

그라나다를 함락하고 몇 달 뒤 이사벨 1세와 페르난도 2세는 스페인에 남아 있는 유대인에게 개종과 추방 중 하나를 선택할 것을 명했다. 수 세기에 걸쳐 스페인의 유대인 공동체를 고립시켜온 기나긴 드라마의 마지막 장이었다. 왕위 계승 전쟁이 끝나기도 전인 1478년에 이사벨은 페르난도와 함께 국왕의 권한으로, 다만 교황의 승인하에 종교재판을 도입했다. 종교재판의 행정 구조가 모양을 갖춰가면서 교황청은 재판 권한을 스페인 군주에게 넘겨준 것이 실수였다는 사실을 알아차렸지만, 잘못을 바로잡기에는 이미 늦은 때였다. 스페인의 종교재판은 카스티야에서 가장 먼저 시작되었고, 훗날 스페인왕국 내 기독교도의 신앙 및 도덕률을 조사할 권한과 함께 아라곤으로 넘어갔다. 유대인이나 무슬림이 아닌 오직 세례받은 기독교도에게만 종교재판의 권한이 주어졌다는 점은 주목할 만하다. 하지만 초기의 조사 대상은 대부분 유대교에서 기독교로 개종한 이들이나 그 후손과 관련되어 있었다. 콘베르소라 불린 신기독교도 개종자들은 15세기 말의 긴장된 사회 상황 속에서 꾸준히 구기독교도의 의심을 불러일으켰다.

스페인의 종교재판은 톨레도에서 시작된 후 몇 없는 인력이 지역 당국의 협조를 받아가며 다른 도시들로 퍼졌다. 먼저 재판관들은 도시를 방문해 종교적 규범을 위반했다면 고해하라는 공고문을 붙였다. 그들은 자발적으로 나서는 이들을 만난 뒤 주변에서 고발하는 사람들에게로 눈길을 돌렸다. 사소한 위반자들은 가벼운 고행과 벌에 처해졌다. 더 심각한 위반자들 중에는 은밀하게 유대교를 믿고 있다거나 다른 이들도 끌어들이려 했다고 고발당한 신기독교도가 포함되어 있었다. 초기 몇십 년간의 종교재판에서 다루었던 사건들은 이런 종류였다. 고발당한 사람들 중에는 이웃의 의심을 살 만한 행위라고는 거의 하지 않은 이들도 있었다. 돼지고기를 전혀 먹지 않는다거나, 막 개종한 탓에 깨닫지도 못한 채 유대교 관습을 따른다거나 하는 식이었다. 그들은 그저 식습관, 의복 등 일상생활에서 가족의 전통을 따를 뿐이었다. 고발당한 이들 중에는 실제로 조상의 종교의식을 비밀리에 행한 이들도 있었다. 진실된 개종자와 가짜 개종자들을 구별하고, 타당한 고발과 근거 없는 고발을 구별해내는 것이 재판관들의 임무였다.

재판 절차가 진행되는 동안 피고는 외부와 접촉하지 못했다. 공증인이 재판의 모든 단계에 출석해 벌어진 일들을 상세히 설명했다. 궁극적인 목적은 피고들이 위반을 인정하며 속죄하고 고해하게 만드는 것이었다. 사회 관습을 사소하게 위반했을 뿐 신실한 기독교인이라는 확신이 들면 재판관들은 피고를 석방했다. 재판관들은 피고들에게 적대하는 이가 있다면 지목하라고 요구하기도 했다. 만일 그 이름과 고소인의 이름이 일치하면 높은 빈도로 재판관들이 사건을 기각하곤 했다. 그렇지 않은 경우에는 죄를 인정하라며 피고인을 더 거세게 압박했고, 어느 단계에 이르면 재판관은 고문에 의존할 수 있었다. 로마법에 따르면 고문은 자백을 이끌어내는 게 목적이었을 뿐 개인을 영구히 불구로 만들지는 않았다. 자백한 이들은 정도가 다른 벌을 받음으로써 신자들의 공동체로 '받아들여졌다reconciled'. 설득력 있는 증거가 나왔는데도 자백을 거부하는 이들은 사형을 포함한 중벌을 선고받을 수 있었다. 이단자들은 본인의 구원뿐 아니라 기독교 공동체 전체의 구원을 위태롭게 했기 때문이다.

종교재판은 믿음의 행위auto de fe라 불리는 엄숙한 의식으로 마무리되었다. 시민들은 주교와 재판관, 지역 치안판사가 자리한 도시의 주광장에 열을 지어 들어와 외곽의 연단으로 모였다. 행렬의 주축을 이루는 것은 재판관이 기소한 이들이었다. 그들이 광장으로 들어오면 정리廷吏가 죄목과 벌을 발표했다. 처벌에는 벌금(종교재판을 지탱하는)과 다양한 기간의 공개 속죄가 포함되어 있었다. 사소한 죄목으로 기소된 사람들이 먼저 나오고 더 심각한 사건은 나중에 처리되었다. '받아들여진' 이들은 인근 교회에서 장엄미사에 참석했다. 행렬의 최후

그림 4.6 중세 스페인 기독교 지역의 대표적인 도시들은 목재 골조와 타일 지붕, 흙벽 위에 회반죽을 바른 건축 양식이 특징이다. 카스티야-레온의 살라망카 인근 라알베르카는 중세의 특징을 보존하고 있으며, 석재 열주가 늘어선 도시 광장의 경관이 이를 잘 보여준다.

미로는 유죄로 판결받은 이단자들이 나와 사형을 언도받고 재산을 몰수당했다. 의식이 끝나면 군인들이 그들을 처형장으로 데리고 갔다.

　다른 이의 목숨을 앗으면 안 되는 성직자들 대신 시 당국에서 고용한 이들이 무자비한 형을 집행했다. 처형을 완곡하게 말하자면 죄인을 정부의 속권俗權으로 인도relax하는 것이었으며, 죄인은 대개 산 채로 화형당했다. 사형 집행인이 기다리는 가운데 성직자가 피고에게 마지막으로 자백을 요구했다. 그렇게 하면 죽음을 면할 수는 없어도 불길 속으로 던져지기 전에 교살될 수는 있었다. 통계적으로 직접 화형당하는 이들은 거의 없었고, 결석재판으로 선고받은 이들을 대신해 모형을 불태운 것이 수천 건이었다. 다들 체포되기 전에 도망쳤기 때문이다. 방대한 기록을 연구한 바에 따르면 종교재판이 시작된 후 처음 몇십 년 동안 1만5000명에서 2만 명이 재판을 받았고, 본인이든 모형이든 그중 3분의 1이 이단으로 유죄 판결을 받고 처형되었다. 초기에는 세례받은 이더라도 유대교를 여전히 믿거나 그 방식을 지키고 있다는 혐의를 받으면 거의 모두 죽음을 맞았다. 시간이 지나면서 유대주의자는 거의 남지 않았고, 종교재판은 구기독교 공동체를 다루는 데 대부분의 시간과 자원을 쏟아부었다. 하지만 초기에는 미심쩍은 유대주의자들이 주요 목표였다는 데 의심의 여지가 없다.

종교재판이 거짓 개종자를 가려내는 기준으로 기능하기 시작하자 스페인에 남은 유대인은 점점 더 많이 조사받았다. 구기독교도들이 보기에 유대인은 개종자의 기독교 정통 신앙을 꾸준히 위협하는 요소였기 때문이다. 1492년 구기독교도들이 점점 집요해지자 이사벨과 페르난도는 왕국에 남은 유대인에게 석 달 내로 개종하거나 떠날 것을 명함으로써 응답했다. 학자들은 추방 명령 당시 스페인왕국 전역에 산재한 유대인 공동체의 인구가 약 25만 명 정도였다는 데 대체로 동의한다. 개종 아니면 추방이라는 선택의 기로에서 절반가량은 개종했고 나머지 절반은 떠났다. 떠나는 이들은 동산을 가지고 갈 권리가 있었지만 부동산은 모두 팔아야 했으니, 그들의 부동산을 사는 이들은 비싼 값을 치를 이유가 없었다.

망명한 스페인의 유대인들이 보금자리를 찾아 향한 곳은 북아프리카, 포르투갈(유대인을 추방하기 전까지), 이탈리아, 아나톨리아, 네덜란드 등 여러 곳이었다. 그 후손이 지금의 세파르디 유대인이다. 추방된 수많은 공동체는 번성했고 일부는 스페인식 유대인의 문화를 수 세기에 걸쳐 유지했다. 터키, 발칸반도, 심지어 캘리포니아에도 아직 세파르디 공동체가 남아 있어, 조상이 스페인에서 추방될 당시 사용하던 라디노어를 여전히 사용하며 풍부한 문화유산을 보존하고 있다. 소수의 유대인이 18세기에 스페인으로 되돌아가기 시작했지만 추방령은 1968년 독재자 프란시스코 프랑코가 폐지할 때까지 유지되었다. 그 이후 스페인의 여러 지역, 특히 마드리드에서 유대인 공동체가 늘어났다.

이사벨과 페르난도 치하의 왕권 통합

종교 획일화를 위해 선왕들보다 더 멀리 나아간 이사벨과 페르난도는 사회 전체를 지배하에 두려는 목표를 드러냈다. 전반적으로 그들의 국내 정책은 새로운 계획뿐만 아니라 선왕들의 전례도 따르면서 왕권을 강화했다. 1479년 왕위 계승 전쟁 말미에 이사벨과 페르난도는 거의 2세기 만에 처음으로 카스티야의 왕권과 귀족을 상당한 수준으로 결속시켰다. 귀족의 파벌주의와 왕권에 대한 도전이 빚어내는 파괴적인 효과들을 직접 경험해본바, 공동왕에게 시급한 과제는 귀족 전체가 왕권에 충성을 유지하도록 만드는 것이었다. 귀족들이 다시 왕권에 도전하는 사태를 피하고자 그들이 채택한 한 가지 전략은, 페르난도가 각 군대의 우두머리를 임명할 권한을 확보함으로써 군인 사회를 틀어쥐는 것이었다. 왕실은 그런 식으로 1476년에 산티아고 기사단, 1487년에 칼라트라바 기사단, 1494년에 알칸타라 기사단을 장악했다.

역사가들은 종종 이사벨과 페르난도가 통일 스페인을 건설했다고 여기지만, 왕권을 강화하면서도 여러 왕국 및 공국의 수많은 법과 전통을 유지했다고 하는 편이 더 정확하다. 그들의 호칭은 그들이 다스린 영토의 복잡함을 반영한다. 하지만 그들이 각 영토를 더욱 지속적이고 효과적으로 통치하기 위해 조치를 취했다는 것에는 의심의 여지가 없다. 중요한 일례로, 이사벨 여왕은 당시 시행 중이던 카스티야 법률을 조화롭게 만들고 체계화하기 위해 위해 몬탈보의 알폰소 디아스를 등용했다. 그는 1480년에 작업을 시작해 1484년에 마무리 지었고 이듬해에 편집본이 인쇄되었다. 이 작업은 1505년에 토로 법Leyes de Toro을 공포하기 위한 근간을 형성했으며, 토로 법은 카스티야 법률에서 모순되는 여러 조항을 일련의 일관된 원칙(상속 등 여러 대상을 아우르는)으로 대체했다.

카스티야 지방 의회에서 코레히도르의 역할이 증대된 것도 두 왕의 접근법을 보여주는 또 다른 예다. 코레히도르는 14세기에 도입된 이래로 카스티야의 여러 도시에서 지방 의원들과 나란히 앉아 업무를 감시하고 그들의 결정을 왕에게 알리며 의회가 왕실의 정책에 따르도록 했다. 페르난도와 이사벨은 카스티야의 모든 중요한 도시에 코레히도르를 주의 깊게 배치했고 지방의회에서의 활동 권한을 점점 더 확대했다. 또한 두 왕은 왕실 정부에 있어 각국 정책에 관해 토론하고 조언하는 의회의 역할을 높이 샀다. 그들은 후안 2세와 엔리케 4세가 확립한 전례를 확장해, 귀족뿐 아니라 법률 준석사post baccalau 학위를 지닌 이들(레트라도letrado라 불렸다)도 의회에 임명했다. 아라곤에서는 정부의 심의 제도가 이미 잘 발달해 있었다. 카스티야에서 공동왕은 왕실의회(콘세호 레알Consejo Real)를 물려받고, 세 의회를 신설했다. 1483년에 종교재판위원회, 1494년에 아라곤위원회, 오래가지 못한 에르만다드위원회(1476~1498)가 그것이다. 1509년 무렵 인도제도위원회가 또 다른 의회로서 아메리카대륙에서 카스티야가 차지한 새 영토에 관한 문제들을 논했을 테지만, 정식으로 확립된 것은 1522~1524년이었다.

카스티야 여왕으로서 이사벨이 취한 행동들은 대서양에서 자신의 백성이 오랫동안 이어온 활동들에 대한 지지를 표명했다. 더욱이 통치 기간 내내 그녀는 안달루시아의 대서양 항구들, 특히 과달키비르 하곡의 하류와 카디스만 인근의 항구들을 지배하기 위해 노력했다. 1483년에 이사벨과 페르난도는 카디스만에 푸에르토레알이라는 완전히 새로운 항구를 건설해 왕도王都 헤레스데라프론테라의 지배하에 두었다. 1492년 6월에 여왕은 팔로스데라프론테라의 절반과 푸에르토레알을 사들였다. 안달루시아 항구들에 대한 이사벨의 관심은 카스티야의 해양 산업을 강화하고 교역을 통해 다른 대서양 유럽의 항구는 물론 카나리아제도에까지 왕국을 연결하려는 의지를 드러냈다. 1493년 1월 카디스 공작 폰세 데 레온이 죽자마자 이사벨과 페르난도는 카디스와 그곳의 오래된 항구를 넘겨받고는 보상으로 그의 가족에게 론다 인근의 도시 카사레스를 주고 1000만 마라베디스를 지불했다. 지브롤터해협의 지중해 쪽 지역에서는 1492년 그라나다를 정복하면서 이슬람 왕국이 지배했던 알메리아, 말라가 등의 항구를 얻었다. 이런 모든 활동을 통해 이사벨과 페르난도는 카스티야의 해양 산업을 후원하고 왕실의 통제하에 왕국의 연안 방어력을 확보하려는 의지를 확고히 했다.

대서양에 주의를 기울였던 이사벨 여왕은 카나리아제도와 그 너머 백성에 깊은 관심이 있었다. 유럽인은 13세기와 14세기에 최초로 대서양의 미답지로 들어가 카나리아제도와 마데이라제도에 당도했다. 포르투갈과 카스티야 선박의 선장들이 처음에 그 섬들을 찾은 목적은 목재나 '용의 피'(용혈수의 나뭇진)라는 붉은 염료처럼 쉽게 얻을 수 있는 물건들이었다. 중세 후기의 유럽인 방문객들은 선주민이 거주하는 섬들이 서북아프리카의 베르베르인과 관계있으며 신석기시대 수준으로 생활하고 있음을 알게 되었다. 선주민들은 주로 목동이었으며, 농업경제를 발달시킨 곳은 그란카나리아섬뿐이었다. 제도 전역에서 그들은 정치적으로 분리되어 있었고 서로 경쟁하는 집단을 조직하기도 했다. 15세기 초 카스티야에서 후원한 원정대는 제도 일부를 정복하기 시작하면서 일부 집단과는 조약을 맺고 다른 집단은 정복했다. 15세기 말경에는 제도에서 유럽인이 사탕수수를 주요 작물로 삼는 농업을 발달시켰다.

이사벨이 여왕으로 즉위했을 때, 카스티야에서 권한을 부여한 원정대는 카나리아제도의 네 섬(란사로테, 푸에르테벤투라, 라고메라, 이에로)을 정복하고 세 섬(테네리페, 라팔마, 그란카나리아)의 정복을 앞두고 있었다. 이사벨은 그곳이 서고트족의 소유였다는 근거로 왕실의 소유권을 재차 주장했다. 서고트족이 그 섬들과 관계가 있었는지, 그 섬들을 알고는 있었는지 확인 가능한 증거는 없다. 실제로 네 섬을 지배하고 있던 카스티야의 귀족 가문들은 이사벨의 권리를 인정함으로써 합의에 이르렀다. 이에 더해, 여왕은 그 가문들이 아직 정복하지 않은 세 섬에 대해 주장하던 권리도 사들였다. 이사벨은 이러한 조치들을 통해 카스티야 왕실의 카나리아제도 지배권의 사법적 지위를 확고히 했다.

같은 시기에 포르투갈 탐험대는 마데이라제도와 아소르스제도에 집중했다. 카나리아제도에서 카스티야가 경험한 것과 마데이라섬, 아소르스제도 등지에서 포르투갈이 경험한 것에는 한 가지 큰 차이가 있다. 카나리아제도에는 선주민이 있었지만 포르투갈의 섬들은 그렇지 않았던 것이다. 카스티야 원정대가 카나리아제도를 정복하고 있을 무렵 카스티야의 공동왕, 특히 이사벨은 카나리섬 주민을 카스티야 백성으로 삼는 것에 어떤 의미가 있을지, 그들을 어떻게 다스려야 할지 고심했다. 이 성가신 문제들의 한 가지 요점은 노예제도였다. 노예제도는 끊임없이 인류 역사의 일부를 차지해왔다. 전쟁 포로의 노예화, 유럽 중부와 동부 및 사하라사막 이남의 노예 거래를 통해 중세 유럽과 이슬람 세계에는 노예가 끊임없이 공급되었다. 포르투갈인들은 15세기에 대서양 부근의 아프리카를 탐험하고 무역을 시작하면서 사하라사막 이남의 노예들을 유럽으로 데려왔다. 그라나다왕국이 정복될 때도 그랬듯이, 그러한 무역은 포르투갈과 스페인에서 노예제도를 부활시켰다. 안달루시아의 도시들, 특히 세비야, 발렌시아와 지중해 연안에 위치한 여타 동부 도시에서 노예 수가 증가했다.

1479년 포르투갈과의 전쟁 막바지에 이사벨은 카스티야의 카나리아제도 지배권을 명백히 인정하는 대신 포르투갈의 허락 없이는 그녀의 백성이 카나리아제도 남쪽 아프리카의 해안에서 활동할 수 없다는 조약에 서명했다. 이에 따라 카스티야인들은 아프리카 교역과 사하라 이남 노예 무역을 확장해 높은 수익을 올릴 기회를 박탈당했다. 그리고 약 200년 동안 남부 유럽인이 공통적으로 바랐던 또 다른 목표에 참여할 수 없게 되었다. 바로 아프리카를 돌아 아시아로 가는 바닷길을 발견하는 것이었다.

15세기에 포르투갈 원정대가 아프리카 해안선을 따라 점점 더 멀리 탐사해 내려가면서, 그들이 아프리카 최남단에 도달해 인도양으로 이어지는 항로를 발견할 가능성은 확실해져갔다. 실제로 1486년에 바르톨로메우 디아스가 바로 그 일을 해냈다. 13세기 후반의 마르코 폴로 같은 상인들과 12~13세기 몽골 지배하의 중국을 여행한 서양의 기독교 선교사들 덕에, 아시아로 직접 항해해 수익성 높은 현지 교역을 활용하는 것의 매력은 유럽에 잘 알려져 있었다. 이사벨과 페르난도는 성장해가는 아프리카 무역뿐만 아니라 물품에 상관없이 발달하게 될 아시아 교역에 있어서도 1479년 포르투갈과 맺은 조약 때문에 카스티야인이 배제되리라는 점을 잘 알았다. 이는 왕실 또한 그러한 무역에서 얻는 이익을 포기해야 한다는 의미였다. 포르투갈과 또다시 전쟁을 치를 위험 없이 해외에서 이득을 얻을 기회를 간절히 추구하면서, 이사벨의 궁정은 아시아에 닿을 수 있는 대안을 선뜻 받아들였다.

아시아를 향해 서쪽으로 항해하겠다는 크리스토퍼 콜럼버스의 계획은 아주 매혹적인 가능성을 제시했다. 제노바 태생으로 보이는 콜럼버스는 포르투갈에서 여러 해를 보낸 뒤 1480년대 중반 카스티야에 도착했다. 그는 포르투갈에서 상인으로 활동하며 귀족 여인과 결혼해 고도로 발달한 포르투갈의 해양 탐험 사업과 아시아라는 궁극적인 목표를 폭넓게 이해했다. 또한 대서양의 바람과 해류에 대해서도 많은 것을 배웠다. 그는 북쪽으로 가깝게는 영국에서 어쩌면 아일랜드까지, 남쪽으로는 아프리카 해안의 포르투갈 팍토리아였던 상조르즈다미나까지 등등 대서양 동쪽을 널리 항해함으로써 그러한 지식을 얻었다. 그리고 마데이라 인근 포르투산투섬을 통솔했던 장인이 생전 모아둔 서류와 지도를 통해 대서양 항로를 배웠다. 콜럼버스는 본인의 경험 및 아내의 포르투갈 궁정과의 연줄 덕분에 지역마다 각양각

색인 항구도시의 선술집에서 선원들과 이야기하거나 리스본 궁정에서 대화를 나누며 배움을 얻기 매우 유리한 입장이었다.

비록 포르투갈 왕실의 후원은 얻지 못했지만, 포르투갈과의 연줄은 콜럼버스가 카스티야로 이주해 이사벨과 페르난도를 알현하는 데 큰 도움이 되었다. 공동왕이 그의 제안에 흥미를 보인 것은 아시아를 향한 서방 항로가 아프리카를 돌아서 가는 포르투갈의 동방 항로 독점을 방지할 터이기 때문이었다. 하지만 정작 그들은 그라나다와의 전쟁에 모든 자원을 쏟아부은 터였고, 전쟁이 끝날 때까지는 어떤 새로운 기획도 시작할 수 없었다. 그들은 콜럼버스가 다른 곳에 제안하지 못하도록, 그들이 서방 항로의 지원 여부를 결정할 수 있을 때까지 콜럼버스가 카스티야에서 지출하는 비용을 대주었다.

1492년 1월 그라나다와의 전쟁이 끝난 뒤 이사벨과 페르난도는 콜럼버스의 모험에 자금을 댈 수 있었다. 왕실의 관련 전문가들은 공동왕에게 콜럼버스의 계획을 거부하라고 부추긴 듯하다. 그의 추론과 지리적 지식에서 심각한 결함을 발견했기 때문이다. 전문가들이 옳았다. 콜럼버스가 가톨릭 공동왕에게 제안한 내용을 자세히 아는 이는 아무도 없다. 그는 1480년대 중반 공동왕에게 이야기를 꺼내기 전에 세계의 모습을 상상한 뒤 아시아로 가는 전체 항로를 짰거나, 아니면 대서양을 가로지르는 처음 두 차례의 항해 이후에 예상을 수정하고 개선했을 것이다. 하지만 그는 지구 둘레가 실제보다 약 25퍼센트 짧고 일본이 중국 해안에서 약 2400킬로미터 떨어져 있다고 믿은 듯하다. 종합해보면, 콜럼버스의 계산 착오 덕분에 아시아로 향하는 서방 항로는 그럴듯해 보였다. 그가 옳든 그르든 스페인의 공동왕은 콜럼버스의 계획을 후원하기로 결정하고, 커다란 잠재 수익에 비해 꽤 적게 투자했다. '산타페 합의 각서'에 따라 콜럼버스는 항해 비용과 모든 수익을 왕실과 분담하는 데 동의했다. 성공할 경우 그는 귀족 및 해군 제독이 되고, 그가 카스티야 영토로 선포할 모든 곳에서 식민지 부왕副王, viceroy 지위를 얻을 터였다.

콜럼버스는 카나리아제도에서 탁월풍이 동에서 서로 분다는 것을 알아차렸다. 그래서 항해 도중 카나리아제도에 정박할 계획을 세웠다. 비용의 약 8분의 7을 개인 투자자들에게서 후원받고 나머지는 왕실의 후원을 받아, 콜럼버스는 팔로스데라프론테라에서 그곳 선장 마르틴 알론소 핀손의 도움으로 배 세 척을 준비하고 1492년 8월 2일 스페인에서 출항했다. 카나리아제도는 지금도 유럽에서 대서양을 횡단할 때 출발지로 선호되는 만큼, 그곳을 택한 것은 행운이었다. 수리와 식량 공급을 마치고 나서 그는 1492년 9월 9일 대서양 횡단을 시작했다. 10월 12일경, 이 작은 선단은 바하마제도의 한 섬에 도착했고 콜럼버스는 일본에 매우 가까이 접근했다고 확신했다.

처음 육지에 닿은 후, 선단은 더 광범위한 탐험을 시작했다. 핀손은 작은 배 핀타Pinta호를 타고 따로 탐험에 나선 후, 몇 달이 지나서야 콜럼버스와 합류했다. 콜럼버스는 남은 배 두 척으로 쿠바의 동남단 일부를 탐험하고 나서 그가 '에스파뇰라'라고 이름 붙인 섬(현재의 아이티와 도미니카공화국 사이에 있는 히스파니올라섬)으로 향했다. 그는 마르코 폴로 등이 묘사한 중국의 풍요로운 항구들과 상업활동의 현장을 발견하지 못했지만, 여전히 자신이 아시아에 있다고 확신했다. 1492년 크리스마스에 기함 산타마리아호가 좌초해 침몰하자 콜럼버스는 일부 선원을 위해 임시로 정착지를 만들었고 그동안 배 세 척 중에서 가장 작은 니냐Niña호를 타고 스페인으로 돌아갈 계획을 세웠다.

핀손이 합류하자 콜럼버스는 그와 함께 스페인으로 되돌아갔다. 처음에 콜럼버스는 카나리아제도로 곧장 이어지는 자신의 항해 경로를 되짚어가려고 했다. 이 결정은 그가 아직 해풍의 방향을 숙지하지 못하고 있었음을 보여준다. 배가 처음의 항로로 나아가지 못하자 콜럼버스는 점점 더 북쪽으로 향해야 했고 서에서 동으로 몰아치는 강한 폭풍우를 만났다. 그 바람은 아소르스제도를 거쳐 이베리아반도로 그를 데려갔다.

1493년 3월 15일에 스페인으로 귀향하며 콜럼버스는 이력의 정점을 찍었다. 이사벨과 페르난도는 그를 바르셀로나로 불러 보고를 받았고, 계약을 확인한 다음, 칭호를 승인하고 두 번째 항해를 허가해주었다. 그는 식민지의 기초를 쌓을 이주자, 동물, 연장, 씨앗과 더불어 열일곱 척의 거대 선단을 꾸렸다. 선단은 1493년 11월 22일 에스파뇰라섬에 도착했지만 그들이 발견한 것은 콜럼버스가 남겨두고 온 이들의 주검뿐이었다. 선주민들과의 분쟁에서 전부 살해당한 것이었다.

그때부터 콜럼버스의 이력은 곤두박질치기 시작했다. 단호한 성격과 사업가 및 선원으로서는 의심할 바 없는 실력을 지녔지만, 식민지의 기초를 닦고 통치할 준비를 하지 못했기 때문이다. 그는 식민지 개척자들에게 에스파뇰라섬 북쪽 해안의 척박한 곳을 골라준 다음 친동생 바르톨로메에게 맡겨두고, 그사이 쿠바를 탐험했다. 개척자들은 병들고 보급품은 고갈되었으며, 사람들은 콜럼버스 형제가 정착지를 운영하는 방식에 반기를 들었다. 콜럼버스는 포르투갈의 선례에 따라 개척자들을 왕실의 보수를 받는 피고용인으로 여겨, 황금 등의 재물을 모으라고 지시했다. 한편 개척자들은 반대로 스페인의 레콩키스타와 카나리아제도 정복을 통해 익숙해진 방식에 따라 지방자치체를 수립하고 싶어했다. 콜럼버스가 스페인으로 돌아갔을 때, 환상이 무참히 깨진 식민지 개척자들은 줄줄이 앞장서서 그의 고압적인 운영 방식과 무능함을 퍼뜨렸다.

1496년 무렵, 페르난도와 이사벨은 콜럼버스의 모험에서 단기에 수익을 얻으리라는 기대를 버렸다. 각고의 노력과 시간을 들여야만 식민지가 돈이 되기 시작할 터였다. 콜럼버스가 행정관으로서 실패했다는 보고가 올라갔음에도, 콜럼버스는 공동왕을 설득해 이전에 승인받은 내용을 확정하고 세 번째 항해를 허락받았다. 공동왕은 탐험에 사용할 함선 한 척과 카라벨 두 척, 거기에 에스파뇰라섬까지 식량을 운반할 카라벨 세 척을 내주었다. 콜럼버스는 사면된 살인범 10명을 포함해 300명의 남성과 30명의 여성으로 구성된 개척자 집단을 수송하게 됐다.

1498년 5월 스페인에서 다 함께 출발한 선단은 카나리아제도의 고메라섬에서 헤어졌다. 배 세 척은 곧장 에스파뇰라섬으로 향했다. 콜럼버스는 더 남쪽에 있던 카보베르데제도로 나머지 세 척을 몰고 간 다음 7월 7일 서쪽으로 방향을 돌렸고, 31일에 트리니다드섬에 도착했다. 그런 다음 서북쪽으로 배를 몰아 남아메리카대륙에 닿았을 때, 콜럼버스는 오리노코강 어귀에서 어마어마한 양의 물이 흘러나오는 것을 보고 거대한 대륙을 눈앞에 두었음을 깨달았다. 그는 성서에 묘사된 에덴동산에 가까워진 것이 아닐까 생각했다. 파리아로 알려진 베네수엘라 해안지역을 잠시 탐험하고 나서 콜럼버스는 에스파뇰라섬을 향해 나아갔다.

에스파뇰라섬에서 그는 위기를 맞았다. 콜럼버스가 정책적으로 허락한 정도 이상으로 행동의 자유를 원했던 일부 개척자가 폭동을 일으킨 것이다. 선주민들은 점점 적대적으로 변해갔고, 콜럼버스의 동생 바르톨로메와 디에고는 질서를 유지할 능력이 없었다. 콜럼버스라고 운이 더 좋은 것은 결코 아니었다. 콜럼버스가 작성한 보고서에서 미리 주의를 듣고, 에스파놀라섬의 다른 이들에게서도 소식을 들은 페르난도와 이사벨은 조사차 프란시스코 데 보바디야를 보냈고, 필요하다면 특별 조치로 지휘권을 돌려받을 권한도 주었다. 재빨리 상황을 파악한 보바디야는 식민지의 질서를 유지하지 못한 죄를 물어 콜럼버스 삼형제를 체포하고 돈을 압수한 다음, 1500년 12월 그들에게 불명예스러운 족쇄를 채워 고향으로 돌려보냈다. 공동왕은 콜럼버스에게 족쇄를 채우라 명한 적이 없다고 했지만, 공식 지위를 복권해달라는 콜럼버스의 요구를 1501년 9월까지 들어주지 않았다.

이사벨과 페르난도가 지위 일부와 재산 전부를 보전해주긴 했지만 이후 콜럼버스의 지위는 허울뿐이었다. 왕과 여왕은 두 번 다시 부왕이나 도독都督, governor-general 자리를 허락하지 않았으며, 다음 항해의 승인도 미루었다. 대신 그들은 새로운 식민지에 콜럼버스의 통제로부터 벗어난 관료 시스템을 마련하기 시작하고 니콜라스 데 오반도를 에스파놀라섬의 총독으로 임명했다. 오반도는 1502년 2월 서른 척의 배에 대규모 개척단을 태우고 카리브해로 출항했다. 한 달 뒤, 이사벨과 페르난도는 마침내 콜럼버스에게 새로운 탐험 선단을 꾸리도록 허락했다.

초기 대서양 탐험의 여파로 안달루시아 서쪽 항구들은 새로운 교역의 기회를 이용할 준비가 잘 되어 있었고, 스페인은 제대로 기능하는 식민지 제국을 놀라운 기세로 건설하기 시작했다. 왕실의 이익을 보호하고 해외 식민지에서 법과 질서를 조금이라도 확장하기 위해 이사벨과 페르난도는 연이어 바다 건너로 총독과 관료를 보냈다. 1503년에 그들은 세비야에 무역관(카사 데 콘트라타시온Casa de Contratación)을 설립하고 유럽인들이 (서西)인도제도라고 부르게 될 지역의 교역, 이주, 수송을 감독했다. 정부는 유럽에서 수 세기 동안 정복지에 이주민을 정주시키고 법으로 다스리던 경험에 의지해 식민지 행정기관을 세웠다. 레콩키스타와 카나리아제도 정복 시기에 마련된 더 가까운 선례를 따르기도 했다. 아라곤이 남부 이탈리아를 통치하며 얻은 경험과 포르투갈이 아프리카, 아소르스제도, 마데이라제도의 전초 기지에서 겪은 경험 또한 카리브해의 카스티야 식민 정부에 전례를 제공했다.

스페인이 새로운 영토를 통치하고 사람들을 정착시킬 수 있도록 준비시킨 수 세기의 유럽 역사를 알지 못한다면 아메리카제국을 즉흥적이고 무계획적인 우연의 산물에 가까운 것으로 보기 쉽다. 어떤 면에서는 그런 관점도 사실이다. 이사벨과 페르난도는 거대한 영토에 기반한 제국을 건설할 계획이 아니었다. 원래 전설적인 아시아 제국들을 찾아 유대를 맺으려던 것이었다. 하지만 중국과 그 이웃 나라들을 찾기 어려워지자 관료제도와 군사 조직의 가능한 온갖 수단을 동원해, 콜럼버스가 차지한 영토를 재빨리 조직하고 개척했다. 새로운 아시아 교역로에 대한 바람은 16세기 초입에 이미 스페인제국으로 변모했다. 그러나, 카스티야 왕실이 탐험 항해를 통해 계속 새 영토를 차지하는 와중에도, 스페인에서 아메리카 탐험은 16세기까지도 여전히 이차적인 문제로 남아 있었다.

이사벨과 페르난도는 획득한 영토를 인정받기 위해 유럽 동맹국들과 혼인관계를 맺는다는 야심찬 외교 전략을 생각해냈다. 전략의 궁극적인 목표는 대대로 아라곤 왕국의 적이었으며 이제는 연합 왕국의 적이 된 프랑스를 고립시키는 외교적 방벽을 세우는 것이었다. 이베리아반도 바깥에서 동맹을 결성할 기반을 만들기 위해, 공동왕은 먼저 포르투갈과 우호관계를 공고히 유지하려 애썼다. 1490년에 그들의 딸 이사벨이 포르투갈 왕자 아폰수와 결혼했는데, 아폰수는 곧 사냥 중에 사고로 세상을 떠났다. 미망인이 된 이사벨 공주는 1497년 아폰수의 삼촌 마누엘과 결혼했다. 이사벨 공주는 이듬해 아이를 낳다 죽었고, 두 사람의 아들 미겔은 최초로 포르투갈은 물론 카스티야와 아라곤의 혈통까지 이은 인물이 되었다. 아기 왕자는 고작 2년을 살았지만 가톨릭 공동왕은 포르투갈과의 동맹을 계속해서 소중하게 여겼다. 그들은 나중에 또 다른 딸 마리아를 나이 든 마누엘 왕과 결혼시켰다. 포르투갈 왕비가 된 마리아는 여덟 명의 자식을 낳았는데 그중 맏이가 왕위를 물려받아 주앙 3세가 되었다.

이사벨과 페르난도는 딸 카탈리나를 통해 프랑스의 또 다른 오랜 적대국인 잉글랜드와의 유대관계를 돈독히 하려 했다. 잉글랜드에서 아라곤의 캐서린으로 알려진 공주는 열다섯 살이 되는 1501년에 헨리 7세의 아들이자 웨일스 왕자인 아서와 결혼하기로 되어 있었다. 어린 부부가 초야를 치렀는지에 대해서는 여전히 의견이 분분하지만 아서는 결혼 후 몇 개월 만에 죽는다. 캐서린은 영국에 남아 1509년에 아서의 동생 헨리와 결혼하고, 헨리는 왕위를 물려받아 헨리 8세가 된다. 캐서린은 몇 번의 유산 끝에 딸을 낳는데, 그 딸이 바로 메리 공주다.

스페인의 혼인정책에서 가장 중요했던 지역은 유럽 서북부와 중부에 자리한 지역이었다. 신성로마제국의 황제, 합스부르크왕가의 막시밀리안 1세와 그의 아내 부르고뉴의 마리아가 다스리는 이 영토는 북해 연안에서 헝가리의 평야까지 펼쳐져 있었다. 장자와 장녀 후안과 후아나를 위해, 공동왕은 1497년 스페인 왕국들과 합스부르크왕가의 동맹을 이끌어낼 결혼을 준비했다. 이상적으로라면 후안의 아내 오스트리아의 마르가레테는 그와 함께 스페인을 다스리고, 후아나는 남편 '미남왕' 필리프와 함께 독일로 갔을 것이다. 하지만 죽음이 개입해 그런 계획들을 변화시켰다. 후안 왕자는 황녀 마르가레테와 결혼 후 고작 6개월 만에 죽었고 그들의 아이는 사산되었다.

후아나 공주의 결혼은 적어도 후사 면에서는 훨씬 더 운이 좋았다. 그녀는 필리프와의 사이에서 여섯 명의 아이를 장애 없이 출산했고, 그중 셋째가 1500년 새로운 세기와 함께 태어난 겐트의 카를이었다. 카를이 네 살이 됐을 무렵, 일련의 죽음과 왕위 계승의 법칙은 그가 대단한 왕국들을 물려받게 되리라는 것을 의미했다. 아라곤의 지중해 연줄과 콜럼버스 및 다른 이들이 카스티야를 위해 차지한 해외 영토들과 더불어, 어머니 카스티야의 후아나는 그때까지 카스티야와 아라곤의 혈통을 잇는 최초의 인물이었다. 카를의 아버지 미남왕 필리프는 중부 유럽 합스부르크왕가의 영토를 모두 물려받을 최초의 인물이었고 아버지 막시밀리안 1세가 죽었을 때 신성로마제국 황제로 선택될 가능성이 가장 높았다. 또 죽은 어머니 부르고뉴의 마리아로부터는 네덜란드에 더해 아마도 북유럽에서 가장 풍요로운 지역인 부르고뉴 공국을 물려받을 예정이었다.

1504년 이사벨 여왕이 죽자마자 후아나는 카스티야의 여왕이 되었고, 남편 필리프는 카스티야의 왕 펠리페 1세가 되었다. 아라곤의 페르난도가 카스티야에서 권력을 쥐었던 것은 오직 아내를 통해서였던지라, 그는 아라곤왕국으로 되돌아갔다. 후아나와 펠리페 1세는 1506년 스페인에 도착해 카스티야의 통치자로서 인정을 받았다. 하지만 그해에 펠리페 1세가 죽었고, 남은 미망인은 정신적으로 몹시 불안정해진 나머지 여왕의 임무를 맡을 수 없었다. 실제로 그녀는 10대 이후로 수많은 정서불안 징후를 보였기 때문에, 이사벨 여왕은 혹시 후아나가 통치를 꺼리거나 통치할 수 없게 된 경우 페르난도가 손자 카를의 섭정을 하도록 유언장에서 정해놓았다. 카스티야 관료들은 후아나에게 통치 능력이 없다고 결정하고 페르난도에게 딸을 위해 섭정으로 돌아와달라고 청했다. 기질과 상황 때문에 권좌에서 밀려나야 했던 후아나 여왕은 구카스티야 토르데시야스에서 보호 감호를 받으며 여생을 보냈다.

섭정으로서 권력을 되찾은 페르난도는 이사벨 여왕과 결혼 기간 내내 해왔던 대로 계속 영토를 확장했다. 그 일환으로, 지브롤터해협을 건너 북아프리카로 들어가는 정복활동이 시작되었다. 카스티야 군대는 1497년 멜리야의 요새를 정복했다(이곳은 지금까지도 스페인인 집단 거주지로 남아 있다). 그들은 1506년 오랑을 함락했는데, 이 작전은 톨레도 대주교였던 프란시스코 시메네스 데 시스네로스 추기경이 참여한 것으로 유명하다. 가톨릭 공동왕과 마찬가지로 프란시스코 추기경도 북아프리카 정복활동이 카스티야의 정치적 범위를 넓히고 십자군전쟁을 확장하는 일이라고 여긴 지 오래였다. 오랑 전투에서 이긴 후 카스티야의 군대는 북아프리카에서 더 많은 승리를 거두며 몇몇 군사 요충지에 주둔지를 설치했다.

이사벨의 죽음과 아이들의 정략결혼이 페르난도가 품은 야망의 끝은 아니었다. 그는 1505년 프랑스 왕 루이 12세의 조카이자 나바라의 여왕 레오노르 1세와 가스통 드 푸아의 손녀, 제르멘 드 푸아와 재혼했다. 그녀와 결혼하고 프랑스에 대한 방비를 튼튼히 한 덕에 페르난도는 1513년 피레네산맥 남쪽의 나바라 일부를 카스티야 영토에 더할 수 있었다. 아라곤의 영토로는 변경의 분쟁지 두 곳, 로세욘과 세르다냐(프랑스가 반세기 전에 차지했던)를 수복했다. 페르난도 궁정의 아라곤 정파는 이탈리아에 열중하고 있었고, 왕 또한 이사벨 여왕의 죽음을 전후로 프랑스와 일련의 전투를 치러 이탈리아에서 영토를 획득했다. 승리 요인은 기사단과 포병대가 뒷받침하는 스페인의 강력한 보병부대 테르시오_tercio와 '대장군'으로 알려진 페르난도 곤살레스 데 코르도바의 뛰어난 통솔력이었다.

©José Luis Filpo Cabana

그림 4.7 과달라하라(카스티야-라만차)의 인판타도 궁전은 15세기 후반 인판타도의 두 번째 공작이 강력한 가문의 명예를 드높이기 위해 세웠다. 건물은 수 세기 동안 수많은 부침을 겪었지만, 그 정면은 당대 고딕양식 도시 건축의 으뜸가는 사례로 남아 있다.

페르난도가 두 번째 결혼을 통해 아라곤 왕위를 이어받을 또 다른 후계자를 낳고 싶어한 것은 분명해 보인다. 다시 말해 그는 카스티야와 아라곤의 연합을 지켜나가야 한다고 여기지 않았다. 하지만 여러 상황 덕분에 연합은 유지되었다. 단명한 왕자를 하나 낳은 뒤로 페르난도와 제르멘은 더 이상 후사를 두지 않았다. 1516년 1월 페르난도의 임종 즈음 의도적인 외교정책의 유산과 일련의 우연, 그리고 여러 인사의 때 이른 죽음이 결합되어, 겐트의 카를은 카스티야와 아라곤 양국의 후계자가 되었을 뿐만 아니라 스페인 바깥의 영토도 물려받게 되었다. 더욱이 카를은 북유럽과 중부 유럽에서 그의 다른 조부모가 다스리던 부르고뉴와 합스부르크의 영토도 물려받았다. 그렇게 해서 한 사람의 소유로는 유럽에서 가장 넓은 영토를 다스리게 되었고, 아메리카대륙에서 스페인의 재산은 점점 더 늘어났다. 겐트의 카를이 카스티야와 아라곤의 카를로스 1세로 즉위하면서 스페인은 새로운 제국주의 시대로 접어들었다.

최초의 세계제국

SPAIN

가톨릭 공동왕이 대서양 너머에 심어둔 행정 구조는 16세기에 스페인이 제국을 이룰 근간이 되었다. 스페인 사람들이 바다 건너 새로운 대륙을 탐험하는 동안 변화하는 상황에 따라 공동왕은 그 구조를 고쳐 나갔다. 스페인은 몇 세기 동안 유럽 제국의 주인이기도 했지만 스페인 사람들은 다양한 영토를 모두 아울러 하나의 왕국, 즉 한 사람이 통치하는 땅이라 여기곤 했다. 얄궂게도 스페인의 유럽 제국은 아메리카대륙에 세운 제국보다 훨씬 우연적인 산물이었으며, 앞서 보았듯이 의도적 계획이라기보다 불운의 결과였다.

카를로스 1세는 1516년 브뤼셀에서 스페인의 왕임을 선언하고 스페인 왕국들의 여러 권리와 전통을 무시하며 유산을 차지할 준비를 했다. 스페인의 프란시스코 시메네스 데 시스네로스 추기경은 스페인 교회의 개혁과 스페인 르네상스의 곳곳에서 숨은 추진 세력으로 활동했으며 1517년 카를로스가 당도할 때까지 정치적 상황을 안정적으

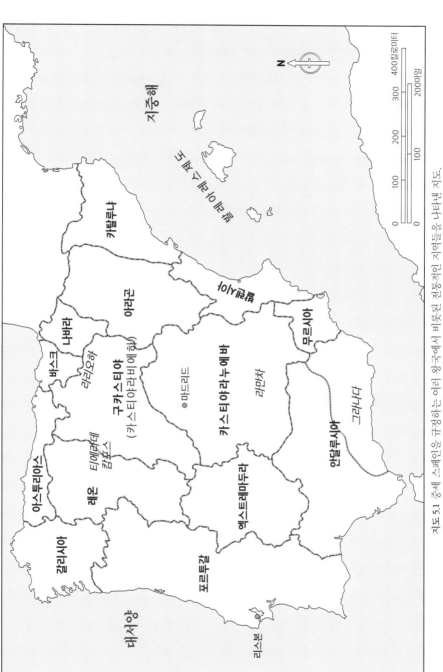

지도 5.1 중세 스페인을 구성하는 여러 왕국에서 비롯된 전통적인 지역들을 나타낸 지도. 합스부르크와 부르봉 시대에 하나의 왕 치하로 왕국들이 합쳐졌을 때조차 전통적인 지방은 계속해서 커다란 중요성을 지녔다.

로 유지시킴으로써 마지막으로 왕권에 기여했다.

페르난도의 섭정 덕에 탐험가 세대는 바다 건너에서 새로운 카스티야 세계의 윤곽을 계속해서 그릴 수 있었고, 스페인에서 건너간 정주민들은 에스파뇰라섬, 쿠바 등 중앙아메리카와 남아메리카대륙의 여러 소규모 전초기지에 식민지를 건설했다. 막 태동하기 시작한 제국이 수익을 올릴 수 있을 것인지는 두고 볼 일이었다. 그동안 왕은 땅들을 탐험하고 그곳에 정착하도록 군주의 이름으로 그저 승인해줄 따름이었고 금전적인 투자는 전혀 하지 않았다.

열일곱 살의 카를로스는 카스티야의 해외 모험에 지대한 관심이 있었다. 스페인에 도착한 직후, 그는 서쪽의 아시아로 항해해 지구 저편에 스페인 주둔지를 세우겠다는 포르투갈 탐험가 페르디난드 마젤란의 제안을 개인적으로 승인했다. 마젤란은 1519년 스페인을 출발해 최초의 세계 일주가 될 항해를 시작했지만 원래 목적은 그게 아니었다. 마젤란은 필리핀에서 지역 분쟁에 개입했다가 살해당했고 탐험대의 생존자들은 태평양을 건너 되돌아올 바람과 해류를 발견하지 못했다. 대신 그들은, 포르투갈이 주장하기로 그들의 영향권에 있는 세계의 절반을 지나 아프리카를 돌아서 스페인으로 귀환해야 했다. 바스크인 후안 세바스티안 델 카노는 마젤란 탐험대의 생존자와 함께 돌아와 왕에게 서한을 보냈다. "세상을 전부 발견했고 일주를 했습니다. 서쪽으로 출발해서 동쪽으로 돌아왔나이다."

젊고 검증되지 않은 카를로스 왕이 스페인에 도착한 1517년, 오랜 통치 기간 동안 그가 주로 집착하게 될 세 가지 가운데 두 가지(이슬람 세계와의 지속적인 투쟁, 세계를 탐험하고 식민지화해 제국을 구축하려는 카스티야의 일념)는 이미 기반이 다져져 있었다. 마지막 한 가지는 통합되어 있던 기독교 유럽에 도전한 종교개혁운동에 대응하는 것이었다. 카를로스의 통치 기간을 특징짓게 될 이 혁명은 1517년에 시작되었으나 아직 얼마나 심각하고 광범위해질지 알기는 어려웠다.

스페인 왕이 된 첫해에 카를로스는 스페인에 도착하기도 전에 네덜란드에서 자신을 수행했던 이들을 스페인 교회와 정부의 돈벌이 좋은 직책에 임명하는 등 일련의 전략적 실수를 저질렀다. 그는 또 페르난도가 죽은 뒤 중요한 시기에 지지를 모았던 시스네로스 추기경이 얼마나 중요한 역할을 다한 것인지 인식하지 못했으며 카스티야를 지나는 길에 가까운 도시에서 임종을 맞고 있던 시스네로스에게 조의를 표하지도 않았다. 네덜란드에서 성장하고 신성로마제국을 마음속 최대의 관심사로 두었던 카를로스는 스페인의 왕국과 해외 영토들을 그저 제국의 요구에 기여할 수입원 정도로 본 듯했다. 하지만 얄궂게도 그런 목적을 이룰 유일한 방법은 스페인 백성의 충성을 얻는 것이었다. 카를로스 1세는 쓰라린 대가를 치르고서야 이를 절실히 깨달았다.

1519년 막시밀리안 1세가 사망하자 카를로스는 신성로마제국의 새 황제로 선출되기 위해 고문들과 함께 총력을 기울였다. 그는 푸거 가문을 포함해 합스부르크왕가에 충성하던 중부 유럽의 은행가들에게 대출을 받아, 주요 경쟁자였던 프랑스의 프랑수아 1세보다 더 많은 뇌물을 쏟아부었다. 카를로스는 제위를 확보한 다음 1520년에 서둘러 스페인을 떠났는데, 카스티야의 코르테스와 그에 상응하는 아라곤의 의회 앞에서 왕으로서 선서를 한 직후였다. 세수 협약을 얻어내자마자 그는 존엄과 오래된 권리를 묵살한 채 떠나버렸고, 왕국은 분노로 들끓었다.

카스티야에서는 이내 심각한 반란이 일어났다. 카스티야의 가장 중요한 도시 및 소도시의 연합이 반란을 일으켰으며, 본질적으로 부재지주不在地主가 아닌 왕으로서 카를로스 1세가 적합하게 행동하기를 요구했다. 반란이 도시지역에 집중되었던 까닭에 반란과 그 지지자들은 코무네로Comunero라 불렸다. 지역의 수많은 주요 인사(심지어 귀족들마저)가 반란에 가담했는데, 카를로스가 황실의 연줄을 통해 경제력은 물론 정치적 힘까지 앗아갈 것을 우려했기 때문이다. 1519년에서 1521년까지 반란이 지속되면서 여러 포위 작전과 전투가 이어졌고, 왕실의 대응을 조정하는 일은 위트레흐트의 주교 아드리안(카를로스 왕의 늙은 교사였다)에게 남겨졌다. 반란에 가담했던 지배층은 반란이 전반적인 사회 개혁으로 변모하기 시작하고 나서야 왕실 편으로 돌아섰다. 1520~1521년에 아라곤왕국에서 일어난 또 다른 반란은 지하세계 범죄자들과의 관련성 때문에 헤르마니아스Germanias(속어로 무뢰배들이란 뜻)라고 알려졌으며, 처음부터 사회 개혁적 성격을 띠었고 지역 지배층과 협력한 왕실 군대에 의해 신속하게 진압되었다.

1522년에 스페인으로 돌아온 카를로스는 몇몇 반란 주동자에게 일벌백계로 가혹한 형벌을 내렸지만, 고문들은 반란에 가담했던 도시 대부분을 너그러이 대해 왕실의 은혜를 일깨우라고 설득했다. 이로써 사람들을 잘 타이를 수 있었으나, 카를로스 또한 큰 교훈을 얻었다. 코무네로 반란군은 비록 전장에서는 패배했을지언정 대부분의 요구를 확실히 관철시켰다. 카를로스는 남은 통치 기간 동안 지역의 권리와 전통을 존중하면서 스페인에 머물렀으며, 스페인과 인도제도(카스티야 아메리카제국의 명칭)의 관직에 스페인 사람을 임명했다.

카를로스는 1522년부터 1529년까지 스페인에 남아 있었는데, 이것이 이베리아반도에서 가장 오래 체류한 기간이었다. 그는 사촌인 포르투갈의 이사벨과 1526년 세비야에서 결혼해 스페인 여기저기의 주요 장소로 주기적으로 왕궁을 옮겼다. 1527년에 아들이자 후계자인 펠리페가 바야돌리드에서 태어났고 두 딸 마리아(1528)와 후아나(1535)는 마드리드에서 태어났다. 카를로스와 그의 형제자매처럼, 그들은 모두 합스부르크왕가의 전략에서 중요한 역할을 했다.

황제의 여동생들은 군주나 그 후계자의 부인이 됨으로써 유럽의 여러 국가와 동맹을 맺었다(엘레오노레는 포르투갈과, 첫 번째 남편이 죽고 나서는 프랑스와, 이사벨은 덴마크와, 마리아는 헝가리와, 카탈리나는 포르투갈과). 카를로스의 동생 페르난도는 스페인에서 자랐지만 카를로스가 도착하자 독일로 보내져 헝가리의 안나와 결혼하고 마침내 카를로스에 이어 황제가 되었다. 합스부르크가의 여인들은 멀쩡한 후계자를 낳는 것으로 유명해졌고, 이는 여왕과 그 배우자들의 중요한 자질이었다. 한 세기 동안 영국의 튜더왕가와 프랑스의 발루아왕가(암살자의 단검이 일조했다)는 자취를 감추었지만 합스부르크왕가는 명맥을 유지했다. 합스부르크왕가의 스페인과 오스트리아 지가支家가 종교적으로 금지되어 있던 근친혼을 특별히 허가받고 근친 간 출산의 위험을 감수해가면서까지 자주 통혼한 이유가 여기에 있다. 단절 없이 가문을 계승하는 게 다른 대부분의 고려 사항보다 더 중요했던 것이다.

스페인에 체류하는 7년 동안 카를로스 1세는 아메리카대륙에서 그의 제국이 영토를 넓히는 모습을 자세히 지켜볼 수 있었다. 서부 카스티야의 하급 귀족이었던 에르난 코르테스는 1519년 쿠바를 떠나 멕시코 본토로 들어간 뒤 카를로스의 이름으로 아스테카제국을 정복했고, 그동안 쿠바 총독이 내리는 지시를 거역했다. 그 여파로 황제에게 보낸 다섯 통의 편지에서 코르테스는 경쟁자들을 비판하고 얼마간의 진실을 들며 행동을 정당화했다. 그래도 그 정복이 16세기를 규정한 순간이자 세계 탐험 역사상 가장 극적인 사건 중 하나라는 데는 의심의 여지가 없다. 코르테스는 수행단에 '인디언'을 몇 명 포함시켜 1524년 스페인으로 이동했다. 그들은 모두 황제의 궁정에서 수개월을 보냈으며, 한 세대 전의 콜럼버스처럼 모든 사람을 현혹시켰다.

코르테스는 1530년 여름에 멕시코로 돌아가 오악사카 계곡의 후작으로서 황제가 하사한 광대한 영지를 관리했다. 1527년에는 사비로 작은 선단을 꾸려 태평양 건너편으로 보냈다. 선단을 이끈 이는 코르테스의 사촌 알바로 데 사베드라였다. 그의 목적은 1524년에 마젤란 탐험대가 항해했던 아시아 항로를 따라간 가르시아 호프레 데 로아이사의 탐험대(이들은 불운한 최후를 맞게 된다)에 소식과 보급품을 전하는 것에 더해, 포르투갈의 아시아 근거지들을 정찰하고 카스티야의 영향력이 그곳에 미치지 않는지 확인하는 것이었다. 1494년의 토르데시야스 조약으로 해상(대서양) 탐험에서 포르투갈과 스페인의 영역이 정해졌지만, 토르데시야스 선이 가르는 지구 반대편은 투기와 논쟁의 지역으로 남아 있었다. 1520년대에 스페인과 포르투갈의 외교관들은 계속해서 후추 제도, 즉 말루쿠제도가 자기네 왕의 소유라고 주장했다. 그러는 동안 잇단 탐험에 참여한 스페인 탐험대원들은 멕시코로 돌아갈 귀로가 막혀 아시아에 발이 묶인 채로 아시아에 대한 권리를 주장하며 자리를 지키는 역할을 했다. 카를로스는 1529년에 스페인을 떠났고, 같은 해에 35만 두카트를 받고 아시아에 대한 권리를 포르투갈에 넘겨주었다. 그 소식은 마침내 스페인 선원들에게도 전해졌고, 세 차례의 아시아행 서방 항로 탐험에 참가한 선원들은 그렇게 포르투갈 영해를 거쳐 귀향했다. 그들은 태평양을 가로질러 되돌아오는 항로를 개척하지 못했다. 다시 말해, 그들도 마젤란의 첫 항해 당시 세바스티안 델 카노와 그의 선원들처럼 어쩔 수 없이 세계 일주를 하고 1536년 스페인에 도착했다.

그때까지 카를로스는 이슬람 세계를 상대로 한 투쟁에 완전히 몰두해 있었다. 성 요한 기사단이 오스만제국의 공격으로 로도스섬에서 쫓겨난 지 7년 뒤인 1530년, 카를로스는 기사단이 몰타섬에 재배치되도록 후원했다. 기사들은 몰타를 근거지로 삼아 이슬람과 싸우는 국제 기독교군(북아프리카의 이슬람 해적에 맞서는 기독교 해적)으로 수 세기 동안 활동했다. 강력한 술탄 술레이만 1세('장엄왕') 치하의 오스만제국은 바다에서 북아프리카 해적을 후원하고, 카를로스가 물려받은 합스부르크 유산의 심장부인 중부 유럽에서 신성로마제국을 상대로 전쟁을 벌였다. 1526년 모하치 전투에서 오스만 군대는 헝가리의 왕 루트비히 2세(카를로스의 사촌이자 매부로, 누이 마리아의 남편)가 이끄는 황제군을 격파했다. 루트비히는 전투에서 사망했는데, 이는 카를로스가 이슬람과 싸우는 데 개인적인 명분을 더했다.

서른 살의 황제는 1530년 로마에서 공식 대관식을 마치고 독일에 도착하자마자 제국 내 여러 국가와 민족을 결집시켜 오스만제국에 대항하는 통일전선을 꾸리려 했다. 북부 이탈리아 피에몬테 출신의 뛰어난 정치 이론가이자 제국 재상이었던 메르쿠리노 가티나라가 그를 도와 여러 언어와 다양한 문화가 섞인 제국을 위한 전반적인 전략을 고안해냈다. 이는 '기독교도 사이에는 평화를, 신앙심 없는 자들과는 전쟁을'으로 간단하게 요약할 수 있었다. 남은 재위 기간에 황제는 가티나라의 전략을 따랐고 끝없는 좌절을 겪었다. 기독교군은 오스만제국과 북아프리카의 오스만 속국들에 맞서 싸우기보다 자기들끼리(그리고 합스부르크왕가와) 싸우는 데 더 관심 있는 듯했다. 프랑수아 1세 치하의 가톨릭 프랑스는 기독교 통합이라는 카를로스의 이상에 사실상 끝없이 도전했다. 카를로스는 1525년 파비아 전투에서 프랑스에 승리를 거두고 프랑수아 1세를 생포했다. 프랑수아 1세의 호화로운 막사가 아직도 마드리드의 왕실 무기고에 남아 있다.

1529년 오스만 군대가 신성로마제국 합스부르크왕가의 수도 빈을 공격했지만 제국군은 이들을 돌려보낼 수 있었다. 1532년 술레이만이 다시 빈을 공격했을 때 카를로스는 대규모 군대를 조직해 제국을 방어했다. 스페인 사람들은 황제의 제국에 대한 이상을 다른 어떤 통치 의제보다 진심으로 믿고 따랐고, 두려움에 떨며 오스만제국의 침략 소식에 촉각을 곤두세우다, 마침내 오스만인들이 물러갔을 때는 기쁨에 겨워했다. 한편 대서양 너머에서는 카스티야에서 파견한 관료들이 누에바에스파냐에서 스페인의 통치를 굳건히 했고, 일련의 탐험대는 카를로스의 이름으로 정복하고 기독교 세계로 끌어들일 또 다른 제국을 찾아 북아메리카에서 남아메리카의 안데스 고원까지 탐험했다. 1532~1533년에 걸쳐 프란시스코 피사로와 163명의 스페인인 및 선주민 동맹으로 구성된 군대가 잉카제국을 멸망시키며 카스티야령이 된 아메리카제국 영토에 또 한 번 거대한 땅덩어리를 더했다.

카를로스는 1533년부터 1535년까지, 그리고 다시 1536년부터 1539년까지 스페인에 머무르며 스페인의 제국적 정체성을 강화했다. 1535~1539년은 프랑스의 도전에 맞서야 했던 새로운 전쟁의 시기였다. 이때 프랑스 왕은 합스부르크왕가의 힘을 저지하기 위해 오스만제국과 동맹을 맺고, 심지어 서지중해 공격을 돕기도 했다. 기독교 국가 전체가 이에 분노했다. 북아프리카 이슬람 국가들은 스페인 선박과 이베리아 해안을 급습했고 카를로스는 1535년 라골레타와 튀니스를 공격하여 대응했다. 세비야의 레알레스알카사레스에서 당시의 승리를 기념하는 유명한 태피스트리 시리즈를 볼 수 있다.

카를로스는 독일에서 벌어진 종교적·정치적 논쟁 소식에도 관심을 기울였다. 독일은 수십 년간 대화하고 협상했지만 마르틴 루터가 로마가톨릭교회에 도전하면서 야기한 균열을 해결하지 못했다. 신성로마제국 황제로서 카를로스는 로마가톨릭을 단 하나의 진정한 기독교로 옹호할 의무가 있었으며, 결코 그 의무를 저버리지 않았다. 당연하게도 그는 한 번에 한 곳에만 있을 수 있었으니, 스페인을 떠나 있는 동안에는 가족이 그를 대신했다. 먼저 아내 이사벨이, 그리고 1539년 그녀가 죽은 뒤에는 자식이 차례로 그를 대신했다. 네덜란드에서는 미망인이 된 카를로스의 여동생 헝가리의 마리아가 그의 이름으로 그를 대행했고 독일에서는 동생 페르난도가 그를 대신했다. 어디서나 유능하고 충실한 관료의 도움을 받았던 합스부르크왕가의 능력자들 덕분에 카를로스는 유럽 영토 끝자락에서도 왕실의 영향력을 유지할 수 있었다.

누에바에스파냐♦와 페루에서는 비범한 부왕들이 정복의 혼란 속에서 행정 질서를 만들어내고 안정적인 사회를 이루기 위해 군인, 성직자, 귀족, 관료, 시민(스페인인, 선주민, 아프리카인과 그 후손)의 충성심에 의지한 어엿한 권력체계를 조직해냈다. 아메리카대륙의 어떤 지역들은 계속 스페인의 지배에 저항했지만 제국 전체는 스페인과 신세

♦ Nueva España. 새로운 스페인이라는 뜻으로, 북아메리카와 아시아의 스페인제국 영토를 이르던 말. (옮긴이)

계의 법, 민족, 제도, 사회 구조의 융합체로 기능했으며 점점 진화해 나갔다.

1540년대에 독일의 상황은 서서히 여러 왕자와 다른 지역 지배자들이 연합하여 황제에게 맞서는 공공연한 전쟁의 서막으로 이어졌다. 전선은 대개 신교와 구교 사이에 형성되었지만 여전히 양측의 공적인 오스만제국에 대항하여 이따금 연합이 성사되기도 했다. 카를로스는 1541~1543년 스페인으로 돌아가서, 스페인령 아메리카제국의 선주민 처우에 대한 중요한 논의를 주재했다. 바르톨로메 데 라스카사스 수사가 스페인 정착민들의 잔인함을 싸잡아 비난한 데 자극받아, 카를로스는 최악의 학대를 막아 선주민을 보호하면서도 왕실의 지배를 공고히 하도록 고안된 인디아스 신법Leyes Nuevas de Indias(1542)을 도입했다.

1545년 이후 스페인은 포토시(오늘날의 볼리비아)에서 엄청나게 많은 양의 은을 채광했는데, 이는 막대한 은의 흐름을 만들어내 유럽과 세계의 경제성장을 뒷받침했으며 황제의 전쟁을 돕기도 했다. 독일에서 카를로스는 기독교 세계의 재통합이라는 목표를 계속 추구하느라 오스만제국의 위협에 힘을 쏟자는 스페인 조언자들의 간청을 묵살했다. 1547년 뮐베르크 포위 작전의 승리는 티치아노가 그린 유명한 기마 초상화로 영원히 남았지만 카를로스는 독일 은행가들에게 어마어마한 빚을 져야 했고, 인도제도에서 들어오는 은으로도 이를 다 갚을 수 없었다. 독일 재통합이 불가능하다는 것을 받아들여야 했던 카를로스는 1555년 아우크스부르크화의에 합의했다. 이 협약으로 신성로마제국의 수백 개 제후국이 저마다의 주권에 따라 종교를 선택할 수 있음이 인정되었다. "영토를 다스리는 자가 종교를 결정한다cuius regio, eius religio"는 원칙이 세워진 것이다.

기독교 공화국의 재통합이라는 꿈이 좌절되고 같은 해에 어머니 후아나 1세를 여의면서 황제는 속세의 명성과 영예를 버리기로 한 듯 보인다. 그는 1555년 독일의 합스부르크왕가 영지와 제위를 동생 페르난도에게 양도했다. 독일의 선제후들은 어쩔 수 없이 그의 선택을 승인해야 했고 페르난도는 페르디난트 1세가 되었다. 법률상 카를로스는 어머니와 함께 스페인을 다스렸지만 후아나 1세는 정신적인 불안정을 이유로 1508년 이후 국정에서 배제된 상태였다. 그녀의 죽음 이후 카를로스는 스페인과 바다 건너의 제국에서 명실상부한 단일 군주가 되었다. 1556년에 그는 네덜란드와 부르고뉴공국 및 이탈리아 북부의 작위와 더불어 스페인과 아메리카의 작위까지 아들 펠리페에게 내주었다. 그 후 스페인의 합스부르크왕가와 오스트리아의 지가가 분리되었지만 애정관계와 근친혼을 통해, 그리고 국제정책을 공유함으로써 밀접하게 연결을 유지했다.

1556년 브뤼셀에서 스페인제국의 심장부까지, 더디고 힘든 장거리 여행에서 카를로스는(이때 그는 통풍을 앓고 있었다고 한다) 미망인이 된 여동생들, 즉 헝가리 여왕 마리아, 포르투갈과 프랑스 여왕 엘레오노레와 동행했다. 스페인의 카를로스 1세, 신성로마제국의 카를 5세는 전 세계 기독교 국가들 중에서 가장 강력한 제국의 군주로서 수십 년을 보낸 뒤 마드리드 서북쪽 그레도스 산지에 위치한 유스테 수도원의 소박한 방으로 물러났다. 그는 1558년 서거할 때까지 그곳에서 조용히 살며 유럽 전역의 다양한 정치 조직과 계속 접촉했지만 더 이상 세상사에 전적으로 관심을 기울이지는 않았다.

카를로스의 아들이자 계승자였던 펠리페 2세는 1556년 왕위를 물려받을 때 스페인에 없었다. 그는 여왕 메리 1세의 배우자로서 잉글랜드에 있었다. 메리 1세는 헨리 8세와 그의 첫 번째 아내 아라곤의 캐서린(카탈리나), 즉 카를로스의 고모 사이에서 태어난 딸이었다. 다시 말해 스페인의 펠리페 2세와 잉글랜드의 메리 1세는 오촌지간이었다. 카를로스는 스페인 왕국들과 잉글랜드의 외교적 동맹을 강화하기 위해 이 결혼을 밀어붙였다. 결혼 당시 펠리페는 스물일곱 살의 홀아비였고, 메리 1세는 마흔세 살이었다. 1534년 선왕 헨리 8세가 어머니와 이혼하고 앤 불린과 결혼하기 위해 교황청과 결별했지만 메리 여왕은 펠리페처럼 열렬한 가톨릭 신자였다. 헨리 8세는 앤과 결혼해 엘리자베스 공주를 낳았지만 나중에 간통을 죄로 들어 앤을 처형했다. 그다음 결혼에서 아들 에드워드 6세를 낳았고, 그가 메리의 뒤를 이어 잠시 나라를 통치했다.

잉글랜드는 북부 유럽처럼 로마와 절연한 이후 종교적으로 불안정한 수십 년을 보낸 터였다. 그렇기에 유럽 로마가톨릭의 열렬한 수호자인 펠리페 2세와 메리 1세가 결혼하자 수많은 개신교도가 두려움에 사로잡혔다. 하지만 그들의 두려움과는 반대로 펠리페는 잉글랜드 종교 문제를 신중하게 다루었고, 개신교도들을 일벌백계하고 싶어하는 메리의 본능을 누그러뜨리려 애썼다. 그는 프랑스와 네덜란드에 면한 영국해협 쪽의 해안 방어를 강화하기도 했는데, 이 업적은 훗날 계속해서 그의 골칫거리가 된다.

1556년 선왕이 공적인 책무에서 물러나 네덜란드에서 스페인으로 돌아가자 펠리페는 영국해협을 건너가 1551년 이후로 프랑스와 싸우고 있던 합스부르크 군대를 지휘했다. 메리는 잉글랜드에 남았는데, 이때 첫아이를 임신하고 있던 듯하다. 사실 그녀는 난소종양이 있었고, 이것이 1558년 생명을 앗아가면서 이복 여동생 엘리자베스에게 잉글랜드의 왕좌를 넘기게 된다. 카를로스 1세도 같은 해에 유스테에서 죽었다. 미망인이 된 포르투갈의 왕녀, 펠리페의 누이 후아나는 남편이었던 포르투갈의 주앙이 갑작스레 죽은 지 겨우 몇 달 뒤인 1554년, 열아홉의 나이에 스페인 섭정이라는 벅찬 책무를 떠맡고 깊은 슬픔에 잠긴 채 세바스티앙을 낳았다. 아버지와 오빠의 부름을 받은 후아나는 갓 낳은 아들을 리스본에 남겨두고 섭정을 맡으러 스페인의 궁정에 입궁했다. 그녀는 5년 동안 섭정직을 수행하며 이베리아와 유럽 전역에서 합스부르크왕가의 복잡한 이해관계를 지켜보았다. 또한 포르투갈 궁정 및 어린 아들과의 접촉을 꾸준히 유지하며, 오빠가 정무에서 자신을 해방시켜주기만 하면 리스본으로 돌아가려는 계획을 세웠다.

펠리페는 북쪽 합스부르크 군대의 수장으로서 실력을 발휘해 1557년 생캉탱 포위 작전을 성공적으로 이끌었고 그의 군대는 파리를 공격할 수 있는 위치를 점했다. 하지만 펠리페는 그런 이득을 추구하지 않고 1559년 프랑스 군주 앙리 2세와 화해한 뒤 스페인으로 돌아갔다. 그때 프랑스와 스페인은 수십 년에 걸친 전쟁의 여파로 파산 직전이었으며, 그사이 프랑스에서 장 칼뱅이 이끌던 급진적인 종교개혁운동은 엄청난 성과를 거두었다.

스페인과 프랑스의 평화협정에는 프랑스 공주 발루아의 엘리자베트와 펠리페 2세의 결혼 계약도 포함되어 있었다. 펠리페의 세 번째 아내가 되어 1560년에 스페인으로 이주한 그녀는 사람들 말에 따르면 펠리페가 가장 사랑한 아내였다. 펠리페와 1543년에 결혼한 사촌, 포르투갈의 마리아 마누엘라(결혼 당시 둘은 모두 10대였다)는 겨우 2년 뒤 아들 카를로스를 낳다가 죽었다. 그다음 결혼한 메리 여왕과의 사이에서도 후계자는 탄생하지 않았다. 엘리자베트와의 세 번째 결혼으로 펠리페는 두 딸, 이사벨 클라라 에우헤니아와 카탈리나 미카엘라를 낳을 터였다. 펠리페는 아버지의 그늘 밑에서 순종적이고 근면한 왕자로서 여러 해를 보낸 끝에 비로소 제 힘을 갖게 되었다.

펠리페 2세는 1561년 마드리드에 수도를 건설하고 처음으로 그곳 궁궐을 영구적인 거주지로 사용했다. 당시에는 비교적 작고 중요하지 않은 도시였지만, 마드리드에 있던 왕실 요새는 스페인 중심부에 자리했으며 세계제국으로 뻗어나가기에 적합한 환경을 갖추고 있었다. 카스티야왕국의 옛 중심지들, 가령 부르고스, 바야돌리드, 톨레도, 세비야의 중심지는 오래되고 비좁아서 재건축이 쉽지 않았다. 더욱이 각각의 도시는 오랜 지방 자치 역사를 자랑하며 여러 귀족 집단의 권력 기반으로 기능했다. 펠리페는 마드리드를 수도로 택함으로써 마드리드의 정체성을 왕궁으로 확립하고, 더 명망 있는 도시들을 기반으로 권위에 도전할 수도 있었을 당파 싸움을 어느 정도 피할 수 있었다. 세계적인 군주국의 정점에서 왕권을 확보하자 펠리페는 유럽에서 가장 강력한 국왕이 되었다. 그의 궁정 복식과 문화생활이 유럽 전역의 유행에 영향을 미쳤고, 우방이든 적국이든 그 유행을 받아들인 것은 놀라운 일이 아니었다.

프랑스와의 전쟁이 1559년에 매듭지어졌을 때, 중년이 된 펠리페의 주된 걱정거리는 아들이자 후계자였던 카를로스 왕자의 행동이 갈수록 변덕스러워진다는 점이었다. 유능하고 헌신적인 스승들이 차례로 지도했지만, 돈 카를로스는 극도로 불안정한 정신적 징후를 보였다. 향후 통치에 좋은 조짐은 아니었다. 그럼에도 스페인은 1560년대에 정치적으로 안정을 유지했다. 반면 프랑스는 단지 종교적 독실함보다 훨씬 더 넓고 깊은 여러 이유로 인해 소위 '종교 전쟁'을 계속해오고 있었다. 프랑스의 위협이 예기치 않게 와해되자 펠리페는 선왕 때부터 내려온 짐을 하나 덜었지만, 내전 중인 프랑스에서 가톨릭파를 지지하는 것은 그에게 종교적으로나 정치적으로나 합당한 일이었다.

스페인에 있던 몇몇 개신교도 집단 거주지는 종교재판 초기에 축출됐다. 펠리페 2세는 반도로 유입된 개신교도가 백성을 물들일 여지를 주지 않으려고 애썼다. 스페인 사람은 개신교 영토에서 공부하지 못하도록 기회를 크게 제한하기도 했다. 삼촌 페르디난트 1세는 1555년 아우크스부르크화의 이후 종교가 혼재된 독일의 현실을 받아들일 수밖에 없었지만, 펠리페 2세는 그럴 필요가 없었다. 스페인은 열렬한 로마가톨릭 국가로 남았고, 왕은 지중해와 유럽 등지에서 가톨릭의 이상을 위해 싸우는 데 스페인의 자원을 이용할 수 있었다. 그는 또 가톨릭 개종자의 영혼이 위험에 빠지는 것을 막기 위해 아메리카제국에 개신교도, 유대교도, 무슬림이 들어오는 것을 금했다. 그는 또 맨발의 카르멜회를 설립한 아빌라의 테레사와 예수회를 설립한 로욜라의 이그나시오 같은 가톨릭 개혁가들을 지지했다.

펠리페 2세는 "이단을 다스리고 싶지 않다"고 말한 것으로 유명하다. 그의 단호한 종교적 입장은 스페인이 값비싼 일련의 전쟁을 치르도록 만들었고 반스페인 운동을 부채질했을 뿐만 아니라 네덜란드인 반란의 원인이 되었다. 현대 역사가들은 당연히 왕의 종교정책 때문에 스페인이 값비싼 대가를 치렀다고 지적하지만, 펠리페에게는 종교적 정통성을 위한 싸움에서라면 치러낼 만한 대가였다. 단 하나의 진정한 종교에 대한 정의는 저마다 크게 달랐지만, 어쨌든 펠리페는 이 싸움에서 혼자가 아니었다. 16세기 유럽에서 가톨릭 통합의 와해는 종교적 확실성에 대한 새로운 교리와 주장을 다양하게 생산해냈다. 관용과 복수複數의 진실을 주장하는 목소리는 소수였다. 하나의 신앙을 고수하도록 강제할 수 있었던 통치자들은 그렇게 했고, 그로써 위험한 적을 물리쳤다고 여겼다. 반면 정치적 안정을 위해 복수의 신앙을 받아들여야 했던 통치자들은 결국 기왕 이렇게 됐으니 실리를 추구하고자 했다. 장기적으로 보면 국가가 종교적 다양성을 인정한 것은 사회에 큰 이득이 되었지만 16세기 후반에는 그 이득이 그리 뚜렷하지 않았다. 더욱이 펠리페가 벌인 전투들을 추동한 것은 종교만이 아니었다. 그에게는 유럽과 아메리카대륙에서 물려받은 영토를 지키고 독일의 합스부르크 친척을 도와야 할 정치적 이유와 가문의 사정이 수없이 많았다.

스페인 왕위의 모든 부담을 떠안자마자 펠리페는 지중해의 오스만제국 및 그 종속국들과의 싸움에 즉각 관심을 기울였다. 그가 처음으로 중요한 시험에 든 것은 1565년이었다. 나이 든 술탄 술레이만 1세의 해적선들이 몰타섬 근거지에서 성 요한 기사단을 끌어내기 위해 대규모 상륙 작전을 시작한 해였다. 전하는 바에 따르면 기사 600명과 무장 시민 수천 명이 3만8000명에 이르는 군대에 포위된 채, 펠리페가 스페인령 시칠리아에서 보낸 지원군이 포위를 뚫을 때까지 온갖 어려움에도 불구하고 저항을 계속하고 있었다. 이후 몇 년간, 사실상 매해 여름 오스만제국과 그 북아프리카 속국들의 선단에 맞서는 기독교 군사작전이 지중해에서 여러 차례 펼쳐졌다.

1565년, 지중해로부터 멀리 떨어진 곳에서 스페인의 해양 제국사에 중대한 진전이 있었다. 아우구스티누스파 수도사 안드레스 데 우르다

네타가 해로와 육로를 수십 년간 연구한 끝에 아시아에서 태평양을 건너 스페인으로 돌아오는 귀로의 난제를 풀었던 것이다. 우르다네타가 펠리페 2세의 이름을 딴 필리핀제도의 스페인 전초기지에서 돌아오자마자, 누에바에스파냐의 상인들은 아카풀코와 마닐라 간의 규칙적인 교역 사업을 시작했다. '마닐라 갈레온'이라 알려진 이 무역은 멕시코와 페루에 소재한 스페인 광산의 은과 거대한 아시아 시장을 직접 연결해주었고, 아메리카대륙의 스페인 상인들에게 돈을 벌어다주었으며, 스페인 왕실의 돈궤까지는 가득 채워주지는 못했더라도 펠리페의 국제적 위상을 높여주었다. 펠리페의 통치하에 은 채굴량은 점점 더 증가해 아메리카 식민지의 지속적인 성장과 유럽 및 아시아와의 교역에 자금줄이 되었던 것은 물론, 펠리페로 하여금 유럽에서 로마가톨릭에 대한 지지를 얻고 정치적 경쟁자들에 대한 아버지의 투쟁을 이어나갈 수 있게 해주었다.

1568년, 북유럽에서 일어난 사건들이 펠리페 2세의 관심을 지중해로부터 돌려놓은 것은 당연하다. 네덜란드에서 이복누이 파르마의 마르가레테가 이끌던 합스부르크 정부와 지역 지배층 사이 오랜 갈등은 그해 공공연한 반란으로 치달았고 화해의 희망도 사라졌다. 펠리페는 반란을 진압하기 위해 필요한 일은 무엇이든 해도 좋다는 명과 함께 알바 공작을 네덜란드에 파견했다. 그는 경험이 가장 많은 장군 중 한 명이었다.

정치적 난관들에 더해, 그해 10월 발루아의 엘리자베트가 세상을 떠나 펠리페 2세는 개인적으로 끔찍한 충격을 받았다. 더군다나 후계자인 돈 카를로스가 죽은 지 겨우 3개월밖에 되지 않은 때였다. 카를로스는 사망할 당시 마드리드의 알카사르 궁전에서 감시를 받고 있었다. 네덜란드 반란에 가담해 왕이 되려 했다는 이유로 펠리페가 그를 그곳에 둔 듯하다. 정신착란에 빠진 돈 카를로스는 펠리페가 가장 신임하던 신하에게 그 계획을 밝히고 말았다. 전하는 바에 따르면 왕자는 궁궐 안 그의 방에서 푹푹 찌던 여름 열기에도 아랑곳하지 않고 "음식과 술을 과하게" 탐닉했으며, 더위를 식히기 위해 얼음주머니 위에서 잠을 잤다. 그는 7월에 열병으로 죽었는데, 아마도 이런 행동이 상태를 악화시켰을 것이다. 펠리페는 교황과 유럽의 여러 수장에게 고뇌에 찬 편지를 보내 왕자의 정신장애와 죽음을 본인의 죄에 대한 신벌로 받아들이고 있음을 밝히면서도, 자기는 아들의 죽음과 아무 관계가 없다는 것을 분명히 하고 싶어했다. 이러한 노력과 수많은 목격자의 증언에도 불구하고 돈 카를로스의 죽음은 스페인의 적국들이 펠리페의 왕위를 공격할 핵심적인 빌미가 되었다. 또한 19세기 독일인 하인리히 실러의 희곡과 주세페 베르디의 오페라 「돈 카를로스」라는 불멸의 이야기가 남겨져, 불운한 왕자와 악마 같은 아버지의 모습은 서양 세계의 공통된 문화 속에서 전해지게 되었다.

1568년의 참혹한 일들은 몇 년 후 오스만제국과의 오랜 싸움 끝에 기독교군이 극적으로 승리하며 어느 정도 상쇄되었다. 스페인, 베네치아공화국, 교황청은 1571년 거대한 선단을 꾸려 펠리페의 이복동생 오스트리아의 돈 후안에게 총괄 지휘를 맡겼다. 후안은 카를로스 1세와 독일 여성 바르바라 블롬베르크 사이에서 태어난 사생아였다. 황제에게 충성스러운 미천한 스페인 가정에서 자란 돈 후안은 카를로스에게 아들로 인정받았다. 카를로스는 돈 후안이 똑똑하고 유능한 젊은이로 자라 합스부르크왕가에 기여하기를 바랐다. 1571년에 기독교군 선단을 이끌고 코린트만의 레판토 인근에서 튀르크인 장군 알리파샤에 대항해 결정적 승리를 거두었을 때, 그는 겨우 스무 살이었다. 수백 척의 선박과 수만 명의 병력이 전투에 투입됐으며, 양측 모두 정예 군인과 선원을 다수 거느리고 있었다. 기독교 유럽 전역에서, 심지어 합스부르크의 영향력을 두려워할 이유가 충분한 군주들조차 레판토의 대승을 축하했다. 펠리페는 1570년에 결혼한 네 번째 아내(이자 조카) 오스트리아의 아나가 낳은 아들과 자신을 그린 초상화로 승리를 기념했다. 아나는 합스부르크 유전자를 배신하지 않았다. 아이를 몇 명 더 낳은 뒤인 1580년에 세상을 떠나 펠리페를 네 번째로 홀아비로 만들기는 했지만, 아들의 왕위 계승은 보장되었다.

펠리페의 인생에 몇 번이나 상처를 남긴 그해에 엎친 데 덮쳐 네 번째 부인이 죽고, 그는 포르투갈의 왕좌를 획득하면서 권력의 정점에 도달했다. 펠리페의 누이 후아나의 자식이었던 포르투갈의 세바스티앙 1세는 예수회 교단과 스페인 출신 할머니 카탈리나의 강하고 모순된 영향 아래서 문제 많은 청년이 되었다. 1578년, 아직 10대의 나이로 결혼에 대해서는 전혀 생각조차 하지 않았던 그는 십자군이 되어 북아프리카로 떠났다. 펠리페는 조카의 무모한 모험을 만류하려 애썼지만, 세바스티앙이 죽었을 때 그는 유력한 포르투갈 왕위 계승권자였고 대업을 이룩할 재원도 있었다. 경쟁자들의 변변찮은 견제를 누르고 1581년에 펠리페는 포르투갈에 입성했다. 그는 토마르의 코르테스에서 즉위 선서를 하면서 나라를 잘 다스리고, 스페인과 포르투갈 제국에 포르투갈 출신 관료들을 위한 자리를 마련할 것이며, 이베리아의 두 제국을 행정적·재정적으로 구분하겠다고 맹세했다.

전 세계의 여러 전초 기지에서 스페인 백성과 포르투갈 백성이 서로 협력하도록 설득해야 했지만, 왕은 약속을 지켰다. 영국 해적 프랜

시스 드레이크는 마젤란의 태평양 항로를 그대로 따라 전 세계를 일주하며(1577~1580), 스페인과 영국이 전쟁 중이었던 것도 아닌데 무방비 상태의 스페인 정주지들을 광범위하게 공격했다. 세바스티앙 왕의 죽음 이후 불안정해진 포르투갈의 상황은 포르투갈령 브라질 또한 탈취의 대상이 되었음을 암시했다.

멀리서 국제법의 규약으로는 스페인과 포르투갈의 아메리카제국을 더 이상 보호할 수 없으리라 우려한 펠리페 2세와 대신들은 방어 시설을 강화하려 노력하기 시작했다. 그 일환으로 추진한 1581~1584년 남대서양 탐험은 상당한 성공을 거두었다. 탐험대의 목적은 프랑스가 오랫동안 브라질 동북부 삼림지대를 급습하던 상황을 끝맺고, 리오데라플라타강 근처의 주둔군을 강화하고 마젤란해협을 보강하는 한편, 파타고니아에 식민지를 건설하는 것이었다. 탐험대는 디에고 플로레스 데 발데스의 통솔하에 일시적으로나마 프랑스인을 몰아냈으며, 도움에 고마워하는 브라질 주재 포르투갈의 식민지 관료들과 화기애애하게 지냈다. 플로레스는 또한 북부 해협의 파타고니아 남쪽 지방에서 빈약한 스페인인 정주지를 강화했다. 해협 주변을 강화해 식민지화하려는 시도(페드로 사르미엔토 데 감보아의 착상부터 잘못된 꿈) 자체는 처참히 실패했지만, 적어도 남아메리카대륙 전역에 대한 배타적 권리를 지키려는 이베리아 강대국들의 의지를 보여주었다. 드레이크의 업적을 재현하고자 돌아가지 않고 있던 에드워드 펜턴의 잉글랜드 선단은 브라질 해안과 남쪽의 여러 곳을 따라 포진한 플로레스 선단의 존재만으로도 의욕이 꺾였다.

같은 시기 유럽의 프랑스 내전과 네덜란드의 반합스부르크 반란으로 인해 스페인은 점점 더 막대한 재원을 쏟아부어야 했다. 페루에서 기록적인 수준으로 보물이 유입되었음에도 불구하고, 재정 부담 때문에 왕은 채무 이행을 늦추었으며 통치 과정에서 몇 번이고 상환 조건을 재조정해야 했다. 그 보물에 대한 왕실의 몫(세금, 시금 및 주조 수수료 등 식민지에서 그리고 그곳과의 교역에서 거둬들인)은 대체로 전체의 5분의 1에 지나지 않았다. 그렇다고 해도 아메리카의 보물을 카스티야 세입과 합치면 펠리페 2세는 부왕만큼이나 야심찬 대외정책을 계속 펼칠 수 있었다.

마드리드와 주변 지역이 왕가에 적합한 수도로 발달하려면 왕실의 돈궤에서 보조금이 나가야 했다. 게다가 펠리페 2세는 마드리드의 여름 열기를 피하기 위해 수도 서북쪽 가까이 있던 그레도스산맥의 구릉지에 여름 궁전을 지었다. 1584년경 완공된 에스코리알궁에는 스페인 출신 합스부르크 선조를 안장한 묘소가 있는 사원과 수도원, 대부분 아랍어로 쓰인 책과 필사본을 모아놓은 중요한 도서관이 있었다. 하지만 1580년대에 부족한 천연자원을 압도하는 인구 증가와 더불어 카스티야의 경제가 위태로운 시기에 접어들었다는 불길한 징조가 나타났다. 카스티야의 국내 경제가 흔들리자마자 펠리페 왕실은 줄줄이 증가하는 해외 비용도 해결해야 했다.

오스만제국과 나머지 이슬람 세계는 레판토 해전 이후 꾸준히 스페인 대외정책의 주안점이었지만, 펠리페의 가장 시급한 과제이자 지출처는 북유럽으로 옮겨갔다. 처제였던 잉글랜드 여왕 엘리자베스 1세와의 혼담이 깨지고 국제정치와 종교적 상황이 맞물리며 두 나라 사이의 관계는 냉각되었다. 메리 1세의 죽음 이후 스페인과 잉글랜드 사이에 불안정한 평화가 수십 년간 이어지다 양방 모두 전쟁이 불가피하다고 보는 상황에 이르렀다. 1560~1570년대에 엘리자베스 여왕은 네덜란드 반합스부르크 반란군과 프랑스 내전의 반가톨릭파를 거의 공개적으로 지지했다. 그녀는 또한 잉글랜드 해적이 스페인 식민지와 상선에게서 빼앗은 전리품을 나눠 갖는 데 열성적이었다. 펠리페 왕은 그가 엄두를 낼 수 있는 만큼 잉글랜드와 아일랜드의 가톨릭을 지지했으며, 또 스코틀랜드의 가톨릭 여왕이자 잉글랜드 왕위 계승권의 경쟁자인 메리 1세를 지지했다. 엘리자베스는 메리를 옥에 가두고 19년간 포로로 잡아두었다가 1587년에 참수했다. 이런 와중에 잉글랜드 해적이 스페인 식민지를 거듭 공격하자 펠리페는 엘리자베스를 향해 진격하게 되었다.

왕은 잉글랜드 침략 계획을 세우고 130척의 함대와 3만 명의 군사를 모았는데, 이는 어마어마한 비용과 관료의 조직화를 수반했다. 그런 대규모 사업을 비밀스럽게 준비하기란 불가능했기에, 1588년 5월 함대가 리스본을 떠날 때까지 잉글랜드도 비슷한 규모의 함대를 꾸려 빈틈없는 경계 태세를 유지했다. 잉글랜드 측에는 보급이 가능한 모항을 방어한다는 이점이 있었다. 네덜란드에 있던 육군을 승선시키는 것은 스페인의 침략 계획에서 아주 중요한 요소였는데, 무적함대 Armada Invencible라 불리던 스페인 함대는 이를 수행하지 못했다. 폭풍우에 곤죽이 되고 잉글랜드 함대에 시달린 무적함대는 잉글랜드 땅을 밟아볼 엄두도 내지 못했다. 대신 남은 배들은 북쪽으로 항해를 계속해 스코틀랜드와 아일랜드를 돌아 이베리아로 귀항했다. 전체적으로 스페인 함대는 약 절반의 배와 4분의 3의 군사를 잃었는데, 대부분의 손실은 귀항 중 험한 바닷길에서 배가 난파하며 발생했다. 대규모 전함은 모두 살아남았다 해도 치명적인 손실이었다. 살아남은 배들이 스페인 서북부 항구로 뿔뿔이 귀항할 때, 왕이 지극히 침착한 반응을 보이며 늘 하던 서류 업무를 계속했다는 이야기는 유명하다. 하지만 분명 그의 국제정책에 중대한 차질이 생겼으며 엄청난 국고 지출과 인명 손실이 야기되었다. 그야말로 헛일이었다.

펠리페는 몇 년 뒤 해군을 재건했다. 또다시 잉글랜드를 직접 공격하는 일은 없었지만 그의 남은 통치 기간에 두 나라는 계속 전쟁 상태였다. 그는 잉글랜드의 지배에 저항하는 아일랜드의 소요를 꾸준히 지원했으며, 공공연한 반란이 일어나 잉글랜드의 전쟁 역량이 약화되기를 바랐다. 1595~1596년에는 프랜시스 드레이크와 존 호킨스가 참여한 잉글랜드의 사략선 함대가 스페인령 아메리카를 공격했지만 지역 주민의 거센 저항과 펠리페 2세가 지시한 방어선에 가로막혔다. 드레이크와 호킨스는 모두 그 전투에서 전사했다.

엘리자베스 1세는 프랑스와 네덜란드의 반스페인, 반가톨릭 세력을 꾸준히 지원했고, 1596년에는 카디스를 급습해 상당한 피해를 입혔다. 잉글랜드는 전쟁에 더해 부수적으로 소책자 운동을 벌였는데, 그 책자는 잉글랜드 여론에 영향을 미치는 가톨릭의 모든 것과 펠리페 2세, 스페인에 대한 독설로 가득했다. 또한 스페인의 경쟁자 혹은 위협으로 여겨지는 여타 유럽 지역의 반스페인적 수사도 더해졌다. 많은 역사가는 훗날 검은 전설Black Legend이라 불리게 된 이러한 수사가 스페인에 대한 현대 세계의 여론에도 계속해서 영향을 미친다고 본다.

펠리페 2세는 말년에 통풍 등의 질병으로 인해 몸이 불편해진 와중에도 가톨릭 신앙과 그가 물려받은 이베리아의 유산을 지키기 위한 다국적 활동을 감독했다. 그는 1598년에 에스코리알궁에서 서거했다. 병세가 심각해 여름이 끝나도 마드리드로 돌아갈 수 없었기 때문이다. 궁전에 있는 펠리페 2세의 꾸밈없는 처소는 침실에서 대성당

그림 5.1 세비야의 카사 롱하(교역소)는 16세기 후반 성당 옆에 세워졌다. 그때까지 세비야 상인들은 성당 계단(그라다)에서 번성해가는 사업의 업무를 봤고 궂은 날씨에는 건물 내부로 들어가기도 했다. 카사 롱하는 현재 스페인제국 400년 동안의 서류와 지도를 소장한 인도제도 기록보관소다.

그림 5.2 과달키비르 하곡으로부터 깊은 내지에 위치한 세비야는 16, 17세기에 스페인제국으로 통하는 공식 관문이었다. 안토니오 산체스 코에요의 작품으로 여겨지는 이 그림은 16세기 후반, 세비야의 중요성이 정점에 달했을 때를 보여주며 모래 강둑을 따라 이루어지는 선상활동에 초점을 맞추고 있다.

의 주요 제단을 볼 수 있게 되어 있었다. 16세기 후반 그가 누린 권력과는 이질적인 모습이다. 그는 최초의 세계제국을 지휘하던 성인기 내내 마드리드에서 멕시코를 거쳐 마닐라까지, 그리고 리스본에서 고아를 거쳐 말루쿠제도까지 모든 제국민의 안녕에 대한 책임과 함께했다. 펠리페 2세는 그 책임을 중차대하게 여겼으며, 왕의 자리를 "왕관과 함께 견뎌야 하는 노예 상태"라고 묘사하기도 했다. 펠리페 2세의 후계자는 선왕의 막대한 책임은 물려받았지만 그 모든 것을 혼자서 결정할 권한까지 물려받지는 못했다.

1578년에 태어난 펠리페 3세는 선왕이 네 번째 결혼에서 얻은 자식이었다. 그는 1598년 겨우 스물한 살에 왕좌에 올랐고, 계승을 굳히기 위해 합스부르크왕가 오촌인 오스트리아의 마르가레테와 1599년 혼인했다. 마르가레테가 세상을 떠난 1611년까지 여덟 명의 후사가 태어났고 그중 다섯 명이 살아남아 성인이 되었다. 여느 스페인 출신 합스부르크 군주들과 달리 펠리페 3세는 1621년, 마흔두 살이라는 비교적 이른 나이에 서거했다. 선왕들처럼 거의 끊임없이 전쟁을 계속하는 대신, 그의 정부는 계속되던 싸움을 매듭짓는 평화조약을 적어도 일시적으로나마 잇따라 체결했다. 어쩌면 그런 이유로 역사가들이 오랫동안 펠리페 3세의 통치를 도외시하며, 주목할 만한 면이라고는 신앙심과 아내에 대한 헌신밖에 없고 게으르고 무기력하게 자리만 지키는 왕이었을 뿐이라고 치부했을 것이다. 역사가들은 내부적으로든 국제적으로든 정부가 기능하는 방식을 구조적으로 변화시키는 데 기여한 펠리페 3세 시대의 중요성을 마침내 인정하기 시작했다.

펠리페 3세가 왕위를 물려받았을 때 프랑스와의 평화협정은 이미 진행 중이었다. 부르봉왕가의 앙리 4세가 가톨릭으로 되돌아오자 펠리페 2세는 싸움을 계속할 마땅한 이유를 찾지 못했다. 앙리 4세로서는 40년간 내전을 치러온 프랑스를 재건하고 통치 기반을 다지는 데 공력을 쏟고 싶은 생각이 간절했다. 그러다 1598년의 베르뱅 평화조약으로 스페인과 프랑스 사이의 공공연한 전쟁은 종식되었지만, 외교적으로는 새로운 세기에도 양국의 적대감이 계속되었다. 펠리페 3세 정부는 엘리자베스 1세가 죽고 1년 뒤인 1604년에 잉글랜드의 제임스 1세 정부와 도버 평화협정을 체결했다. 새로운 세기의 시작과 더불어 두 젊은 왕의 즉위는 스페인과 잉글랜드의 관계에 새로운 출발을 알렸다. 제임스 1세는 스페인의 권세를 존중했고 스페인 합스부르크 왕가의 번영을 잉글랜드의 본보기로 삼았다. 그는 개신교도로 자랐지만, 프랑스 가톨릭과 기즈 가문 출신인 스코틀랜드 여왕 메리 1세의 아들이었으며 '검은 전설'에 여전히 영향을 받고 있던 대다수 잉글랜드 백성보다 가톨릭 유럽에 더 개방적이었다.

1604년 이후까지 지속되어 스페인의 국고를 축낸 유일한 갈등은 당시 40년째에 접어들고 있던 네덜란드의 반란이었다. 프랑스의 비공식적인 적대감이 아직 북부 유럽을 위협하는 가운데, 펠리페 3세 정부는 왕의 이복 여동생 에우헤니아와 그녀의 오스트리아 합스부르크 왕가 사촌이자 남편이었던 남부 네덜란드의 대공 알베르트의 중개로 북부 네덜란드 반란군과 일종의 협약을 맺으려 했다.

혼기가 지나고도 오랫동안 스페인에 남아 있던 이사벨 클라라 에우헤니아는 다른 곳에서 국익에 봉사하기 위해 떠났다. 전하는 바에 따르면 펠리페 2세는 차마 그녀와 헤어질 수 없었다고 한다. 죽음 때문이든 정치적 이유로든 이미 수많은 직계가족을 잃은 터였다. 에우헤니아는 여동생 카탈리나 미카엘라가 사보이 공작과 결혼해 떠날 때까지도 스페인 궁정에 남아 있었다. 그런 이유로 나중에 펠리페 3세가 되는 한참 어린 남동생과 그녀는 서로를 더 잘 알 수 있었다. 장차남편이 될 오스트리아의 알베르트는 스페인 궁정에서 여러 해를 보냈고, 나중에 해외에서 펠리페 2세를 위해 일했으며, 이는 합스부르크왕가의 꾸준한 결속을 증명했다. 에우헤니아와 알베르트는 네덜란드에서 정무를 수행하는 동안 브뤼셀을 합스부르크왕가의 외교 및 연락망의 중심지로 삼았다. 동시에 그들은 네덜란드 남부에 가톨릭과 합스부르크왕가의 지배를 받는 독립 왕국을 세우려 했다. 당시 네덜란드 북부는 합스부르크왕가로부터 독립을 도모하며 네덜란드식 칼뱅주의 종교개혁에 전념하고 있었다.

1609년 스페인과 북부 네덜란드 사이에 체결된 12년간의 휴전협정으로 양측은 수십 년간의 전쟁 동안 절실했던 유예 기간을 확보했지만, 해결된 것은 아무것도 없었다. 펠리페 3세는 정치적으로 개신교도가 장악하고 있던 북부 네덜란드의 반란군들이 합스부르크의 지배에서, 넓게는 가톨릭에서 벗어날 수 있으리라는 생각을 받아들이지않았다. 17세기 초 유럽에는 어느 정도 종교에 의해 규정된 두 갈래의적대 세력이 있었다. 스페인이 지배적인 가톨릭 세력이었고, 다른 나라들의 외교 방침은 가톨릭 스페인과 동맹을 맺든지 맞서든지 하는것이었다. 하지만 스페인의 외교정책에서 종교는 유일한 구성 요소가아니었다. 그보다는 종교적·정치적·지리적 사안이 뒤섞여 스페인이외부와 관계를 맺는 방식을 규정했다. 무엇보다 합스부르크왕가는 이베리아반도와 네덜란드를 연결하는 운송 수단과 소통망을 계속 열어놓고 스페인과 포르투갈의 해외 식민지를 계속 독점적으로 지배하는것이 목표였다.

펠리페 3세는 신성로마제국의 합스부르크왕가 친척들과 밀접한 관계를 유지했으며, 필요하다면 오스만제국의 급습이나 국제적 위협에 대한 방어를 도울 준비가 되어 있었다. 펠리페 3세의 고모이자 신성로마제국 태후였던 마리아는 남편이 죽은 뒤 오스트리아에서 스페인으로 돌아와 마드리드의 데스칼사스레알레스 수녀원에서 지냈다. 마리아는 펠리페 3세의 왕비이자 그녀의 딸이었던 마르가레테◆와 함께 스페인 궁정에서 오스트리아 합스부르크왕가의 이익을 강력하게 대변했다. 대사를 비롯한 외교사절, 동맹국 통치자들과 정보원은 마드리드에 중요한 정보를 제공했다. 이들은 알베르트 대공과 에우헤니아가 조직해 주로 브뤼셀에서 운영한 합스부르크 정보망으로 연결되어 있었다.

개신교 연합에 속해 있든 그렇지 않든, 스페인의 경쟁국이나 적대국은 늘 합스부르크 세력을 위협으로 인식했다. 가령 가톨릭 프랑스는 1610년 앙리 4세가 암살자의 손에 예기치 않게 사망할 때까지 스페인에 적대적인 이웃 국가로 남아 있었다. 이후 프랑스의 반스페인 정책은 확연히 누그러들어 새로운 왕 루이 13세는 펠리페 3세의 딸 오스트리아의 아나와 결혼했다. 잉글랜드 외교정책의 목표는 스페인과 프랑스가 유럽을 지배하지 못하도록 막는 것이었다. 그럼에도 제임스 1세는 스페인과 우호관계를 유지했고, 펠리페 3세가 잉글랜드에 파견한 수완 좋은 대사 곤도마르 백작은 런던에서 정기적으로 기밀 보고서를 보냈다.

내부적으로, 펠리페 3세의 스페인은 미겔 데 세르반테스 사아베드

◆ 신성로마제국 태후 마리아, 즉 오스트리아의 마리아는 펠리페 3세의 배우자 마르가레테의 모친, 즉 바이에른의 마리아 아나와 다른 인물이다. 저자가 혼동한 것으로 보인다. (옮긴이)

라가 창조한 가상의 영웅 라만차의 돈키호테가 모험을 펼친 장이었다. 1604년 소설의 1부가 발표되었을 때 스페인 경제는 불황에 접어들었고, 정부는 대규모로 은화를 발행해 경화硬貨 가치를 떨어뜨릴 참이었다. 그런 상황에서 1610년까지 스페인령 아메리카제국에서 거둬들인 보물과 세금 수익은 최고액에 달했다. 아메리카에서 보물이 점점 더 많이 유입되는데도 불황은 더욱 심해지는 모순적 상황은 이른바 아르비트리스타arbitrista라 알려진 특출난 정치평론가들의 저작에 잘 드러나 있다. 이들이 그렇게 불린 이유는 새로운 세기에 스페인을 병들게 한 것에 대한 처방책(아르비트리오arbitrio)을 내놓았기 때문이다. 마르틴 곤살레스 데 세요리고와 산초 데 몬카다 같은 저자들은 세르반테스가 허구에 담아낸 문제를 사실적 언어로 포착해냈다. 유럽 최강의 제국은 내부적으로 허약했으며, 도덕적으로 표류하고 있었다. 신세계의 전설적인 부는 너무나도 헛되이, 시야에서 최대한 멀리 스페인 경제를 지나쳐갔다. 그리고 강력한 펠리페 2세 통치하에서 세계적인 강대국이었던 스페인의 왕정은 펠리페 3세의 총신 레르마 공작이 멋대로 주무르는 무능한 관료 집단이 되었다.

펠리페 3세 치하의 우울한 상황은 최근까지도 크게 논쟁을 불러일으키지 않았지만, 요즘 들어 몇몇 학자가 17세기 초반 몇십 년간 마드리드 궁정에서 발생한 사건과 이에 얽힌 여러 인물을 다른 시각으로 바라보고 있다. 돈 프란시스코 산도발 이 로하스, 즉 레르마 공작은 한때 오로지 매력적인 모습으로 사람들을 조종하고 지위를 팔아 한 몫 챙기는 인물로만 여겨졌지만, 이제는 늘 권력의 중심으로 모여들던 야심가 무리를 효과적으로 관리했던 인물로 비치기도 한다. 그렇더라도 그가 종종 여기서 더 나아가 본인의 금전적·사회적 이익을 위해 행동했다는 데는 의심의 여지가 없다. 일례로 그는 1601년 마드리드에서 바야돌리드로 궁을 옮기도록 왕을 설득했는데, 그곳은 그가 상당한 재산을 축적해둔 곳이었으며 구카스티야의 레르마에 있는 그의 사유지와도 더 가까웠다. 그 결과 토지, 식품, 숙박비를 비롯한 여러 항목의 가격이 올랐고 이는 공작과 바야돌리드의 다른 재산가 및 사업가에게 득이 되었다. 이때 왕립대법원(레알 찬시예리아Real Chancillería)도 바야돌리드에서 부르고스로 이동했지만, 북유럽에 활발히 양모를 수출하던 시절 번영했던 상업도시 부르고스는 16세기 후반 양모 교역이 쇠퇴하자 부와 인구를 급격히 잃어갔다. 다시 말해 레르마 공작은 바야돌리드로 왕궁을 이전하면서 이득을 보았을지 몰라도, 북부 경제를 되살리겠다는 구실은 터무니없었다.

동시에 펠리페 3세 재위기 초반 몇 년간 중앙정부의 정무 수행 방식이 폭넓게 변화했다. 처음의 과도기에 왕은 선왕을 위해 일했던 수많은 조언자를 교체하고 새로운 인물들을 앉혔다. 법률을 공부한 대학 졸업자들(레트라도)이 정부 관료 조직의 중추를 차지하고, 스페인 사회의 견고하고 안정적인 중간층을 형성했다. 펠리페 3세 통치기에 그들은 왕에게 조언하는 것뿐 아니라 정책을 만들고 시행하는 데 있어서도 점차 중요한 역할을 맡았다. 국가평의회는 가장 중요한 왕실 의회로서의 위치를 꾸준히 지키면서 다른 의회에서 나온 의견을 논의하고 전 세계의 중요한 문제들을 처리했다.

지역별·분과별로 꾸려진 의회에는 소위원회(훈타junta)가 있어서 특정 사안들을 고려할 수 있었고, 이는 점점 더 복잡해지는 행정적 문제들을 관리하는 하나의 방법이 되었다. 각 소위원회는 때로 매일같이 모여 문제들을 논의하고 시행령을 만들어 이를 최고의회로 전했고, 최고의회는 좀더 숙고한 다음 왕에게 권고 사항을 전달했다. 왕실 서기들은 왕과 여러 의회 사이 연락책 역할을 맡았다. 펠리페 2세는 보통 직접 결정을 내리고 상세한 의견을 의회로 보내 더 숙고하도록 했다. 한편 펠리페 3세는 의회의 권고를 아무런 의견 없이 받아들이는 경우가 훨씬 더 많았고, 제안한 대로 행동하라 언급하는 정도에 그쳤다. 이것만으로도 스페인 정부가 기능하는 방식에 주요한 변화가 드러나며, 정부가 다루는 문제들이 점점 더 복잡해지고 있었다는 증거가 된다.

펠리페 2세는 왕정의 모든 사항을 전부 세세히 지휘하느라 스스로를 혹사시켰다. 펠리페 3세는 그러는 시늉조차 하지 않았다. 이제 역사가들은 왕의 게으름이나 모자람을 흠잡기보다, 스페인 왕가의 부담이 개인에게는 지나치게 무거워서 혼자 감당할 수 없는 지경이 되었다는 점과 능숙한 관료에게 업무를 위임하는 것의 가치를 인정하는 경향이 있다.

펠리페 3세 왕정에 대해 알려진 역사적 사실은 유럽의 '절대주의'라는 개념에 꾸준히 논쟁거리를 더한다. 과거 역사가들은 스페인처럼 강한 중앙집권적 군주국에서는 왕과 왕비가 절대적인 권력과 권위를 발휘했다고 여겼다. 하지만 이제는 법치주의와 종교적 도덕률뿐 아니라 실질적 통치 요건들도 군주들을 견제했으리라는 점을 인정한다. 군주들은 포고령을 간단히 내릴 수가 없었다. 지방 관료들을 설득해 중앙정부에서 나오는 포고령, 법률, 명령을 시행하도록 하기 위해서는 적소에 관료 조직이 잘 갖추어져 있어야 했다. 스페인 사람들은 왕이 공정하기를, 신의 법칙에 복종하기를, 백성에게 최선의 이익이 되도록 행동하기를 기대했지만, 왕에게 동의하지 않을 권리도 갖고 있었다.

왕명을 따를 수 없거나 따르지 않고자 할 때, 관료들은 전통적으로 왕에게 "당신께 복종하지만 명을 따를 수는 없습니다"라는 서한을 써 보냈다. 진심이 아닌 문자로만 충성의 의무를 다한 것이다. 스페인 작가 후안 데 마리아나가 폭군들은 시해해도 된다며 옹호하는 글을 써 펠리페 3세에게 바칠 수 있었던 것은 그런 환경 덕이었다.

펠리페 3세의 정부는 (수상은 아니었지만 대신들의 우두머리 격이었던) 레르마 공작과 함께 상당히 복잡하고 중대한 사안을 수행했다. 바로 스페인에 정착해 개종한 무어인, 모리스코를 추방하는 일이었다. 모리스코도 명목상으로는 기독교 공동체의 일원이었지만 구기독교도는 그들을 의심의 눈초리로 바라보곤 했는데, 특히 카스티야에서 그 정도가 더 심했다. 이슬람식 의복과 문화, 카스티야어와 구별되는 언어 사용, 구기독교도와 멀리 떨어져 살려는 성향 등 모든 것이 의심을 샀다. 스페인 동쪽의 발렌시아왕국에서는 수많은 모리스코가 동화되지 않고 있었지만, 묵묵하고 숙련된 농군들이었기에 지주로부터 보호받았다.

1568~1571년, 무어인을 강제로 동화시키려는 정부에 대항해 그라나다 남부 산지의 모리스코 공동체가 반란을 일으켰으나 실패하고 북쪽으로 흩어졌다. 펠리페 2세 정부는 분산과 재정주를 통해 그들이 기독교 공동체로 완전히 동화될 수 있기를 바랐지만, 펠리페 3세 정부는 그러한 노력이 수포로 돌아갔음을 깨달았다. 스페인이 북아프리카 오스만제국 속국들의 침입을 크게 우려하던 시기에 모리스코는 북쪽으로 이동하면서 왕국 중심부에 더욱 가까워졌다. 실제로 일부 모리스코가 모로코의 통치자와 접촉하면서 스페인 침략을 요청하기도 했다. 거짓 기독교도라며 모리스코를 적대한 수많은 선동적인 성

직자의 공작으로 그들의 혐의는 늘어났다.

정확히 같은 시기인 1609년에 펠리페 3세 정부는 네덜란드 반군과 휴전협정을 체결하고 모리스코 추방령을 내렸다. 정부는 1609년부터 1614년까지 약 17만5000명에 대한 추방령을 시행했다. 레르마 공작을 비롯한 관료들은 모리스코를 해안가로 호송할 계획을 세웠고, 그들을 북아프리카로 데려갈 배가 기다리고 있었다(그중 몇 척은 프랑스나 포르투갈로 향하게 된다). 해안으로 걸어가는 길에서 무장한 호위병들이 그들의 식량을 담당하고 불법 귀환자가 생기지 않도록 경계했다. 이 과정에서 수천 명이 추방령을 피해 도주했다고 전해지지만, 어찌됐건 이 어렵고 이견 많은 목표를 달성하면서 레르마 정권은 효율성을 입증했다.

1608~1610년, 아메리카대륙으로부터 수입되는 금의 양은 최고조에 달했다. 그 덕분에 왕과 대신들은 해외 수익이 꾸준히 증가하리라 예상했을 것이다. 아메리카의 해안가를 안전하게 지키고 스페인과의 접촉을 꾸준히 유지하기 위해, 펠리페 3세 정부는 스페인 선박의 체급을 키울 계획을 세웠다. 이는 군사적 목적과 교역, 두 가지 모두를 위한 것이었다. 왕정은 1607년, 1613년, 1618년 세 차례에 걸쳐 일련의 선박 건조 규칙을 공표하고, 이를 개정할 때는 대양을 항해하는 선박의 이상적인 구조에 관해 전문가들의 조언을 청취했다. 정부는 포르투갈에서도 이와 유사한 활동을 지원했고, 리스본에서 극동에 이르는 항로에 적합하도록 선박 규정을 확립할 계획을 세웠다. 해군 지휘 계통과 외교 장교의 임무를 규정하는 토론도 정부의 지원하에 개최됐다. 서인도제도에서 거둬들이던 수익이 급감하기 시작한 바로 그 시기에, 이런 논쟁과 계획은 해상에서 스페인의 존재감을 개선하고 확장

하는 데 크게 기여했다.

　문화계에서 펠리페 3세와 그의 왕정은 연극, 문학, 예술의 주요 후원자였다. 당시 스페인은 문학사가들이 스페인의 황금기Siglo de Oro라고 일컫는 시기를 지나고 있었고, 수많은 작가가 활약했다. 펠리페 3세의 재위기에 세르반테스 외에도 다작 작가인 로페 데 베가가 활발히 활동했고, 티르소 데 몰리나 등 수많은 작가가 사회 규칙을 무시하고 잔꾀 부리며 살아가는 영리한 악당들의 이야기를 피카레스크picaresque 소설로 썼다. 수도가 급성장하며 점차 최고의 작가와 배우 대부분을 끌어들이기는 했지만, 마드리드는 물론이고 지방 수도에서도 극장이 번성했다. 펠리페 3세와 그의 왕정은 경건함으로 억제된 종교의식이 사이사이에 가미된 연극을 비롯해 다양한 여가활동을 즐겼다.

　죽기 바로 두 해 전인 1619년 펠리페 3세는 스페인뿐 아니라 포르투갈의 왕이기도 했던 정체성을 강화하기 위해 리스본까지 육로로 행차했다. 수행단에는 왕국을 물려받을 아들과 카스티야의 유력 귀족들이 있었다. 포르투갈에서도 유력 귀족 가문 사람들이 수행단에 합류해 왕을 모셨고, 왕이 편히 머물고 즐길 수 있도록 배려했다. 왕의 행차 경로에 있던 도시와 소도시도 앞다투어 사치스러운 환영식을 열었다. 연합 왕국의 수도를 리스본으로 이전하도록 왕을 설득할 기회라고 여겼던 포르투갈인들은 수도에서 호화로운 행사들을 벌여 그런 주장을 노골적으로 드러냈다. 포르투갈이 따뜻하게 환대해준 것은 고맙지만, 펠리페 3세로서는 마드리드를 떠난다는 건 생각할 수 없는 일이었다. 카스티야 납세자들이 왕실 예산의 대부분을 대고 있었고, 광범위한 정무를 모두 고려했을 때 가장 확실한 세금원을 멀리하는 위험을 감수할 수 없었기 때문이다.

펠리페 3세가 리스본에 머무는 동안, 합스부르크가의 신성로마제국 황제였던 사촌 마티아스가 칼뱅파였던 팔츠(라인강 일대) 공작에게 공격받고 있다는 소식이 전해진다. 왕은 서둘러 마드리드로 돌아가 상황을 주시했다. 하지만 카스티야에 도착했을 때는 이미 2년 뒤 그의 목숨을 앗아갈 심각한 병에 걸린 상태였다. 그러는 동안 독일에서는(비록 당시에는 아무도 알아차리지 못했지만) 30년 전쟁이 이미 시작된 참이었다. 전쟁은 펠리페 4세 재위기까지 계속 유령처럼 왕들을 괴롭히다가 스페인이 유럽 최강국으로 군림하던 시기를 종결지었다.

1619년 행차에서 펠리페 4세가 선왕을 따라 포르투갈로 향한 것은 합스부르크왕가가 이베리아 왕국들 및 스페인제국과 끈끈한 관계를 지키고 있음을 내비치기라도 하기 위해서였다. 예기치 않게 이베리아의 두 왕위를 물려받은 1621년, 겨우 열여섯 살이었던 그는 통치 경험이라곤 없었지만 전 유럽에서 가장 열의 넘치고 유능한 관료들이 그를 뒷받침했다. 올리바레스 백작 가스파르 데 구스만은 1615년 왕자의 보좌관으로 임명되었다. 같은 해 왕자는 프랑스 공주 엘리자베트 드 부르봉과 결혼했는데, 이는 스페인과 프랑스 간의 교전이 종식되었음을 인정하는 외교적 사건이었다. 신랑 신부 모두 여전히 나이가 어렸던 까닭에 합궁은 몇 년간 미뤄졌다.

여러 별명 중에서도 '시인왕'이라 알려진 펠리페 4세는 예술에 열정을 보였다. 그는 스페인 황금기의 후반부를 주도했으며, 오랜 통치 기간 동안 개인으로서는 유럽에서 가장 방대한 예술작품 컬렉션을 수집했다. 그가 구매하거나 의뢰하거나 선물받은 회화작품들은 훗날 그 유명한 마드리드 프라도미술관의 근간이 되었다. 왕이 총애했던 디에고 데 벨라스케스, 후안 바우티스타 마이노, 에우헤니오 칵세스를 비롯한 다수의 스페인 화가가 예술적 유산을 남겼고, 이 작품들은 4세기 가까이 지난 지금까지도 영감을 불러일으킨다. 17세기의 또 다른 위대한 화가 페테르 파울 루벤스와 그의 제자 안토니 반 다이크는 아직 스페인의 통치하에 있던 남부 네덜란드 토박이들이었다. 루벤스는 펠리페 4세를 위해 외교 임무를 수행했는가 하면, 스페인 합스부르크 왕가의 예술 고문으로도 활동했다.

올리바레스 백작은 왕국의 옛 영광을 부활시키려는 더 큰 목적의 일환으로 왕의 문화적 활동을 지원했다. 그의 선도하에 마드리드는 젊은 왕이 이끄는 세계적 군주국의 수도에 걸맞은 모습과 꾸밈새를 갖추게 됐다. 에스코리알 궁전이 펠리페 2세의 건축 유산이라면, 서쪽의 알카사르 궁전에서 동쪽의 레티로 궁전과 공원에 이르는 마드리드의 중심부는 펠리페 4세의 건축 유산이라고 할 수 있다.

벨라스케스가 그린 수많은 펠리페 4세 초상화를 보면 혈색 좋은 젊은 시절부터 지치고 기진한 중년기 이후까지 그 모습의 변화를 엿볼 수 있다. 기진한 모습이 왕의 정치적·외교적 투쟁에서 비롯됐는지, 육체적 무절제함 때문인지는 분명하지 않다. 하지만 많은 역사가는 후자를 꼬집으며, 왕의 수많은 애정 행각을 방조했다는 이유로 올리바레스 백작을 비난하는 경향을 보여왔다. 전해지는 이야기에 따르면 펠리페 4세는 두 번의 결혼에서 여러 명의 후사를 보았을 뿐만 아니라, 셀 수 없이 많은 정사로 최소 서른 명의 사생아를 낳았다고 한다. 엘리자베트와 낳은 자식들 가운데 열일곱에 요절할 때까지 왕위 계승자로 꼽혔던 매력적인 황태자 발타사르 카를로스는 벨라스케스의 여러 초상화에 등장한다. 두 번째 아내이자 합스부르크왕가 조카, 오스트리아의 마리아 아나가 낳은 자식 중에는 마르가리타 테레사 공주가 있었다. 펠리페는 이 사랑스러운 아이를 가장 총애했다. 혹자들이 유럽 역사상 가장 탁월한 그림이라 상찬하는 벨라스케스의 「시녀들」에서 공주는 초점이 되도록 그려졌다. 그녀는 열다섯 살에 합스부르크왕가 삼촌이었던 신성로마제국 황제 레오폴트 1세와 결혼해, 스물한 살에 세상을 떠날 때까지 여섯 명의 아이를 낳았다.

펠리페 4세 시대에 대해 자주 언급되는 것은 정치적·경제적 재앙들뿐인데, 당대의 문화적 광휘 역시 기억되어야 마땅하다. 펠리페 4세가 왕좌에 오른 1621년 네덜란드 북부에서는 반란군들과 맺은 12년간의 휴전협정이 종료되었고, 펠리페의 합스부르크 친척이 제위에 있던 독일에서는 30년 전쟁이 이미 시작된 상태였다. 30년 동안 전 유럽에서 격렬한 전쟁이 계속되었으며, 합스부르크왕가와 동맹은 유럽의 다양한 적군에 맞서 싸웠다. 종교에 따라 전선이 설정될 때도 있었지만, 신앙은 유일한 문제가 아니었으며 상황은 훨씬 더 복잡했다. 루이 13세와 지략이 출중했던 그의 재상 리슐리외 추기경의 통치하에 있던 가톨릭 프랑스는 1635년에 가톨릭 스페인에 대항한 전쟁에 돌입했고, 개신교도들은 루터교와 칼뱅교 사이의 갈등으로 분열되었다. 아이러니하게도 30년 전쟁 동안 스페인 영토에서 전투가 벌어진 적은 거의 없었지만, 펠리페 4세의 세계제국은 여느 동맹국이나 적국보다 전쟁에 훨씬 더 많이 휘말리며 영향을 받았다. 인적 자원, 물적 자원 가리지 않고 끊임없이 군자금과 군사력에 투입되어 왕실은 파탄 날 지경으로 치달았다.

하지만 1621년까지만 해도 재앙이 일어날 것처럼 보이지 않았고, 펠리페 4세와 올리바레스 백작은 적을 제압할 것이라 확신하며 기운을 차리고 미래를 내다볼 수 있었다. 백작이 외무부에 내린 지시는 말하기야 간단하고 쉬워도 이루기는 어려운 목표였다. 무엇보다 그는 스페인의 권력과 평판을 강화하고 유지하려 애썼다. 하지만 그러기 기 위해서는 프랑스의 야망을 견제해야 했고, 합스부르크왕가의 동맹 국들을 전체 기독교 유럽의 중재자로 만들어야 했으며, 다른 유럽 강대국이 바다 건너 제국의 영토에 발을 들이지 못하게 해야 했다. 오직 제국의 권력을 회복하고 강화함으로써만 가톨릭교회를 적으로부터 계속 보호하고 독일과 네덜란드 기독교도의 종교 자유를 담보할 수 있었다. 올리바레스 백작과 펠리페 4세는 유례없는 규모의 자금과 인력, 행정력을 투입하는 것이 정당화될 만큼 그러한 목표가 중요하다고 생각했다.

전쟁이 지속되면서 펠리페 4세의 왕실은 돈과 군대를 보내 중부 유럽의 합스부르크왕가 친척들을 지원했다. 펠리페의 사촌 형제, '아둔한' 돈 카를로스와 '늠름한' 돈 페르난도가 황제 아래서 종군했다. 특히 돈 페르난도는 나중에 뇌르틀링겐 전투(1634)를 포함해 수많은 전투에서 공을 세웠다.

1625년 무렵까지는 스페인과 동맹국의 모든 일이 잘 풀렸다. 경이로운 해annus mirabilis라는 이름이 붙은 그해에 황제군은 네덜란드 브레다, 이탈리아 제노바, 브라질 바이아, 카리브해의 푸에르토리코에서 승리를 거두었다. 스페인 군대도 스페인 서남부의 카디스 항구에서 잉글랜드의 공격을 물리쳤지만, 엄밀히 말해 잉글랜드와 스페인이 전쟁 중인 것은 아니었다. 그 모든 승리는 1634~1636년이라는 최단기간에 막대한 비용을 들여 건설한 레티로 궁전을 위해 왕이 의뢰한 걸작들에도 나타난다. 궁전은 사라졌지만 분수와 정원이 있는 마드리드의 레티로 공원은 프라도미술관 인근에 원래 있던 몇몇 구조물과 더불어 스페인제국이 위엄을 회복했음을 내보이려는 올리바레스 백작의 원대한 계획을 보여주는 유산으로 남아 있다. 전투를 묘사한 그림들 또한 아직 남아서 프라도미술관의 개조된 전시 공간에서 중요한 위치를 차지한다.

그러나 1630년대 중반, 유럽을 비롯해 세계 전역에서 물리적 충돌이 계속되며 스페인의 국고에 점점 부담이 가중되던 바로 그 시기에, 무운武運은 합스부르크가에 등을 돌렸다. 1628년 네덜란드인이 쿠바 마탄사스에서 스페인의 소규모 선단을 나포했고, 왕은 그 죄를 물어 운 나쁜 지휘관 돈 알론소 데 베나비데스를 처형했다. 그해 스페인은 이탈리아에서 만토바 왕위 계승 전쟁(1628~1631)을 일으켰으나 득이 된 것은 없다시피 하고 명성만 잃었다. 더욱이 1632년 스웨덴 왕 구스타브 2세가 죽자 합스부르크왕가의 패권이 되살아날 것을 우려한 프랑스는 루이 13세의 누이 엘리자베트가 펠리페 4세와 혼인했음에도 1635년 스페인과의 전쟁에 돌입했다. 1643년에 프랑스군은 네덜란드 로크루아에서 스페인군을 격파했다. 스페인 군대가 지상전에서 패한 것은 150년 만에 처음이었다.

1640년대에 30년 전쟁은 모든 참전국에, 특히 스페인에 점점 더 큰 타격을 주었다. 1640년에 카탈루냐와 포르투갈이 합스부르크왕가 출신 스페인 왕에 대항해 반란을 일으킨 것도 주로 전시에 정부가 거둬들인 세입과 군수물자 때문이었다. 카탈루냐와 포르투갈의 지배층은 그러한 요구가 마드리드에 계속 충성을 바치는 데서 오는 이익을 상회한다고 결론 내렸다. 한편 잉글랜드는 1640년대부터 서서히 내전에 접어들었고, 대륙에서 벌어지는 전쟁에 적극 가담하는 데 지쳐 있기도 했다. 잉글랜드 내부 갈등에 중립적인 입장을 취하면서도, 펠리페 4세는 잉글랜드 왕이 처형당한 틈을 타 그가 수집한 그림들을 사들였다. 재위하는 동안 이룬 문화적 성취에도 불구하고 1640년대는 분명 그의 시대 중 최악이었다. 전쟁과 반란으로 끊임없이 괴롭힘당한 끝에 왕은 1643년 올리바레스 백작의 사임을 허락했다. 왕은 스페인의 불운이 본인의 결함에 대한 신의 형벌이라 확신했고, 좀더 적극적으로 통치에 참여해 속죄하겠다고 다짐했다. 남은 통치 기간에 펠리페 4세는 스페인 본국과 제국을 지배하고 군림하면서, 스페인 세력이 계속 쇠퇴하는 데 책임을 졌다.

1643년 프랑스의 루이 13세와 재상 리슐리외 추기경이 세상을 떠나자, 엄마를 따르는 어린아이였던 루이 14세가 왕위를 넘겨받았다. 루이 14세의 모친 오스트리아의 아나는 펠리페 4세의 누이였다. 그럼에도 프랑스와 스페인 간의 소모전은 계속되었고 30년 전쟁을 규정한 충돌의 관계망 속에서 하나의 가닥을 이루었다. 전쟁이 서서히 끝나갈 무렵 네덜란드, 카탈루냐, 포르투갈에서는 프랑스의 원조로 대대적인 반란이 계속되었고, 1647년 나폴리에서도 반란이 일어나 본국에 긴장을 더했다. 1648년 베스트팔렌 조약으로 30년 전쟁을 구성하던 분쟁들이 마침내 종결되었다. 네덜란드는 해외 제국에 대한 스페인의 독점적 지배권을 인정하고, 대신 스페인은 북부 네덜란드의 독립을 인정했다. 포르투갈령 브라질은 포르투갈이 스페인 합스부르크왕가의 통치에 저항한 덕분에 이 조약과 관련 없었으며, 네덜란드인들은 1654년까지 브라질 동북부에서 영향력을 유지했다.

펠리페 4세와 그의 정부는 1649년에 잉글랜드 왕 찰스 1세가 시해당한 사건을 그저 참사로 여길 수만은 없었겠지만, 올리버 크롬웰의 공화정을 잉글랜드 정부로 인정했다. 하지만 그렇게 해서 잉글랜드로 하여금 아메리카대륙에 관심을 쏟지 못하도록 해보려던 것이라면, 그들의 기대는 수포로 돌아갔다. 크롬웰의 서부 계획Western Design의 일환으로 잉글랜드는 1654년 스페인령 인도제국을 공격하고 1655년부터 1659년까지 프랑스와 스페인의 전쟁에 가담했다. 1659년 피레네조약으로 마침내 스페인이 프랑스 및 잉글랜드와 벌인 전쟁이 종전되었다. 종전 협상을 단단히 마무리 짓기 위해 스페인 공주 마리아 테레사는 아직 10대였던 프랑스의 루이 14세와 약혼했다. 루이 14세는 스페인 왕의 조카로, 펠리페 2세의 후손이었다. 하지만 1660년 성인이 되자 루이 14세는 스페인 왕실과 맺어둔 관계에도 불구하고 프랑스를 유럽 최강대국으로 만들어 스페인의 자리를 차지하겠다고 결심했다.

펠리페 4세 재위기에 스페인의 외교는 성공에서 실패로 급속히 악화되었던 데 비해, 국내 상황은 더 복잡했다. 왕과 올리바레스 백작은 문화계의 융성을 원조하는 한편 계속해서 정부를 개혁하고 선왕 때부터 하락세에 접어든 경기를 되살리려 했다. 그들은 다양한 세제 개혁을 추진해 스페인왕국의 모든 백성에게 공평한 부담을 지우려 했다. 카스티야는 전통적으로 가장 과중한 세금을 부담해왔고, 연합군제Unión de Armas를 조직하려는 올리바레스의 계획(1626)은 전비 부담을 더 널리 분산시키려는 의도를 품고 있었다. 예상대로 이 계획은 납세 부담이 커질 지역들, 특히 카탈루냐, 아라곤, 발렌시아 등지에서 완강한 저항에 부딪혔다. 이와 유사하게 1631년에는 카스티야 북부 바스크 지역에서 소금에 세금을 부과해 지역 자원을 활용하려던 계획이 공공연한 반란으로 이어지며 바로 이듬해 세금이 철회되기도 했다. 이렇듯 계속해서 증가하는 군비는 카탈루냐와 포르투갈에서 앞서 언급한 반란으로 이어졌다.

　유럽의 다른 여러 지역도 경제난을 겪고 있기는 마찬가지였지만, 특히 스페인 정부가 시도하던 국가 구조 개혁이 오랜 경제 위기와 맞물려 정치적 격변에 일조했다. 카스티야에서는 16세기 후반에 시작된 농업 쇠퇴가 거의 17세기 내내 지속되었다. 1597~1602년 역병에 50만 명이 희생되고 1609~1614년 약 17만5000명의 모리스코를 추방하며 스페인 인구는 이미 대폭 줄어든 상태였다. 그러다 1647~1652년 또 한 차례 역병이 돌아 약 25만 명이 희생됐다고 전해진다. 해마다 본국의 경제활동인구 중에서 평균 4000~5000명이 인도제도로 이민했고, 여기에 더해 일시적이지만 유럽 전쟁에 참전하는 군인도 매년 약 1만2000명씩 유출됐다. 전체적으로 17세기 스페인 인구는 850만 명에서 700만 명가량으로 줄었을 텐데, 감소한 시기가 대부분 펠리페 4세 재위기였다.

　인구 감소로 농산물 가격이 폭락했고 경제난 이전에 진 빚 때문에 땅을 압류당하는 지주들이 생겼다. 전반적으로 농경지는 수익성 좋은 투자처로서의 가치를 잃었으며, 축산업자들은 목초지 경쟁이 완화되는 시기를 맞았다. 포도, 올리브, 채소 등 일부 농작물은 시장이 있는 도시와 가까운 곳에서 재배되어 꾸준히 값어치를 했다. 그러나 전체적으로 보면 17세기 전반부는 스페인 촌락에서 농업난이 계속된 시기였다.

　농업 위기에 이어 산업과 도시의 활기도 곧바로 쇠퇴했다. 16세기에 최고의 성공담을 써내려갔던 세고비아 모직업은 17세기 들어 다른 대도시들의 섬유 산업과 더불어 급격히 쇠퇴했다. 하지만 더 큰 중심지가 움츠러들 때도 농경지로 둘러싸인 소도시와 대도시는 위기를 견

며냈다. 옷감 및 다른 제품의 생산과 소비는 지역 시장에 초점을 맞추었고, 스페인의 외교관계 때문에 나라의 자원이 유출되는 동안에도 카스티야의 경제는 적어도 내부로 시선을 돌렸던 듯하다.

펠리페 4세 재위기 도시들이 일제히 쇠퇴한 가운데, 가장 예외였던 곳은 17세기 전반 엄청난 성장을 이룩한 마드리드의 소도시와 궁정이었다. 왕국 수도이자 스페인령 유럽제국과 세계제국의 중심이라는 입지 덕분이었다. 도시 노동자와 사회·경제 지배층이 수도로 이주하면서 마드리드는 번성했지만 이에 맞물려 수많은 소도시가 쇠락했다. 도시 간 위계가 그렇게 조정되는 것은 근대 초 유럽에서 공통적으로 발생한 현상이었지만, 특히 17세기 초반 경제 위기를 맞은 스페인에서 더욱 두드러졌다.

왕실 재정을 개혁하면서 끝이 없는 전쟁 자금까지 충당하려는 정책으로 스페인의 위기는 악화되었다. 특히 육군, 해군, 행정 조직과 외교단을 이끌던 지배층의 불만 없이 조세 부담을 더 많은 사람에게 공평하게 분산시키기란 불가능하다는 것이 입증되었다. 보조금과 재정 지원을 삭감하고 국채를 청산하려는 정부의 노력도 같은 난관을 맞닥뜨렸다. 재정적으로든 전문적으로든 지배층의 기꺼운 지지 없이는 전쟁을 지속할 수 없었다. 결국 세제를 실질적으로 개혁하는 대신 정부는 단순히 끌사나운 기존의 부담금 무더기에 소비세 등의 다른 요금을 쌓아올리며 하나의 재정 위기에서 다른 재정 위기로 휘청거리며 나아갔다. 17세기 초에 재정적 어려움을 겪은 나라가 스페인뿐이었던 건 아니지만, 스페인의 재정난은 분명 동맹국이나 적국에 비해 훨씬 더 심각했다. 이는 스페인이 권리를 주장한 정치적 영역이 더 넓은 데서 비롯된 것이었다.

역사가들은 이제야 인정하기 시작했지만, 역설적이게도 17세기 중후반의 경제난은 이후 경제 회복의 기반을 마련하게 된 듯하다. 가령 인구 감소로 인해 카스티야 농업은 앞 세대의 인구 과잉 때문에 경작하던 불모지를 버리고 양질의 농지로 축소되었다. 그 결과 곡물 수확량이 증가한 듯한데, 옥수수와 순무를 들여온 북부처럼 새로운 곡물과 경작법을 도입한 지역에서 수확량이 특히 더 늘었다.

펠리페 4세가 재위했던 마지막 몇 해 동안 스페인은 적들과 평화를 유지했고 유럽 제2의 강대국이라는 역할에 마지못해 안주했으며 인구가 늘고 경제가 되살아날 조짐을 보였다. 따라서 펠리페 4세의 통치 기간은 스페인에 완전한 재앙의 시기였다기보다는 세력을 지나치게 확장하면 어떻게 되는지, 문화적·정치적 패권을 쥐는 데 어떤 비용이 따르는지를 보여주는 교훈적인 이야기로 받아들여져야 한다.

펠리페 4세는 통치 기간 스페인을 괴롭혔던 여러 악재에 지치고 짓눌린 채 1665년에 세상을 떠났다. 1620년대만 해도 그토록 분명해 보였던 부활의 약속은 나라 밖에서 벌어진 30년 전쟁과 국내 경제 위기, 반란이라는 현실에 의해 밀려났다. 왕이 서거했을 무렵 스페인은 유럽의 경쟁국들과 평화로운 관계를 유지했는데, 포르투갈에서 일어난 반란만이 수습되지 않고 해결해야 할 갈등으로 남아 있었다. 펠리페 4세는 그 싸움에서 패했다는 사실을 인정하려들지 않았지만 포르투갈과 브라간사왕조는 1640년 반란이 시작된 이후로 독립국으로 기능하고 있었다. 펠리페 4세는 쇠한 스페인과 더불어 포르투갈과 제국에서 합스부르크의 통치가 종말을 맞았음을 인정해야 한다는 필요성도 함께 후계자에게 물려주었다.

스페인에서 합스부르크왕가의 통치가 막을 내리는 날이 그리 멀지 않은 시기였지만, 당시 사람들은 알지 못했다. 펠리페 4세가 합스부르크왕가의 조카 마리아 아나와 결혼해 얻은 자식, 네 살배기 카를로스 2세가 왕위를 이었다. 벨라스케스의 초상화를 보면 결혼 초기의 마리아 아나는 철없는 10대로 그려져 있지만, 그녀의 성정은 나이를 먹어도 그다지 나아지지 않았다. 펠리페 4세는 아들의 섭정을 왕비에게만 단독으로 맡기지 않고, 유언장에서 섭정위원회를 지정해 카를로스가 성인이 될 때까지 이끌어주도록 했다. 이 같은 법적 제약에도 불구하고 마리아 아나와 그녀가 꾸린 자문단은 막대한 영향력을 행사했다. 그중에는 스페인에 최선의 이익이 된다고 할 수 없는 일들도 분명 존재했다. 시작부터 이런저런 이익집단이 왕실의 총애와 권력을 놓고 다툼으로써, 파벌 싸움으로 지속된 혼란이 카를로스 2세의 통치 기간을 특징지었다.

1667년 프랑스 왕 루이 14세는 스페인이 약해진 틈을 타 이른바 '왕위 계승 전쟁'을 시작했다. 프랑스는 스페인에서 맞아들인 아내의 지참금이 조건을 충족하지 못했다는 구실로 스페인이 지배하던 네덜란드 남부를 침략했다. 왕대비의 예수회 고해신부였던 오스트리아인 요한 에버하르트 나이트하르트가 당시 스페인의 외교정책을 결정하는 데 앞장섰고, 그의 정책은 스페인 귀족을 상당히 자극했다. 나이트하르트는 1668년에 프랑스를 멈추려고 전략적으로 중요한 여러 도시를 내주었다. 불가피한 상황에 직면한 스페인은 같은 해 포르투갈의 독립을 인정했다. 1672~1678년에 루이 14세는 스페인에서 나온 돈으로 또 다른 전쟁을 일으켜 네덜란드 영토를 노렸고, 네이메헌강화(1678)로 그 뜻을 이루었다.

카를로스 2세는 1675년에 공식적으로 성년이 되었다. 이 병약한 열

네 살 소년은 평생 죽음이 임박했다는 소문과 함께하게 된다. 몇백 년 간 이어진 합스부르크왕가의 근친혼으로 그는 성인이 되었을 때 기이하게 튀어나온 아래턱을 포함해 가문의 특성을 여럿 물려받았다. 하지만 불행히도 왕실 사람들에게 엄청나게 유용했던 정신력이나 정치력은 물려받지 못했다. 그렇게 시간은 흘렀고, 두 번의 결혼과 각고의 노력에도 불구하고 그에게 아버지가 될 능력이 없다는 점도 분명해졌다. 유럽 전역의 군주와 외교관은 불운의 카를로스 2세와 더불어 스페인 합스부르크왕가의 명운이 다했음을 알게 되었다. 유일한 물음은 스페인의 경쟁국과 동맹국이 이권을 나누려면 그가 죽기까지 기다려야 하냐는 것이었다. 나날이 세를 키우는 프랑스의 위협은 그들이 결정을 내리는 데 도움이 되었다.

루이 14세가 네덜란드 등지의 여러 영토를 차지하자, 네덜란드와 잉글랜드 등 스페인의 과거 적국들은 동맹을 이뤄 프랑스의 야망을 억제하려 했다. 스페인 혼자서는 프랑스를 막지 못했을 것이다. 카를로스 2세와 마리아 아나는 능력보다는 매력을 기준으로 고문을 발탁하곤 했고, 그중에는 궁정의 고급 귀족에게 멸시받던 하급 귀족 돈 페르난도 데 발렌수엘라가 포함되어 있었다. 1676년에 상대 정파에게 권력을 빼앗길 때까지, 발렌수엘라는 왕대비의 시중을 들던 아내와 더불어 막강한 영향력을 행사했다. 그 뒤 몇 년 동안 왕의 이복형제 돈 후안 호세가 1679년 10월 죽을 때까지 정국을 운영하다시피 했다. 그는 정무에 재능이 없었으며, 유일한 자산이라고는 펠리페 4세의 정부에게서 태어났다는 사실뿐이었다. 그 사실 하나로 바람 잘 날 없는 궁정에서 유용한 앞잡이 노릇을 할 수 있었다.

1678년 프랑스와의 전쟁을 일시적으로 수습한 카를로스 2세는 이듬해 루이 14세의 조카, 프랑스 공작가의 마리루이즈 도를레앙과 결혼했다. 불운한 마리루이즈는 후계자를 생산하지 못한다는 비난을 감수해야 했지만, 그 결혼으로 스페인 궁정에서 프랑스의 영향력은 더 커졌다. 스페인의 급격한 인플레이션은 정치 파벌들로서는 맞설 수 없는 위기를 조성했다. 왕은 위기를 타개하기 위해 거의 기적적으로 굳세고 유능한 수상을 임명했다. 최고위 귀족인 8대 메디나셀리 공작이 1680년에 수상이 되어 통화가치를 절상하자 하룻밤 새 물가가 반토막 나고 경제 전체가 충격을 받았다. 통화가치 절상으로 사회 각계각층이 단기적으로 심각한 곤경에 처한 것은 분명했지만 메디나셀리 공작은 1685년까지 권세를 유지했고 그 무렵부터 경제는 안정을 되찾았다. 1677~1685년 창궐해 스페인 전역에서 25만 명의 목숨을 앗아간 것으로 추정되는 심각한 역병은 그의 공직생활을 더욱 어렵게 했다. 그렇지만 전에도 그랬던 것처럼 역병으로 인구가 줄고 토지 경쟁이 완화되었으며, 남은 사람들에게 더 많은 기회가 주어졌다. 1680년대부터는 스페인 전역에 걸쳐, 특히 지중해 연안 카탈루냐와 발렌시아 지역에서 경제성장의 조짐이 확실하게 나타났다.

메디나셀리 공작이 정적에 의해 실각한 이후에는 오로페사 백작이 수상 자리에 올랐다. 또 다른 명망 높은 귀족 가문의 일원이요, 스페인에서 가장 부유한 사람 중 한 명이었던 오로페사는 1685년부터 1691년까지 권력을 쥐고, 세제를 개편하고 행정 조직을 간소화하는 철저한 계획을 주도했다. 오로페사의 개혁 조치로 스페인의 사회·정치 엘리트는 수입이 감소했고, 그에게는 많은 정적이 생겼다. 특히 궁정에 적이 많았다. 마리루이즈 왕비는 후사를 낳지 못하고 1689년에 세상을 떠났다. 이듬해 카를로스 2세는 독일 왕녀 노이베르크의 마리

아 아나와 혼인했다. 그녀가 격렬한 분노에 휩싸일 때면 병약한 남편
은 겁을 집어먹었다. 그녀와 수행단은 스페인과 그 제국이 상으로 걸
려 있는 다가올 한판 승부에서 독일의 이익을 위해 책략을 꾸몄다. 왕
과 왕비가 아이를 얻는다 하더라도, 그럴 수 있을지 달이 갈수록 더
욱 의심스러워 보였지만, 스페인은 제국의 해체를 좀처럼 막을 수 없
었을 것이다.

　카를로스 2세가 서거할 때까지 기다리지 못한 루이 14세는 1688년
에 또 다른 침략 전쟁을 일으켰다. 그러면서 잉글랜드로 하여금 중립
을 지키게끔 하려 했지만, 이번에는 그의 계획을 봉쇄하려는 유럽 국
가들의 연합에 직면했다. 유럽사에서 이 전쟁은 당시 연합의 이름을
따라 아우크스부르크동맹전쟁이라고 불리게 된다. 전쟁은 1697년까
지 계속돼 9년 전쟁이라 알려지기도 했는가 하면, 영국령 아메리카
에서는 아내 메리 2세와 함께 잉글랜드를 통치했던 네덜란드의 빌럼
3세의 이름을 따 빌럼 왕 전쟁이라고도 불렸다. 여러 이름으로 불린
데서 알 수 있듯 이 혼란스러운 싸움은 광범위한 투쟁이었으며 아무
것도 해결하지 못한 소모전으로 이어졌다.

　스페인과 그 제국의 운명은 이 전쟁에 달려 있었다. 1698년 레이스
베이크 조약으로 전쟁이 종결되자 루이 14세는 다른 유럽 강대국들과
함께 임박해오는 카를로스 2세의 서거 이후 스페인제국을 분할할 비
밀 협약을 맺었다. 프랑스, 바이에른, 합스부르크의 왕위 계승권자들
은 곧 공석이 될 스페인 왕좌를 차지하기 위해 카를로스 2세의 총애
를 얻으려고 경쟁했다. 왕비의 분노와 책략에 시달리던 왕은 분명 궁
에 갇혀 있다고 느꼈을 것이다. 그에게는 믿을 만한 간언자가 없었다.
오로페사 백작은 1691년에 축출되었고, 그의 뒤를 이은 대신들은 능

숙하긴 했지만 오로페사의 위상과 권위를 따라가지 못했다. 하지만 전쟁과 파벌 정치가 계속되는 와중에도 왕의 신하들은 1693년 '통치 계획'을 고안해내, 왕실 관료 제도를 구성하는 여러 의회와 위원회를 전반적으로 정비할 것을 제안했다. 카를로스 2세 재위기에는 거의 실행되지 못했지만, 이 계획은 후대왕이 수행한 조직 개편의 기틀을 마련하는 데 도움이 됐다.

1700년 말, 임종의 고통에 접어든 카를로스 2세는 놀라운 결단을 내린다. 프랑스가 스페인제국의 붕괴를 막을 수 있는 유일한 국가라는 고해신부의 설득에, 루이 14세의 손자인 앙주의 필리프를 후계자로 지목한 것이다. 200년에 걸친 양국의 간헐적 충돌이 스페인 합스부르크왕가와 프랑스의 발루아, 부르봉왕가 사이에 일련의 혼인관계가 생길 기회를 제공한 터였다. 루이 14세는 앞서 40년 동안 스페인을 단호하게 적대해왔음에도 이러한 혼인관계 덕분에 스페인 왕좌에 대한 최고의 권리를 주장할 수 있었다. 본인이 계승권을 주장하려면 또 다른 전쟁을 일으켜야 했겠지만, 루이 14세는 손자가 스페인과 그 제국에서 프랑스의 이익을 대변하는 자리에 앉게 되었다는 생각만으로도 위안받을 수 있었다. 일단 스페인 백성이 카를로스 2세의 유지를 받들자, 루이 14세도 앙주의 필리프를 펠리페 5세로 인정했다. 그는 부르봉왕가 최초의 스페인 국왕이었다.

유언장에 프랑스와 스페인을 같은 군주가 지배하지 못하도록 정한 조항들이 있었음에도 불구하고, 왕위 계승 소식이 전해지자 스페인 궁정의 바이에른파와 합스부르크파는 공포와 분노에 휩싸였다. 잉글랜드와 네덜란드도 마찬가지로 소식에 놀라워하며, 유럽과 바다 건너에서 프랑스가 절대적 패권을 떨치게 될까 두려워했다. 펠리페 5세는 새로운 역할에 적응도 하기 전에 스페인에서 왕위를 유지하려 고군분투해야 할 게 분명했다. 스페인 왕위 계승 전쟁은 1701년부터 1714년까지 벌어진 싸움으로, 프랑스가 세를 떨칠 것을 두려워한 유럽의 강대국 대부분이 합심했다. 스페인은 이 전쟁의 활발한 교전국이었지만, 다른 강대국들은 줄곧 프랑스를 주적 국가로, 스페인과 그 제국은 전투에 걸린 포상쯤으로 여겼다. 유럽에서 가장 광대한 해외 영토를 보유 중인 스페인이었지만, 새로운 세기가 시작되며 더 이상 스페인이 유럽 최고의 강대국이 아님은 더욱 자명해졌다.

왕위 계승 전쟁 기간에 루이 14세는 손자를 도운 만큼 완전히 보상받기를 바랐고, 일이 잘 풀리지 않자 1709년 스페인에 대한 원조를 일시에 중단하고 합스부르크왕가의 계승권자 편을 드는 연합군의 승리를 기대하는 쪽으로 돌아섰다. 하지만 1711년 합스부르크왕가의 스페인 왕위 계승권자가 독일 왕위를 계승하게 되자 상황은 역전되었다. 루이 14세는 손자를 돕기 위해 다시 전쟁에 가담했지만, 합스부르크왕가가 패권을 되찾으리라는 전망은 반부르봉 세력의 열정에 찬물을 끼얹었다. 이후 전쟁은 꽤 빨리 수그러들었다.

이 전쟁의 여러 국면을 정리한 조약(1713년 위트레흐트 조약과 1714년 라슈타트 조약)으로 펠리페 5세가 스페인 최초의 부르봉왕가 출신 국왕이자 스페인제국의 수장임이 공식화되었다. 하지만 이 과정에서 스페인은 이탈리아에서 상당한 영토를 상실했다(스페인 부르봉왕조는 훗날 이 굴욕적인 결과를 뒤집으려 시도한다). 1704년 잉글랜드가 지브롤터를 점령하고 전쟁이 끝날 때까지 성공적으로 지켜내면서, 스페인은 지브롤터의 지배권마저 내어주게 됐다. 처음에 지브롤터는 카디스(잉글랜드-네덜란드 함대가 몇 번이고 함락에 실패한)의 아쉬운 대체재 정도로 여겨졌다. 하지만 시간이 지나며 지브롤터해협은 영국 정부에 있어서는 지중해 진출의 주요 거점이, 스페인 정부에 있어서는 지속적인 골칫거리가 되었다.

펠리페 5세는 200년 전의 먼 조상 카를로스 1세처럼 외국인으로서 스페인에 왔지만 스페인 사람이 되었다. 선천적으로 성정이 소극적이고 비애에 차 있었지만, 필요할 때는 마음을 단단히 먹고 담대하게 행동하며 지성적인 결정을 내렸다. 펠리페 5세는 몸소 전투에 참여한 스페인의 마지막 왕이었다. 왕위 계승 전쟁을 치르는 동안 아라곤에서 펼쳐진 군사작전에서 두각을 나타냈고, 그 과정에서 백성의 존경과 충성을 얻었다. 그는 스페인의 다른 어떤 왕보다 오래 보위를 지켰으며, 두 차례 혼인했고, 세 명의 후대왕을 낳았다. 또한 이탈리아에서도 부르봉왕가의 분가를 일으켜 또 다른 아들을 왕으로 앉혔다.

이렇게 중요한 업적들에도 불구하고, 역사가들은 펠리페 5세를 논할 때 대부분 궁정과 정부에서 그를 둘러쌌던 대리인들을 언급한다. 그는 왕이 되자마자 사보이 공작가의 마리아 루이사 가브리엘라와 1701년 첫 혼인을 했다. 당시 두 사람은 모두 10대였다. 루이 14세가 사적 조언자이자 정보원으로 그들의 가정에 심어두었던 위르생의 마리안 드 라 트레무아유가 결혼 초기에 부부를 조종하며 국정 운영에서 프랑스의 이익을 최우선시하도록 했다. 젊은 왕비는 두 아들 루이스와 페르난도를 남기고 1714년 세상을 떠났다. 그런 개인적인 상실을 겪지 않았더라도 펠리페 5세의 음울한 성정은 이미 우려스러울 정도로 악화된 상태였다. 장수를 누리는 동안 그는 통치가 불가능한 상태에 이르는 깊은 우울증에 여러 차례 시달렸다. 다행히 펠리페 5세는 엄격히 통제하지 않아도 일상적으로 국정을 운영할 출중한 관료를 뽑는 재능을 키웠다.

왕비가 서거하자마자 펠리페 5세는 궁정에서 마리안을 몰아내고 파르마 공작의 대사로 마드리드에 온 성직자 줄리오 알베로니를 신임했다. 알베로니는 스페인이 잃어버린 이탈리아 영토를 수복하도록 외교적 노력을 기울일 것을 왕에게 촉구하는 한편, 파르마 공작가의 엘리사베타 파르네세와 재혼하라고 제안했다. 총명하고 매력적이며 교양 있었던 두 번째 왕비 엘리사베타는 남편의 남은 재위 기간 동안 궁정의 실세가 되었다. 정적들은 그녀를 사나운 여자라고 부르며 왕에게 영향력을 미치는 데 분개했지만, 그녀가 왕에게 헌신했다는 점에는 의심의 여지가 없다. 왕과 왕비는 여섯 명의 후사를 보았고, 모든 기록은 그들이 왕성하고 열정적인 성생활을 했다고 전한다. 엘리사베타는 첫째 왕비 마리아가 낳은 두 의붓아들이 스페인 왕위 계승 서열에서 선순위임을 인정하고, 자신이 낳은 카를로스와 펠리페에게 다른 왕국을 물려주기 위해 끈질기고 노련하게 노력을 기울였다.

펠리페 5세는 잠깐 권좌에서 물러난 시기가 있었던 까닭에 "왕위에 두 번 오른 왕"으로 불릴 때가 있다. 1720년에 왕은 왕위에서 물러날 계획을 개괄하는 기밀문서를 장남 루이스 1세 앞으로 작성했다. 어쩌면 광기 때문에 통치를 계속할 수 없는 것 아닐까 두려웠을 수도 있다. 엘리사베타 여왕의 격렬한 반대에도 불구하고 왕은 1724년, 루이스가 열여섯 살 되는 해에 계획을 실행했다. 루이스는 이미 프랑스 몽팡시에 공작가의 루이즈 엘리자베트와 결혼한 상태였다. 펠리페의 퇴위는 다른 유럽 국가에 엄청난 충격을 안겼지만, 젊은 부부는 스페인의 새로운 군주가 되어 권좌를 차지했고 앞으로 오랫동안 나라를 다스릴 운명이 주어진 것처럼 보였다.

그때 뜻밖의 일이 일어났다. 루이스 1세가 왕위에 오른 지 겨우 여덟 달 만에 천연두로 죽고, 애도에 잠긴 궁정은 위기에 처하게 된 것이다. 왕위에서 물러났던 펠리페 5세는 국법과 도의적 이유를 들어 퇴위를 철회할 수 없다고 주장했다. 엘리사베타는 그래도 그렇게 해야만한다는 용단을 내리고 끝내 왕관을 받아들이도록 남편을 설득했다. 펠리페는 1746년까지 스페인을 통치하며 점점 그를 포위해오는 우울증, 광기와 외롭고 끝없는 싸움을 벌였다. 엘리사베타 여왕은 이 싸움에서 없어서는 안 될 왕의 지지자이자 동맹이 되어 궁정 문화를 활기차게 이끌고, 건축과 정치 양면에서 스페인을 위한 야심찬 계획을 주도했다.

펠리페 5세의 통치기는 언어, 의복, 문학 등의 분야에서 상류 사회문화가 프랑스화되기 시작한 시기였다. 단지 펠리페 5세가 프랑스에서 태어났기 때문만은 아니었다. 앞선 몇백 년간 스페인이 헤게모니를쥐었을 때 스페인의 문화 양식이 채택되었듯이, 프랑스가 패권을 쥐자 다른 유럽 국가들에서 프랑스 양식을 따라하게 된 것이다. 펠리페 5세 재위기에 건축되거나 개축된 스페인 왕궁은 모두 프랑스 양식을차용했으며, 엘리사베타 여왕의 인장이 찍혔다. 세고비아 인근에 위치한 라그랑하는 과다라마 산지 구릉에 베르사유를 모방해 조성된 소담하고 사랑스러운 도시였고, 마드리드 남쪽 아랑후에스의 활기찬 봄날은 프랑스식 궁정이 들어서기에 알맞았다. 가장 야심찬 건축 계획은 몇백 년간 합스부르크 왕의 처소였던 오래된 요새 궁전이 1734년의 화재로 파괴된 후 마드리드의 왕궁을 전면 개축하는 일이었다. 라그랑하에서 그리 멀지 않은 리오프리오 궁전은 왕비의 사심이 가장짙게 들어간 건축물로, 사슴 공원에 자리한 비교적 작은 시골 별장이

그림 5.3 마드리드의 왕궁은 1734년에 화재로 소실된 요새 궁전을 대신하기 위해 1738년에 다시 짓기 시작했다. 1764년에 대부분 완성된 새 궁전은 부르봉왕조의 프랑스 및 이탈리아식 취향을 드러냈다.

었다.

펠리페 5세와 그의 중신들은 나라를 부강하게 만들기 위해 정부의 구조와 기능을 대폭 개편하겠다는 의지를 밝히며 스페인 부르봉왕조의 시작을 고했다. 변화의 열쇠는 마드리드에 있는 왕(기력이 있을 때)과 대신들이 국정을 돌보도록 의사결정 과정을 중앙집권화하는 행정 개혁에 있었다. 펠리페 5세 정부는 중앙 권력을 강화하면서 프랑스처럼 모든 법령 및 칙령을 더 쉽고 통일성 있게 시행했는데, 이는 합스부르크 군주들이 결코 이루지 못한 일이었다. 그러니 권위를 나누고 교섭하는 합스부르크 체제의 중추였던 지방 관료를 비롯한 지배층이 중앙정부로 권력을 이양하는 데 분개한 것은 당연한 일이었다. 합스부르크왕조 때는 왕의 권력이 강한 경우에 까다로운 귀족들을 상대로 이따금 뜻을 관철할 수 있었던 반면, 부르봉왕가는 그들이 도입한 중앙집권적 체제를 영구화하고자 했다. 많은 사람이 받아들이기 꺼려한 변화의 징조였다.

부르봉왕가 통치기에 카스티야 평의회의 위세는 국가평의회(스페인이 유럽 영토를 잃었을 때 주기능을 상실했다)를 능가했다. 카스티야 평의회는 마침내 카스티야의 모든 주요 부처를 관장했으며, 1707년 이후에는 왕위 계승 전쟁 기간 폐지되었던 아라곤 평의회의 기능까지 수행했다. 140명의 하급 행정직 관료를 두었던 카스티야 평의회는 교사 임명, 대학의 교과과정 승인, 인쇄 및 기록 관리, 외교 사안 처리 등을 포함해 광범위한 분야에 영향력을 미쳤다. 평의회는 반란이나 왕실 모독 사건을 재판하는 대법원으로도 기능했다. 재정립된 카스티야 평의회는 법령을 작성하고 코르테스를 소집해 교황청에 맞서 왕권을 옹호하는 등 입법 기능도 수행했다. 왕이 교회 자산을 나랏일에 사용하려들면 반대함으로써 균형추 역할을 할 수도 있었다. 의원들은 위엄 있는 검은 가운과 케이프로 된 관복을 입고 어깨까지 내려오는 가발을 쓴 채 끝에 둥근 금 장식이 달린 긴 지팡이를 들었다. 합스부르크 시대 의원들이 봤다면 관복이 아니라 그것이 보여주는 위세에 놀랐을 것이다.

부르봉왕조의 통치를 지지하는 지역이든 그렇지 않은 지역이든, 스페인 사람들은 한층 더 권력을 중앙집권화하고 행정을 통일한 마드리드의 강한 압박에 직면했다. 이는 부르봉왕조의 개혁에서 대단히 중요한 목표였다. 부르봉왕조에 최초로 도전한 것은 전쟁 기간 합스부르크를 지지했던 카탈루냐였다. 펠리페 5세는 1707년부터 카탈루냐에 중앙집권화를 도입하기 시작해, 아라곤 평의회를 폐지하고 형사재판소가 카스티야의 규범에 따르도록 명했다. 민사재판소는 지방정권의 통제하에 두었는데, 중앙정부에 전혀 위협이 되지 않아서였다.

1714~1715년 카탈루냐에는 엄격한 왕령이 잇따라 공표되었다. 백성들로서는 불충에 대한 형벌치고는 너무 가혹하다고 여길 수밖에 없는 것들이었다. 펠리페 5세는 루이 14세 정부에서 프랑스인 장 오리와 장 아믈로를 보좌진으로 스페인에 불러들였다. 애초 스페인을 단기간에 완전히 바꾸려 했던 왕과 고위 관료들은 지역의 특권, 역사, 불규칙한 경계를 고려한 좀더 점진적인 접근법이 필요하다는 것을, 카탈루냐에서는 특히 그렇다는 것을 깨달았다. 저항 세력의 기세를 겪으려던 펠리페 5세는 100인 의회Consell de Cent로 알려진 역사적인 기관과 입법 의회를 폐지하고 카스티야의 부처에 통합했다. 바르셀로나 대학도 분할해 시골로 옮겼는데, 말할 것도 없이 대학이 정치에 미치는 영향력을 끊어내려는 의도였다. 강력한 국가 통합을 향해 한발 더 나아간 왕은 정부에서 법적·상업적 목적 이외에는 카탈루냐어를 사용하지 못하도록 금지했다. 카탈루냐인들을 공직에 임명하는 데 있어서는 전례를 따랐지만, 그것도 마드리드에 충성하는 경우에 한해서였다. 지중해 마요르카섬에서도 비슷한 변화가 단행되었다.

한편 카스티야 연합왕국의 북쪽 끝에 위치한 바스크 지역은 전쟁에서 부르봉왕가를 지지했다는 이유로 비교적 온화하게 다스려졌다. 그럼에도 마드리드 정부는 바스크 북부 지역을 더 강력히 통제하겠다는 방침을 정했다. 나바라 또한 부르봉왕조를 지지한 덕에 자치를 유지하는 혜택을 누렸다. 왕은 나바라에 도독captain-general(군사·행정·사법 분야를 두루 관장했다)이 아닌 부왕(본질적으로 행정관이었다)을 임명했다. 펠리페 5세 정부는 효율성을 표방하는 만큼 도독직을 선호했는데, 도독으로 임명된 인사들은 장차 왕실이 권한을 약화시키려 시도해도 저항하기에 충분한 힘을 길렀다. 왕이 지방 재정 문제를 해결할 목적으로 1718년 감독관 제도를 도입하자 도독들이 그 직책을 폐지시켜버린 일이 그 예다.

사법부로 말하자면, 펠리페 5세는 바야돌리드와 그라나다 도시들에서 찬시예리아 대법원(스페인 남부와 북부 각 지역의 상소법원과 지방의회의 기능을 겸하던 기관)만 남겨두었다. 다른 도시들에서는 사법재판소(아우디엔시아audiencia)가 그 역할을 수행했다. 이러한 기관들은 도시의회에 파견되었던 왕실 대리인 코레히도르와 마찬가지로 모두 중세 카스티야에 그 뿌리를 두고 있었다. 이 기관들은 지방자치 수준에서 광범위한 경찰권과 사법권을 행사했던 까닭에, 부르봉왕가는 질서 유지와 선치善治라는 자명한 가치를 위해 그들을 존속시켰다.

입법에 있어 펠리페 5세는 오래된 전통인 카스티야의 코르테스와 아라곤 평의회를 전혀 존중하지 않았다. 왕은 1707년 발렌시아와 아라곤의 평의회를, 1714년에는 카탈루냐 평의회를 폐지했다. 왕실 행정 개편의 일환으로, 그는 대대로 왕에 대한 충성을 맹세하는 기능만 수행했던 카스티야의 코르테스로 평의회들을 통합해 국가 회의 기구로 만들었다. 이러한 조치들이 지방정부, 특히 아라곤 연합 왕국으로 하여금 부르봉왕가의 통치에 분노를 품게 했다는 데는 의심의 여지가 없다. 펠리페 5세는 1725년 왕위에 복귀하며 코르테스를 소집해 형식적인 충성 맹세를 받은 뒤로는 더 이상 코르테스를 찾지 않았다.

부르봉왕가도 합스부르크왕가처럼 중상주의 기조로 경제에 개입했지만, 훨씬 더 광범위하고 효율적인 면이 있었다. 펠리페 5세가 처음 왕위에 올랐을 때 조부 루이 14세는 스페인과 그 제국을 프랑스의 경제적 속국으로 삼으려 한 듯하지만 이내 실패했다. 국제적 반대가 있기도 했지만, 루이 14세가 엄선해 길러낸 장 오리와 장 아믈로 같은 관료들조차 프랑스보다 스페인의 이익을 지지하게 되었기 때문이다. 왕위 계승 전쟁이 잠잠해진 뒤 스페인의 부르봉왕가는 왕실의 사적 이익을 챙기기보다 시장을 육성하는 데 주력했다.

스페인 부르봉왕가의 개혁에서 가장 논란이 된 것은 국가가 교회와 맺은 관계였다. 로마가톨릭교회가 스페인의 정치, 사회, 교육, 경제에서 늘 중추적 역할을 해왔던 만큼, 정부가 모든 영역을 통치하려 하자 교회 지배층과의 충돌은 불가피했다. 합스부르크왕가 시절에도 정부와 교회 지배층의 의견이 늘 일치했던 건 아니다. 하지만 전통 규범을 옹호하는 이들과 변화를 지지하는 이들이 충돌하는 가운데 교회의 역할이 주요 쟁점으로 부각된 건 이번이 처음이었다. 적어도 18세기까지 이는 가치 충돌의 문제가 아니었다. 그때까지 스페인에는 반가톨릭주의도, 무신론도 없었다. 이 갈등은 다만 가톨릭교회와 종교재판에 있어 재정과 행정을 어느 쪽이 통솔할 것인가를 두고 벌어진 싸움이었다. 그러나 다가올 시대에 교회의 역할을 둘러싼 논쟁은 '두 개의 스페인'이라고들 부르는 분열을 규정하다시피 했다.

내부의 논란은 교황권 대 왕권이라는 더 큰 쟁점에 부딪혔고, 이는 유럽의 모든 가톨릭 국가에 크고 작은 영향을 미쳤다. 예수회는 스페인을 포함한 여러 지역에서 교황의 권리를 지지하는 데 중추적인 역할을 했다. 지적 성취가 뛰어났고 지배층과도 관계를 맺어두었으며 교황에게도 헌신했기에, 예수회는 어디에서 활동하건 무시할 수 없는 세력이 됐다. 교황권 지지자들은 알프스산맥 저편(곧 로마)을 바라본다는 뜻에서 교황지상권주의자ultramontano◆라 불리기도 했다. 한편 스페인을 포함한 가톨릭 국가 군주들은 국내 종교 문제에 다양한 영향력을 미쳐왔다. 교회의 권위로 거두어들인 세금을 사용하는 권한, 교황의 칙령을 기록하고 널리 반포할(혹은 그러지 않을) 권한, 주교직 후보 추천권 등이 여기에 포함되었다. 개별 사건에 대한 궁극적인 권위는 명목상 교황청에 있긴 했지만, 스페인 군주들은 종교재판소 또한 국가기관으로 거느리고 있었다. 이러한 권력은 과거에 그랬듯 18세기에도 이따금 논란을 불러일으켰고, 스페인 사회에서 교회가 수행해나갈 역할을 규정하는 데 일조했다.

외교정책 또한 펠리페 5세 정부의 주요 정책 목표였다. 왕위 계승 전쟁을 치르며 스페인은 유럽에서 상당한 영토를 잃었다. 이에 정부는 위트레흐트 조약의 조항, 특히 이탈리아와 관련된 조항들을 스페인에 유리하게 개정하기로 했다. 목표는 잃어버린 이탈리아 영토를 회복하는 것이었다. 정부는 스페인에 새로운 기상을 불어넣고 외부적으로는 국가 권위를 회복하는 한편, 펠리페 5세와 엘리사베트의 아들들에게 외부 영토를 제공하고자 했다. 야심 있는 엄마들이 그렇듯, 엘리사베타 여왕도 자식들의 미래를 보장해주고 싶어했다. 하지만 보통 엄마들의 야심과 달리 그녀의 야심은 국제적으로 영향을 미쳤다. 오랫동안 이어진 두 사람의 통치기 동안 스페인의 공격적인 국정 운영 방침은 모순된 결과를 낳았다. 거듭된 전쟁으로 재정이 한계에 이르러 사회가 불안정해지고 경제개혁 계획도 힘을 받지 못했지만, 한편으로는 경제성장을 자극하고 자본축적의 기회를 제공하기도 했다.

역사가들은 왕위 계승 전쟁 이후 펠리페 5세의 외교정책을 대체

◆ ultramontano에는 '(알프스)산 저편의'라는 뜻도 있다. (옮긴이)

로 세 단계로 규정한다. 첫 두 단계는 타국의 후원으로 이루어졌다. 1714년부터 1719년까지는 줄리오 알베로니가 정책을 쥐고 흔들었다. 그는 왕과 엘리사베타의 결혼을 제안한 인물이었으며, 엘리사베타의 후원하에 번영을 누렸다. 교황 클레멘스 11세는 1717년에 그를 추기 경으로 서품했다. 알베로니는 이탈리아에서 스페인의 세를 키우기 위 해 반오스트리아 정책을 펴야 한다고 왕실에 촉구하면서도 전체적으 로, 특히 프랑스에 대해서는 스페인이 독립성을 유지해야 한다고 주 장했다. 하지만 프랑스와 잉글랜드 사이에서 어렴풋이 일어나기 시작 한 지배권 대결에서 스페인과 같은 약소국이 독립적이기를 바랄 수 는 없었다. 한쪽을 선택해야 했지만, 어느 쪽이 최소 비용으로 최대 이익을 가져오게 될지는 애당초 분명하지 않았다. 잉글랜드와 프랑스 모두 스페인제국에 관련된 계획이 있었던 것이다. 알베로니가 재임하 는 동안 스페인은 잉글랜드와 짧은 전쟁을 벌였으나 아무것도 얻지 못했다.

알베로니가 총애를 잃자 전혀 예상 밖의 인물이 그의 자리를 대신 했다. 리페르다 가문의 남작 요한 빌럼은 도덕적 기준이 미심쩍은 네 덜란드 모험가로, 공직자로서의 재능을 입증하지 못한 인물이었다. 하 지만 18세기 초 유럽의 자유분방한 분위기 속에 매력을 발휘해 최고 위층 궁정 사회에 진출했고, 1719년부터 1726년까지 스페인의 외교정 책을 주도했다. 남작은 프랑스와의 동맹을 대체로 지지했지만, 1721년 에는 잉글랜드와의 동맹을 꾀하기도 했다. 펠리페 5세가 물러나고 루 이스 1세가 통치하던 짧은 혼란기에 프랑스 왕실과의 혼인 협상이 결 렬되자 남작은 대신 오스트리아와의 동맹을 추진했다. 이후 펠리페 5세가 왕위에 복귀하면서 그는 결국 왕실의 총애를 잃었다. 변덕스러운 본성에 걸맞게 이슬람으로 개종한 그는 튀니스 지방장관_{bey}의 고문으로 경력을 마무리했다.

펠리페 5세의 남은 통치기 동안 뛰어난 관료들이 스페인 외교정책을 지휘하며 본분을 다했고, 명확한 목표를 설정하고 일관된 동맹 체제를 구축했다. 1720년대 말에서 1730년대 초에 활동한 호세 파티뇨가 그 시초였다. 스페인령 밀라노에서 태어나 예수회에서 수련한 파티뇨는 장 오리의 지도를 받고 관료로서 두각을 나타내기 시작했다. 그는 마침내 해양장관과 인도제도 장관직에 더해 여덟 가지 직책을 겸하기에 이르러, 실로 놀라울 만큼 여러 책무를 맡았다. 실제로 그는 수상에 버금가는 지위를 누렸는데, 동시대 영국 수상 호러스 월폴, 프랑스의 앙드레 플뢰리 추기경(루이 15세의 수석국무장관)의 권력에 맞먹었다. 지중해 지역에서 스페인의 세를 키우는 데 집중했던 파티뇨는 북아프리카 오랑과 메르스엘케비르의 탈환을 계획하고 스페인 선박의 항행을 도왔다. 또한 이탈리아에서 세력을 확장하려면 바다를 장악해야 함을 간파하고 해군 재조직을 진두지휘했다.

파티뇨는 호세 캄피요 등 후임들에게 높은 기준을 남기고 1736년 세상을 떠났다. 오갈 데 없는 아스투리아스의 고아였던 캄피요는 관직에서 출세해, 펠리페 5세 통치기 말엽에 외교정책을 총괄했다. 그는 스페인령 아메리카 식민지와의 자유무역을 지지했으며, 본국과 인도제도 식민지들의 경제성장을 위해 관세를 인하하고 민간 무역 회사를 지원했다. 1743년 캄피요가 사망한 후에는 라엔세나다의 후작, 세논데 소모데비야가 두각을 나타냈다. 그는 다음 왕의 통치기까지 권력을 유지했다.

이 유능한 장관들은 스페인과 그 제국을 위한 최고의 정책으로 프

랑스와의 견고한 동맹을 추구했다. 프랑스와 왕가협정Pacto de Familia이
라 불리는 동맹을 두 차례(1731년과 1743년) 체결함으로써, 스페인은
18세기 내내 영국과 투쟁을 벌였던 프랑스의 진영에 단단히 자리잡았
다. 부르봉왕가와의 인척관계를 차치하더라도, 영국의 해군력과 아메
리카대륙 식민지 확대를 고려하면 스페인으로서는 영국을 적국으로
규정하지 않을 이유가 없었다. 대서양에서 영국 선박과 스페인 선박
의 대치는 1739년 영국 상선의 선장이 스페인 함대의 공격을 받아 촉
발된 이른바 '젱킨스의 귀 전쟁'◆으로 이어졌다. 충돌은 좀처럼 사그
라들 줄 몰랐지만, 양국 정부는 이를 아메리카대륙 패권 다툼을 위해
필요한 과정이라고 보았다. 두 나라 사이에는 계속해서 적대감이 감
돌았고, 이는 1740년 오스트리아 왕위 계승 전쟁(1740~1748)이라는
더 큰 전쟁으로 비화되었다.

지중해에서 스페인이 이탈리아에 보인 집착은 빈 조약(1735)에서
마침내 결실을 맺어, 펠리페 5세와 엘리사베타 파르네세의 장남 카를
로스 왕자(훗날의 카를로스 3세)가 양兩시칠리아왕국(나폴리와 시칠리
아)의 왕위에 올랐고, 위트레흐트 조약의 조항들은 파기되었다. 한편
카를로스의 즉위는, 스페인 왕실과 긴밀하게 연결되어 있기는 하지만
스페인 부르봉왕가 소속은 아닌, 새로운 이탈리아 부르봉왕가의 탄생
을 알렸다. 이탈리아에서 더 많은 수입을 거둬들이기 위해 스페인은
대비가 미흡했음에도 오스트리아 왕위 계승 전쟁에 뛰어들었다. 전쟁
에는 상당한 군비가 투입되었으며 파티뇨와 후임들이 애써 갖춰놓은
해군 병력이 크게 손상되었다. 하지만 이로써 엘리사베타 파르네세는

◆선장 로버트 젱킨스가 스페인 해군에 나포돼 귀가 잘렸기에 이런 이름이 붙었다. (옮긴이)

차남 펠리페(필리포 1세)를 위한 파르마 및 피아첸차 공작령을 획득했으니, 수십 년간 벌인 외교정책의 성과였다. 펠리페 5세는 정신질환으로 아무것도 할 수 없는 상태로 만년의 대부분을 보내다가 1746년 세상을 떠났다. 그의 통치는 전쟁으로 시작돼 전쟁으로 끝났지만, 행정 구조가 대대적으로 개혁되고 경제가 회복되기 시작했으며, 유럽 정세에서 스페인의 지위를 재표명한 시기였다.

페르난도 6세는 서른세 살의 성숙한 나이로 국정 운영 훈련을 잘 받고 왕위에 올랐다. 페르난도는 펠리페 5세와 그의 첫째 부인 마리아 루이사 가브리엘라의 차남으로 태어나 왕위 계승 서열 1위가 아니었으며, 형 루이스 1세가 1724년 죽은 뒤 이복형제 카를로스와 펠리페를 제치고 황태자에 책봉되었다. 역사가들은 페르난도 6세를 최초의 스페인 부르봉왕조 군주로 보곤 한다. 마드리드에서 태어나기도 했고, 선왕의 오랜 통치 기간을 특징지었던 프랑스와의 동맹이 그의 정부에서는 유지되지 않았기 때문이다. 하지만 이것이 당시 스페인에 유리한 전략이었는가에 대해서는 의심의 여지가 있다.

선왕과 계모 엘리사베타 여왕이 다스리던 스페인의 진취적이고 호전적인 기조에 확실히 선을 그은 페르난도 6세는 백성을 상량하는 최고의 덕치를 위해 의식적으로 평화를 추구했다. 그는 유능한 조언자를 알아보는 선왕의 능력을 물려받아, 빼어난 인재들을 잇달아 최고위직에 임명해 왕실의 간섭 없이 정무를 수행하도록 했다. 국정의 기조를 세우고 방향을 잡는 이는 그였지만, 모든 것을 통제하에 두어야 한다고 생각하지는 않았다.

페르난도 6세의 왕비는 포르투갈 왕가 출신의 바르바라 드 브라간 사로, 마드리드 등지의 궁궐에서 교양 있는 궁정생활을 꾸려냈다. 왕과 왕비 모두 음악에 열정이 있어 관현악과 성악 등 다양한 행사가 궁정 오락의 주요 부분을 차지했다. 알레산드로 스카를라티의 아들 도메니코 스카를라티는 포르투갈에서 바르바라(그의 후원자였다)의 음악 선생으로 일하다가 그녀와 함께 스페인 궁정에 들어왔다. 그는 왕과 왕비 부부에게 봉사하는 데 여생을 바쳤고 두 사람을 위해 수백 곡을 작곡했다. 왕비는 스카를라티와 동문수학한 재능 넘치는 스페인 작곡가 안토니오 솔레르 신부 또한 후원했다. 궁정생활을 채우는 정성스러운 행사와 야유회를 준비하기 위해 왕과 왕비는 유명한 카스트라토, 카를로 브로스키('파리넬리'로 더 잘 알려졌다)를 고용했다. 왕실에서는 연례 순방으로 계절마다 전국 각지의 명소를 찾아다니며 이 궁궐 저 궁궐을 여행했고, 파리넬리는 일상의 지루함과 정치적 책무에서 벗어나고도 남을 여흥을 두 사람에게 불어넣어주었다.

이런 유희는 선왕에게 드리운 우울증의 먹구름 아래 살았던 페르난도 6세에게 특히 중요한 의미가 있었다. 그 또한 아버지처럼 아내의 애정 어린 내조에 크게 의존했다. 역사가들이 이를 묘사하는 데 이용한 불가사의한 언어에 따르면 그는 '애처가'였는데, 스페인 부르봉왕가의 왕이라면 어느 정도 그런 성향을 지니곤 했다. 다년간의 헌신적인 결혼생활을 이어갔지만 후계자가 없으리라는 사실이 확실시되자 왕과 왕비는 사무치게 안타까워했다. 왕실이 호화로운 유흥을 후원한 것은 적어도 어느 정도는 삶의 공허함을 채우려 시도한 모습으로 보이기도 한다.

궁정 문화는 스페인 계몽주의의 태동과 함께 수학과 과학에 대한 예수회의 관심 또한 반영했는데, 이는 베네딕트 수도회 수사 베니토 페이호의 저작에서 가장 두드러졌다. 지적인 활동에서 스페인이 이웃 국가들에 뒤떨어지는 것을 개탄한 페이호는 특히 과학 분야에서 새로운 탐구심을 가져야 한다고 끊임없이 강조했다. 그의 저작은 전통주의자들의 거센 비판에 부딪혔지만, 페르난도 6세는 변함없이 그를 지지했다.

페르난도 6세는 계모 엘리사베타 파르네세를 라그랑하 궁전에 귀양 보냈지만, 1714년에 잃어버린 이탈리아 땅을 수복하고자 했던 그녀의 사명을 아주 내팽개치지는 않았다. 파르네세 가문의 대가 끊기자 페르난도의 이복형제 카를로스가 1731년 파르마와 피아첸차의 영지를 물려받았다. 카를로스는 1735년 나폴리를 점령하고 그곳의 왕이 되었다. 같은 해에 신성로마제국 황제 카를 6세가 파르마와 피아첸차를 가져가는 대신 시칠리아의 두 왕국을 스페인에 할양했다. 카를로스는 1735년부터 1748년까지 나폴리와 시칠리아의 왕으로 군림했고, 페르난도는 오스트리아 왕위 계승 전쟁에서 프랑스와 동맹을 체결해 이복형제인 펠리페에게 파르마와 피아첸차의 영지를 되찾아주었다.

이후 스페인 외교정책은 더 이상 이탈리아에 초점을 두지 않았고, 프랑스 부르봉왕가와의 왕가협정도 스페인과 이웃 나라들의 관계를 규정하지 못했다. 이 새로운 기조를 앞장서 지지한 호세 데 카르바할은 영국계 포르투갈 가문의 스페인인 어머니에게서 태어났는데, 1746년부터 1754년까지 외교 사안에 있어 왕이 가장 중요하게 여긴 조언자들 중 한 명이었다. 그는 인도제도 의회의 의장이었고, 국무장관직을 역임했으며 무역위원회Junta de Comercio 위원장을 지냈다. 오스트리아 왕위 계승 전쟁이 끝나자 카르바할은 선임자들의 친프랑스 정책에서 거리를 뒀다. 영국은 여전히 스페인제국에 가장 위협이 되는 국가였지만, 카르바할은 해외에서 스페인의 이익을 보호할 최선책으로 영국과 대결하지 않고 화기애애한 관계를 선택함으로써 포르투갈의 태세를 따랐다.

페르난도 6세와 카르바할은 또한 라틴아메리카대륙의 스페인 영토와 포르투갈령 브라질의 경계 문제로 이어져온 마찰을 종식시키려 노력했다. 스페인과 포르투갈은 1750년 국경을 협의하고 조약을 맺었는데, 많은 스페인 사람은 이 조약이 포르투갈에 지나치게 유리하다고 생각했다. 이 조약으로 포르투갈은 사실상 우루과이의 상당 부분을 획득했는데, 그곳은 예수회가 파라과이 과라니족 사회에 꾸린 선교단의 영역과 접해 있었다. 페르난도가 아메리카제국 포교활동을 지지했음에도 마드리드 관료들은 예수회가 왕의 이해관계나 통치를 신경쓰지 않는다며 못마땅해했다. 예수회 선교단이 포르투갈에 괴롭힘당하고 끝내 해체되는 이 극적인 이야기는 1986년 영화 「미션」의 바탕이 되었다.

예상대로 예수회는 이 조약의 세부 조항에 불만을 표했고, 스페인 지배층 가운데서도 많은 이가 이에 동의했다. 페르난도 6세 재위기에 주요 조언자 역할을 했던 엔세나다 후작을 그중 한 명으로 꼽을 수 있다. 엔세나다 후작도 호세 파티뇨처럼 정부 여러 부처의 책무를 맡고 있었으며 전쟁, 해군, 인도제도와 관련된 정무에 관여했음은 물론 특히 재정을 돌보았다. 엔세나다와 카르바할은 몇몇 분야에서 정무가 겹치는 동시에 대對유럽 정책 등 외교정책을 두고 여러 면에서 의견이 갈렸다. 일례로 엔세나다는 예수회와 프랑스에 호의적이었던 반면, 카르바할은 시종일관 경계 태세를 견지했다.

국경 조약의 여파로 스페인 궁정에서는 엔세나다 후작을 둘러싼 각종 음모가 소용돌이쳤고, 그는 페르난도 6세의 이복형제인 나폴리왕국의 카를로스와 세부 조항에 대한 서신을 교환했다는 이유로 왕실의 미움을 샀다. 후작은 1754년에 정적들로 인해 왕의 총애를 잃게 되는데, 잉글랜드 대사 벤저민 킨은 이를 자신이 벌인 일이라고 주장했다. 마지막이 불명예스러웠던 것은 분명하지만, 그렇다 해도 그는 권세를 누린 10년 동안 바티칸과 교섭해 정교협약(1753)을 맺는 등 수많은 업적을 이루었다. 교황청과 스페인 국왕 사이 일련의 통치권 분쟁을 봉합한 이 협약은 왕이 스페인의 신앙생활에서 담당하는 역할을 명확히 했을 뿐 아니라 확장시켰다고까지 말할 수 있을 정도다.

엔세나다 후작이 남긴 가장 중요한 유산은 아마도 스페인의 경제를 성장시키고 군사적·상업적 필요에 따라 스페인 선박의 기능을 향상시키려 힘쓴 일일 것이다. 경쟁자 카르바할처럼 그도 국가의 모든 자원을 개발하는 데 있어 왕이 주도적인 역할을 해야 한다고 생각했다. 탄탄한 경제와 인구 증가로 스페인은 유럽과 그 바깥에서 이익을 지킬 수 있었다. 그는 소위 엔세나다의 토지대장Catastro de la Ensenada 정책을 통해 국내의 토지 재산 조사에 착수했는데, 재산에 근거해 토지단세제◆를 도입하기 위한 밑작업이었다. 이 조사는 1749년에 재시행된 감독관 제도에 의해 수행되었으며, 18세기 중엽 스페인 경제에 대한 가장 중요한 자료로 남아 있다. 엔세나다 후작의 바람대로, 이 자료를 보면 스페인의 인구와 경제는 실로 놀랄 만한 성장을 이룩하고 있었다. 그러나 그러한 성장을 이용해 세제를 개혁하는 일은 대부분의 세금을 감당하게 될 대지주들의 저항에 부딪혔다. 토지단세제는 결국 그로 인해 시행되지 못했다.

◆ Única Contribución. 모든 세원을 한 가지 세금으로 묶어 필요한 세수 전체를 조달하는 세제. (옮긴이)

엔세나다 후작은 세제를 전면 개편하는 대신 기존 제도를 단편적으로 수정하는 데 만족해야 했다. 그는 또 다른 개혁을 시행해 군사력 강화와 더불어 스페인 경제를 한층 성장시키겠다는 목표를 좇았다. 이를테면 씨앗은행pósitos을 설립해 다음 파종에 쓸 씨앗을 소모하지 않고 힘겨운 시기를 이겨낼 수 있도록 가난한 농가를 원조했다. 군 분야에 있어서는 다년간의 준비 작업을 거쳐 1748년 함정 건조, 인력 배치, 지휘관의 행정을 총괄하는 새로운 해군 규정집을 내놓았다.

엔세나다 후작이 주도한 해군 개혁의 핵심은 북부 해안 페롤에 본부를 두고 지중해 카르타헤나, 지브롤터 서쪽 대서양 연안 카디스까지 세 곳의 거대한 해군 거점을 구축하는 것이었다. 더욱이 후작은 지원자에게 경제적 이득을 쥐어줌으로써 해군 명부matrícula를 작성하는 데 성공했는데, 이는 선임자들이 구상만 했지 시행하지는 못한 과업이었다. 정부는 이 명부 덕에 폭력을 동원하거나 강제 징집을 하지 않고도 강해진 선원들 가운데서 꾸준히 해군을 모병할 수 있었다. 왕의 지원으로 엔세나다는 평시에도 해상 병력을 위한 대규모 자원을 확보하고, 1750년대 초까지 스페인을 다시 한번 가공할 해상 강국으로 만들겠다는 목표로 새로운 군함을 건조할 수 있었다. 이 군함들에는 최신 설계와 최상의 재료가 쓰였고, 배가 어떻게 이동하는지를 연구하는 수로측량학이 호르헤 후안 이 산타실리아에 의해 새로이 개척됐다.

카르바할과 엔세나다 후작은 1754년 이후 권세가 약해졌고, 두 사람의 개혁 조치는 모든 영역에서 그 기세가 꺾였다. 다음으로 왕의 중신이 된 이는 평범한 아일랜드계 관료 리카도 월이었다. 그가 영국에 우호적이었다고 보는 역사가들도 있지만, 사실 그는 스페인 외교 기조에 뚜렷한 견해가 없었던 듯하다. 엔세나다 후작이 임명한 인사 일부가 정부에 남았고, 그들의 친프랑스·반잉글랜드 성향은 그대로였을 것으로 짐작된다. 프랑스와 영국의 경쟁이 격화되는 상황이었으니 왕과 월이 선호했던 듯한 중립도 딱히 나쁜 선택은 아니었다. 영국은 여전히 스페인제국에 커다란 위협이었으며, 프랑스와의 동맹은 불안정했다. 스페인이 지속적인 경제성장에 집중하려면 전쟁의 재개를 피해야만 했다.

1756년 전쟁이 발발했을 때, 분명 해외 영토 지배권이라는 이해관계가 얽혀 있었지만 페르난도 6세는 참전을 거부했다. 이 무력 충돌은 유럽에서는 보통 7년 전쟁이라고 알려져 있지만, 북아메리카에서는 프랑스-인디언 전쟁이라 불린다. 스페인에서는 이를 제1차 영불해전이라 부르는데, 이는 전쟁의 주역과 전체적인 성격을 드러낸다. 당시 유동적인 외교 환경에서 이 전쟁은 일종의 '외교 혁명'이었다. 프랑스는 프로이센이 아닌 오스트리아와 동맹을 맺었고 영국은 오스트리아가 아닌 프로이센과 동맹을 맺었다. 영국은 스페인과도 동맹을 맺고자 했지만 스페인은 중립을 지킴으로써 단기적인 이익을 거뒀을 것이다. 특히 1750년대 말에 스페인 왕실이 심각한 혼란을 겪고 있었다는 것을 고려하면 말이다.

1758년 바르바라가 세상을 떠났고, 페르난도 6세는 그녀의 죽음에 더할 바 없이 괴로워했다. 그는 이내 선왕의 말년을 사로잡았던 암울한 우울증 속으로 가라앉았으며 1759년 세상을 떠날 때까지 광기에 지배당했다. 바르바라와 페르난도는 왕비의 이름을 딴 거리에 있는 마드리드 국립도서관 인근 왕립 살레시오 수녀원에 묻혔다.

페르난도 6세는 고작 14년을 통치하면서도 아버지 대에 착수한 왕실 재건과 부르봉왕조의 개혁을 꾸준히 추진했다. 왕실과 국익에 충실한 인사들을 등용했기에 가능한 일이었다. 스페인은 당시 유럽의 다른 왕국들과 마찬가지로 왕실로부터 분리된 정체성을 키워나가, 정부 사업과 시민의 충성이 옛날만큼 왕 개인에 의존하지 않게 되었다. 페르난도 6세가 정신질환과 내내 싸웠음을 생각하면 다행스러운 일이다. 페르난도는 그 싸움 속에서도 백성을 위한 계몽 군주가 되려 애썼고, 18세기 중반을 휩쓸며 이웃 국가의 국고를 바닥낸 전쟁으로부터 스페인을 지키려 노력했다. 그러나 이는 쉽지 않은 일이었으니, 스페인은 세계 제일의 제국을 거느렸으면서도 유럽의 2등 국가였으며 경쟁국에든 동맹국에든 매력적인 경품으로 여겨졌기 때문이다.

프랑스의 영향은 페르난도 6세 시대에 막을 내렸지만, 프랑스를 비롯한 여러 타국의 선진적인 지적 흐름은 지배층 사이에서 회자되며 스페인식 계몽주의의 특징을 이루었다. 스페인은 과학적 탐구, 국정 개혁, (유럽 대부분에 영향을 미쳤던) 사회 정의에 대한 계몽적인 열정을 받아들였다. 그러나 스페인 지식인들은 볼테르 등의 저작에서 두드러지는 반종교적·반스페인적 태도를 거부했다. 외교정책은 극적으로 변화하겠지만, 이러한 스페인 계몽주의의 특성은 후대왕들의 시대에도 이어질 것이었다.

페르난도 6세의 이복형제 카를로스는 성인기 내내 이탈리아에서 파르마와 피아첸차 공작으로, 나폴리와 양시칠리아왕국의 왕으로 지냈다. 그렇지만 페르난도 6세와 바르바라에게 후사가 없었던 점을 고려하면, 그가 전부터 스페인의 왕위를 계승할 가능성이 가장 높았던 건 분명했다. 카를로스와 1738년에 결혼한 작센의 마리아 아말리아는 복잡한 심경으로 나폴리를 떠나 마드리드로 향했다. 나폴리와 양시칠리아왕국은 거대하고 우아한 수도, 탄탄한 경제, 관리하기 쉬운 규모를 자랑했다. 스페인의 수도 마드리드는 카를로스가 태어나 자란 곳이었지만, 아마도 이들 지역에 비해 매력이 한참 떨어졌을 테고 세계 제국이라는 부담까지 함께하는 곳이었다.

아버지 펠리페 5세와 어머니 엘리사벳 파르네세가 통치자로 길러낸 카를로스는 훌륭한 교육을 받았으며, 선왕과 왕비의 궁전들을 두루 여행한 덕분에 스페인을 잘 알았다. 그는 이탈리아로 이주한 뒤에도 스페인 왕실과 긴밀한 관계를 유지했고, 아마 페르난도 6세 정부의 중립적 외교정책에는 반대했던 듯하다. 카를로스가 볼 때 영국은 적국이었다. 지브롤터와 메노르카섬을 줄곧 점령했던 것을 차치하더라도 지중해에서는 부르봉왕가의 이익에, 아메리카에서는 스페인의 이익에 가장 큰 위협이었다. 그가 1759년 나폴리를 떠나 카를로스 3세로서 대관식을 치르면서 스페인은 중립적 태도에 거리를 두고 영국의 야망을 무너뜨리는 적극적인 외교정책을 취하게 되었다.

1756년 발발한 국제전에서 스페인은 참전을 피하고 방관하려 했다. 그러나 카를로스 3세 정부는 1761년 이른바 세 번째 왕가협정으로 프랑스 부르봉왕가와 동맹을 맺었고, 스페인에서 제1차 대對영해전이라고 불리는 전쟁에 뛰어들었다. 하지만 참전하기에 이보다 더 나쁜 때는 없었다. 10년이 넘는 휴지기를 보낸 스페인 해군은 영국에 대적할 준비가 되어 있지 않았다. 스페인은 본토에서 지브롤터 탈환에 실패했고 해외에서는 제국의 두 핵심 항구인 아바나와 마닐라를 잃었다. 하지만 1763년 전쟁을 종식시킨 파리 조약의 복잡한 협상을 통해 스페인은 아바나와 마닐라를 되찾고 프랑스로부터 루이지애나를 얻는 한편, 우루과이의 사크라멘토를 포르투갈에, 플로리다를 영국에 넘겨주게 되었다. 프랑스가 패배하고 영국이 북아메리카 동부를 효율적으로 지배하게 되었는가 하면, 스페인령 아메리카제국은 대부분 그대로 유지되는 것으로 전쟁이 막을 내렸다. 당대에도 후대에도 역사가들은 스페인의 외교보다는 영국 국력이 전체적으로 불안정했고 외무장관의 대처가 서툴렀기에 이러한 결과가 나타났다고 분석했다. 카를로스 3세는 영국의 불안정한 정세를 분명히 간파했을 것이며, 남은 통치기 동안 특히 아메리카대륙에서 영국의 세력을 약화시키는 데 주력했다.

카를로스 3세는 이탈리아에서 그를 존경받게 만들었던 개인적 취향과 정책을 고국 스페인에서도 펼쳐나갔고, 페르난도 6세의 개혁정책도 확장시켰다. 아내와 가족에게 헌신했던 그는 스페인으로 이주한 이듬해인 1760년 마리아 아말리아가 이른 나이로 세상을 뜬 후에도 재혼하지 않았다. 여느 군주들과 마찬가지로 그도 사냥을 즐겼는데, 운동의 목적도 있었지만 궁정생활의 격식에서 벗어나려는 시도이기도 했다. 가문의 피에 흐르는 우울감을 완화시키는 데도 도움이 되었다. 위대한 스페인 화가 프란시스코 고야가 초기에 사냥 자세를 취하고 있는 카를로스 3세를 그렸는데, 왕이 정면을 향해 수줍고 해맑게 웃고 있는 이 작품은 카를로스의 초상화 중 가장 빼어난 작품 가운데 하나로 남아 있다. 왕가에는 과시적 요소가 반드시 따르게 마련이었음에도 그는 겸손하고 꾸밈없고 총명하며 독실하고 근면한 사람이었던 듯하다.

오늘날 스페인 사람들은 카를로스 3세를 스페인 역사상 가장 훌륭한 통치자 중 한 명으로 꼽는다. 권력을 자각하되 백성의 행복을 위해 사용하겠다고 마음먹은 왕이라는 평가다. 역사가들도 동의해서, 그를 18세기 유럽 통치자들 가운데 가장 참되고 능률적인 계몽 군주로 간주한다. 카를로스는 스페인 왕위에 오르며 카스티야 평의회 의

장에게 이렇게 공언했다. "짐은 가능한 한 불쌍한 이들을 돕는 데 국법을 행사하고자 한다." 그는 다방면에서 강력한 군주가 주관하는 계몽주의 개혁의 전범이 되었다. 이런 와중에 왕의 보수적인 습관과 신실한 신앙심은 이해관계 때문에 개혁을 두려워하던 스페인 사람들의 비난을 피하는 데 도움이 되었다.

카를로스 3세는 특히 사람 보는 눈이 뛰어났다. 그가 임명한 가장 뛰어난 인재들 중에는 유명 가문 출신도 몇 명 있지만, 각료를 앉힐 때는 혈통과 정치적 연줄보다 능력을 보았다. 그는 앞서 스페인 부르봉왕가를 2대째 보필했던 엔세나다 후작을 복귀시켰다. 그리고 스페인의 외교정책이 친영 기조에서 멀어지던 바로 그 순간에도 리카도 월을 국무장관 자리에 앉혀두었다. 또한 각 부처에서 두각을 나타낸 여러 인사가 경력을 쌓도록 지원하기도 했다. 그중 빈틈없는 외교관 아란다 백작(페드로 파블로 아바르카 데 볼레아)은 적극성을 띠게 된 스페인 외교정책의 설계자가 되었다. 경제정책 전문가 캄포마네스 백작(페드로 로드리게스)은 농업 개혁의 까다로운 쟁점을 따지고 들었다. 카를로스가 등용한 각료들 중 가장 뛰어난 이는 아마 플로리다블랑카 백작(호세 모니노)일 텐데, 그는 카를로스 3세 재위기 후반에 국정 운영 전반의 윤곽을 잡았다.

카를로스 3세와 그의 각료들은 경제 구조를 전면적으로 정비하겠다는 목표를 세웠다. 생산력을 키우고 무역을 확대해 인구 증가를 감당하기 위해서였다. 18세기에는 도시 시골 할 것 없이 유럽 전역에서 인구가 증가했고, 모든 국가에서 식량이 부족해졌다. 관리들은 식량 부족에 대처하지 못하면 소요 사태가 이어지리라는 것을 잘 알았다. 당시 정규 농업에 적합한 땅이 국토의 3분의 1에 불과했던 스페인에서는 문제가 더 심각했다. 농경지 부족은 스페인에서 유목이 크게 중요해진 이유 중 하나였다. 중세 이래 스페인 사람들은 농경이 어려운 땅에서 수백만 마리에 달하는 양떼를 쳤고, 목동들은 철마다 양떼를 이동시켜 농작물이 자라는 시기에 농부들과의 충돌을 줄이고 겨울과 여름에 풍요로워진 목초지를 이용했다.

그렇게 해도 충돌은 어쩔 수 없이 발생했다. 특히 인구가 증가하며 농경지가 더 많이 필요해지자 갈등은 더욱 심해졌다. 이런 시기에, 특히 16세기와 18세기에 정부와 농부들은 목축업자 단체 메스타에 압력을 넣어 그들이 예로부터 누려온 목초지에 대한 권리를 일부 포기하도록 강요했다. 여느 근대 관료들과 마찬가지로 카를로스 3세 정부의 개혁 성향 각료들은 농업이 경제적 번영의 토대라 보았고, 권력을 행사해 목축업을 희생시켜가며 농업을 확장했다. 그들은 장인 길드 등 법인 단체의 특권은 물론, 메스타의 전통적 특권도 경제성장에 방해되는 쓸데없는 권리라 여겼다. 정부 각료들만 개혁을 촉구한 건 아니었다. 새로운 발상을 품고 있는, 교육받은 스페인 사람들도 대거 합류했다. 정부는 개혁에 대한 지배층의 호의를 이끌어내기 위해, 스페인 전역의 열렬한 지방 개혁가들이 바스크 지방에서 조직한 시골의 친구들Amigos del País 등 여러 자선단체와 대학을 지원했다. 개화된 유럽 전역의 여느 계몽운동처럼 '시골의 친구들'도 최신 농업, 상업, 과학, 문화 서적을 읽고 토론하는 자리를 마련했다. 왕실의 지원을 받아 소년 소녀를 위한 학교를 설립하고, 일반 교과목은 물론 수공예 기술을 포함한 포괄적인 교육과정을 채택하기도 했다. 그 모임 가운데 몇몇은 여성을 받아들이기도 했다.

이런저런 면을 참작하면 경제개혁이 인구 전체에 유익한 영향을 미쳤다고 보는 것이 타당하지만, 그렇다고 대가를 치르지 않은 것은 아니었다. 이를테면 정부는 전국에 병원, 학교, 정신병원, 빈민 구호소를 세웠던 반면, 부랑생활과 구걸을 단속해 빈곤에 처한 수천 명의 이동과 행동을 제약했다. 소작농에게 농지를 더 확보해주기 위해 메스타와 대지주들을 공격했는가 하면, 조림造林과 관개 계획은 지방에서 자연을 이용하던 전통적인 방식을 불가피하게 뒤엎었다. 정부가 국외에서 장인과 사업가를 데려와 국내에서 사치품을 생산할 수 있도록 공장을 설립한 것도 눈에 띄는 조치 가운데 하나다. 라그랑하 궁전의 고기능 유리 공장과 마드리드 부엔레티로 궁전의 도자기 공장이 이에 해당한다. 아빌라의 무명 벨벳, 세비야와 코르도바의 가죽 제품, 그리고 다양한 정밀기계, 시계, 광학기기를 포함한 다른 물건들도 있었다. 그중에는 수익성이 있는 업종도 있고 그렇지 않은 업종도 있었으며, 이렇게 세워진 공장들은 정부 기조에 합세하여 전통적인 수공예 길드 세력을 견제했다.

메스타의 대규모 목축업자와 길드 지도자들뿐 아니라 관습과 전통적 권위에 기대어 살아가던 평범한 사람들까지, 손해를 보는 모든 이가 개혁에 반대한 것은 당연했다. 정부는 여기에 더해 경제 분야에서 저축은행과 공제조합을 지원해 전통적 형태의 저축과 보험을 일신했다. 카를로스 3세와 각료들은 개혁의 비용을 조달하고 정부 부채를 줄이기 위해 산카를로스은행을 조직해 액면가로 거래되는 채권을 발행했다.

문화 영역에서는 미술과 음악을 후원하는 등의 전통적인 정책에 더해, 교육을 개혁하고 대학 교과과정에 뉴턴의 물리학 등 최신 과학을 추가했다. 왕과 각료들은 또한 성직자들의 교육 수준을 제고하고

18세기 들어 점차 시대착오적인 제도가 되어가던 종교재판의 남은 힘을 억제하려 노력했다.

종합하자면, 카를로스 3세 재위기의 초기 몇 년간 스페인인의 삶 전반을 개혁하려는 목표로 광범위한 영역에서 급속한 진보가 이루어 졌다. 당연히 다방면에서 상당한 반대도 뒤따랐다. 빠른 속도로 진행되던 개혁은 1765년 7월 정부가 곡물 최고가를 폐지하면서 주춤했다. 최고가 상한제는 과거 전통 경제에서 식량이 부족해져 식품 가격이 인상될 때 가난한 이들을 보호해주었다. 인구가 증가하고 최고가 상한제까지 폐지되자 식량 부족은 몇 달간 식품 가격이 기하급수적으로 상승하는 결과로 이어졌고, 누구보다 가난한 도시 거주자들에게 그 영향이 미쳤다. 1766년 봄, 마드리드 등 여러 도시에서 나타난 인위적 물가 폭등에 반대하는 설교들이 세간의 험악한 분위기, 특히 노동계급 사이에 감돌던 분위기를 고조시켰다.

문제는 아주 사소해 보이는 일로도 곪아 터질 듯했다. 재무장관을 지낸 이탈리아인 스퀼라체 후작은 하층민을 계도하겠다는 때아닌 목적으로 마드리드의 거리 부랑자들이 즐겨 착용하던 긴 케이프와 챙 넓은 모자를 금지했다. 군과 경찰은 이러한 차림새 마호스majos에 오랫동안 편견을 품고 있었는데, 모자로 신분을 감추고 케이프에 무기와 장물을 숨길 수 있다는 이유에서였다. 1766년 3월 10일 스퀼라체 후작은 법령에 따라 종려 주일에 마드리드 심장부인 푸에르타델솔 광장에 탁자를 설치하라 명했다. 관리들은 그 탁자에 있다가 금지 복장을 한 이들을 멈춰 세워, 그들의 케이프를 자르고 예의 바른 부류의 유행 대로 핀을 써서 모자를 세모 모양으로 고정시켰다. 당연하게도 이 사건은 마드리드에 폭동을 불러일으켰고, 혼란은 이내 카스티야 전역의

그림 5.4a, b 스페인의 모든 소도시에는 주광장(플라자 마요르)이 있고, 전통적으로 도시 정체성의 중심을 맡았다. 살라망카의 광장(5.4a)처럼 어떤 것들은 크고, 메리다(엑스트레마두라)의 광장(5.4b)처럼 어떤 것들은 소박하지만 모두 스페인 도시생활의 조화에 기여한다. 더 큰 도시에는 여러 다른 광장이 있어 각각의 근방을 규정한다.

도시로 확산되었다. 이 사건은 스페인사에서 '에스킬라체 폭동'이라 불리게 됐다. 20세기 스페인 작곡가 마누엘 데 파야는 폭동의 복잡 미묘한 특성을 솜씨 있게 포착해, 발레곡 「삼각 모자El sombrero de tres picos」를 후세에 남겼다.

왕의 종교정책은 또 다른 불안 요소였다. 왕과 각료들은 국왕의 특권으로 알려진 스페인 로마가톨릭교회에 대한 왕실의 권리를 1753년 정교협약 이상으로 밀어붙여 교황의 권력에 맞섰다. 예수회는 스페인 등 여러 곳에서 교황의 권위 옹호에 앞장서며 왕실 권위에 도전했다. 카를로스 3세와 동시대의 다른 군주들에게 예수회는 잘 봐줘야 반대파, 최악의 경우에는 잠재적 반역자들이었다. 에스킬라체 폭동의 여파로 왕실 관료들은 예수회가 폭동을 선동했다며 비난했고, 카를로스 3세는 1767년에 스페인과 그 제국에서 예수회를 추방했다. 이는 유럽 전체에 걸쳐 왕실의 권위를 광범위하게 주장한 조치였고, 1773년 교황의 예수회 교단 폐지를 유발했다. 예수회는 1814년까지 부활하지 못했다.

정부군은 일시적으로 폭동을 진압하고 사회 평화를 회복했다. 왕은 4월에 스퀼라체 후작을 해고하고 아란다 백작을 임명해 전반적인 농업 개혁을 감독했다. 스퀼라체 후작에 반대하던 시골의 전통 옹호자들은 해고 소식에 환호했을 것이다. 하지만 아란다 백작은 중농주의 원칙에 푹 빠져들어 국가 번영이 소농의 안녕에 달렸다고 생각하던 프리메이슨 단원이었으며, 시골에서 전통을 지키려던 이들의 상황은 악화되었다. 1766년 5월 2일의 칙령 초안을 작성한 이가 아란다 백작이었는데, 이 칙령은 엑스트레마두라 지방자치단체 소유의 미경작지를 팔 권리를 정부에 이전해 토지를 갖고 싶어하는 농부들이 그 땅을 이용할 수 있게 했다. 칙령은 몇 년 내에 카스티야의 다른 지역에도 적용되었다. 어떤 소농은 그렇게 시장에 나온 땅을 구매할 돈이 없었고, 한편에서는 목축업자들의 이익이 침해받기도 했지만, 이 칙령을 통해 이용 가능한 농지가 더 많이 제공되고 전통적 토지 소유 양식에 전환점이 되는 전례를 마련했다는 데는 의심의 여지가 없다.

에스킬라체 폭동 이후 스페인 국내 개혁의 속도는 둔화되었다. 어떤 역사가들은 이를 왕실의 경계심 탓으로 돌렸다. 카를로스 3세와 각료들은 너무 과하고 빠른 변화는 사회 불안의 위험에 직면할 수도 있다는 점을 깨달았다. 스페인의 외교정책이 지속적으로 행동주의를 취한 것을 고려했을 때, 내부의 평화는 극히 중요했다. 아르헨티나 앞바다의 포클랜드제도(스페인어로 말비나스)를 두고 대영제국과 맺은 적대적 외교 협상(1766~1771)은 두 나라를 전쟁 직전까지 몰고 갔으며, 스페인은 1776~1777년에 포르투갈과 전쟁을 치르고 우루과이를 되찾았다. 그 무렵 영국은 1776년에 시작된 미국독립혁명에 직면해 북아메리카의 식민지를 유지하느라 전쟁을 치르고 있었다. 카를로스 3세는 어려운 상황에 처한 영국을 보는 것이 즐거웠지만 스페인 식민지 내의 반란을 부추길 수도 있다는 위험을 고려해 공개적으로 반란군을 지지하기는 꺼렸다. 하지만 프랑스는 아메리카대륙의 반란군을 돕는 데 두려움이 덜해, 여기에 엄청난 자원을 쏟아부었다. 스페인은 1779년에 프랑스의 동맹으로서 영국과의 전쟁에 돌입했는데, 스페인의 역사가들은 이를 제2해전(1779~1783)이라 일컫는다.

루이지애나에서 스페인의 작전을 담당한 베르나르도 갈베스는 군인과 민병대로 구성된 세 연대를 이끌고 걸프코스트(멕시코만 북안)에서 영국군과 싸워 미국독립혁명에서 중요한 승리를 거두었다. 그는 또

플로리다의 펜서콜라만 전투에서 스페인 해군의 승리를 이끌어냈다. 그 덕분에 스페인은 전쟁이 끝난 1783년 영국에 플로리다와 지중해 메노르카섬의 반환을 요구할 수 있었다. 카를로스 3세는 지브롤터도 되찾고 싶어했지만, 영국은 스페인이 얻은 전부를 준다면 그 땅덩어리를 맞바꾸겠다 했다. 스페인 정부가 수용할 수 없는 거래였다. 베르나르도 갈베스는 전공 덕에 백작이 되었고, 이후 플로리다의 스페인 총독, 멕시코 부왕을 지냈다. 텍사스 걸프코스트의 갤버스턴만은 그의 이름을 딴 것이다.

아란다 백작은 베르사유 조약(1783년 9월 3일)을 성사시킴으로써 성공적이었던 미국독립혁명과 그 전쟁이 낳은 전쟁을 마무리했다. 스페인은 혁명을 지지했지만 아란다는 영국 식민지였던 곳의 미래에 그럴 듯한 환상을 갖지 않았다. 1783년에 그는 카를로스 3세에게 이렇게 썼다. "이 연방 공화국은 소인으로 태어난 터라 독립을 얻으려면 스페인과 프랑스의 원조가 필요합니다. 거인이 되어 두 강대국에서 받은 혜택을 잊고 오직 제 힘으로만 성장했다고 생각하는 날이 올 것입니다. (…) 그때가 되면 누에바에스파냐 정복을 노리게 될 것입니다."

아란다가 아주 틀린 것은 아니었다. 그렇지만 카를로스 3세의 통치 말년에 아메리카의 스페인제국은 티에라델푸에고에서 베링해협까지 이어지는 영토에 대한 권리를 주장하며 그 전성기에 달했다. 정부는 그러한 주장에 실체를 더하기 위해 북아메리카의 서쪽 끝에서 활동적인 확장과 정주 계획을 꾸준히 지원했다. 누에바에스파냐에서 북쪽으로 이동한 군인, 주민, 성직자, 관료들은 왕의 이름으로 일련의 요새, 소도시, 선교단 시설을 건설했다. 캘리포니아의 모든 주요 도시와 애리조나, 뉴멕시코, 콜로라도, 텍사스의 여러 도시는 그러한 토대에 근원을 둔다. 미합중국의 역사는 스페인의 법적 유산과 남부 정착지들을 무시해왔다. 하지만 새로운 세대의 역사가들이 오래된 관점들을 다시 논의하고 수정함으로써 이들 소위 '스페인 국경 지방'은 미국 역사에서 점차 자리를 잡아가고 있다.

다시 유럽으로 돌아가서, 카를로스 3세 말기에 서지중해에서는 알제리와 모로코 지도자들의 후원을 받은 해적이 급격히 늘어났다. 스페인의 어부, 상인, 선주, 심지어 해안지역 농부들까지 그런 해적들의 공격을 수 세기 동안 겪어오긴 했지만, 아마도 북아프리카의 인구 증가로 말미암아 18세기 후반에 해적의 활동이 왕성해졌다. 스페인 왕실은 해적들과 싸우는 데 거액을 들였고, 효과는 거의 없었지만 1784년과 1785년에는 알제리인에 맞서 원정 부대를 보내기도 했다. 그럼에도 카를로스 3세 말기에 스페인의 국위와 경제적 영향력이 17세기 후반보다 높아졌다는 데에는 의심의 여지가 없다. 펠리페 5세와 카를로스 3세가 추구했던 부르봉왕가의 개혁과 적극적인 외교정책의 유산이었다.

다른 위대한 지도자들처럼 카를로스 3세도 마땅한 후계자를 두지 못했다. 사람들의 말을 종합해보건대 카를로스 4세는 모든 면에서 평범했다. 좀더 평온한 시기였더라면 그의 치하에서 스페인이 그토록 형편없지는 않았을 것이다. 사실 그의 재위기는 어쩌면 유럽 역사상 가장 극적이었을 정치적 격변기(프랑스혁명과 그 여파)에 연루되었고, 1808년 수치스러운 상황 속에서 그가 퇴위했을 때 스페인은 나라를 산산조각 낸 외세의 침략과 경제 붕괴라는 혼란 속으로 휘말려 들어갔다. 카를로스 4세도 그런 참담한 결과에 얼마간은 책임이 있었다.

국내 정책 면에서 카를로스 4세는 선왕들의 개혁, 특히 농업 경제

지도 5.2 1790년경 스페인령 아메리카의 지도. 최대 영토일 때의 제국을 보여준다.

개혁을 계속 추진했다. 그의 주요 조언자들 중 가장 두드러진 인물인 가스파르 멜초르 데 호베야노스는 시장의 작동을 방해하는 전통적 특권을 없애기로 결정했다. 호베야노스는 캄포마네스의 업적을 좇아, 1795년에 19세기 자유주의의 논쟁을 예견한『농지법에 대한 보고 Informe sobre la Ley Agraria』를 강경한 어조로 써내려갔다. 호베야노스에게 토지 등 개인 자산의 소유는 '자연권', 즉 시민의 모든 권리와 특권의 기초였다. 최고 상한가, 무주지無主地 이용권 등의 규제를 통해 경제를 조정하는 전통적인 방식대로 국가가 자연권을 제한해서는 안 되었다. 개인 재산에 관한 확고한 신념으로 인해 호베야노스는 메스타, 길드 등 시장경제의 혹독한 현실로부터 왕실의 비호를 받아왔던 법인 집단에 반대했다.

카를로스 4세의 장관들 가운데 가장 유명한, 혹은 악명 높은 사람인 마누엘 고도이는 국내 개혁이 필요하다는 점에서 호베야노스와 관점을 같이했고, 1792년 말에 권력을 잡은 후 스페인 경제에서 중요한 여러 부문과 사회 지배층을 소외시키는 데 죄책감을 느끼지 않았다. 고도이는 사회적으로 전혀 특별할 것 없이 태어났지만 왕과 왕비의 후견 속에 아찔할 정도로 높은 명망과 권력을 얻었고, 사람들은 그가 왕비의 애인이라고 믿었다. 이는 그가 관료로서의 신뢰성을 키우고 기존 세력의 입맛에 맞도록 내부 개혁을 단행하는 데 전혀 도움이 되지 않았다.

어찌 되었든 1789년 프랑스혁명이 발발한 이후에는 외교 문제가 국내 문제에 점차 그림자를 드리웠다. 혁명 초기에 프랑스의 이웃들은 그저 예의주시할 것인지 노골적으로 적대할 것인지 등 어려운 선택지에 직면했으며, 스페인도 예외는 아니었다. 영국 정부로 말하자면 선택의 여지가 없었다. 혁명은 단순히 프랑스에 반대할 또 하나의 이유일 따름이었다. 그럼에도 수많은 영국 국민은 1789년 5월부터 1791년 5월까지 베르사유에서 들려오는 마땅한 개혁의 소식에 찬동했다. 프랑스의 오랜 동맹, 스페인 부르봉왕가에서는 왕의 친척 루이 16세가 프랑스의 변화를 지지하거나 최소한 묵인하는 것처럼 보이는 한 공식적으로는 중립을 지키려 했다. 선왕 때부터 국내 정책을 담당하던 플로리다블랑카 백작은 처음부터 혁명에 대한 환상이 없었다. 그는 공식적으로 프랑스에 대해 중립적인 태도를 유지하는 한편, 혁명이 스페인에 악영향을 끼치지 않기를 바랐다. 1792년 2월 공직을 떠날 때까지 그는 사람들과 간행물을 통제하고, 심지어는 피레네산맥과 해안경비대를 통해 스며드는 혁명 소식들까지도 막으려 애썼다. 그 시점에 이르러 프랑스 입법국민의회Assemblée Nationale Législative는 혁명에 대한 위협과 맞서 싸우기 위해, 혁명의 메시지를 퍼뜨리기 위해 몇몇 이웃 나라에 선전포고를 했다. 루이 16세는 공개적으로 그러한 정책을 지지했지만, 유럽 군주들은 혁명 지도자들이 왕과 가족을 인질로 삼고 있다는 것을 알았다.

아란다 백작은 1792년 2월부터 고도이가 그를 대신한 11월까지 계속해서 중립을 지지했지만 그 무렵부터는 중립을 유지할 수 없었다. 프랑스 혁명가들은 왕과 그 가족이 나라 밖으로 달아나려고 하자 그들을 억류한 뒤 곧바로 공화국을 선포하고 왕을 반역죄로 재판했다. 혁명 공화국의 국민공회Convention Nationale가 1793년 1월에 루이 16세를 처형하자 스페인은 선택의 여지가 없었다. 과거의 차이들은 미뤄둔 채, 고도이 정부는 대영제국 등의 동맹에 합류해 프랑스혁명에 대항한 전쟁에 참여했다. 1793~1794년까지 공개 재판과 대규모 공개 처형이 프랑스의 피로 물든 공포정치 시대를 지배함으로써 그런 선택이 옳았음을 확인시켜주었다. 공포정치가 수그러들고 더 온건한 집정 내각이 프랑스를 장악한 이후 스페인은 1795년 7월에 전쟁을 마무리하는 바젤강화를 맺었다.

전통적인 스페인 사람들의 관점에서는 아주 애매모호한 상황이었다. 평화가 찾아왔지만 프랑스는 여전히 국왕을 시해한 혁명 공화국이었다. 그뿐만 아니라 종교, 개인 재산, 계급, 군주제 그리고 인간의 품위(많은 이가 주장하는)를 향한 폭력적인 적대감을 포함해, 전통적 가치관에서는 유쾌하지 않은 다양한 사상까지 전파했다. 하지만 스페인제국에 있어 객관적으로 가장 위험했던 것은 여전히 영국이었다. 중립이 불가능했기 때문에 마누엘 고도이는 스페인이 두 매력 없는 동맹 사이를 헤치고 나가게 하려고 사방에서 미움만 받으며 10년 넘게 애썼다.

스페인의 세계적 이익을 위해, 고도이와 카를로스 4세는 프랑스공화국에 협력하기로 했다. 1796년 7월 산일데폰소 조약으로 스페인과 프랑스 집정 내각은 동맹을 맺었고, 스페인은 또다시 전혀 준비되지 않은 채 영국과의 해전에 말려들었다. 1797년 세인트빈센트곶 앞바다에서 스페인 해군의 패배로 싸움이 끝나고 고도이는 일시적으로 권력을 잃었다. 해군에 끼친 손해와는 별개로, 본토에서든 식민지에서든 거의 쉼 없이 계속되던 전쟁은 스페인의 경제적 자원에 엄청난 손실을 입혔다. 프랑스와의 동맹은 아직 유효했지만, 고도이가 공직에서 물러나면서 카를로스 4세 정부는 1798년부터 1800년까지 더욱 독립적인 정책을 펼쳤다.

프랑스공화국 3인의 통령consul 중 한 명이었던 나폴레옹 보나파르트는 유럽과 북아프리카에서 연이어 군사적 승리를 거둔 이후 1799년 권력을 장악했다. 1793년처럼 프랑스의 침입으로 인해 나머지 유럽 국가들은 어느 편에 설지 정해야 했다. 권력을 잃었지만 아직 영향력이 있었던 고도이와 더불어 스페인은 프랑스 편을 지켰다. 대체로 실리에 근거한, 득실을 따진 냉소적인 계산에 기초한 선택이었다. 프랑스의 동맹국에서 탈퇴했다면 대영제국으로부터 혜택이나 보호를 받을 어떤 가능성도 없이 강력한 나폴레옹의 군대에 속수무책으로 침략당했을 것이다. 나폴레옹의 프랑스와 동맹을 맺은 스페인은 지지에 대한 보상을 바란 듯하다. 고도이가 친척 페드로 세바요스를 통해 스페인의 외교정책에 영향을 미치면서, 스페인은 1800년에 루이지애나를 프랑스에 양도하고 나폴레옹으로부터 이탈리아 부르봉왕가의 파르마를 확장해줄 것을 약속받았다. 이듬해 나폴레옹의 요청에 따라 세바요스는 영국의 동맹 포르투갈에 선전포고를 했고 고도이는 스페인군의 총사령관으로 출정했다. 소위 '오렌지 전쟁'은 겨우 몇 주 만에 포르투갈이 굴복하며 종결되었다. 이 전쟁을 묘사한 작품으로는 출정한 고도이를 그린 프란시스코 고야의 훌륭한 초상화가 가장 유명하다. 화가는 군복 입은 고도이를 그렸지만 그의 자세는 전통적인 군인의 자세와 전혀 다르다. 막사 의자에 느긋하게 앉은 고도이는 진지한 정책 입안자나 군 지휘관의 능력을 뽐내기보다 왕비의 게으른 총아로서 살집 좋은 매력을 내뿜고 있다.

같은 시기에 고야는 어쩌면 그의 최고 작품에 해당할, 굉장히 인상적인 초상화 「카를로스 4세의 가족La familia de Carlos IV」을 통해 카를로스 4세와 왕비, 자식 그리고 여러 친척을 그렸다. 역사가들은 종종 정치의 지배적인 흐름에 따라 표류하며 궁정의 공식 궁정 화가로 남아 점차 신임을 잃어가던 고야의 성향을 비난한다. 하지만 더 옛날이든 그 이후로든 화가들이 사는 곳에서 의뢰를 받아들이는 것은 생계를 유지하기 위해서였다. 화가를 독립된 사회 평론가나 심지어 정치적 반동가로 여기는 것은 지나친 구속으로, 천재를 묘사하기에 모자라다. 고야가 스페인 사회의 지배층을 그린 것은 분명하지만 그는 이전의 다른 위대한 화가들과 마찬가지로 하층민 또한 그렸으며, 잘 어울린다고 생각하면 매한가지로 존엄하게 묘사했다. 카를로스 4세와 그의 가족을 그린 초상화에서는 왕권의 과시적 요소도 그들에 대한 고야의 멸시를 숨길 수 없었다. 카를로스 4세, 왕비 마리아 루이사, 장남 페르난도는 멍하니 허공을 주시하고 있으며 다른 가족도 대부분 비슷하게 특색 없는 모습이다. 왕의 예전 위풍당당함은 사라지고 혼란스러운 아둔함이 대신하고 있다. 고야가 한때 어여쁘고 쾌활한 이로 묘사했던 왕비는 거칠고 천박한 모습이다. 왕자의 갸름하고 뾰족한 턱을 통해 드러나는 무신경함은 고질적인 범상함을 드러낸다. 어머니의 손을 잡은 채 보는 이를 기분 좋게 응시하고 있는 어린 왕자 프란시스코 데 파울라만 유일하게 매력적인 모습인데, 그는 고도이의 아들로 널리 알려져 있었다. 왕실 가족은 아마도 그 초상화를 좋아했을 터인데, 이는 고야의 예리한 통찰력을 증명해준다.

포르투갈과의 전쟁은 영국이 포르투갈 원조를 거부하면서 신속히 끝났고, 고작 1년이었지만 프랑스와 영국의 갈등 또한 1802년 아미앵 조약으로 해결되었다. 고도이는 스페인 대표로서 조약에 조인하게 되었지만, 그 외에 스페인이 프랑스와 연합하여 얻은 것은 아무것도 없었다. 그렇기는 해도 아미앵에서 고도이가 맡은 역할을 기리기 위해 카를로스 4세는 그에게 '평화대공'이라는 칭호를 하사했는데, 이는 스페인 귀족들 가운데 고도이의 적을 더 자극할 뿐이었다. 프랑스와 스페인의 관계는 이후 더 악화되었다. 적대감이 심해져서라기보다, 강해지는 나폴레옹의 권력에 스페인이 점점 더 기댔기 때문이다. 처음에 한 약속을 저버린 채 나폴레옹은 1803년 루이지애나를 미합중국에 팔고 영국을 고립시킬 준비 격으로 스페인과 새로운 조약을 체결했다.

프랑스 해군에게는 영국을 홀로 대적할 힘이 없었기 때문에, 영국을 상대로 한 해전에서 스페인 함대는 중요한 역할을 했다. 권력을 잡았던 초반에 고도이는 200척이었던 해군 규모를 300척 이상으로 늘리려는 바람을 담아 선임들의 건함 계획을 부활시켰다. 선원을 충원하고, 보급을 유지하고, 그 정도 규모의 함대를 유지하려면 당시 선원 명부에 쓰여 있던 6만5000명의 두 배에 달하는 인원이 필요했다. 건함 계획은 그 목표에 못 미쳤지만, 스페인 정부는 그럼에도 해군 조직 강화에 성공했다. 더욱이 1800년에서 1802년 사이 일련의 새로운 규칙과 더불어 군부가 지역의 민간 관리자를 대신해 선원 명부와 담당 관료를 통제하기 시작했다. 수적 증가와 효율성 개선으로 스페인은 1803년 이후에 영국과 그 동맹의 함대에 대적할 준비가 되었지만, 그것으로는 충분하지 않았다. 1805년에 스페인 서남쪽 대서양 연안 앞바다에서 벌어진 트라팔가르해전에서 넬슨 제독의 영국 함대가 스페인 해군을 거의 괴멸하다시피 했다. 그 전투에서 스페인은 함대와 유럽 정치에서의 자부심뿐 아니라 교역을 통해 국내 경제를 확장시키고 해외 제국을 방어할 수단까지 잃어버렸다.

한 세기 전의 상황이 으스스하게 반복되면서, 더 큰 손실을 피하려는 스페인의 희망은 프랑스와의 동맹에 달려 있었다. 1807년 10월의 퐁텐블로 조약에 따라 스페인은 나폴레옹과 확장하는 그의 제국에 대한 의존을 굴욕적으로 인정하고, 영국에 대항한 '유럽대륙 연합'에 합류했다. 왕세자 페르난도는 이 새로운 조약에 공개적으로 반대하며 어설픈 반란을 주도해 아버지와 고도이를 권좌에서 몰아내려 획책했다. 왕의 군대가 반란을 진압하고 나서 카를로스 4세는 아들을 공공연하게 비난했다. 국가에 대한 신임을 떨어뜨리는 것은 물론, 어느 모로 보나 창피한 사건이었다. 나폴레옹은 그저 한심한 스페인의 부르봉 왕가를 전혀 신경쓰지 않았을 뿐 아니라 이미 그들을 제거하기로 결정한 터였다.

영국의 동맹인 포르투갈에 함께 침공하기 위한 준비 과정이 그들을 내쫓는 수단이 되었다. 1807년 말에서 1808년 초에 수십만 명의 프랑스군이 스페인으로 진격했고, 스페인 사람들은 이내 자신들이야말로 침공 대상임을 깨달았다. 무책임한 왕 부부와 그들이 총애하는 고도이 또한 스페인에서 점차 커져가는 프랑스의 존재감을 어찌할 수 없었다. 1808년 3월 18일에 그들은 스페인을 운에 내맡겨둔 채, 아랑후에스 궁전을 빠져나가 안달루시아로, 거기에서 남아메리카로 달아날 준비를 했다.

스페인 사람들은 그런 일이 일어나도록 기꺼이 내버려두지 않았다. 그 결과는 3월 19일에 일어난 아랑후에스 폭동이었다. 조직화된 반란군이 마드리드에서 아랑후에스까지 행진했고, 왕 부부와 그 총신이 출발하지 못하도록 무력으로 막아섰다. 그들은 페르난도 왕세자에 찬동하는 함성을 지르며 고도이의 추방을 요구했다. 왕은 요구를 받아들여 고도이를 해임하고 아들에게 왕위를 물려준 뒤, 하고 많은 곳 중에서 프랑스로 떠났다. 나폴레옹의 보호를 청하기 위해서였다. 군

중이 고도이를 가두었지만 그를 체포했던 프랑스 장군 뮈라가 그를 복수로부터 구해줬다. 페르난도는 고도이가 자신을 몰아내기 위해 프랑스와 손을 잡고 그곳으로 떠난 것이라고 의심했다.

나폴레옹에게서 거처와 음식을 제공받고 회유당한 스페인 왕실은 썩은 과일처럼 그의 손아귀로 굴러들어갔다. 5월 6일에 페르난도는 왕위에서 물러나 아버지 카를로스 4세에게 왕위를 되돌려주었다. 이틀 후 카를로스는 나폴레옹에게 왕위를 넘기고 퇴위했다. 나폴레옹은 한 달도 안 되어 형 조제프에게 스페인 왕위를 넘겨주었고, 프랑스군의 원조와 더불어 스페인 사람들에게 계몽된 규칙을 적용하기 위해 고안한 새 헌법을 조제프의 주머니에 넣어 그를 스페인으로 보냈다.

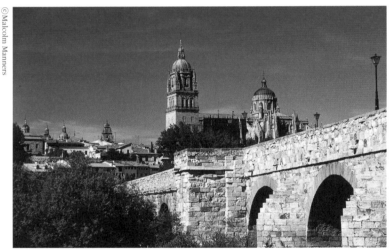

ⓒMalcolm Manners

그림 5.5 살라망카(카스티야-레온) 토르메스강의 로마식 다리는 고대에 그 도시가 지녔던 중요성을 환기시킨다. 뒤로 보이는 새 성당은 도시의 부와 권위가 이어지고 있음을 나타낸다. 이 성당은 실제로 완성되기까지 5장에서 다루는 것만큼의 시간(1509~1734)이 걸렸다. 그 몇 세기 동안 변하는 건축 양식과 장식 요소들을 디자인에 통합한 건축가들, 기독교 관리, 건설업자들의 계승을 통해 건축물은 완성되어나갔다.

자기 이익만 생각해 독단적으로 권력을 이전시킨 부르봉왕가는 스페인 최고 통치자로서의 정통성과 모든 도덕적 권위를 상실했다. 수많은 지배층 인사는 혐오감과 환멸을 느끼며 조제프 보나파르트에게 기꺼이 충성을 바쳤다. 하지만 스페인 사람 대부분은 페르난도 왕이 나폴레옹의 포로 신세라 여기며 그에 대한 충성을 지켰다. 이어 4년 동안, 온갖 정치적 성향을 띤 스페인 사람들이 부재중인 왕의 이름으로 프랑스의 점령에 맞서 싸웠다. 스페인 땅에서 벌어진 치열한 전쟁은 스페인 구체제의 정치경제적 구조를 산산조각 냈으며, 서로 경쟁하는 여러 미래상의 스펙트럼을 만들어냈다.

근대성을 향하여 :
나폴레옹의 침입에서
알폰소 13세까지

조제프가 보나파르트 가문에서 최고라는 것은 거의 틀림없었고, 나폴레옹은 의심의 여지 없이 스페인 사람들이 무책임한 부르봉왕가 대신 조제프를 반갑게 받아들이기를 바랐다. 하지만 그가 틀렸다. 조제프가 국경에 도착할 때쯤 프랑스의 침략에 저항하는 자발적인 봉기가 이미 시작되었던 것이다. 봉기는 왕실이 프랑스로 떠났다는 소식에 반응해 5월 2일 마드리드에서 시작되었다. 뮈라 장군은 나폴레옹이 이집트에서 모집한 맘루크 기병을 이용해 푸에르타델솔에서 신속하고 잔인하게 폭동을 진압했다. 이슬람군과 대립한 스페인의 오랜 역사를 두고 볼 때 마드리드 심장부에서 터번을 두른 기마병이 남녀 군중에게 돌진하는 모습은 충격적인 효과를 낳았다. 이튿날 뮈라의 군인들은 마드리드 서쪽 끝 왕궁 인근의 프린시페 피오 언덕에서 이른바 폭동의 주동자들을 처형했다. 여러 스페인 화가가 두 사건을 나름대로 해석해 그렸지만, 역사가 기억하는 그림은 시선을 사로잡는 고야의 작품 두 점이다. 이 그림들은 온통 공포에 질린 사건들을 포착해낸다. 「맘루크 기병들의 돌격La lucha con los mamelucos」에서 작품 가운데 기병의 얼굴에 떠오른 광기 어린 표정, 그 앞의 광분한 시민과 유혈이 낭자한 채 뒤얽힌 시신들은 폭력적인 움직임, 혼란, 대결의 흉포함을 환기시킨다. 반대로 「학살Los fusilamientos」은 무시무시하리만치 정적이다. 흰 셔츠를 입은 공포에 질린 남자가 양손을 들어 투항하는 사이, 제복을 입은 얼굴 없는 프랑스 분견대 군인들이 완벽한 대형으로 그에게 총구를 겨눈다. 사건을 마무리 짓는 것은 보는 이의 몫이다. 피로 얼룩진 하얀 셔츠, 죽음으로 주저앉으며 주변에 널브러진 동지들의 시체와 한 덩어리가 되는 남자.

이틀 동안 약 400명의 스페인인이 죽임을 당했고, 이 놀라운 소식은 삽시간에 전국 방방곡곡으로 퍼졌다. 뮈라는 재빠른 대처와 본보기 처벌로 반란을 잠재웠다고 생각했지만, 프랑스의 점령에 대해 거센 저항이 계속되리라는 것도 확신했다. 중세로 거슬러 올라가는 전통에 따라, 스페인 전역의 도시와 소도시에서 소위원회(훈타)가 형성되어 프랑스에 대항한 전쟁 채비를 갖췄다. 당시 스페인에는 정부가 없었다는 점을 고려하면 스페인 저항운동의 조직은 믿기 어려운 일이었으며, 시민의 결의와 스스로 운명을 책임지겠다는 강한 의지를 입증해주었다. 5월 말에 오비에도 서북쪽의 도시에서 최초의 훈타가 조직되었고 이후 몇 달 동안 다른 여러 훈타와 지역 민병대가 가담했다. 스페인군의 장교단도 일부 부대에 군사 훈련을 제공했지만, 함께 일하며 서로의 생활을 잘 아는 사람들로 구성되어 있었기에 민병대가 활동의 주축이었다.

반대 사실을 전하는 이야기들에도 불구하고, 스페인 사람들은 페르난도가 프랑스에 포로로 잡혀 있다고 믿기를 택했고 그의 이름으로 투쟁을 준비했다. 하지만 나름의 방식으로 잘 훈련된 프랑스군에 저항한다는 것은 처음부터 바랄 수도 없는 일이었다. 대신 민병대는 언제 어디서든 기회가 될 때마다 고립된 군인들을 공격하며 프랑스군의 소총과 총검에 대항해 쇠스랑과 단검을 들고 최소한의 전투(게릴라)를 치렀다. 이런 비정통적인 전략들은 시골로 들어갈수록 프랑스군의 사기를 꺾는 효과를 냈고 양측 모두 가차 없이 적을 공격했다. 모든 악조건에도 불구하고 훈타가 조직한 스페인 군대가 7월 18~20일에 안달루시아 바일렌에서 프랑스군에 대승을 거두었다. 같은 시기, 북에서 마드리드를 향해 가고 있던 조제프 보나파르트는 두려움이 점점 더 커졌다. 7월 18일에 부르고스에서 나폴레옹에게 보낸 서한에 이렇게 적고 있다. "황제 폐하께 아무도 진실을 정확히 알리고 싶어하지 않는 듯합니다. (…) 제 지위로 인해 겁을 내는 것은 아닙니다만 이는 역사상 유례없는 상황입니다. 이곳에서 저를 지지하는 이는 단 한 명도 없습니다."◆ 이런 비관적인 평가와 바일렌에서 저항군이 이룬 승리에도 불구하고 프랑스를 몰아내기 위해서는 외부의 도움이 절대적으로 필요했다.

팔라폭스 장군 휘하의 오합지졸 스페인군이 바르셀로나와 마드리드 사이에 유일한 주요 부대였고, 시민들의 용감무쌍한 노력 덕분에 그들은 1808년 여름에서 가을까지 사라고사를 지켜냈다. 한편 12월에 폭동의 주동자들은 스스로를 스페인의 합법 정부로 선언하고 포로가 된 페르난도의 권한을 대행했다. 중앙위원회는 1809년 1월 중

◆ 존 D. 버가미니, 『스페인 부르봉왕가: 끈질긴 왕조의 역사The Spanish Bourbons: The History of a Tenacious Dynasty』(New York: Putram, 1974), p. 136.

순에 대영제국과 공식 동맹을 체결했고, 그에 따라 영국군이 스페인에 입성하도록 길을 터주고 모든 전쟁활동에 협력했다. 영국군이 지나치게 늦게 도착하는 바람에 1809년 2월 사라고사가 프랑스에 함락되었다. 스페인 군대는 약 3만5000~5만 명 정도였다. 영국은 그들이 '반도 전쟁'이라 이름 붙인 이 전쟁에 4만~6만 명을 투입했다. 프랑스도 결국 스페인 전선으로 20만~30만 명을 보냈으며, 1808년에서 1812년 사이 프랑스군의 위신과 인명에 엄청난 손실을 입자, 나폴레옹은 러시아 침략에 집중하기 위해 그들을 철수시켰다. 프랑스 군대는 재래식 공격과 게릴라 공격에 맞서 최대한 앙갚음을 했으며, 종종 스페인 주민이 희생되었다. 여기서 다시, 고야의 천재성은 눈도 깜빡할 수 없을 만큼 깊은 충격을 주는 연작 판화 '전쟁의 참화'로 그 순간을 포착했다. 현대전의 흉포함으로 감각이 마비된 사람들조차 그가 직접 목격하고 그려낸 공포를 오래 바라보기는 어렵다.

프랑스의 스페인 침략이라는 극적인 사건과 그 여파는 역사가와 화가들은 물론 현대의 영화감독들에게도 영감을 주었다. 하지만 역사적 정확성에 기울인 관심이 똑같았다고 할 수는 없겠다. 「옷 벗은 마하The Naked Maja」는 전쟁을 배경으로 한 고야(앤서니 프랜시오사)와 알바 공작부인(에바 가드너)의 사랑 이야기다. 「자랑과 정열The Pride and the Passion」은 사라고사 함락의 여파 속에서 아름다운 시골 처녀(소피아 로렌), 용감무쌍한 민병대원(프랭크 시나트라)과 새로 등장한 영국 해군 장교(케리 그랜트)가 이루는 삼각관계가 그 특징이다. 「고야의 유령Goya's Ghosts」은 당시의 기만적인 정치 상황 속 화가(하비에르 바르뎀)의 복잡한 성격을 탐험한다. 앞의 두 영화는 스페인의 풍광을 담은 멋진 장면들로 유명하며, 「자랑과 정열」의 장면들은 스페인 북부를 가로지르며 쾌활하게 법석대는 여정을 쫓는다.

전쟁이 스페인 거의 전역에서 계속됨에 따라 프랑스 군대는 조제프 보나파르트를 위해 마드리드를 계속 지켜냈지만, 호세 1세라는 왕으로서의 그의 신분에는 시작부터 이의가 제기되었다. 그는 스페인에 적용된 최초의 성문 헌법을 기초로 정부를 세웠는데, 그 헌법은 그의 동생 보나파르트가 1808년 7월 6일 바욘에서 쓴 것이었다. 호세와 그의 헌법은 모두 외국에서 강제로 도입된 것이었지만, 스페인 지배층의 수많은 지지를 끌어 모았다. 여기에는 스페인이 부르봉왕가를 포기하고 프랑스 혁명이 남긴 최고의 유산을 택해야 한다고 진실로 믿는 개혁 성향의 관료들이 포함되어 있었다. 또 누가 권력을 쥐었느냐에 상관없이 출세를 바라는 기회주의자들도 끼어 있었다.

마드리드 바깥에서는 반란군이 프랑스인을 스페인에서 몰아내기 위해 투쟁을 계속하는 한편, 반란 주동자들은 섭정원을 만들어 페르난도의 이름을 대행하고 새 코르테스를 꾸리기 위한 선거를 준비했다. 선출된 대표자들은 1810년 10월 말에 카디스에서 회합했다. 프랑스 침략에 반대해 하나로 뭉치기는 했지만, 그러지 않았다면 그들은 각양각색의 정치적 의견을 드러냈을 것이다. 대표자의 3분의 1가량은 성직자였다. 가장 급진적인 대표자들은 혁명적인 프랑스가 초래한 변화들을 숭상해 친프랑스파(아프란세사도스afrancesados)로 알려졌다. 그들은 페르난도의 이름을 대행하는 임시정부에 참여하고 있었지만, 부르봉왕가가 스페인을 개혁할 거라고는 믿지 않은 게 분명하다. 12월 말에 코르테스는 14인의 스페인인과 2인의 인도제도 대표로 구성된 위원회를 지정해 중세 스페인의 원칙에 근거한 것으로 추정되는 헌법 초안을 작성했다. 위원회는 1811년 8월 중순까지 초안을 마무리했고,

대표자들은 1812년 3월 12에 그것을 승인하기까지 1년의 절반 이상을 숙고했다. 종교재판의 폐지와 같은 특별 법안이 보강된 새 헌법은 페르난도 7세의 이름으로, 프랑스의 지배에서 벗어난 모든 지역에 도입되었다. 프랑스가 지배하는 지역에는 프랑스혁명을 기초로 한 헌법과 프랑스가 내세운 왕이 이미 있었다. 정치적 분열의 양측에 위치한 지식층은 근대 입헌군주국의 지지자들임을 표방했다.

한편 여전히 '포로 페르난도'에게 충실했던 스페인 인구의 대다수는 카디스의 자유주의 개혁이나 마드리드의 조제프 정부 지지자들과는 아무런 공통점이 없었다. 그들은 여전히 보수적이고 전통적이며 종교적이고 대단히 독립적이었다. 반란군은 기회가 허락할 때마다 프랑스 군대를 잔인하게 공격했고, 자기네 삶의 방식의 파괴와 혼란을 모든 외국 문물, 특히 프랑스의 문물과 쉬이 동일시했다. 말할 필요도 없이 조제프 보나파르트를 왕으로 받아들이는 일은 여전히 기꺼워하지 않았지만 카디스 코르테스의 활동에도 의심의 눈길을 보냈다. 다양한 계파의 지식층이 옹호하는 헌법의 변화는 그들의 삶과는 하등 관계가 없었다. 사회적·경제적 정의를 원하면서도 그들 대다수는 혁명적인 위원회보다는 '포로' 왕 페르난도의 모습을 한 전통 군주제가 그들을 구해주리라 믿었던 듯하다.

스페인의 독립전쟁은 나폴레옹에 대항한 유럽 전체의 투쟁 가운데 일부였다. 그 무자비한 투쟁은 사회의 각계각층에서 스페인 사람들에게 영향을 미쳤지만 군사적 주도권은 영국군에 있었다. 지지부진한 전투와 프랑스에 대항한 게릴라 공격이 수년 동안 지속된 뒤, 아서 웰즐리 경(훗날의 웰링턴 공작)이 영국, 스페인, 포르투갈 부대가 결합된 군을 지휘해 1813년 7월 비토리아에서 프랑스군을 격파했다. 그 후 조제프 보나파르트는 프랑스로 도주했지만, 전쟁은 1814년까지 질질 끌게 되었다.

나폴레옹의 패배와 함께, 열망왕el Deseado이라 불린 페르난도 7세가 1814년 3월 말에 스페인으로 되돌아왔다. 그는 자유주의 지식인들이 그를 의심했던 데는 이유가 있었음을 여실히 증명했다. 페르난도는 즉시 1812년의 헌법을 폐지하고 군대와 정부에서 그에게 반대하는 자는 누구든지 제거했으며 모든 방면에서 전통적인 군주의 권력을 복원하려 애쓰기 시작했다. 마치 이전 사반세기 동안의 혁명적인 격변은 아무 의미도 없다는 식이었다. 예상대로 그의 행동은 나폴레옹에 대항한 동맹의 지도자들뿐 아니라 그가 없을 때 나라를 하나로 뭉치게 했던 좌익 정치 세력을 화나게 했다. 게다가 페르난도는 조제프 보나파르트를 지지했던 수많은 관료를 그대로 유지하고 있었다. 예상대로 이는 그의 가장 충성스러운 우익 지지자들을 자극했다. 이렇듯 페르난도의 통치에는 처음부터 개인의 경직성, 정치적 편의주의, 명백한 어리석음이 모두 혼합되어 있었다.

수많은 역사가는 그를 스페인 역사상 최악의 군주 가운데 한 명으로 평가하며, 무능한 통치는 최악의 시점과 맞아떨어졌다. 나폴레옹이 침입한 혼란기에 스페인령 아메리카 여러 지역의 정치 지도자들은 프랑스가 지배하는 스페인으로부터 독립을 선언했다. 카디스의 코르테스가 대표하는 임시정부를 지지하거나, 혹은 완전한 독립을 주장하기 위해서였다. 페르난도가 무지몽매한 지배를 확립하고 몇 년 후, 남아 있던 스페인령 아메리카 대부분은 독립 공화국이 되는 것이 더 이로우리라 여겼다. 스페인령 아메리카의 독립운동은 지역마다 각자의 정치 드라마를 펼치며 10년 이상 계속되었다.

해군도 없이, 그리고 아메리카에서 가장 경험이 풍부한 군사와 행정 관계자들 가운데 상당수가 반란에 가담한 상태로, 스페인은 권위를 회복하려 애썼다. 아메리카의 격변은 국내 정치에도 직접적인 영향을 미쳤다. 유럽 혁명이 격렬히 진행되는 동안 수많은 군 장교가 성년이 되어 카디스 코르테스의 지휘하에서 프랑스와 싸웠다. 그들은 페르난도 7세의 반동 보수 정책에 반대했으며, 아메리카대륙의 형제들과 싸우는 것에 분명 복잡한 감정을 느꼈을 것이다. 이 진보적인 장교들은 자신들이 국가의 가장 가치 있는 옹호자이며, 좋은 정부로 향하는 길 위에서 정치에 끼어들어 현 정권을 저지할 의무가 있다고 생각하기 시작했다. 1819년 말 군부대 하나가 아메리카행 배에 승선하기 위해 카디스에 모였을 때, 그들의 지도자에게는 다른 계획이 있었다. 1820년 1월 1일, 라파엘 리에고 장군은 1812년 헌법을 수호하는 군사 쿠데타를 선언한 뒤 부하들을 이끌고 마드리드로 향했다.

근대 스페인 역사상 최초였던 리에고의 쿠데타(골페 데 에스타도golpe de estado)는 단기적으로는 성공이었다. 페르난도 7세는 헌법을 다시 국법으로 복원시켰고, 진보적인 입법의 시대가 뒤를 이었다. 이를 진두지휘한 것은 부르봉왕가의 부활에 완전히 신뢰를 잃어버린 사람들인, 가장 급진적인 집단 '1812년 스페인 헌법 옹호자들'(도세아니스타스 doceañistas)이었다. 불행히도 이 고위 정치인들의 태도와 계획은 보수적인 스페인 사람은 물론 진보적인 동료 입헌주의자와 그들에게 권력을 쥐여준 군 장교들마저 이해시키지 못했다. 1822년 무렵이 되자 상황은 매우 불안해졌고 스페인이 내란으로 붕괴되지 않을까 두려워하는 이도 많았다.

유럽 대륙의 다른 곳에서 벌어진 유사한 급진적인 사건들은 프랑스, 오스트리아, 러시아의 보수적인 연합, 신성동맹으로 이어졌다. 프랑스군은 그 동맹을 등에 업고 1823년 4월 스페인을 또다시 침공했으며, 이번에는 페르난도 7세에게 충성하는 스페인 군대와 손을 잡고 감금되어 있을 그를 구하려고 했다. '생루이의 10만 아들들'이라 불리는 이 세력은 왕에게 권력을 되찾아주었다. 페르난도는 1824년 2월에 프랑스 정부와 협상을 맺고 카디스를 기반으로 스페인 내에 약 4만 5000명의 프랑스군을 주둔시켰다. 점령군의 주둔 기간은 원래 다섯 달이었지만 후에 제한이 없어졌는데, 이는 왕권이 극도로 미약했다는 증거였다. 같은 해에 반체제적인 아메리카 식민지들은 독립을 획득했고 이내 거의 2000만 명의 시민으로 구성된 20개 이상의 독립 공화국으로 쪼개졌다. 새로운 공화국들과 스페인 사이의 문화적·경제적 연결은 그대로 유지되었지만, 스페인제국 성립 이후 300년 넘게 지난 이때 아메리카대륙에 남은 제국의 잔재라고는 쿠바와 푸에르토리코뿐이었다.

1828년 9월, 프랑스 군대가 마침내 스페인을 떠나자 정치적 풍경은 더 평온해진 듯했다. 페르난도는 전혀 모범적인 입헌군주는 아니었지만 권력을 유지하기 위해, 또 더 이상의 혼란을 피하기 위해 진보적인 입헌주의자들과 타협할 필요가 있음을 깨달았다. 따라서 그는 보수적인 부르주아(특히 카탈루냐의 제조업 지배층과 마드리드의 금융업 지배층)의 이익에 부합하는 세제 개혁과 정치 개혁을 지지했다. 그 과정에서 그는 자본주의 농업의 압박에 대항해 전통적 권리와 권위를 옹호하는 농부들, 극도로 보수적인 성직자와 귀족들 등등 스페인 교회와 국가의 가장 보수적인 부류들을 옹호했다. 극도로 보수적인 가톨릭주의를 옹호했기 때문에 아포스톨리코apostólico라 불린 그들은 왕의 어린 형제, 카를로스 주위로 모여들었다.

세 번의 결혼에도 불구하고 1820년대에 페르난도에게는 후계자가 없었기 때문에 왕위 계승자는 카를로스였고, 그와 지지자들은 기꺼이 때를 기다렸다. 하지만 그때 페르난도가 나폴리 출신의 부르봉왕가 공주인 마리아 크리스티나와 네 번째 결혼을 했다. 1830년에 그녀가 이사벨이라는 이름의 딸을 낳자 계승 위기가 촉발되었다. 합스부르크왕가와 그 선왕들 시절에도 남자 형제가 없을 경우 여성은 늘 스페인의 왕위를 물려받을 권리가 있었다. 하지만 부르봉왕가가 예전에 살리족의 왕위 계승법을 스페인에 들여와 이를 바꾼 터였다. 이 살리카 법에 따르면, 이사벨에게 남자 형제가 없어도 아버지를 이을 권리가 주어지지 않았다. 대신 살리카 법이 유효한 한 왕의 형제인 카를로스가 여전히 계승 서열 1위였다.

그런 일이 일어나도록 내버려두지 않고, 페르난도는 1833년 죽기 바로 직전에 살리카 법을 폐지하고 이사벨을 왕위 계승자로 만들었다. 카를로스와 아포스톨리코들은 아기인 이사벨을 적법한 여왕으로 받아들이지 않고 이른바 제1차 카를로스 전쟁이라 불리는 내전을 일으켰고, 어떻게 해서든 정권을 잡아 입헌군주가 행한 변화들을 폐지하려 했다. 표면상으로는 부르봉 지가의 스페인 왕위 계승을 둘러싼 싸움으로 규정되었지만, 카를로스 전쟁은 실상 스페인이라는 국가의 본질을 둘러싼 훨씬 더 광범위한 투쟁을 나타냈다. 카를로스파에게 국가의 유일한 기초는 가톨릭교회가 제기한 진실들이었다. 그들은 종교적 문제에 관한 스페인 교회의 자율성에, 교회와 국가의 긴밀한 전반적 관계에 찬성했다.

정치적 좌파들은 대체로 나폴레옹 전쟁 동안 카디스 코르테스가 규정한 자유주의 안건에 찬성했다. 자유주의라는 용어는 19세기 유럽 정치에서 다양한 의미를 지니게 되었다. 스페인 자유주의자들은 스스로를 입헌군주국의 자유로운 백성으로 정의했으며, 군주와 권력을 공유한 선출 코르테스가 그들을 대표했다. 교육과 사회 입법에 있어 최신 관념과 이성에 이끌린 그들은, 국가가 경제와 사회 형성에 적극적인 역할을 해야 한다고 믿었다. 19세기 초 스페인의 자유주의자는 대부분 반종교적인 이들이 아니었지만, 교육과 사회에서 교회의 역할을 제한하는 데는 찬성했다.

반대로, 나폴레옹 시기의 혼란에서 벗어나 초기 산업화의 소란스러운 사회·경제적 변화에 직면한 스페인 사회의 많은 부분은 종교적 전통이 적대적인 세상의 가장 큰 희망이라 여겨 이를 고수했다. 우파들은 군주의 권력과 교회의 역할에 대한 헌법의 여러 규제에 반대했다. 공적 영역에서든 사적 영역에서든 개인의 권력이 제한되어 있었기에 그들은 군주와 국가의 행위를 이끌어줄 수 있는 질서, 위계, 도덕과 같은 전통적 가치들을 선호했다. 국정에서 교회가 맡는 역할에 관련해서는, 종교적 가치가 삶의 모든 면에 영향을 미쳐야 하기에 교회의 경제적 기반이 보존되어야 사회 안정에 필요한 기능을 수행할 수 있다고 믿었다.

제1차 카를로스 전쟁 기간에 우파들이 카를로스를 지지했기 때문에 세 살 먹은 이사벨의 섭정 마리아 크리스티나는 좌파의 안건을 포용할 수밖에 없었다. 양측이 상당히 비등하게 겨루며 전쟁은 6년(1833~1839)을 끌었고 마리아 크리스티나는 급진적인 방법을 수용해 기금을 마련해야 했다. 그녀는 1835년에 수도회를 대부분 폐쇄하고 교회의 세속 재산은 물론 수도회 재산을 경매로 처분했다. 우파는 이에 분노했지만, 이런 조치 덕에 새로운 유산계급이 대지주가 되어 경제력을 강화했고, 스페인은 자유주의 정치 안건에 완전히 몰두했다. 궁해진 정부는 더 나아가 옛날 옛적부터 교구 성직자를 후원했던 십일조 헌금을 폐지했는데, 이는 전통적 스페인 대 자유주의 스페인 사이에 깊은 골을 파놓았다. 정부는 또한 지주의 신분만을 온전히 남겨둔 채 스페인 귀족의 다양한 권리와 권위를 완전히 없애버렸다. 깊이 지녔던 신념들이 위태로워진 것을 고려했을 때 카를로스 전쟁은 양측 모두가 본보기를 위한 잔인함을 무기 삼아 싸운 전쟁이었다. 이 전쟁이 널리 확산될까봐 국제사회가 두려워할 정도였다.

그러한 조짐을 봉쇄하기 위해 이사벨 치하의 스페인은 1834년 4월에 영국, 프랑스, 포르투갈과 4국 동맹을 맺었다. 오스트리아와 러시아 등 보수 반동 국가에 대항한 이 입헌군주국 동맹을 통해 스페인은 카를로스의 승리를 막기 위한 외세의 개입을 허락했다. 영국은 스페인에서 싸울 약 1만 명의 원정군 구성을 승인했으며, 그들은 1835년부터 1839년의 전쟁 막바지까지 남아 있었다. 1839년 8월의 소위 '엘리엇 조약'에서는 전쟁 포로의 적절한 대우를 위한 조건들이 제시되었고, 자유주의파 장군 발도메로 에스파르테로와 카를로스파 라파엘 마로토가 조인한 베르가라 협정으로 전쟁이 끝을 맺었다. 입헌군주제는 유지되었지만 카를로스파 장교들은 정부군으로 재배치되었고 카를로스파의 근거지 나바라는 고유의 권리와 권위를 유지했다. 다시 말해 전쟁은 끝났지만 전쟁을 낳은 저변의 갈등은 풀리지 않은 채 남아 있었다.

1837년에 작성된 새 헌법은 대체로 자유주의 정치 원칙을 바탕으로 이사벨이 통치하는 국가를 규정했다. 그렇지만 자유주의파 가운데 어떤 사회경제적 집단이 국가로부터 가장 큰 수혜를 입을지는 명확하지 않았다. 농업, 산업, 금융업계의 부유한 자본가들은 위치를 유지하려 했기에 기존 교회 영지의 소유권을 위태롭게 하거나 경제에 과도하게 개입하지 않을 입법 의제를 지지했다. 농지를 소유한 농부와 마찬가지로 가게를 소유한 보통의 자본가, 부유한 수공업자, 교육받은 전문직 종사자들은 대개 정치 참여를 확장시키는 더 적극적인 입법 의제에 찬성했다. 이사벨 2세 시대 격변의 정치사는 자유주의 입헌군주국이라는 상황 속에서 크게 이들 두 집단의 정권 교체에 의해 규정된다. 카를로스파는 최우측을 지켰고, 정치 참여에서 배제된 토지 없는 농부와 도시 임금노동자들은 최좌측을 지켰다.

　1차 카를로스 전쟁의 즉각적인 여파로, 진보주의자progresista들이라 알려진 자유주의 활동가 부대가 정부를 좌로 움직이도록 압박해 정치 참여와 개인의 자유를 넓혔다. 1840년에 그들은 20년 전 리에고의 선언을 환기시키는 군 성명서를 통해 그런 변화를 실행에 옮겼다. 성명서를 발표한 '거물espadón'은 에스파르테로 장군이었고 왕대비를 어린 여왕의 섭정으로 교체한 인물이었지만 군 장교라기보다 민간인처럼 행동했다. 에스파르테로는 자신의 권위를 사용해 부르주아의 최고 계층과 중간 계층의 충성심을 동시에 기르는 근대화 계획을 촉진했으며, 자유무역과 시민의 자유를 증진시켰다.

　하지만 에스파르테로의 계획은 좌파와 우파를 통합하기는커녕 양측 모두 소외시켰다. 대지주, 은행가, 기업가들은 영국에 이익이 되는 자유무역에 반대했으며, 에스파르테로를 축출하기 위해 마리아 크리스티나와 프랑스의 루이필리프 왕과 공모했다. 1841년, 어린 여왕을 납치하려 했다는 혐의로 에스파르테로가 디에고 데 레온 장군을 처형하자 군인 계층은 경악했다. 더 강력한 시민권을 옹호하는 자들과 노동조합을 조직할 권리를 원하는 노동자들은 물러서지 않는 에스파르테르의 태도에 부딪혔다. 1842년 말에 바르셀로나의 기업가와 노동자들이 힘을 합쳐 자유무역에 반대하자 에스파르테로는 도시를 공격하고 심지어 코르테스를 폐쇄할 것을 명했다.

1843년 5월, 좀더 보수적인 계파 혹은 중도파(모데라도Moderado)를 대변하는 군 지도자 라몬 마리아 나르바에스 장군이 마드리드 밖에서 성명서를 발표했다. 에스파르테로 장군은 스페인을 떠나 영국으로 망명했고 나르바에스가 어린 여왕의 주요 고문으로서 그의 자리에 앉았다. 같은 해에 이사벨은 공식적으로 열세 살 성년이 되었고, 이후 자신의 이름으로 나라를 통치했지만 나르바에스의 강력한 영향력 아래 있었다. 1843년부터 1854년까지 그는 입헌군주제가 효과적으로 기능하도록 만들 방법을 개발했다. 하지만 그 대가는 현대세계에서 '부패'라 칭하는 것이었다.

1845년의 헌법은 1837년의 헌법보다 더 보수적인 기조였다. 국가적 차원에서는 강한 국가 관료가 법을 집행하고, 지방 차원에서는 정계 거물들로 이루어진 관계망이 법을 지지했다. 국가 자금과 이권 정치 사이의 유착은 거물들의 충성심을 보장해주었다. 이 거물들은 식민지 시대 스페인령 아메리카의 추장을 뜻하는 냉소적인 단어, 카시케스caciques라 불렸다. 이들을 관리하는 코르테스의 선거는 민주주의의 발현이라기보다 짜인 각본에 따른 연극이었다. 치안대Guardia Civil로 알려진 준군사적 경찰 집단이 창설되어 1843년 정부의 전투 부대를 맡았고, 시민의 질서에 대한 모든 위협을 신속히 진압했다. 이사벨 2세 치하 스페인에서 운영된 입헌 정부 시스템은 19세기 유럽의 다른 곳들,

특히 영국의 시스템과 유사했다. 시스템은 대개 잘 작동했고 사회 저항을 대부분 봉해두었지만, 대신 실질적이고 진정한 민주주의를 촉진하고 싶어하는 행동주의자와 이상주의자들은 분노를 키우며 냉소했다.

여왕으로서 이사벨 2세는 특성과 품행의 이상한 조합을 보였다. 국제정치의 요구를 만족시키기 위해 그녀는 열여섯 살 되는 해(1846)에 왕가 외부의 인물이 아닌 사촌 카디스의 공작, 프란시스코 데 아시스와 결혼했다. 합동결혼식을 통해 그녀의 여동생 마리아 루이사 페르난디나 또한 프랑스 왕의 아들 몽팡시에 공작과 결혼했다. 만일 영국과 프랑스가 계획한 대로 일이 전개되었다면 영국과 긴밀하게 연결된 이사벨에게는 아이가 없었을 것이다(프란시스코는 동성애자로 널리 알려져 있었다). 그리하여 이사벨이 죽은 후에 프랑스와 긴밀하게 연결된 그녀의 여동생이 왕위를 물려받았을 것이다. 하지만 상황은 달리 전개되었다. 이사벨은 동시대의 영국 여왕 빅토리아를 크게 칭송했지만 사생활은 '빅토리아시대'와 결코 어울리지 않았다. 그녀는 자식을 아홉 명 낳았고 그중 다섯은 살아남아 성인이 되었다. 프란시스코가 그들이 자기 자식이라고 인정하긴 했지만 아마 그는 누구의 아버지도 아니었을 것이다. 이사벨이 정권을 잡고 있는 여왕이었기 때문에 그녀의 정적들, 즉 몽팡시에파는 많아져만 가는 왕실 구성원의 적법성에 이의를 제기할 방법이 없었다.

수치스러운 연애사와는 대조적으로, 여왕은 연인들과 놀아나지 않을 때면 성직자들에게 둘러싸여 열렬하고 감상적이며 심지어 미신적이기조차 한 독실함을 드러내기도 했다. 개인적으로는 낭비벽이 있었으나 나라의 수장으로서는 구두쇠 같은 면모를 보인 데서도 비슷한 대조가 나타났다. 어쩌면 이사벨 2세의 통치에서 최악이었던 점은 그녀가 개인적인 기분 혹은 바람과 선출된 관료들의 계획을 채택할 입헌군주로서의 책무 간 차이를 결코 이해하지 못한 듯 보였다는 것이다. 허영심 가득하고 음란하며 변덕스럽고 어리석은 그녀는, 군주에게 실질적인 권력이 있는 시대였더라면 스페인의 재앙이었을 것이다. 사실 근대 19세기에도 그녀는 군주제라는 제도 자체에 하나의 재앙이었다.

나르바에스의 정치 체제는 잘 관리되어 안정을 가져왔고, 이와 더불어 스페인의 경제는 서서히 근대화되고 산업화되었다. 비교적 자유로웠던 출판은 다양한 정파를 대변했지만 당시의 상황에 전혀 위험이 되지 않았다. 1847~1849년의 제2차 카를로스 전쟁은 카탈루냐 시골 정도에만 영향을 미쳤고, 1848년에는 유럽 다른 곳에서 격변이 일어났지만 이미 정치적 민주주의가 (겉으로나마) 일정 수준에 도달했던 스페인에서는 비슷한 일이 생기지 않았다. 교회와 국가의 관계 면에서 나르바에스 정부는 1851년에 바티칸과 새로운 정교협약을 체결하고 교회에 더 큰 권력을 주었다. 제1차 카를로스 전쟁 때 정부가 빼앗은 교회 토지의 소유권을 교황이 포기한 대가였다. 스페인 사회의 근본 갈등은 전혀 해결하지 못하고 냉소주의를 낳기는 했지만, 전체적으로 나르바에스 체제는 충분히 잘 기능했다.

진보적인 군 장교들로 이루어진 새로운 세대는 점차 체제의 반항아가 되어갔다. 1854년에 그들은 더 나은 정부, 부패 척결, 국가 효율성 제고와 시민 권리 강화를 요구하는 성명서를 발표했다. 정부가 물러나기를 거부하자 공모자들은 비칼바라다La Vicalvarada라고 알려진 쿠데타를 일으켜 무력으로 정권을 장악했다. 그 후 레오폴도 오도넬 장군이 영국에서 돌아온 에스파르테로를 포함한 나이 든 진보주의자들과 함께 새 헌법을 준비했다. 신정부는 또한 철도 건설(1855) 등의 거대 프로젝트에 보조금을 제공함으로써 산업화를 가속했다. 자금은 귀족 군인들의 영지와 지방의 공유지 및 황무지를 팔아 마련했는데, 그런 땅을 소규모 경작지로 보태왔던 소농들에게는 해가 되었다. 회사 투자자의 유한책임을 규정한 1855년의 마도스Madoz 법도 비슷하게 엇갈린 결과를 낳았다. 바르셀로나의 산업 노동자들은 조합을 결성해 권리를 지켜야 한다고 주장했고, 그 결과 초래된 불안이 정부를 와해시켰다. 1856년 7월, 쿠데타 정부는 그 일원이었던 오도넬 장군의 성명을 통해 실각했다.

오도넬 정부는 더 보수적이었던 1845년의 헌법을 회복시켰다. 안정을 도모하기 위해 진보주의자들 가운데 가장 온건한 이들과 온건주의자들 가운데 가장 진보적인 이들 사이의 연정을 꾀하기도 했다. 스페인 사회에서 가장 영향력 있는 분파들 간의 대립이 완화됨으로써 그들의 에너지가 전부 경제 개발에 집중될 수 있었다. 더욱이 경제를 책임지는 이들은 단결된 모습을 보임으로써 사회 불안과 완전한 정치적, 경제적 정의를 요구하는 노동자들을 봉해둘 수 있었다. 오도넬과 그의 행정부는 부패를 줄이고 효율성을 제고하는 데 어느 정도 성공했다. 반면 그들이 권력자들에게 유리한 정치적 결정을 내렸다는 점과 반대자들을 점점 더 심하게 억압했다는 점 또한 분명했다.

자금을 마련하기 위해 지방자치단체 소유지가 더 많이 팔려나갔고, 공공 재산이 민영화되었다. 앞서 교회 사유지 등의 토지를 몰수해 판매했을 때처럼, 이번의 토지 매도도 유산계급에게는 혜택을 준 반면 가난한 농부들의 토지 접근권을 박탈했다. 하지만 이렇게 공공

자금을 확충하고서도 중요한 사회 기반 시설을 개선하기에는 부족했다. 그렇다고 세수를 늘려 유산계급을 멀어지게 할 위험을 무릅쓸 수도 없었다. 진퇴양난의 상황을 고려한 정부는 국내 철도망의 완성과 같은 계획을 진행시키기 위해서 국제시장에서 자본을 빌려와, 해외 자본이 스페인으로 흘러들도록 했다.

어떤 역사가들은 이러한 정책들이 빈부의 격차를 벌리고 외국 상품을 스페인으로 들여와 지역 생산에 해를 끼쳤을 뿐, 경제는 거의 발달시키지 못했다고 주장한다. 또 다른 이들은 부정적인 면이 있었음에도 스페인의 산업 발달에 필요한 정책이었다고 주장한다. 어찌 되었든 스페인 경제가 19세기 중반에 상당히 성장했다는 데에는 의심의 여지가 없다. 영국 등 유럽의 주요 산업 국가들보다야 분명 뒤처지긴 했지만, 스페인 정부의 경제 근대화는 불완전하게나마 성공을 누렸다.

사회 또한 근대화하기 위해, 정부는 공공교육법(1857)을 통해 공립학교와 사립학교 모두 정부의 통제하에 두었다. 그 이후 국가에서 교과과정을 정하고 시험을 감독하고 학위를 수여했다. 다만 전통주의자들을 달래기 위한 방편으로 가톨릭 교리를 스페인의 여전한 교육 기반으로 삼아 종교에 특혜를 주었다. 가장 진보적인 지식인들이 보기에 이러한 변화는 결코 충분하지 않았다. 그들 가운데 점점 많은 수가 과거의 종교적 가치 대신 세속적 가치를 지지하고 정교의 확실한 분리를 요구하게 되었다. 얄궂게도 가장 저명한 대학교수들마저 국가의 교육 통제에 반대했다. 1860년대에는 석좌교수들이 교과과정 및 시험을 주관할 권리를, 무엇보다 정부의 사상과 상관없이 자유롭게 의견을 표현할 권리를 요구했다. 정부 진영의 바깥에서 이런 지식인 계층 반대파가 소요를 일으켰고, 더욱 철저한 변화를 요구하는 이들의 목소리를 일부 언론이 지원했다.

　정부도 언론을 이용해 지지를 모았고, 어느 정도는 국내를 통합하려는 목적에서 일련의 해외 원정과 소규모 전쟁을 시작했다. 1858~1860년에 코친차이나(오늘날의 베트남)와 모로코로 원정대를 파견했는데, 이 원정은 오랫동안 스페인 해안을 습격하던 해적들의 근거지 테투안을 정복함으로써 끝을 맺었다. 미국의 남북전쟁 기간(1861~1865)에는 산토도밍고를 점령해 다른 나라의 손에 넘어가는 것을 막았고, 프랑스 나폴레옹 3세의 멕시코 원정(1861~1862)에도 참여했다. 또한 태평양 연안에서는 페루 및 그 동맹국들과 '구아노 전쟁'(1864~1866)을 벌였다. 페루 앞바다 섬들의 구아노 퇴적층(질산염 자원이 풍부했다)을 이용할 권리를 둘러싼 이 전쟁은 나라의 위신을 강화하는 데는 전혀 도움이 되지 않았다. 그럼에도 스페인은 19세기를 특징짓는 유럽의 식민지와 그 생산품 쟁탈전에 계속 참여하기로 결정했다.

　이러한 해외 원정이 가능해진 것은 경제성장 덕이었다. 국내에서 반감이 불거지는 경우 정부는 해외 원정을 유용하게 활용했다. 불행히도 1866년에 유럽 경제는 전체적으로 침체기에 접어들었는데, 미국 남북전쟁으로 인해 면화 공급이 중단된 탓이었다. 스페인의 상황은 시골 지역의 흉작으로 더 악화되었다. 인구가 1600만 명을 넘어가면서, 수확량이 조금만 부족해도 식량 가격이 상승하고 도시에서 폭동이 일어났다. 이사벨 2세 정부는 점점 더 억압적인 정책을 펼쳤지만 1868년에 터져 나온 위기를 이겨낼 수는 없었다. 연애사에 얽힌 추문과 입헌군주로서 실패한 면모 등을 고려했을 때, 이사벨 2세는 나라를 안정시키기에 적합한 인물이 아니었던 것이다.

　1868년 9월 19일, 카디스에서 정부의 변화와 '명예로운 스페인'을 요구하는 군 성명이 발표되었다. 반란의 주축은 대부분 민간인으로 이루어진 다양한 집단이었고, 후안 프림 장군과 프란시스코 세라노 장군(라토레 공작)이 이들을 위해 행동에 나섰다. 여왕파 군대와 반군이 소규모 접전을 치른 후 9월 30일, 이사벨 2세는 퇴위하지 않은 채 망명길에 올랐다. 그러자 반란 세력은 임시정부를 수립하고 군주를 대신할 인물을 물색하기 시작했다.

쉽지 않은 일이었다. 이상주의 개혁가, 정치가, 지식인들로 이루어진 새로운 세대는 당시까지 입헌군주제의 정책으로부터 크게 소외되어 있었기에, 그들 중 일부는 공화국을 만들겠다고 생각하기 시작했다. 강력한 중앙집권적 국가가 변화를 가져올 수 있다는 관념에도 환멸을 느낀 그들은 목표를 분권화로 바꾸었고, 지역 차원에서 보통 사람들을 교육하면 대의정치를 이룰 수 있을 것이라 믿었다. 그리고 그들 중 일부는 종교기관의 권력과 비타협적인 태도에 분노하여, 가톨릭교회를 적극적으로 적대하지는 않더라도 세속 국가라는 목표를 향해 나아갔다.

공화주의자들이 정권을 쥘 수는 없었지만, 쿠데타 주동자들이 세운 임시정부는 단기적으로 입헌군주제에 몇 가지 급진적인 변화를 도입했다. 첫째, 그들은 성인 남성의 보편적 참정권을 기반으로 새 코르테스를 꾸리기 위한 선거를 준비했다. 25세 이상의 모든 남성이 투표할 수 있었는데, 당시로서는 세계에서 가장 광범위하게 선거권이 주어진 경우였다. 코르테스는 1869년 6월 6일 새로운 헌법을 작성했다. 군주국은 유지되었지만 군주의 역할은 자문과 의식에 관한 것들로 제한되었다. 새 헌법이 아무리 진보적이었다 해도, 군주제 폐지와 공화제 도입에 찬성하던 이들은 실망할 수밖에 없었다. 새 헌법에 소외감을 느낀 공화주의자들은 공식 정치 담론 밖으로 나가 정권을 장악할 길을 모색했다. 미래에 대한 불길한 징조였다.

한편 프란시스코 세라노 장군이 임시 원수 혹은 섭정을 맡고 후안 프림 장군이 이끄는 임시정부는 새 헌법에 기꺼이 따를 군주를 물색했다. 1870년, 파리에서는 이사벨 2세가 아들 알폰소를 지지하며 마침내 퇴위했다. 스페인 왕위에 오르려는 이라면 누구든 카를로스 지지자뿐 아니라 알폰소파의 저항과도 씨름해야 했다.

유럽의 정치 상황으로 인해 더욱 복잡해진 사태가 1년 반 동안이나 지속되었다. 호엔촐레른가의 레오폴트가 코르테스의 왕위 제안을 수락하자 1870년 보불전쟁이 촉발되었고, 이 전쟁에서 프랑스는 굴욕적인 패배를 겪었다. 프로이센 군대가 포위했던 파리는 파리코뮌(1871년 3~5월)으로 혼란과 혁명의 도가니가 되었다. 카를 마르크스가 '최초의 노동자 혁명'이라 칭한 이 사건은 제1인터내셔널(1864~1876)의 사회주의 이론가들을 고무시켜, 사회주의 혁명의 확산이 목전에 있다고 믿게 만들었다. 스페인은 이렇듯 극도로 불안한 정치적·사회적 상황 속에서 새 왕을 찾아다녔다.

호엔촐레른의 레오폴트가 후보에서 물러난 뒤, 코르테스는 범위를 넓혀 1870년 11월 16일 비토리오 에마누엘레 2세(사보이 가문의 이탈리아 왕)의 아들에게 왕위를 제안했다. 스페인의 입헌군주제 지지자들에게는 다행스럽게도 그는 왕위를 수락했다. 아마데오 1세라 불리게 된 새 왕은 12월 30일에 스페인에 도착했지만, 주요 지지자였던 프림 장군이 같은 날 암살당했다는 사실만이 그를 기다리고 있었다. 새해의 시작과 함께 마드리드에 도착한 아마데오의 통치는 시작부터 망조가 들었다고 해도 좋을 것이다. 그는 입헌군주로서의 역할을 수락하고 지성과 관심으로 그 자리를 채웠지만, 스페인의 정치인 계층은 국가에 최선의 이익이 되는 방향으로 입법활동을 하고 나라를 다스릴 재능이 없어 보였다.

표면상 코르테스에서 가장 영향력 있는 집단이었던 아마데오의 지지자들은 파벌이 나뉘어 입법 과정에서 합의에 이르지 못했다. 권력을 잡지 못한 이들은 '충실한 반대파' 역할을 수행하기보다는 상대를 넘어뜨릴 음모를 꾸미느라 시간을 보냈다. 더욱이 입헌군주국 스페인은 전체적으로 왼쪽으로부터는 공화주의자들, 오른쪽으로부터는 알폰소 12세 지지자들의 지속적인 도전에 직면해 있었다. 그것만으로는 충분하지 않다는 듯이 쿠바에서 반란이 계속되었고(1868~1878), 1872년에 카를로스 지지자들이 세 번째 전쟁을 시작했다. 고군분투하고 있던 아마데오 정부는 여러 전쟁으로 인한 재정 부담을 겪었고, 설상가상으로 스페인 민중은 젊은 남자들을 앗아가는 징병제에 크게 분개하고 전쟁을 진심으로 지지하지도 않았다.

동시에 내부적 문제도 발생했다. 성인 남성에게 보편적 참정권이 주어졌음에도 재산이 거의 없는 노동자와 농부의 정치적 권리라는 쟁점이 불거졌고, 정치인들은 이를 해결하지 못했다. 공장 노동자들은 산업화 촉진에 힘을 싣고, 시골의 임금 노동자들은 사람들을 먹여 살리고 자본가 지주들에게 부를 가져다주고 있었음에도 그들에게는 단체교섭권이 없었다. 국가는 위험하고 불공평한 노동환경으로부터 그들을 보호하지 않았다. 산업화 첫 세기에 접어든 다른 곳과 마찬가지로 스페인의 정치인들은 유산계급이었으며 노동자들에게 혜택을 주기 위해 이익을 희생하려 하지 않았다. 더욱이 스페인에서 두각을 드러내던 정치인 계층은 급진적 공화주의 지식인들이었음에도 노동자의 불안 문제에 아무런 반응도 보이지 않기는 마찬가지였다.

이렇듯 즐비한 난제에 직면한 아마데오 1세는 왕위에 오른 지 겨우 2년 만인 1873년 2월 11일 왕위에서 물러났다. 짧은 재위기의 이런저런 면을 두고 그를 비난하기는 어려운 일이다. 아마데오가 퇴위하고 이틀 뒤 코르테스는 스페인을 공화국으로 선포했으며(제1공화국), 자극적이고 과장된 수사법을 사용해 1688년 잉글랜드의 명예혁명에 그들의 반란을 빗대었다. 하지만 스페인의 명예혁명La Gloriosa은 정치적·경제적 풍경을 전혀 변형시키지 못했고, 겨우 11개월간 지속되면서 비타협적인 파벌 정치와 무능한 정부의 조합이라는 음울함을 똑같이 드러냈다. 잇따라 네 명의 대통령이 산적한 정치적 문제들 위에서 허우적댔다. 그들은 좌파와 중도 우파 사이에서 왔다갔다하며 행정권을 이끌었고, 중앙정부에서 어느 정도의 권력을 지방 당국에 위임할 것인지에 초점을 맞추었다. 1873년 2월 11일, 카탈루냐의 온건한 연방주의자 에스타니슬라오 피게라스가 정권을 쥐었지만, 더 급진적인 연방주의자들이 6월에 카탈루냐어 작가이자 지식인 활동가였던 프란시스코 피 이 마르갈을 내세우고 그를 끌어내렸다. 피 이 마르갈은 고작 6월 11일에서 7월 18일까지 자리를 지켰으며, 이 시기에 중요한 폭동이 두 차례 일어났다. 7월 9일에는 제1인터내셔널의 지부가 알코이(발렌시아)에서 사회주의 혁명을 잠깐 시도했다. 7월 12일에는 칸톤주의자◆들이 봉기를 일으켜, 정부를 지방 수준으로 완전히 축소시키려는 연방주의적 신념의 극단을 보여주었다. 피 이 마르갈이 사태에 대

◆ 칸톤주의cantonalismo는 급진적인 연방주의의 한 갈래로, 국가를 칸톤canton(모서리 혹은 구역을 뜻하는 프랑스어에서 유래했으며, 州 개념에 해당한다)이라는 독립적인 도시 혹은 마을로 나누는 것을 추구한다. 주로 스페인에서 유행한 사상이다. (옮긴이)

한 책임을 졌고 니콜라스 살메론이 질서 회복을 목표로 내세우며 그를 대신했다. 하지만 살메론 또한 실패했고, 그의 대통령 임기는 겨우 7월 18일에서 9월 7일까지 이어졌다. 9월 7일 대통령이 된 에밀리오 카스텔라르는 급진적 공화주의자를 다시 중도 쪽으로 한발 물러나게 만들며 정권을 손에 쥐었다. 그는 질서 회복이라는 시급한 요구에 따라 군부와 협력하는 대신 코르테스 동료들의 지지를 잃었다. 간단히 말해, '명예혁명' 동안 권력을 거머쥐었던 지식인들은 정부를 운영하는 데 필요한 최소한의 책무도 수행해낼 수 없다는 것을 증명했다. 통치할 능력이 없었던 것이다.

민간 출신 정치인들이 국가와 국민의 요구를 처리하는 데 실패하는 것을 보고, 군사 지도자들은 자신들이 나라를 정상 궤도에 올려놓을 수 있는 유일한 세력이라고 다시 한번 결론을 내렸다. 1874년 1월 3일, 마누엘 파비아 장군이 말썽 많은 코르테스로 행진해 들어갔다. 그가 대의원들에게 한 말은 본질적으로 더 이상 권한이 없으니 집으로 돌아가라는 내용이었다. 그해의 남은 날들 동안 프란시스코 세라노 장군은 보수적이기는 해도 능력 있는 민간인들을 장관으로 임명해 입법기관도 없이 국정을 운영했다. 이 정부는 노동운동을 즉시 불법화해 지하로 내몰았다. 1873년에 일어났던 급진적 봉기가 다시 고개를 들지는 않았지만, 쿠바의 반란과 제3차 카를로스 전쟁이 계속되며 자금이 새어 나가고 정치의 신뢰도가 떨어지고 있었다. 세라노는 스페인 최초의 공화정 인사로 기록될 민간인 지도자들을 경멸하는 인물이었지만, 부르봉의 부활에 반대한다는 점에서는 그들에 동의했다.

하지만 물밑에서는 세라노 장군의 수많은 동료가 부르봉왕가의 부활과 입헌군주제를 지지하고 있었다. 거의 10년간 정치적 혼란을 겪고 있던 스페인에 평화와 안정을 가져다주리라 여긴 것이다. 세라노 장군에 의해 권력을 잃은 수많은 민간인 정치인이 뜻을 같이했고, 그 중에는 안토니오 카노바스 델 카스티요도 있었다. 유명한 역사가였던 카노바스는 부르봉왕가 부활의 지지자를 모으려 애썼고, 더 이상 군부의 개입 없이 변화가 일어나기를 바랐다. 그는 성공했으나 동시에 실패하기도 했다. 12월 29일, 발렌시아에서 아르세니오 마르티네스 캄포스가 알폰소 12세를 입헌군주로 세우고 부르봉왕가를 부활시키자는 성명을 발표했다. 어린 왕은 영국 샌드허스트의 왕립육군사관학교에 있었지만, 어머니가 다하지 못했던 역할을 이어받기 위해 1875년 1월 초 스페인으로 돌아왔다.

혼란과 불확실함의 몇 해가 지나고 대부분의 스페인 사람들은 기쁨과 감사를 닮은 무언가와 함께 부르봉왕가의 부활을 받아들였다. 하지만 공화주의자들은 군주제를 폐지해야 한다는 태도를 일관적으로 유지했고, 카를로스 지지자들은 여전히 국가에 대항해 세 번째 전쟁을 벌이고 있었다. 그러나 1876년, 알폰소 12세의 군대가 카를로스파의 군대를 쳐부수고 끊이지 않던 싸움의 한 시기를 마무리 지었다.

두 번째 부르봉왕가의 부활은 카노바스가 공들여 만든 정책들의 인도로 신속하고 순조롭게 자리잡았고, 카노바스는 스페인의 까다로운 정치 계층 사이에 합의를 이루기 위해 애썼다. 1876년의 새 헌법에서는 입헌군주제의 지고한 이상들을 거듭 힘주어 말했다. 법치주의, 정부의 민간 통제, 교육과 문화에 대한 세속의 권한을 소중히 했으며, 그러면서도 가톨릭교도들 또한 존중했다. 아주 다양한 스페인 사람들에게 설득력을 발휘하기 위한 구상이었다. 새 헌법 아래 입법 의회 코르테스가 양원을 통해 대부분의 권력을 쥐었다. 상원은 360명, 하원은 490명의 선출 의원으로 구성되었다. 정부의 수장은 각료 회의의 의장직을 맡고 하원에 출석했다. 왕은 국가 원수였으며, 모든 법안이 법으로 제정되기 위해서는 왕의 부서副署가 필요했다.

1878년 초 젊은 왕은 사촌 마리아 데 라스 메르세데스와 결혼했고, 이 잘 어울리는 국왕 부부는 스페인 국민 사이에서 인기를 누렸다. 비극적이게도 마리아 데 라스 메르세데스는 결혼한 지 겨우 6개월 만에 죽었다. 그해가 다 가기도 전에 스페인 무정부주의자가 왕을 향해 총을 쐈다. 유럽과 미국에서 극단주의자가 뜻밖의 사건을 점점 더 많이 일으키고 있음을 환기시키는, 충격적인 사건이었다. 그들의 목표에는 결코 개혁이라는 실질적인 계획이 포함되어 있지 않았으며, 그저 지도자를 암살해 권력 구조를 불안정하게 만든 뒤 실각시키는 것이 목표일 따름이었다. 19세기 후반과 20세기의 첫 10년은 그러한 암살이 빈발한 시기였다.

후계자를 낳아야 한다는 생각에 알폰소 12세는 1879년 말에 재혼했다. 이번 상대는 먼 사촌뻘인 합스부르크-로트링겐 가문 오스트리아 대공의 딸, 마리아 크리스티나였다. 자신들이 살던 위험한 시대에 밑줄이라도 긋는 듯, 이 신혼부부는 마드리드의 마차 안에서 벌어진 암살 시도로부터 살아남았다. 이러한 폭력적인 소식들이 불안감을 자아냈음에도, 전반적으로는 경제가 번영해 안정에 조력하는 균형추로 작동했다. 유럽 경제는 1886년 무렵까지 놀라울 만큼 급속 성장했고, 스페인의 번영은 거의 19세기 말까지 계속되었다.

경제성장에 힘입어 의회 조직은 순조롭게 기능했으며, 지역 선거를 통해 진보와 보수가 번갈아가며 정권을 쥐었다. 한쪽이 하원에서 다수를 차지하면 정부를 장악할 수 있었다. 카노바스도 19세기 중반에 그의 자리를 거친 인물들처럼 영국의 입헌군주정을 본떠 체계를 세웠다. 실상 많은 이가 그 체제를 '영국식'이라 불렀다. 이름은 냉소적이었지만, 스페인식 정권 교체 방식(투르노♦)은 모든 정당을 정부 산하의 조직으로 유지하는 것이 목표였다. 진보와 보수뿐 아니라 온건한 공화주의자들과 심지어 온건한 카를로스파조차 조직에 머무는 것이 바깥으로 나가는 것보다 더 이익이 된다고 여긴 것을 보면 이는 어느 정도 성공한 듯하다.

알폰소 12세는 매력적인 성격과 기꺼이 위험에 맞서는 태도로 스페인 사람들의 애정을 얻었다. 이를테면 그는 1881년에 콜레라가 발생해 충격에 빠진 지역을 방문했고 1885년에는 엄청나게 강력했던 지진의 희생자들을 위로하러 갔다. 그는 입헌군주로서의 역할에 충실함으로써 정치인 계층의 충성을 얻었다. 입헌군주제하에서 왕은 정부의 수장인 각료 회의의 의장을 임명하는 것 외에 독자적 권한을 거의 지니지 못했다. 1881년에 카노바스 델 카스티요는 왕의 신임과 상관없이 정부 수장의 임기를 18개월로 정해 법적으로 왕권을 더 제한하려 했다. 알폰소는 서명을 거부했다. 그 결과 카노바스는 사임했고, 왕은 진보파의 지도자 프락세데스 마테오 사가스타를 지명해 새 내각을 구성했다. 다시 말해, 왕은 더 급속한 변화를 지지하는 이들에게 지배권을 넘겨줌으로써 자신의 권력을 행사할 때조차 '투르노'의 원칙을 따랐다.

사가스타 정부는 공개적인 노동운동 조직을 허용하고 노동자들

♦ el Turno 혹은 el Turno Pacífico. '평화로운 전환'이라는 뜻으로, 19세기 말~20세기 초 스페인 정치에서 주요 정당들이 총선 결과를 미리 정하기 위해 운영한 비공식적인 제도였다. 진보와 보수 진영이 번갈아가며 집권할 수 있도록 보장하는 효과가 있었다. (옮긴이)

에게 단체교섭권을 주는 등 정부의 접근법에 많은 변화를 도입했다. 그리고 1887년, 단체법을 통해 그러한 권리들을 법으로 확립했다. 1888년 사회주의 정치인들은 파블로 이글레시아스의 지휘하에 스페인사회노동당PSOE을 창당하고 노동조합인 노동자총연맹UGT을 결성했다. 스페인사회노동당과 노동자총연맹은 스페인 북부의 광산과 산업 지역에서 대부분의 힘을 얻었다. 1890년에 보통선거법이 발효된 이후 스페인사회노동당은 코르테스 총선거에 참여했지만, 수십 년 동안은 의원을 배출할 만큼 표를 얻지 못했다. 그럼에도 스페인사회노동당은 스페인의 법적 테두리 안에 존재한 것은 물론 국제 사회주의 운동의 필수적인 부분을 형성했다.

알폰소 12세와 마리아 왕비 사이에는 두 딸이 있었다. 1885년 11월 25일 왕이 스물여덟 번째 생일을 사흘 앞두고 폐결핵으로 죽었을 때, 왕비는 다시 임신한 상태였다. 미망인이 된 왕비는 1886년 5월 17일에 아들을 낳았는데, 그 아이는 태어나자마자 두 누나를 제치고 국왕 알폰소 13세가 되었다. 마리아 크리스티나는 아들이 1902년 17세로 성년이 될 때까지 섭정을 맡았다. 섭정 기간에 미망인 왕비와 그녀가 사랑하는 아들은 한 쌍의 이미지를 형성해 대중의 호감을 샀다. 사람들 이야기에 따르면, 마리아 크리스티나는 선거 정치의 싸움에 가담하지 않고도 능숙하고 재치 있게 의회 제도를 관장했다. 이는 당시 논쟁거리였던 여러 사안과 평판이 좋지 않은 정부 정책의 결과로부터 왕가를 지키는 데 도움이 되었다.

가장 큰 분열을 조장한 사회 쟁점들 가운데 하나는 교육 문제였다. 19세기 말 스페인 인구는 약 63퍼센트가 학교 교육을 받지 못하고 있었다. 교육을 확대할 자원을 보유한 것은 국가뿐이었지만, 국가가 세속적으로 교육을 운영해야 할지 아니면 가톨릭 기관이 국가의 보조와 감독하에 교육을 운영해야 할지가 논쟁의 초점이었다. 어느 쪽이 운영하든, 또 다른 쟁점은 교육과정 및 그것의 기초를 형성하는 가치와 관련 있었다. 비슷한 문제에 직면한 당시 서구 사회는 전반적으로 법을 준수하는 생산적인 시민을 양성할 방법에 집중했다. 스페인에서는 가톨릭교회의 여전한 세력과 영향력 때문에 특히 예민한 논쟁거리였다.

스페인은 계속해서 산업화와 근대화에 노력을 기울였기 때문에 장래 나라를 이끌 지도자들의 교육은 특히 중요했다. 부르봉왕가의 부활과 동시에, 중등교육과 대학을 개혁하기 위한 몇 가지 중요하고 경쟁적인 움직임이 일어났다. 기독교 단체들 중에서는 1814년에 교단으로 재구성된 이후 수십 년간 스페인 정부와 힘겨운 관계를 이어온 예수회가 솔선해 교육 개혁을 이끌었다. 세속 영역에서 예수회 활동에 대응할 만한 움직임은 1876년에 시작된 사교육 운동, 자유교육기관Institución Libre de Enseñanza이었다. 프란시스코 히네르 데 로스 리오스와 마누엘 B. 코시오 등의 지성이 이 운동을 이끌었다. 공적 영역에서는 20세기 초입의 몇 년간 역사·과학연구확장위원회JAE의 활동과 더불어 엘리트 교육 개혁이 시작되었다. 라몬 메넨데스 피달이 이끈 역사연구센터CEH는 남학생기숙사Residencia de Estudiantes 및 여학생기숙사Residencia de Señoritas와 함께 개혁운동 초기의 결실이었다. 다양한 엘리트 교육 개혁은 각각의 방식으로 정치 및 경제 지도자들의 세대를 낳았지만, 공공정책과 관련된 그들의 가치와 접근법은 서로 조화를 이루지 못할 때도 있었다.

스페인의 군대 조직은 거의 19세기 내내 정치활동을 왕성하게 벌였으나 부르봉왕가가 부활한 시기에는 이상하리만치 조용했다. 부분적으로는 사관학교가 설립되어 군인들의 경력이 전문화된 결과였다. 경제가 번영함에 따라 직업 장교들은 진급하여 편안한 중산층의 삶을 누리기를 바랄 수 있었다. 하지만 얄궂게도 스페인의 경제는 계속된 평화의 혜택을 입고 있었고, 평화로운 시기에는 장교들이 출세할 기회가 거의 없었다. 1866~1879년, 1883~1884년, 1895년 이후 간헐적으로 일어났던 쿠바의 반란은 영광을 얻을 수 있는 전장의 범위를 제한했고, 스페인 군대는 그곳에서 공을 세우지 못했다.

1895년에 시작된 쿠바 반란은 미국의 호전적 민족주의의 폭발과 때를 같이했으며, 대서양 양측의 무책임한 저널리즘이 대중문화의 선정주의煽情主義와 영합했다. 미국은 탄압받는 쿠바의 보호자를 자처하고 잔인하기 짝이 없는 스페인을 비난했다. 서로 간의 멸시가 뒤엉켰고, 미국 내 강한 반가톨릭 정서까지 여기에 더해졌다. 스페인과 미국은 1898년 4월에 전쟁에 돌입했다. 양국 모두 무공을 얻을 기회라 여겨 전쟁을 환영했다.

시어도어 루스벨트는 미 해군의 서기관보를 사임하고 '러프라이더스' 연대라 불린 원정군에 합류했다. 연대의 목적은 스페인의 쿠바 통제권을 빼앗는 것이었다. 동시에 미국은 쿠바와 필리핀으로 해군을 파견했는데, 그곳은 푸에르토리코와 더불어 스페인제국으로 남은 마지막 지역이었다. 쿠바 산티아고만과 필리핀 마닐라만의 해전에서 굴욕적인 패배를 겪은 스페인에게 이 전쟁은 재앙이었다. 자기를 홍보하는 재능을 갖춘 루스벨트는 마닐라만의 승리자 조지 듀이 장군에 버금가는, 미국의 승리를 상징하는 대중적인 얼굴로 떠올랐다. 1898년 12월 10일 전쟁이 끝났을 때, 스페인은 역사적인 제국의 남은 곳들을 잃었으며 국가의 자아상에 엄청난 타격을 입었다. 패배의 메아리는 20세기로 널리 울려 퍼졌다.

1898년 재앙의 현실에 맞닥뜨린 스페인의 모든 정치 지배층은 유럽이 처한 맥락 속에서 나라를 개혁하고 최신화할 필요성을 절실히 느꼈다. 하지만 그들은 위기를 제각기 다르게 정의하고 서로 판이한 개선책을 내놓았다. 어떤 면에서 이 '98세대'는 정확히 3세기 전 아르비트리스타들의 자기 성찰을 연상시킨다. 정부 최고위층의 통솔력 부재가 문제였나? 정치 조직 때문에 찾아온 위기인가? 아니면 스페인 전체의 이익을 위해 노력하지 않고 자기들만의 안건을 밀어붙인 여러 단체와 더불어 사회 전체에 책임이 있을까? 새 세기의 첫 30년 동안 스페인의 지식인 계층은 나라의 병폐를 정의하고 공공정책과 개인의 태도 전체의 변화를 논의하는 등 고통스러운 심정으로 국가를 진단했다.

98세대 중에는 교양 넘치는 멋진 인물들이 여럿 있었고, 그들은 황금 세기 이후로 분명 가장 광범위하고 적극적으로 창의성을 발휘했다. 옛날에도 아르비트리스타 같은 개혁가들뿐 아니라 시인, 극작가, 소설가, 작곡가들이 함께 지적 운동을 이끌었으며, 이들의 작품은 아직까지도 합스부르크 시대의 문화적 광휘를 정의하고 있다. 98세대에는 철학가이자 소설가였던 미겔 데 우나무노, 시인 안토니오 마차도, 산문가 라미로 데 마에스투, 피오 바로하, 호세 마르티네스 루이스(아소린이라는 이름으로도 알려졌다) 등의 작가들이 있었다. 그들은 함께 그리고 각자 스페인의 약점을 분석하며, 국가의 본질을 논하는 감성적 논쟁에 지식인 계층을 끌어들였다. 과거와 마찬가지로 당대의 여러 나라는 그런 비판적인 자기성찰을 곱게 보지 않고 일종의 반역으로 여겼지만, 자기비판은 항상 스페인의 특성 중 일부였다. 16세기 이래 스페인 지식인들은 '검은 전설'이 만들어진 것에 대하여 스페인의 적들만큼이나 여러 면에서 책임이 있었던 것이다.

하지만 고뇌에 찬 비평가들이 지식인 계층 전체를 대변하지는 않았다. 비평가들의 어두운 관점에 대응해, 교육받은 수많은 스페인 사람은 스페인의 가치와 스페인제국의 네 세기가 남긴 전반적인 유산의 자랑스러움을 기를 쓰고 변호했다. 표면적으로 비평가들은 대개 좀더 급진적인 개혁을 지지했던 반면 이 방어자들은 점진적인 개혁을 지지했다. 하지만 이들도 모든 상황이 그대로 유지될 수 없으리라는 점을 알고 있었다고 해야 옳을 것이다. 특히 노동자와 농부들이 점점 더 많은 것을 요구하고 있었기 때문이다.

기울어가는 19세기의 마지막 몇 년과 20세기의 처음 몇 년 동안, 산업화된 서구 세계 전체에서 투쟁적인 노동운동이 힘을 얻었다. 19세기 중반에는 정부가 시위, 파업, 폭동을 쉬이 진압했고, 1870년대와 1880년대에는 나라가 전체적으로 번영해 급진적 변화를 요구하는 목소리가 약해졌다. 하지만 19세기 말에는 경기가 침체되어, 공장주와 투자자들은 갈수록 부유해지는 반면 노동자들은 아직 산업화의 이익을 공평하게 분배받지 못하고 있음을 상기하게 되었다.

서유럽의 산업화 선두 주자들 뒤로 처진 스페인 같은 국가들에서는 도시 주민뿐 아니라 토지를 갖지 못한 시골의 노동자와 가난한 농부들도 극단적인 투쟁을 벌일 수 있었다. 1868년에 무정부주의가 스페인에 들어와 가장 소외된 농부들과 노동자들의 지지를 얻었다. 무정부주의자들은 그저 더 높은 임금과 더 나은 노동환경이 아닌, 총체적인 변혁을 초래할 수 있는 직접적인 행동을 선호했다. 그들은 알코이 폭동을 계획해 그러한 혁명을 시작했으나, 이 폭동은 1873년에 실패로 끝났다. 뒤이어 수십 년 동안, 즉 노동운동이 불법이었던 기간 (1874~1881)과 그 이후로도 무정부주의는 지지자들을 얻었다.

무정부주의는 본질적으로 중앙 조직에 적대적이었으며, 변화를 어느 정도로, 얼마나 빨리, 얼마나 폭력적으로 밀어붙일 것인지를 쟁점으로 파벌 싸움이 끊임없이 이어졌다. 그럼에도 무정부주의는 번성했다. 스페인의 느린 산업화가 유랑 농민과 토지 없는 노동자 및 수공업자들을 흡수하지 못했고, 잇단 정부들은 질서와 사유재산에 대한 위협을 조심스레 피하려 했기 때문이다. 변화의 속도가 느리다며 폭력을 정당화한 무정부주의자 개인들이 1880년대와 1890년대에 공공장소에 폭탄을 투척하는 등의 테러를 저질렀고, 이는 경찰 탄압을 초래하며 무정부주의 운동 전체를 무분별하고 제어되지 않은 폭력과 동일시하게 만드는 결과를 낳았다.

그러한 폭력의 충격적인 사례가 1906년에 발생했다. 무정부주의자 암살범이 알폰소 13세와 빅토리아 유지니(바텐베르크 가문)의 결혼식을 공격한 일이었다. 신부는 영국 빅토리아 여왕의 손녀이기도 했기에, 이 결혼식은 적어도 1년 이상 준비를 거친 입헌군주정을 축하하는 행사가 될 터였다. 프라도미술관 인근에 새로 지어진 팰리스호텔에서는 공식적으로 초대된 하객들에게 거처를 제공했다. 여기에는 수많은 유럽 귀족이 포함되어 있었다. 5월 31일, 신혼부부를 잠깐이라도 보길 바라는 축제 인파로 가득한 거리에서 카탈루냐의 무정부주의자 마테우 모랄이 왕실 마차를 향해 폭탄을 던졌다. 신혼부부는 다치지 않았지만, 마차를 끄는 말들과 많은 대중이 죽거나 다쳤다. 이 사건으로 대중은 격노했으며, 관료계 안팎으로 점점 커져가는 저항에 직면하고 있던 왕가는 상당한 동정을 받게 되었다.

20세기 초에 스페인의 무정부주의는 전국적인 운동을 꾸려볼 만큼 성장했다. 1900년에서 1905년 사이에 스페인지역노동자연맹FTRE이 설립되어 전통적인 노동조합운동, 즉 생디칼리슴(노동공산주의)은 물론 무정부주의로 취급되는 단체들을 하나로 통합했다. 바르셀로나에서는 1907년에 노동자연대Solidaridad Obrera라 불린 유사한 운동이 시작되어 무정부주의적 생디칼리슴의 가치를 공유했다. 이들 운동은 1910년에 전국노동총연맹CNT으로 통합되었고, 1911년에 최초로 회의를 개최했다. 무정부주의적 생디칼리슴은 사회주의 노동운동보다 더욱 정부를 불안하게 했고 전국노동총연맹은 1912년부터 1918년까지 불법화되었다.

 공화주의자들은 장기적으로는 군주제를 폐지하는 데 꾸준히 전념했으나 단기적으로는 노동자와 중산층의 지지를 얻으며 헌법의 테두리 안에서 활동했다. 그렇지만 공화주의자들 내부의 다양한 정파는 정치적 쟁점과 개인적 충성심을 두고 끊임없이 다투었다. 수수께끼 같은 인물인 알레한드로 레룩스는 비타협적인 공화주의로 가장 잘 알려진 오래된 분파를 이끌었다. 멜키아데스 알바레스는 입헌군주제 내에서 더 유연한 접근 방식을 취하는 분파를 이끌었다. 공화주의자들은 같은 지도부 아래 있었지만, 내분으로 인해 원하는 변화를 도모하지 못했다.

 정치 조직 외부에서는 호아킨 코스타가 정부에 대한 중산층의 불만을 대변했다. 코스타는 방대한 저작과 대규모 집회를 통해 정부 세제를 광범위하게 반대(언제나 인기 있는 강령이었다)하는 데 초점을 맞췄지만, 전국적인 관개 사업으로 농업을 부양하자는 것과 같은 진취적인 제안을 강조하기도 했다. 도발적인 입장을 내세우면서도 그는 시민에게 법적으로 허락된 정치적 행동의 범위를 지키며 많은 지지를 모았다. 그러나 그런 지지는 코스타 개인의 전망과 능력에 의존하고 있었기에 그의 건강이 쇠하자 불가피하게 시들었으며, 결코 정부에 중대한 도전을 제기하지는 못했다.

체제 내에서는 진보파와 보수파에서 선출된 정치인들이 합심해서 개혁을 이루려고 했다. 부분적으로 그들은 체제 내 공화주의자들의 압력과 바깥의 노동 투쟁을 약화시키려 했지만, 동시에 모든 국민에게 더욱 공정하고 효율적으로 기능하는 정부와 경제를 만들려 애썼다. 이들을 추동한 것은 두려움이지만 진정성을 의심할 이유는 없다. 개혁운동을 이면에서 추진한 이는 안토니오 마우라 이 몬타네르였다. 마요르카 출신으로, 진보파에서 보수파로 옮기고 나서 1903년에 보수파 대표가 된 인물이었다. 1907년에 각료 회의 의장으로 선출된 뒤, 그는 정치판을 지배하는 지방 거물들의 세력을 끝장냄으로써 모든 정당의 경제 지도자들 편에서 정부의 신뢰를 높이고자 했다. 신뢰가 회복되고 입헌군주제가 강화되자 마우라 정부는 스페인에서 가장 역동적인 지역인 카탈루냐의 자치권 요구 문제를 다루려 했고, 카탈루냐에서는 제1공화국 때 좌절되었던 자치권이라는 희망이 지역 경제와 더불어 자라나고 있었다.

1909년 7월, 카탈루냐에서 노동자의 불만이 폭동으로 분출되었다. 처음에 폭동은 모로코에서 벌어지고 있던 군사적 모험과 산업계 거물들의 세력을 겨냥했다가 이후 격렬한 반교권주의anti-clericalism로 바뀌었다. 바르셀로나의 폭도들은 교회 및 수도원과 그곳의 거주자들을 공격해 건물을 불태우고 묘지를 훼손했으며, 그 과정에서 정치적 신념과는 관계없이 스페인 사회에서 교회가 수행하는 역할을 가치 있게 여기던 사람들이 분노했다. 군대가 곧 반란을 진압하긴 했지만 이 비극의 일주일Semana Trágica 동안 벌어진 사건들은 막대한 영향을 미쳤다. 유사한 폭동을 일절 단념시키기를 바라며, 정부는 반란을 주동한 선동가 프란시스코 페레르 이 과르디아를 체포했다. 재판으로는 페레르를 사형죄에 결부시킬 수 없었지만 법원은 그에게 유죄를 선고했다. 그의 처형은 스페인에 대한 국제적인 공분을 불러일으켰다. 간단히 말해 정부는 행동이 아니라 사상 때문에 페레르를 처형했고, 그 결과 마우라 정부는 실각했으며 그의 야심찬 개혁 계획은 실패로 끝났다.

알폰소 13세는 마우라에 대한 반감을 분명히 밝히고 그를 재임명하지 않았다. 대신 1910년에 각료 회의의 새 의장으로 호세 카날레하스를 선택했다. 자유당의 지도자이며 학자이자 교수였던 카날레하스는 변화를 계속 밀어붙여 나라를 더욱 큰 불안에 빠뜨릴 생각이 없었다. 대신 그는 일련의 타협과 조화를 통해 일촉즉발의 위기에 처한 스페인 사회의 여러 긴장을 계속 감추려고 했다. 비극의 일주일 동안 수면 위로 떠올랐던 폭력적인 반교권주의에 대응하여, 그는 정부가 바티칸과 새로운 정교협약을 체결할 때까지 모든 종교기관의 신설을 금지하는 법을 1910년에 발의했다. 교회는 이 '자물쇠법'의 이면에 도사린 불길한 충동을 눈치챘다. 카날레하스가 어느 정도 반교권주의자였기 때문이다. 하지만 그가 반종교적인 인사는 아니었다고 해야 타당할 것이다. 그는 단순히 종교라는 경계선 양측의 도발적인 행위들을 저지해 긴장을 완화시키려 했던 것뿐이다.

국제적으로 카날레하스는 모로코의 지배를 두고 프랑스와 협약을 체결했고(페스 조약, 1912) 스페인의 역할을 명확히 보존했다. 국내에서는 왕의 반감을 무릅쓰고 마우라를 다시 의회로 불러들이기 위한 논의를 시작했다. 노동 불안과 관련해서 카날레하스는 어떤 타협도 불가능하다는 마우라의 강경한 입장을 고수했다. 1911년 그의 정부는 해군 반란과 총파업을 탄압했다. 1912년의 또 다른 총파업에는 철도 노동자들을 군에 징집하는 것으로 대응했다. 의회 제도 밖에 있던 여러 폭력 집단의 입장에서 보자면, 정부의 방침은 국가에 대한 직접적이고 폭력적인 행동을 정당화해주었다. 1912년 11월 푸에르타델솔에서 카날레하스는 자신이 좋아하는 서점 밖에 잠시 멈췄고, 대서양 양편의 경찰들에게 잘 알려진 인물이었던 스물여섯 살의 무정부주의자 마누엘 파르디냐스가 그를 저격해 목숨을 빼앗았다.

그 후 5년 동안 개혁 계획은 정지되었고 뒤이은 정부들은 경제와 사회의 지배층을 옹호하며 현상 유지만 했다. 코르테스는 휴회에 들어, 한 해에 겨우 몇 달씩 모여서 행정 기능 유지에 필요한 예산안 같은 법안만을 통과시켰다. 정부 안팎에서 진보와 보수는 여전히 다투었고 사회의 균열을 다루려는 모든 시도가 미뤄졌다. 놀랍게도 스페인 정부와 국가는 전체적으로 여전히 제법 잘 기능했으며, 제1차 세계대전에서 스페인의 중립정책에 동반된 경제적 번영 덕분에 들떠 있었다. 국가와 유력자들은 농작물과 공산품을 팔아 큰 수익을 얻었고 정부는 외채를 일부 줄일 수 있었다.

알폰소 13세와 빅토리아 유지니 여왕('에나'라 불리기도 했다)은 결혼 후 8년 동안 일곱 명의 자식을 낳았다. 왕실의 사진이 대중지 지면을 메웠고 제1차 세계대전의 전장에서 암울한 소식이 들려오는 와중에 기분을 전환시켜주었다. 하지만 에나 왕비는 결혼을 통해 비극적인 유전자를 들여오기도 했다. 러시아 황제 니콜라이 2세의 아들 등 빅토리아 여왕과 앨버트 공의 다른 자손처럼, 큰아들 알폰소를 포함한 두 아들이 혈우병을 앓았던 것이다. 둘째 아들 하이메 또한 어린 시절 외과 수술을 잘못 받아 청각장애인이 되었다. 매우 인간적인 여러 비극으로 인해 왕실은 심지어 비판 세력에게서도 동정을 얻었다. 왕과 왕비는 제1차 세계대전의 교전국들 양측에 친척이 있었기 때문에 스페인이 중립을 취하는 것은 타당해 보였다. 왕은 국제적 연줄과 외교관들의 능숙한 활약을 통해, 학살의 양측에서 사로잡힌 전쟁 포로들을 인도적으로 대우하기 위해 중재에 나섰다.

하지만 사회적 안정과 번영에도 불구하고 작가와 지식인들은 자기 잇속만 차리는 선출직 지도자들의 위선과 진정한 개혁법 제정에 실패한 정부를 비난했다. 완고한 공화주의자, 노동운동 지도자, 무정부주의자, 종교 지도자, 그리고 일부 군 장교들과 마찬가지로, 스페인의 지식인 계층은 정부의 태도와 온 나라의 바람 사이에 벌어진 깊은 틈을 인식했다. 스페인의 주요 지식인 가운데 한 명이었던 수필가 호세 오르테가 이 가세트는 그 간극을 공식적인 스페인La España oficial과 필수적인 스페인la España vital의 분열로 규정했다. 그는 이를 해결할 가망이 거의 없다고 보았다. '필수적인 스페인'의 다양한 이익집단은 입헌군주제와 이를 운영하는 의회 제도에 대한 신뢰를 잃었다. 그들은 정부가 자신들과 무관하다고 간주하게 되었고, 제도권 밖에서 직접적인 행동을 취함으로써 목표를 추구했다. 오르테가의 분석에 따르면, 스페인에는 모든 스페인 사람을 공동의 목적 안으로 통합할 수 있는 핵심적인 가치와 프로그램이 부재했다. 스페인은 생명력을 체제 바깥에 둔 척추 없는 육체, 즉 '무척추동물'이 되어 해체되고 있었다.

체제에서 소외된 압력 집단들은 (무정부주의자들이 홀대를 받기는 했지만) 나라의 미래를 이끌어갈 핵심이었다. 카탈루냐의 산업 지도자,

중산층 변호사, 노동자들은 모두 1898년 스페인이 마지막 식민지를 상실하자 고통을 겪었다. 정부에 대한 그들의 불만은 지역적 자긍심의 물결과 함께했고, 이 물결은 문제를 직접 처리할 힘을 키우자는 목소리와 풍부한 고유 역사 및 문자 문화를 더 존중하는 풍조로 이어졌다.

부활한 부르봉왕가의 방어벽이었던 군대조차 체제 바깥으로 이동하기 시작했다. 사관학교에서 더 높은 전문성을 길렀음에도 스페인 군대는 쿠바의 반란이나 1898년 미국과의 전쟁에서 그다지 활약하지 못했다. 그 패배로 인해 굴욕을 겪고 널리 비난당한 군 지도자들은 일단 진보당의 보호에 의존하다가, 1907년에 언론을 선동죄로 고발할 권리를 얻었다. 1912년 이후 강한 민간인 지도자가 나타나지 않자 또다시 장교들은 군인이야말로 나라의 안보를 보증하는 최고의 집단이라고 생각하기 시작했다.

1916년 무렵부터 군 지도자들은 19세기 초의 전통으로 되돌아가, 잘못된 국가를 제자리로 되돌려놓기 위한 직접적인 행동을 지지했다. 왕은 누구보다 입헌군주제를 보증해야 할 이였으나, 마찬가지로 입헌군주제에 대한 신뢰를 잃고 군인들과 연합했다. 알폰소 13세는 군 장교들과 우정을 구축하고 스페인이 아무런 공식적인 권한도 가지고 있지 않았던 해외 최후의 전초 기지 모로코에서 군사활동을 벌이는 데 개인적인 흥미를 느꼈다. 그 때문에 왕은 '아프리카주의자'라는 별명을 얻었다.

모로코의 반란은 제1차 세계대전 동안 사그라들었다. 하지만 전시에 중립을 지키며 번영을 누렸음에도 스페인에서는 다른 문제들이 계속해서 곪아 터졌다. 일부 숙련 노동자와 은행 및 산업계 지도자들은 전시에 상당한 수익을 거둬들였지만 일반 노동자들은 그렇지 못했다.

인플레이션으로 생활수준이 낮아진 바로 그 시점에, 탄광과 철도 같은 전쟁 관련 산업을 제외하고 임금이 동결되었다. 외채를 갚기 위해 전시 수익을 이용하겠다는 정부의 결정이 가상하기는 해도, 이로 인해 정부는 경제의 하부구조를 근대화할 기회를 잃었다. 또한 스페인의 경제 지도자들은 수익을 미래에 투자하기보다 소비하는 경향이 있었다. 종합적으로 이러한 특성들은 스페인 경제가 전쟁 이후에 성장할 준비를 갖추지 못하고 있었음을 보여준다.

전쟁은 중립국 스페인에 정치적으로도 영향을 미쳤다. 유럽이 파괴됨으로써 모든 유럽인이 엄청난 충격을 받았고, 재난에 대한 책임은 전통적인 정치 구조와 정치인들에게로 돌아갔다. 환멸의 분위기 속에서 1917년 미국의 참전과 우드로 윌슨 대통령의 유럽 재건을 위한 '14개 조항'은 좌파에 힘을 실어줄 일련의 새로운 기회를 열어놓았다. 스페인에서는 윌슨이 '민족자결권'을 지지하는 데 고무된 카탈루냐 분리주의자들이 자치권 요구를 재개했다. 스페인의 공화주의자들 또한 1917년 3월 러시아혁명으로 니콜라이 2세가 실각하고 멘셰비키 공화주의자들이 정권을 잡은 것에 고무되어 알폰소 13세를 축출하려는 활동을 재개했다.

1917년 여름, 전쟁이 서서히 끝나고 좌파의 급진적 운동이 유럽 전역에 변화를 요구하자 사태는 심각해졌다. 스페인에서는 은밀한 군인 연합이었던 국방위원회juntas de defensa에 속한 장교들이 민간의 임금과 권리에 대한 협상권을 달라고 정부에 요구했다. 전통 정당들보다 자기들이 국가를 훨씬 더 잘 대표할 수 있다고 주장한 것이다. 자유당 정부는 군의 요구를 달래지도 누그러뜨리지도 못한 채 물러났다. 보수당의 다수파가 에두아르도 다토의 지도하에 새로운 정부를 구성하고 지지를 유지하기 위해 군에 기꺼이 타협했지만, 중앙 권력의 침식을 멈출 수는 없었다. 코르테스가 휴회하는 동안 카탈루냐의 공화주의 정치인과 기업가들은 7월 중순 바르셀로나에 모여 대체 입법부를 지지하기로 결정했다. 대체 입법부는 주로 공화주의자와 사회주의자로 구성되어 있었으며, 마우라의 보수당으로부터는 맹렬한 비난을 받았다. 정부는 그 모임을 불법으로 선언하고 단체를 해산시켰지만 그들은 다시 만날 것을 맹세했다. 간단히 말해, 적절한 절차에 따라 선출된 정치 지도자들조차 체제 바깥으로 이동한 것이다. 장래의 불길한 국면이었다.

노동자총연맹과 전국노동총연맹의 노동조합 지도자들은 1917년 여름을 택해 '총파업'을 시작했다. 이는 임금과 노동환경 개선보다 정치적 목적을 위한 것으로, 혁명의 서곡이었다. 급진 공화주의자와 사회주의자들은 3월의 러시아와 여름 내내 유럽 전역에서 진행되던 파업들의 전례를 따르며, 파업이 성공하면 정권을 잡게 될 임시정부를 위한 계획을 세우기 시작했다. 하지만 계획은 실패로 돌아갔다. 철도 노동자들은 전국의 지도자들이 준비를 완전히 마치기 전인 8월 10일 파업에 돌입했다. 이후 8월 13~17일 총파업이 이어지는 동안 공화주의자들은 물론 전국노동총연맹조차 이를 지지하지 않은 것은 분명 재앙을 감지했기 때문이었을 것이다. 군대는 별 저항 없이 파업을 진압했지만 정부는 심각한 혼란에 빠졌으며, 이를 두고 정부의 승리라고 하기는 어려웠다.

입헌군주제 아래 여러 정당의 의원들이 번갈아가며 권력을 쥐는 체제는 완전히 실패했다. 설상가상으로 알폰소 13세 때 구성된 어떤 정부도 스페인 사람들을 둘로 갈라놓았던 소모적인 문제를 해결하지도,

그들을 통합할 새로운 국가적 목적을 발견하지도 못했다. 1917년 혁명의 여름이 지나고 6년 뒤, 왕은 정부 관료와 정책들의 새로운 조화를 찾아 체제를 다시 작동시켜보려 했다. 왕은 전통 정당을 해산시키고, 초당적인 연정을 꾸려 기꺼이 함께 일할 정치 지도자들을 임명했다. 그리고 스페인이 당면한 가장 절실한 두 가지 문제, 즉 지속되는 노동 불안과 모로코에서 재개된 반란을 해결하는 데 집중했다. 안토니오 마우라 같은 수완 좋은 인물들이 일련의 정부를 만들어나갔지만 문제는 계속해서 더 심해졌다. 더욱이 잘 조직된 이익집단들이 공식적인 정치 제도의 주변부에서 꾸준히 성장했다. 좌측에는 사회주의자, 1917년 11월의 러시아 볼셰비키 혁명에 충실한 공산주의자, 무정부주의자, 지역 분리주의자, 다양한 공화주의 단체가 있었고, 우측에는 카를로스 지지자, 전통 가톨릭 단체가 있었다. 이들 모두 정부를 신뢰하지 않았다.

노동 문제가 최악으로 치달은 곳은 바르셀로나였다. 다양한 당파가 폭력배와 비밀결사pistoleros를 고용해 불만을 거리로 들고 나가면서 주기적으로 야전 비슷한 상태가 이어졌다. 갈등은 경영자와 노동자뿐 아니라 상호 적대적인 여러 노동 단체 사이에서도 생겨났다. 어용조합sindicatos libres과 가톨릭교회가 조직한 조합들은 가장 보수적인 쪽이었으며, 급진적인 정치 변화가 아니라 임금 인상과 노동환경 개선을 위해 애썼다. 전국노동총연맹에서 조직한 단일노동조합sindicatos únicos은 무정부주의적 목표에 전념하는 가장 급진적인 단체였고, 직업 특성에 따라 노동자들을 분리하지 않고 모든 공장 노동자를 대변했다.

사회주의자들이 조직한 노동자총연맹은 카탈루냐에서 입지가 약했고, 좌익 정당인 스페인사회노동당처럼 사회주의자와 공산주의자 사이의 국제적 싸움으로 인해 분열되어 있었다. 러시아에서 볼셰비키가 단단히 정권을 장악한 상태에서, 제3인터내셔널(공산주의인터내셔널, 코민테른)이 1919년 3월 최초의 대회를 열었다. 코민테른에 가담하기 위해 사회주의 정당들은 그들의 조직 자체와 조직의 목표를 규정하는 가입 조건 '21개조'를, 특히 러시아 지도부의 권위를 인정해야 했으며, 공산주의 혁명이라는 목표를 지지하지 않았던 소위 '사회민주당'을 축출해야 했다. 스페인에서 이는 여러 면에서 스페인 사회주의의 아버지였던 파블로 이글레시아스와 같은 우상들을 축출해야 한다는 의미였다. 1921년에 스페인사회노동당의 다수가 21개조를 거부하자 소수파가 갈라져 나가 스페인공산당PCE을 창당했다. 프랑스 같은 다른 나라들에서는 투표에서 다수파가 21개조를 지지했고 소수파가 따로 사회주의 정당을 창당했다. 코민테른을 놓고 벌어진 논쟁의 결과는 '적색 공포'로 이어져 전 세계 중산층에게 경각심을 불러일으켰다. 노동 시위라면 무엇이든 두려운 혁명으로 여기게 된 것이다. 그러한 분위기는 임금과 노동환경의 협상을 둘러싼 긴장을 고조시켰다. 1921년 3월에는 자유주의 정치가 에두아르도 다토가 암살자의 탄환을 맞고 쓰러졌는데, 이는 정치권에서 직접적인 폭력 행위가 여전히 지속되고 있음을 상기시켜주었다.

모로코 반란이 재개된 것도 제1차 세계대전의 여파 속에서 마찬가지로 난제가 되었다. 1919년에 열정적인 반란 지도자 압둘카림과 그의 동료들이 멜리야와 세우타의 스페인 요새를 공격하고 독립과 공화국 건설을 요구했다. 병사들의 사기 저하와 분노 때문에 스페인의 신세대 장교들조차 반란군의 새로운 위협을 극복하기는 어려웠다. 박봉의 징집병들은 배급되는 식량과 장비의 질이 낮다고 불평했으며, 그들의 희생을 딛고 부정직한 공급업자들이 점점 더 부유해지고 있다는 것을 알았다. 프란시스코 프랑코 이 바하몬데 등의 젊은 장교들은 결함을 개선하고 스페인에 충성하는 모로코인 부대를 모집하려 애쓰는 동시에 불만을 품은 징집병들의 군기를 세우려 했다. 그들은 어느 정도 성공을 거두었지만 충분하지는 않았다.

모로코 문제를 해결하기를 바라며, 1921년 7월 21일 마누엘 페르난데스 실베스트레가 스페인 군대를 이끌고 아누알 전투에서 압둘카림에게 맞섰다. 1만5000명이 전사하고, 전투는 완전한 재앙으로 끝났다. 왕의 측근이었던 실베스트레 장군은 전사함으로써 책임을 면할 수 있었다. 고등판무관 다마소 베렝게르 장군에게 책임을 질 영예가 돌아갔지만 스페인군 전체가 이 비극적인 패배에 수치심과 굴욕을 느꼈다.

이후 2년 동안, 모로코에서 전쟁이 계속되고 있던 바로 그 순간에도, 코르테스의 정치인들은 그 재난을 샅샅이 조사할 것을 요구하고 장교와 관료부터 수상에 이르기까지 담당자 전원의 책임을 가늠하기 시작했다. 군사령부의 인사들 및 모로코의 군사활동과 긴밀하게 연관되어 있었기에, 패배의 오점은 알폰소 13세에게도 드리울 조짐을 보였다. 격론 끝에 정부는 결국 '책임위원회'를 지정하고 1923년 가을 회합에 착수했다. 지속된 전쟁 비용에 대한 혐오감이 전국적으로 커져가고 있었음에도 당시의 자유주의 연립정부는 새로운 모로코 정책과 징집 계획을 발표했다. 이에 맞서 사회주의자들은 다시 총파업을 조직하기 시작했고 1923년 가을로 시기를 맞추었다. 모로코 전쟁을 둘러싼 대립은 1923년 여름 동안 위기를 향해 치달았다. 바르셀로나에서 폭력을 동반한 노동 갈등이 계속되고 있던 순간이었다.

왕과 정부가 여름철 비공식 수도인 북부의 산세바스티안에 아직 머무르고 있던 9월 13일, 미겔 프리모 데 리베라 장군이 바르셀로나에서 성명을 발표하고 정부의 변화를 촉구했다. 프리모 장군은 카탈루냐 총사령관으로서 그곳 기업가 계층의 지지를 얻고 있었고, 카탈루냐 기업가들은 노동 문제로 인한 수년간의 격변을 겪은 후에 또 다른 정치적 혼란을 겪고 싶은 마음이 없었다. 더욱이 정부가 폭동을 봉해둘 수만 있다면 1922년에 새로 체결된 관세협정은 전시의 번영을 다시 가져다줄 수 있었다. 1917년 이후 정부는 국가를 안정시키는 데 실패했지만, 프리모 장군은 희망을 보여주는 듯했다.

프리모 장군은 바르셀로나에서 마드리드까지 기차로 이동했고, 알폰소 13세는 산세바스티안에서 출발해 마드리드에서 그와 합류했다. 회동 자리에서 왕은 프리모 장군에게 군이 성명을 내놓는 19세기 초의 유서 깊은 전통에 따라 정부를 구성하기를 요구했다. 하지만 기존의 합헌적 구조 내에서 민간인 정부를 새로 구성하는 대신, 프리모 장군은 코르테스와 1876년 헌법의 효력을 정지시키켜 군정의 성립을 발표하고 질서를 회복했다. 그는 이것이 입헌군주제의 역사에서 단지 '막간'을 의미할 따름이라고 했지만, 그럼에도 이는 스페인 최초의 군사 독재였으며, 군정은 왕의 후원하에 권력을 장악했다. 프리모 장군의 정권 장악은 비토리오 에마누엘레 3세를 왕위에 그대로 두었던 1922년 10월 베니토 무솔리니의 '로마 진군'을 전례로 삼은 것이었다. 알폰소 13세는 프리모의 독재를 묵인했고, 이는 왕과 군부에게 유용한 단기적 목표에 힘을 실어주었다. 바로 모로코에서 패배한 책임을 따져 왕과 군부에 해가 되지 않도록 방해하는 것이었다. 그렇지만 장기적으로 왕의 행동은 입헌군주로서의 지위를 치명적으로 약화시켰다.

1923년에는 아무것도 문제가 되지 않았다. 파업, 시가전, 모로코로부터의 비보, 무익한 정치적 논쟁에 싫증난 대부분의 스페인 사람은 프리모 장군의 권력 장악을 압도적으로 지지하며 반겼다. 군사 독재는 1923년 9월부터 1925년 12월까지 스페인을 지배했고, 자유당과 보수당은 모두 프리모로부터 배제되어 붕괴했다. 1924년 4월, 프리모는 그 빈자리에 유일 정당인 애국연합Unión Patriótica을 조직했고, 군정 장관들로 하여금 민간 정치인들을 당원으로 모집하도록 했다. 안토니오 마우라의 지지자, 일부 사회주의자, 대부분의 카를로스 지지자, 다양한 정치적 지향을 지닌 관료들을 포함해 수많은 이가 애국연합에 가입했다. 그들은 원칙에 입각해 군부의 권력 장악을 거부하기보다는 스페인에서 잘 작동할 정치 제도를 발견하는 데 관심이 있었다. 하지만 그들은 왕처럼 독재를 묵인함으로써 군부와 불가분한 관계로 얽히게 되었다.

무솔리니의 예를 의식적으로 좇아, 프리모는 노동운동의 극좌파들이 선호하는 더 급진적인 정치적 요구와 임금 인상 및 노동환경 개선, 산업 조직 내의 발언권에 대한 요구를 분리함으로써 노동 문제에 맞섰다. 노동자 계층의 비정치적 요구를 처리하기 위해, 프리모는 스페인사회노동당 및 노동자총연맹의 사회주의 지도자들과 연합해 노동자, 고용주, 정부 대표들로 이루어진 27개의 조합을 만들었다. 무솔리니의 법인형 국가처럼 프리모의 계획은 노동자 계층의 지도자들 가운데 좀더 실용적인 이들 사이에서 보통의 성공을 거두었다. 그는 급진적 노동 지도자들을 소외시키기 위해 전국노동총연맹을 불법화했지만, 연맹은 없어지지 않고 지하로 들어가 더 극단적인 입장을 지향했다. 1927년 7월에는 이베리아무정부주의자연맹FAI이라는 단체가 전국

노동총연맹의 분파로서 모습을 드러내, 수십 년 전에 폭탄을 투척하던 무정부주의자의 전통에 따른 직접적인 폭력 행위에 전념했다. 프리모가 지역 분리에 힘을 실어주지 않을 것임을 명확히 하자 카탈루냐 기업가들의 지지는 조금 약화되었다. 그렇지만 프리모가 안정을 유지할 수 있는 한 그들이 체제를 버릴 이유는 전혀 없었다.

프리모의 최고 업적은 모로코 전쟁을 승리로 끝마친 것이었다. 1925년 여름을 시작으로 그는 프랑스의 앙리 필리프 페탱 장군과 협력하여 압둘카림에 맞서는 스페인-프랑스 합동 원정을 시작했다. 군에서 순식간에 진급한 프란시스코 프랑코가 원정대 조직을 도왔다. 연합군은 1925년 9월 초 북아프리카에 상륙했고 압둘카림은 이듬해 6월 중순 프랑스 군대에 항복했다. 프리모와 그의 정부에 대한 지지는 최고조에 달했다. 이에 힘입어 프리모는 입헌군주제의 역사에서 '막간'을 제공할 뿐이라던 약속을 철회하고 정권의 영구화를 도모했다.

애국연합과 산업계는 이미 새로운 정치 체제의 기반이 될 준비가 되어 있었다. 게다가 모로코에서 승리를 거두기도 전인 1925년 12월에 프리모는 군 장교들 대신 국가를 통치할 민간인들을 임명했다. 왕은 그러한 변화를 공개적으로 승인함으로써 스스로를 정권에 더욱더 가까이 묶어놓았다. 프리모는 모로코에서의 승리에 힘입어 스페인을 통치할 민간인 인명부와 새 헌법을 작성할 국회 조직에 대한 승인을 국민투표에 맡겼다. 1926년 9월의 투표에는 남녀 성인 전체가 참여했고 거의 3분의 2에 달하는 찬성표를 얻었다. 국가자문의회가 임명되어, 왕과 다른 국민투표에 의해 승인된 새 헌법을 작성했다.

1920년대 말, 경제적으로 들뜬 분위기에서 정부는 철도, 관개, 도로와 같은 공공사업에 대거 투자했고, 이전 정부들이 무관심했던 하부구조의 근대화에 마침내 관심을 기울였다. 석유를 통제한 국영석유공사CAMPSA와 같은 독점 기업들의 방식을 따라, 정부는 외국의 투자를 통해 야심찬 계획의 자금을 조달했다. 전체적으로 이 정권은 사회와 경제질서를 회복하고 중간층 노동자들을 정부에 기꺼이 협력하도록 끌어들였다는 점을 자랑스럽게 여길 수 있었다. 다양한 정치적 성향의 정치인들 또한 프리모 정권에 자발적으로 동참했는데, 대부분 중도파와 우파에 속하는 이들이었다. 부분적으로는 공적 영역에 참여할 수 있도록 개방된 유일한 진입로가 프리모 정권이었기 때문이다. 그것이 이 정권의 강점이자 약점이었다.

외관상으로는 성공을 거둔 것처럼 보이지만, 프리모 정권은 스페인의 가장 깊은 골을 그저 미봉책으로 가렸을 뿐이다. 관계官界 바깥의 다양한 정치 단체는 계속해서 비밀리에 만나며 체계를 다졌다. 스페인사회노동당은 1929년까지 이 정권에 협조했지만, 다른 여러 사회주의 및 공화주의 단체는 조용히 반대편을 지켰다. 환멸을 느낀 군주제 지지자들도 적잖이 그들에게 합류했다. 카탈루냐의 독립주의자들 또한 지역 자치권의 희망이 무산되자 반대편으로 이동했다. 더욱이 프리모의 개입을 '막간'으로 여겨 환영했던 수많은 스페인 사람은 영구적인 법인형 국가를 수용하지 않았다. 처음에는 이 정권을 지지하던 로마가톨릭교회의 고위층도 가톨릭 무역조합에 대한 지지가 빈약한 것에 분개했다. 철학자이자 소설가였던 미겔 데 우나무노로부터 영감을 받은 대학교수와 학생들을 포함해 지성계의 수많은 지도자 또한 도덕적 견지에서 이 정권에 반대했다. 1927년에 형성된 대학연맹FUE은 그들이 지닌 불만에 구심점을 제공했다.

독재와 밀접한 관련이 있는 이들도 정권에 저항했다. 1926년에 구자유당 잔존 세력이 산후아나다 반란을 일으켰다가 실패했고, 1929년 1월에는 호세 산체스 게라가 불만에 가득 찬 보수파의 반란을 주도했다. 군대는 두 반란을 문제없이 진압했지만, 그런 소요가 발생했다는 사실 자체가 정권이 국민적 합의를 얻지 못했다는 통고였다. 심지어 프리모의 정권을 낳은 군대에도 반대파 장교들이 있었다. 그들은 그저 때를 기다리던 참이었으며, 그 가운데 일부는 독재는 물론 군주제도 신뢰하지 않았다.

그림 6.1 페르난도 알바레스 데 소토마요르의 「베르간티뇨스에서 열린 결혼식 점심 Comida de bodas en Bergantiños」. 산업화에 따라 스페인 사회는 변화했지만 특히 시골에서는 지방의 전통이 강하게 남아 있었다. 해안 소도시 베르간티뇨스(갈리시아)의 결혼 음식을 묘사한 이 작품은 1900년경에 그려진 것이지만, 300년 전에도 아주 비슷한 풍경이었을 것이다.

그림 6.2 바르셀로나에 소재한 채석장la pedrera이라 불리는 건물. 건축가 안토니 가우디가 지은 것으로, 카탈루냐 모더니즘의 모범적인 예다. 1906~1910년에 기업가 페레 밀라를 위해 지었으며, 파도 모양의 선은 방문객과 거주자 모두에게 여전히 놀라움을 준다.

1930년 1월의 동맹 휴교는 정권에 대한 반대 여론의 폭넓음을 내비치며 종말의 시작을 알렸다. 왕과 군 지도자들이 지지 철회를 표명하자 프리모는 사임과 함께 복잡한 유산들을 뒤에 남겼다. 그는 모로코의 평화와 사회 및 경제 질서를 회복시켰지만, 입헌군주제의 기반인 의회를 의도적으로 훼손했다. 자유당과 보수당을 산산조각 내 수많은 주요 인물을 자신의 정부로 끌어들임으로써 스페인 정치의 핵심을 파괴했다. 그가 독재하는 동안 정권에 반대하는 좌우파 양측의 급진 단체들은 강성해지고 더 단호해졌다. 프리모는 국민적 합의를 이끌어내려 애썼지만, 실패했을 뿐 아니라 스페인 정계를 어느 때보다 더 양극화시켰다.

CHAPTER 7

스페인 정신을 위한 투쟁 :
공화국, 내전, 독재

SPAIN

1930년 1월 프리모의 독재가 끝난 후, 알폰소 13세는 입헌군주제를 재건하기 위해 다마소 베렝게르 장군을 불러 1876년 헌법에 근거해 새 정부를 구성할 것을 요구했다. 정부를 이끌 직책을 그에게 맡김으로써 왕은 군부를 계속 지지한다는 신호를 보냈지만, 나라 전체에 신뢰를 불어넣는 데는 거의 소용이 없었다. 스페인 정치계의 전형적인 우스갯소리로, 프리모 정권하의 혹독한 독재dictadura와 대조를 이룬 베렝게르 정부는 순한 독재dictablanda 정부라고 불렸다. 베렝게르가 고작 1년 남짓 직위를 유지하는 사이 반대파 공화주의자들은 체계를 다졌다. 1930년 8월, 공화주의 지도자들은 카탈루냐 독립주의자 및 사회주의 정당과 산세바스티안 협정을 맺어 손을 잡고 왕가 축출 이후의 임시정부를 계획했다. 공화주의자들의 대의명분에 동조한 군 지도자들이 1930년 12월 아라곤 하카에서 봉기를 일으켰다. 왕에게 충성하는 군대가 봉기를 진압했고 왕은 지도자들의 처형을 명했다. 이들은 반대파 공화주의자들 사이에서 순교자가 되었다.

왕은 1931년 2월 베렝게르 장군을 해임하고 후안 바우티스타 아스나르 제독으로 그 자리를 대신했다. 해군의 지도부는 육군보다 더 더 견실하기를 바란 것이 분명하다. 아스나르는 1931년 4월 12일에 지방선거를 치렀다. 1923년 이후 1876년 헌법에 따라 치러진 최초의 선거였다. 공화주의 후보자들은 여러 대도시에서 과반수를 득표했지만 압도적인 승리를 거두지는 못했다. 그렇지만 왕은 투표가 경고하는 바를 아주 잘 알았다. 공화주의자들은 기쁨에 넘쳐 가두시위를 벌이며 승리를 축하했고, 그 지도자들은 4월 14일 스페인을 공화국으로 선포하고 니세토 알칼라 사모라가 이끄는 임시정부의 수립을 선언했다. 군 지도자들이 더 이상 왕을 지지하지 않을 것임을 명확히 하자, 그의 할머니 이사벨 2세가 1868년에 그랬던 것처럼 알폰소 13세는 왕위에서 물러나지도 않은 채 4월 14일 밤을 틈타 스페인을 떠났다. 빅토리아 유지니 왕비 또한 따로 망명길에 올랐다. 특히 알폰소가 혼외정사를 수없이 일으켰던 터라 두 사람의 결혼생활은 한계에 달해 있었다.

지지자들이 어여쁜 소녀la niña bonita라 부른 제2공화국은 시작부터 반대파가 제기한 위법성 혐의와 불신에 맞닥뜨렸다. 임시정부는 전 국민이 위임한 선거를 통해 수립된 것이 아니었으며, 단순히 지방선거의 결과로 공화국을 선언했다. 선출된 지도자들이 조직을 설치해 공화국의 권위에 정당성을 부여하기까지는 수개월이 걸렸다. 알칼라 사모라의 임시정부는 이에 개의치 않고, 그사이에 새 정권의 대의를 수립하기 위해 발 빠르게 움직였다. 1931년 4월 14일부터 6월 28일까지 정부는 토지 개혁, 군부 및 로마가톨릭교회와 정부 사이의 관계 등을 아울러 광범위한 쟁점을 다루는 칙령을 선포했다. 1931년 6월 28일 스페인 사람들은 새 헌법을 준비할 코르테스 의원을 선출하기 위해 투표했다. 선출된 의원들은 12월 10일에 그해의 임무를 마쳤지만, 뒤 이은 2년 동안 입법부의 일원으로 자리를 지켰다. 다시 말해 선거에 따른 재임 기간을 훨씬 더 초과한 것이다. 이는 적대 세력에게 공화국 의 불법성에 대한 또 다른 증거를 제공했다.

알칼라 사모라는 1931년 10월 코르테스가 교회 재정과 교단들을 국가의 통제하에 두는 법을 제정하자 수상직에서 물러났다. 코르테 스의 과반수는 이 법을 두고 훌륭한 국가 운영을 위해 필요한 조치라 며 옹호했지만 교회 고위층과 그 지지자들은 공격이자 불필요한 모욕 으로 받아들였다. 마누엘 아사냐가 수상을 맡아 정부 수장이 되었다. 새 헌법하에서 알칼라 사모라는 대통령이 되었다. 엄밀히 말해 국가 원수였지만 대체로 의례적인 직위였다.

아사냐는 변호사이자 지식인이었고, 정치 경력은 길었으나 공직을 맡은 적은 없었다. 그는 새로운 공화주의 스페인에 대해 일관되게 야 심찬 전망을 지니고 있었다. 그가 목표로 삼은 것은 교회와 국가를 분리하고 100년 동안 스페인의 정치인들을 괴롭힌 여러 갈등을 해결 하는 것이었다. 그가 선호했던 해결책들은 대개 공화주의의 스펙트럼 에서 좌파 쪽으로 쏠려 있었다.

첫 번째 문제는 군대였다. 당시 군대는 너무 거대해져 있었고, 평화 로운 나라가 감당하기에는 비용이 너무 높았으며, 해외에서 하는 일 도 거의 없었다. 고위직이 지나치게 많은 지휘 구조를 축소하기 위해 아사냐 정부는 조기 퇴직자들에게 혜택을 제공했다. 그 제안을 받아 들인 수많은 사람은(어쩌면 대부분이) 공화주의자였던 것으로 드러났 다. 자리에 그대로 남아 있던 수많은 관료는 공화국이 나라를 다스릴 수 있을 것처럼 보이는 한에서만 공화국을 지지했다고 말해야 옳을 것이다.

아사냐 정부는 또한 토지 개혁 문제를 다루었으며, 그 과정에서 생산성이 낮은 사유지를 몰수해 토지 소유욕이 강한 농부들에게 재분배하는 것을 지향했다. 그리고 스페인 농업을 더 공평하게 만들고 그 생산성을 제고하기 위해 관개 및 비료 계획에 야심찬 투자 프로그램을 시행했다. 시작은 더뎠지만 그 계획들은 마침내 토지 소유의 꿈을 이룰 기회를 엿본 수많은 농부로부터 환영을 받았다. 아사냐 정부는 지역 당국에 수많은 기능을 양도함으로써 카탈루냐와 바스크의 충성을 얻기도 했다. 여기에는 재정, 교육, 사회정책, 공공질서에 대한 책임이 포함되어 있어 지역 정치 지도자들의 오랜 요구를 만족시켰다.

제2공화국은 시작부터 스페인 사회의 탈바꿈이라는 야심찬 목표를 향해 움직였다. 정부의 계획에서 중요한 두 가지는 학교를 짓기 위한 보조금을 제공하고 시골 벽지까지 문자 문화를 확장하는 일이었다. 1932년 말경, 교육부 장관은 거의 1만 곳의 학교가 새로 건설되었고 1만5000명의 교사가 정부의 지원 과정에 신청해 지식과 교수 능력을 개선하게 됐다고 자랑할 수 있었다. 시인 페데리코 가르시아 로르카의 '바라카' 같은 극단과 이상주의적인 대학생들은 고급 문화의 본보기들을 작고 소외된 소도시들로 들여왔다. 무성영화와 같은 인기 있는 근대 오락물의 본보기 또한 그들이 들여온 것이었다. 전체적으로 정부의 목표는 그저 대중의 문화 수준을 높이는 것을 넘어, 정치 의식을 제고하고 변화에 대한 저항을 낮추는 것이었다.

불만에 가득 찬 좌우 양측의 정당들이 정부의 권위를 시험하기로 하면서 공공질서 유지는 제2공화국이 맞닥뜨린 가장 까다로운 문제가 되었다. 1931년 12월 카스틸블랑코(바다호스)의 무정부주의자 봉기는 공화국에 대한 좌파의 도전이었다. 1932년 8월에는 상후르호 장군 휘하의 군 장교들이 공화국에 성명을 발표했다. 하지만 군은 전반적으로 공화국에 충성을 유지했으며 두 봉기를 진압했다. 1933년 1월 군은 카사스 비에하스에서 또 다른 극좌파의 봉기를 진압했다. 아사냐 정부는 군대의 지원으로 저항을 견뎌내기는 했지만, 1933년 여름이 끝날 무렵에는 대중의 신뢰를 완전히 잃고 있었다. 아사냐와 그의 정부는 그해 9월 12일에 물러났다. 정부를 구성할 만한 다른 지도자가 나타나지 않자 디에고 마르티네스 바리오가 새로운 선거 준비를 위한 과도 정부를 구성하기로 했다.

11월 19일, 스페인 유권자들은 이번에는 공화파 가운데 중도 우파 정부에 투표했다. 새로운 수상 알레한드로 레룩스는 연립정부를 구성하고 아사냐가 집권했던 시기에 통과된 헌법을 상당 부분 되돌리려 했다. 그렇게 함으로써 보수 세력을 정치판에 묶어두면서도 좌파를 소외시키지 않을 수 있기를 바란 것이다. 성공했다면 좌우 양측이 병존하는 효과적인 의회 제도를 선보이며 스페인공화국의 이미지를 개선할 수 있었을 테지만, 그는 대단히 어려운 과제에 부딪혔다. 1933년 초 독일에서는 아돌프 히틀러가 정권을 장악해 독일 민주주의를 급속히 약화시키고 있었다. 유럽의 다른 곳에서도 좌우파 양측이 법의 바깥에서 운동을 벌이며 여러 의회 정부의 안정을 위협하고 있었다. 그들은 세계적으로 금융시장이 붕괴하고 그에 따라 불황이 퍼지면서 지지를 얻었다.

스페인에서는 1933년 선거 전에도 우파 세력이 우세했던 터였다. 물론 군주제 지지자들은 원칙상 공화국에 반대했다. 안토니오 고이

코에체아는 1933년 초에 군주제 지지 정당 에스파냐혁신Renovación Española을 조직했다. 레룩스 정부는 1934년 4월 또 다른 군주제 지지 단체였던 에스파냐행동Acción Española을 해금했는데, 호세 칼보 소텔로가 이끌던 이 단체는 프리모 데 리베라의 애국연합의 명맥을 잇고 있었다. 프리모의 장남 호세 안토니오는 다른 곳에서 일어나고 있는 파시스트 운동을 의도적으로 모방해 1933년 10월 에스파냐팔랑헤Falange Española당을 조직했다. 팔랑헤당은 1934년 초 국민생디칼리슴공세평의회JONS로 알려진 우익 노동단체에 통합되었다. 그들은 노동 정의를 강력하게 옹호했으며, 그 지향이 호세 안토니오의 효과적인 수사법과 결합되어 우파 운동은 관료계 밖에서 광범위한 지지를 얻게 되었다. 군에서는 공화국에 회의적인 지도자들이 1933년 말에 설립된 에스파냐군사동맹Unión Militar Española을 통해 목소리를 냈는데, 그중 한 명이 에밀리오 몰라 장군이었다.

기독민주당은 레룩스가 정권을 잡는 데 일조했지만, 1934년 10월 1일 에스파냐자치우익연합CEDA에 소속된 세 명의 인사가 정부를 구성할 때 레룩스의 연정에 들지 못했다. 좌파 공화주의자들에게 있어 이 일은 레룩스가 보수파의 압력에 굴복했다는 견디기 힘든 조짐이었다. 이에 대응해 사회주의자들은 10월 5일 총파업을 선언하고 정부를 무너뜨리려 했다. 아스투리아스의 광부들이 10월 4일 파업에 돌입하고, 무장한 사회주의자, 공산주의자, 무정부주의자들이 연합해 오비에도를 단숨에 장악했다. 레룩스 정부가 맞닥뜨린 가장 심각한 도전이었다. 카탈루냐에서는 유이스 콤파니스가 지역 자치권을 요구하는 총파업을 계기로 10월 6일에 '스페인연방공화국 내 카탈루냐 공화국'을 선언했다. 정부는 이 모든 봉기를 진압하기 위해 군 지도자들을 소집했고, 그들은 소집에 응했다. 바르셀로나의 최고 사령관 도밍고 바테트는 침착함을 유지해 소동을 거의 일으키지 않고 질서를 회복했다. 다른 곳, 특히 프란시스코 프랑코(당시 최연소 장군이었다)가 스페인령 모로코 출신 군인과 북아프리카 외인부대로 구성된 군대를 지휘했던 아스투리아스에서는 반란군을 혹독하게 다루었다. 다양한 봉기의 지도자들은 결국 감옥행으로 끝이 났다.

비록 공화주의 좌파, 특히 사회주의자들이 분명 탄압을 유발하는 데 일조했지만, 온갖 좌파 정치인들은 그런 탄압을 레룩스 대항 세력에 가담할 이유로 받아들였다. 1935년 여름, 스페인 사회주의자와 공산주의자 연합이 코민테른 7차 대회의 노선에 맞춰 강화된 인민전선 운동을 구축했다. 그들은 정부를 다시 좌파 쪽으로 돌리기 위해 다음 선거에서 협력할 것을 선언했다. 레룩스의 통치력은 점차 약해졌지만, 모순적이게도 그의 농업부 장관 마누엘 지메네스 페르난데스는 앞선 3년 반보다 토지 재분배를 더 많이 진척시켰다. 10월 말에 레룩스의 핵심 세력 구성원들과 관련된 금융 스캔들은 좌파의 봉기가 해내지 못한 일을 해냈다. 정부는 무너졌고 임시 내각이 1936년 2월 16일에 치러질 새로운 선거를 준비했다.

공화국의 헌법 구성을 고려하면, 국민 투표에서 조금만 변화가 나타나도 코르테스의 구성이 크게 변할 수 있었다. 당시 투표에서 후보자들은 개인이 아닌 명부slate 단위로 출마했다. 지역에서 한쪽 명부가 당선되면, 득표 차에 관계없이 해당 지역의 대표자 중 80퍼센트를 그 명부에 속한 후보자들이 차지해 코르테스로 갈 수 있었다. 이 방식은 새 정부가 입법에 필요한 의원 수를 확보할 수 있도록 보장했지만 필연적으로 득표율을 반영하지 못할 수밖에 없었다. 1936년 2월 16일

공화주의자, 사회주의자, 공산주의자의 인민전선 연합이 정부를 장악했지만, 이들의 전국적 득표율은 50퍼센트에도 미치지 못했다. 연합의 지도자들이 선거 전에 합의했던 대로, 마누엘 아사냐는 공화주의자들만으로 구성된 정부를 꾸렸다. 국민이 급격한 정책 변화를 두려워할 것에 대비한 조치였다.

아사냐 정부의 초기 조치는 그런 두려움에 전혀 대응하지 못했다. 선거가 끝나고 일주일도 채 안 되어 1934년의 폭동과 관련된 인물 전원을 사면한 것이다. 정부는 또한 자치를 추구하는 지역의 운동을 지지해, 갈리시아와 바스크 지방에서 그러한 쟁점을 국민투표에 부치도록 도왔다. 정부가 국가를 분열시키려 한다는 의심은 특히 정치판 바깥과 군부의 우파 지도자들을 두려움에 빠뜨렸다.

한편 코르테스 내부에서는 연립 내각의 통치를 보장하기 위해 여러 책략을 써가며 소수의 손아귀에 더 많은 권력을 쥐여주려고 했다. 사회주의 지도자 인달레시오 프리에토는 1931년부터 공화국 대통령직에 있던 사모라를 축출하기 위한 선거를 준비했다. 아사냐가 대통령이 되었고, 그의 친구인 갈리시아 출신 산티아고 카사레스 키로가가 수상직에 앉았다. 이 소심한 책략은 결국 연합 내각이 공화주의자와 사회주의자들의 소규모 집단밖에는 통치할 수 없도록 제한하는 결말을 맺었다. 이는 정부에 대한 코르테스의 지지를 약화했다.

설상가상으로 새 정부는 법적 권한을 쥐고서도 질서를 유지할 수 없었다. 1936년 봄부터 초여름까지 스페인의 대도시에서 여러 불법 시위가 좌파와 우파의 충돌로 이어졌고, 교회와 성직자들도 산발적으로 공격당했다. 3월에 정부는 팔랑헤당을 무력화하기 위해 호세 안토니오 프리모 데 리베라를 체포했고, 6월에는 그로 인한 위험을 덜기 위해 마드리드에서 알리칸테로 이송했다.

'돌격대'라 불린 공화국의 치안부대는 폭력 사태를 진압할 수 없었고, 정부는 전통적인 치안 세력인 군대와 민병대가 우파의 소동에 맞서리라고 믿지 않았다. 여름이 되었는데도 도시의 길거리 폭력 사태는 조금도 수그러들지 않았고 정부는 이를 멈출 힘이 없어 보였다. 시골에서는 유휴 토지의 몰수가 법적으로 허가되어 무장한 농부들이 법의 테두리 밖에서 이를 탈취할 길이 열렸다. 지주들은 공화국 정부가 그런 농부들을 막는 데 전혀 관심이 없는 것은 아닌지 의심했다.

군에서는 단호한 계획을 세운 작은 단체가 만들어져, 국가 붕괴의 가능성과 민간인의 무능력한 통치로부터 나라를 보호해야 한다고 주장하며 군사 쿠데타를 조직적으로 지원했다. 1920년대와 1930년대의 유사한 음모들의 실패를 반복하지 않기 위해 몰라 장군이 공모자들을 주도하여 매우 주의 깊게 계획을 세웠다. 몇몇 주요 사령관이 음모에 가담했지만 당시 카나리아제도에 파견되어 있던 프란시스코 프랑코는 계획이 점차 진행되고 쿠데타가 임박했다는 소문이 도는 동안에도 조심성을 유지했다.

마드리드의 혼란은 7월 둘째 주 임계점에 다다랐다. 7월 12일 저녁, 우익 암살자가 공화국 돌격대 중위 호세 카스티요를 암살했다. 자정이 지나 좌파가 복수를 감행했다. 용의자들을 일망타진하는 동안 돌격대의 분견대가 에스파냐행동의 호세 칼보 소텔로를 체포했다. 아침에 벌집이 된 그의 시신이 지역 묘지 입구에 버려졌다. 칼보 소텔로가 죽고 호세 안토니오가 알리칸테에 수감되자, 우익에는 그들을 대신할 만큼 지명도가 충분한 민간인 지도자가 없었다. 군의 공모자들은 드디어 때가 되었다고 생각했다.

7월 17일 금요일 오후 5시, 마침내 프랑코가 음모를 실행함으로써 모로코에서 반란이 시작되었다. 이튿날 몰라는 스페인에서 인민전선의 전복을 선언했다. 1820년의 군부 쿠데타는 정부가 항복하자 거의 즉시 성공했지만, 수상 카사레스는 항복할 마음이 없었다. 대신 그는 7월 18일 저녁에 사임했다. 디에고 마르티네스 바리오가 수상으로 취임해 반란군과 협상을 시도했으나 성공하지 못했다. 그는 군대가 정부를 보호할 거라 믿을 수 없었지만, 반란군과 싸우기 위해 시민들을 무장시키고 싶지도 않았다. 그 역시 사임했다. 대학의 화학 교수 호세 히랄이 7월 19일에 수상이 되었고, 국가 무기고에 명해 노동조합 및 정치 정당과 관련된 다양한 민병대에 무기를 내주었다. 이렇게 군사 반란은 내전이 되었고, 스페인 전역의 반군과 평범한 시민은 모두 편이 나뉘었다.

모든 분노, 좌절, 계층 간 적대감, 거기에 적어도 한 세기 동안 사회를 좀먹었던 여러 세력이 분쟁 속으로 쏟아져 들어가면서, 스페인내전은 유럽 역사상 최악의 내전이 되었다고 해도 과언이 아니다. 개인은 신앙, 정치 이데올로기, 경제적 계층, 직업, 가문의 내력 등을 근거로, 또는 이 모든 요소를 조합해 본인이 무엇에 진정으로 충성하는지를 규정했다. 하지만 많은 시민은 자기가 살고 있던 지역을 장악한 진영에 적응할 수밖에 없었다. 어떤 이들은 한 진영에 서서 싸우려고 다른 진영의 통제를 벗어나는 과정에서 목숨을 걸었다. 다른 곳의 내전들과 마찬가지로 스페인내전은 가족과 공동체를 산산이 부숴놓았다. 강한 신념, 공포, 개인적 반감, 야심, 비겁함, 혹은 온갖 수많은 다른 동기로, 이웃들은 서로를 공격했다. 내전은 억압된 분노와 과거의 증오 곁에 참상에 대한 기억을 새로이 만들어냈다.

전쟁은 거의 3년간 계속되었고 막대한 사망자를 냈다. 반군은 잘 조직되어 있었고 군부 대부분이 그들 편이었다. 그렇다 해도 공화국 정부는 나라의 자원과 해군의 대부분을 통제했으며, 국제사회에서 도덕적 우월성을 주장할 수 있었다. 처음에는 어느 진영이 승리할 가능성이 높은지 분명하지 않았다. 반군은 남부의 세비야, 북부와 서북부의 구카스티야와 갈리시아, 동북부의 나바라와 사라고사를 중심으로 국토의 약 3분의 1을 즉시 장악했다. 공화국 정부는 엑스트레마두라에서 지중해 연안까지, 마드리드와 스페인 중부 거의 전체를 장악했다. 반군은 국민군이라 불렸으며, 내전 초기 네 달 동안 사방에서 공격을 개시해 세력을 더해갔다. 하지만 1936년 11월 초 격렬한 공세를 펼치고도 마드리드를 장악하는 데는 실패했다. 정열의 꽃La Pasionaria이라 불린 돌로레스 이바루리가 맹렬한 연설을 펼쳐 수도를 방어하는 이들을 격려했다. 거기에 유럽과 아메리카에서 공화군을 도우려는 자원자들이 스페인으로 건너와 마드리드 방어에 이바지했다. 이들 국제여단에는 각국의 역사적인 영웅의 이름이 붙었으며, 민족주의로 대표되는 파시스트의 위협에 맞서 민주적인 자유를 수호한다는 공화국의 이미지를 강화했다.

유럽과 미국의 민주정 또한 파시스트의 위협을 인식했지만, 스페인의 갈등이 더 광범위한 대치 국면으로 치닫는 것을 피하고자 했다. 영국과 프랑스는 1936년 여름에 내정불간섭 조약을 주관했으며, 런던에서 조약 위원회의 감독 아래 27개국이 이에 서명하고 어느 쪽도 돕지 않겠다고 선언했다. 파시스트 이탈리아와 나치 독일도 조약에 서명했지만, 이는 공공연하게 국민군을 지지하기 위한 연막에 불과했음이 명백하다. 반란 시작부터 이미 독일과 이탈리아의 비행기들이 모로코에서 스페인으로 부대를 이송했던 것이다. 미국은 1937년 5월 1일 자체적으로 중립법을 통과시켰지만 텍사스컴퍼니(훗날의 텍사코)와 같은 민간 기업들은 계속해서 국민군에게 석유 제품을 팔았다. 다른 곳의 민간 기업들 또한 경제적 이익을 좇아, 어느 진영이든 돈을 내기만 하면 군수품 등 전쟁 물자를 공급했다.

민주국가들 가운데 공개적으로 공화군을 원조한 나라는 라사로 카르데나스 대통령 치하의 멕시코뿐이었다. 공화군의 또 다른 동맹국은 이오시프 스탈린 치하의 구소련이었는데, 스페인공화국을 돕기보다 소비에트 연방과 코민테른을 보호하는 게 목적이었다. 결국 구소련은 전쟁 초기 2년 동안 약 2000명을 스페인에 보냈으며 그중 절반은 전투원이고 나머지는 정치 첩보원이었다. 대신 공화국은 1936년 11월 보상 겸 보관을 목적으로 스페인 은행의 금을 전부 모스크바로 보냈다.

1936년 가을, 마드리드 장악에 실패한 국민군은 다른 곳으로 눈길을 돌렸다. 국민군은 1937년 2월 세비야에서 남부를 가로질러 말라가까지 진군해 1937년 봄과 여름에 북부에서 대규모 공격을 개시했다. 1937년 봄 무솔리니는 에티오피아를 정복하고 나서 당시 국민군 수장이었던 프랑코에게 이탈리아군 수천 명을 지원해주었고 프랑코는 이를 수락했다. 내정불간섭 조약을 위반하지 않기 위해 '자원군'이라 불리던 이탈리아군은 1937년 3월 과달라하라 전투에서 다수의 사상자를 냈다. 얄궂게도 그곳에서 이탈리아군을 맞이한 적들 중에는 공화군 측의 진짜 자원군이 있었다. 전체 내전 기간에 무솔리니는 약 12만 명의 군사를 스페인에 보냈는데, 적어도 5만 명의 사상자가 발생했다. 독일은 총 2~3만 명을 파견했지만 공군의 콘도르 군단을 통해 병력을 안팎으로 순환시켰다. 그렇게 함으로써 히틀러는 병력을 동시에 파병하지 않고도 가능한 한 많은 전투 경험을 쌓게 할 수 있었다.

1937년 봄 콘도르 군단과 이탈리아 전투기 몇 대가 바스크 지방의 작은 소도시 게르니카를 폭격하면서 북부 공격은 결정적인 전환점을 맞았다. 주민이 약 5000명이었던 이 소도시에는 군수품 공장과 빌바오로 이어지는 전략적으로 중요한 다리가 있었다. 바스크인들에게는 역사적으로 아주 큰 의의를 지닌 곳이기도 했다. 게르니카의 커다란 참나무는 바스크의 정체성과 자치의 염원을 나타내는 강력한 상징이었다. 4월 26일 오후에 게르니카로 발사된 소이탄으로 도시의 70퍼센트가 파괴되고 주민의 5퍼센트(약 250명)가 죽었다. 다리와 군수품 공장과 참나무는 국민군이 요구한 대로 여전히 서 있었다. 이 폭격 때문에 국제사회가 격분했고, 국민군 내부에서도 카를로스파와 바스크 지지자들이 분노했다. 이에 직면한 프랑코는 본인이 폭격을 요청했다는 사실도, 폭격 계획을 알고 있었다는 사실도 오랫동안 부인했다. 그럼에도 역사가들은 결국 공습에 대한 그의 책임을 입증하는 압도적인 증거를 발견했다.

프랑코의 국민군은 1937년 6월에 빌바오를, 8월에 산탄데르를, 10월에는 히혼을 장악했다. 북부 지방에서 공화군의 저항을 약화시키기 위해 계획된 게르니카 폭격은 목표를 달성했다. 빌바오는 싸움 없이 항복했고, 역사가들은 북부에서 바스크민족주의당PNV이 자기네 지역에 더 이상 피해가 가지 않도록 비밀리에 국민군과 이탈리아군에 협조해 그들의 승리를 앞당겼다는 설득력 있는 증거를 발견했다. 바스크 민족에게 자치권을 가져다준 바스크민족주의당이 공화국을 배신했다는 사실은 스페인내전의 복잡한 성격을 분명히 보여준다. 외부인들은 스페인내전을 국민군 대 공화군 혹은 파시즘 대 민주적 자유라는 용어로 간단히 규정할 수 있었다. 하지만 당사자들은 증오와 다층적인 충성심, 적대감이 얽힌 비현실적인 복잡함을 경험했다. 양측의 광신자들은 적에 대항하는 연합 전선을 꾸리기 위해 의심을 한쪽으로 치워놓았을 것이다. 성실한 선남선녀들은 나라가 분열되자 자신들이 처한 상황에 대한 분노에 있는 그대로 맞닥뜨려야 했다.

1938년, 공화군은 단호한 군사작전을 몇 차례 펼쳤음에도 국민군에게 계속 기반을 내주며 후퇴했다. 국민군은 스페인 중앙부를 가로질러 동쪽으로 진군해 4월 중순에는 바르셀로나 남부의 지중해 연안에 다다랐고, 마드리드와 발렌시아를 연결하는 회랑지대로부터 카탈루냐를 고립시켰다. 공화군은 7월부터 11월까지 에브로 전투로 알려진 대규모 반격을 개시했다. 공화군에게 한창 중요한 이 시기에 소비에트연방이 원조를 중단했다. 네빌 체임벌린이 이끌던 영국은 1938년 9월, 나치의 체코슬로바키아 점령에 제재를 가했다. 스탈린은 독일의 공격에 직면하는 게 시간문제일 따름이라는 것을 알았다. 공화군에 대한 지원을 철회해 내정불간섭 조약을 고수하고 히틀러의 비위를 거스르는 단초를 제거함으로써 스탈린은 만일의 사태를 연기할 수 있기를 바랐다.

국민군은 에브로강 유역 공화군의 저항을 뚫은 뒤 1938년 12월 말에서 1939년 2월 말 사이에 카탈루냐를 정복할 수 있었다. 그 시점에 영국과 프랑스는 프랑코 장군을 스페인의 지도자로 인정했다. 내전은 거의 끝나가고 있었다. 공화국 정부의 잔존자들이 마드리드에서 필사적으로 저항했지만, 국민군은 3월 말 수도에 입성했다. 미국은 영국과 프랑스보다 한 달 늦은 1939년 4월 1일에 프랑코 정부를 인정했다.

하지만 스페인내전에서 군사작전이 벌어진 시간의 순서는 단지 역사의 단면만을 보여줄 따름이다. 스페인 군대와 외국 군대가 전장에서 싸우는 동안 전국에 걸쳐 다른 투쟁들이 펼쳐졌다. 군사 반란 초반에 국민은 싫든 좋든 결국 어느 한편에 서게 되었고, 의도에 따라 선택하는 호사를 누린 사람은 거의 없었다. 그 이후 양 진영 모두 자신들이 통제하는 지역에서 민간인의 지지를 모으기 위해 애썼다. 국민군 세력에게 이는 공화국과 관련된 혼란을 매듭지을 만큼 안정적이고 효과적인 정부를 조직하는 것을 의미했다. 빈틈없는 군 지도자라는 프랑코의 배경은 그가 영토와 시민에 대한 지배권을 확립했을 때 큰 도움이 되었다. 1936년 7월 18일 반란이 일어나고 며칠 후, 국방위원회가 부르고스에 모여 군권과 국민파 정부 수반으로서의 권력을 프랑코에게 이양했다. 10월경에 그는 그러한 권한을 넘어 국가 수장이 되었다. 그는 군사정부를 조직하고 반공화주의적 감정의 여러 가닥을 의도적으로 자신의 손아귀에 그러쥐었다.

공화국에게서 적대적인 대우를 받은 로마가톨릭교회의 고위층은 대부분 시작부터 반란을 지지했다. 1937년 7월 반란을 불신에 대항하는 현대의 십자군이라 규정한 서한에 스페인의 주교들 중 두 명을 제외한 전부가 서명했다. 그럼에도 바스크 지역의 상당수 성직자는 자치운동을, 따라서 공화국을 공개적으로 지지했다. 프랑코에게 바스크와 카탈루냐의 자치운동은 저주였다. 그는 국가를 분할할 수 없는 하나의 단위로 규정하고, 국가를 지탱하며 외부의 영향력(특히 소비에트 연방의 공산주의 정권)에 저항할 시민의 애국심을 요구했다.

의회에서 분열과 혼란만 초래하며 다투는 대신, 프랑코는 하나의 정당 아래 모든 합법적인 이익집단을 대표하는 질서정연하고 효과적인 정부를 세우리라 약속했다. 호세 안토니오 프리모 데 리베라가

1936년 11월 20일 공화군에 의해 살해당하자, 프랑코는 호세 안토니오의 행적을 따와 자기 정부의 주요 특징으로 삼을 기회를 얻었다. 그의 주도하에 지지자들은 호세 안토니오가 약속했던 변혁, 즉 사회 정의, 공평한 임금, 무엇보다 국가의 질서 유지를 바랄 수 있었다. 프랑코는 멋진 솜씨로 호세 안토니오의 여동생 필라르 프리모 데 리베라에게 팔랑헤당의 여성부를 맡겼다. 필라르를 따르는 여성들은 프랑코와 그의 목표에 헌신하며 강력한 세력이 되었고, 음식을 나누어주고 부상자들을 돌보고 국민파를 지지하며 스페인 전역의 여성을 조직했다. '오래된 셔츠들'이라 불린 가장 급진적인 팔랑헤당원들이 장악당하지 않기 위해 반란을 일으키자 프랑코는 반란을 진압하고 주동자 마누엘 에디야를 처형했다.

다음으로 프랑코는 카를로스파의 지지를 확고히 하고 그들과 세를 합쳐 팔랑헤당을 통합팔랑헤당FET y de las JONS으로 바꾸었다. 1937년 4월 무렵에는 팔랑헤당이 선포한 27개 정강에 따라 규정된 새 정부의 원칙들이 대부분 자리를 잡았다. 정부의 사회 정의 프로그램은 대중의 마음을 끄는 것이 목표였지만, 프랑코는 이 정책이야말로 가장 중점적으로 조직되고 시행되어야 할 것임을 명백히 했다. 군대는 전쟁터에서 싸우고, 팔랑헤당이 나라를 운영하면서 후방에서 지원한다는 공식은 국민파 전체의 대의명분에 매우 효과적이라고 판명되었다.

공화파 측에서도 사회 개혁을 지지했다. 실제로 많은 공화주의자가 이룩한 눈에 띌 만한 업적은 대부분 힘없는 이들에게 힘을, 땅 없는 이들에게 땅을, 모두에게 사회 정의를 제공한다는 목표를 추구했다. 하지만 공화국이 촉발한 염원은 내전이 벌어지는 동안 통합보다는 분열을 일으키는 것으로 드러났다. 지역 자치는 반란에 대한 조직적인 저항이라는 요구와 충돌을 일으켰다. 자유과 임금 인상은 전시 생산 체제라는 긴급 사태와 충돌을 일으켰다. 설상가상으로 노동운동의 가장 급진적인 요소들은 원칙적으로 부르주아 공화국에 반대했다. 공화파 내부의 이런저런 투쟁은 국민파의 승리에 일조했다.

내전이 벌어지는 동안 공화파 정부는 연이은 위기로 휘청거리며 조화를 이룰 수 없는 일련의 목표들을 조화시키려고 애썼다. 바스크와 카탈루냐에 부여된 자치권은 공화국의 통합에 어긋났고, 이를 철회하기로 한다면 그들의 지지를 송두리째 잃어버릴 터였다. 사회변혁의 약속은 여러 좌파 파벌의 충성을 이끌어냈지만, 전쟁에서 승리하기 위해서는 약속을 연기할 필요가 있었다. 이는 공화국의 가장 열렬한 지지자들을 배제할 위험을 무릅쓰는 일이었다. 하지만 공화파가 진정으로 사회변혁을 북돋웠다면 부르주아 민주주의 국가들은 분명 내정불간섭주의를 포기했을 것이다. 새로운 위기가 닥쳐오고 전장에서 비보가 들려올 때마다 공화국 지도부는 계속 싸울 만한 의지를 지닌 듯 보이는 이로 대체되었다.

공화주의자들로만 구성된 호세 히랄 정부는 겨우 1936년 9월 4일까지만 유지되었고 군사 반란을 억누를 수 없는 무능력으로 인해 내부가 파괴되었다. 그때 노동자총연맹 위원장 프란시스코 라르고 카바예로가 사회주의자를 위주로 정부를 구성해, 노동자들의 충성심을 담보하는 수단으로 삼기 위해 사회변혁을 뒷받침했다. 공화주의자들도 라르고의 정부에 계속 참여하기는 했지만 좌파로의 전환을 거북해하는 이들도 있었다. 1936년 4월, 전국노동총연맹의 무정부주의자들이 정부에 참여했고, 이틀 뒤 국민군이 마드리드의 서쪽 방어 시설에 맹공격을 퍼붓자 정부는 비교적 안전한 발렌시아로 이동했다. 호세 미아하 장군과 마드리드 국방위원회가 국제 여단의 지원을 받아 국민군을 물리치기는 했지만 공화국 정부는 발렌시아에 계속 머물렀으며, 서부 유럽에서는 처음으로 공산주의자들이 정부에 합류했다.

이듬해 봄, 1937년 5월 첫째 주 거의 내내 사회를 변혁하려는 움직임이 바르셀로나를 휩쓸었다. 사실상 아라곤을 지배했던 전국노동총연맹과 마르크스주의통일노동자당POUM으로 알려진 혁명적인 마르크스주의자들의 민병대가 폭동을 이끌었다. 이로써 바르셀로나 거리는 국민파와 공화파의 전선에서 멀리 떨어진 국내의 교전지역이 되었다. 영국의 급진적인 작가 조지 오웰은 POUM 편에서 싸우기 위해 스페인에 왔고, 조직의 순수함에 고무되었다. 그는 바르셀로나에서 폭동을 겪고는 훗날 환멸, 공포, 절망의 소용돌이로 빨려 들어갔던 씁쓸한 경험을 『카탈루냐 찬가』로 남겼다. 그렇지만 그가 그곳에서 벌어졌던 일들을 진정으로 이해했는지는 의문이다.

라르고 카바예로는 바르셀로나의 폭동을 진압하는 것 외에는 선택의 여지가 없었으며, 공화파의 가장 충성스러운 지지자들을 대부분 배제할 수밖에 없었다. 그러자 5월 15일 사회주의자, 공산주의자, 공화주의자들이 연합해서 투표를 통해 라르고를 실각시키고 공산주의자들이 주도권을 잡았다. 당시 당원이 1만 명 이상이었던 스페인공산당PCE은 얄궂게도 좌측의 다른 정파들보다 급진적이지 못했다. 지도자들은 농업 집산화集産化 등의 혁명적 행동에 반대했고, 단기적으로 전쟁 준비에 효과적으로 총력을 기울이는 것이 더 중요하다고 주장했다.

5월 17일 공산주의자의 지지를 얻었던 사회주의자 후안 네그린은 새 정부를 구성하고 무엇보다 전쟁에 이기기 위해 전념했다. 그는 바르셀로나의 폭동에 책임이 있는 좌파 단체들에 재빨리 대처해, 6월 중순에 POUM의 지도부를 체포했다. 그중 한 명인 안드레스 닌이 감금되어 있다가 사망하여 정부의 도덕적 권위는 약화되었다. 8월 11일 네그린은 전국노동총연맹이 지배하는 아라곤 평의회와 그들의 혁명적인 코뮌을 해산했다. 나흘 뒤 정부는 군사정보국SIM이라 불리는 첩보 기관을 신설해, 좌파 우파 가리지 않고 공화국의 배반자를 색출하는 데 전념했다.

그 시대의 특별한 상황에서는 네그린 정부가 여타의 수많은 대안 정부보다 훨씬 더 온건해 보였다. 중앙을 통제하는 것은 물론 전쟁 준비를 위해 혁명을 연기하는 쪽을 선호했기 때문이다. 하지만 네그린은 당연히 친소련, 친공산주의자였다. 더욱이 소련의 지지를 유지하기 위해 그는 러시아의 압력(직접적으로든 스페인공산당을 경유해 간접적으로든)에 승복하곤 했다. 스탈린은 지지자들을 숙청하는 과정에 있었고, 그 소식은 스페인의 여러 좌익 정파 사이에서 네그린 정부에 대한 지지를 약화시켰다.

지지는 약해졌지만, 네그린은 완강하게 버텼다. 1937년 10월, 그는 혁명적 정파였던 노동자총연맹을 탄압하고 라르고 카바예로를 그 수장 자리에서 축출시켜 감옥에 보냈다. 얼마 지나지 않아 무정부주의자들이 정부를 떠났다. 지지도가 꾸준히 하락하자 네그린은 10월 말 공화국 본부를 발렌시아에서 바르셀로나로 옮겼다. 1938년 4월, 네그린 정부 최후의 온건 사회주의자 인달레시오 프리에토가 러시아의 영향력 증대에 반대해 사임했다. 1938년 8월에는 마지막 남은 공화주의자였던 바스크인 마누엘 이루호와 카탈루냐인 아르테미오 아이과데까지 사임했다. 그 후 네그린이 이끈 내각에는 공산주의자와 소수의 좌익 사회주의자밖에 남지 않았다. 1938년 9월 소련이 공화국에 대한 지원을 멈추자, 네그린 정부는 국민군이 다가오는 동안 홀로 고립되었다.

1939년 2월 프랑코가 국경에 근접하기 2주 전, 네그린 정부는 피레네산맥을 넘어 프랑스로 도주했다. 영국과 프랑스가 프랑코 정부를 인정한 이튿날인 2월 27일, 공화국 대통령 마누엘 아사냐가 사임했다. 네그린은 발렌시아로 되돌아가 싸움을 계속하기로 결정했다. 마드리드에서는 3월 5일 세히스문도 카사도 대령이 공화파 정부에 대항해 반란을 일으켰으며, 공화군과 스페인사회노동당의 훌리안 베스테이로 같은 민간인 지도자들로 구성된 정파의 지지를 받았다. 동시에 그들은 국민파와 교섭을 시도했다. 그 무렵 서쪽에서 프랑코가 마드리드로 접근하고 있었다. 그에게는 공화주의자들의 내분에 박수를 보낼 만한 이유가 충분했지만, 무조건적인 항복 외에는 어떤 것도 받아들일 이유가 없었다.

전쟁으로 엄청난 인명이 희생되었다. 1930년에 스페인 인구는 2370만 명이었다. 1940년에는 2590만 명으로 집계되었지만, 이 숫자는 전쟁과 그 여파로 인한 참상을 감춘 것이다. 1936년에서 1943년 사이에 적어도 50만 명의 스페인 사람이 죽었다. 주의 깊은 추산에 따르면 그 가운데 약 10만 명이 전투 중에 사망했다. 나머지는 공습(1만 명), 질병과 영양실조(5만 명), 양측의 처형과 보복 행위로 목숨을 잃었다. 공화파 지역의 무장 단체들은 정치적인 이유로 약 2만 명을 죽였다. 그중 약 6800명이 성직자였고, 1000명이 민간인 경비대였으며, 2000명이 팔랑헤당원이었다. 나머지는 좌파든 우파든 다양한 정치적 색깔을 띤 일반 시민이었다.

국민파 지역에서는 희생자 수가 훨씬 더 많았지만, 국민파는 거의 예외 없이 공화파만을 노렸다. 1939년 3월 말 프랑코의 군대가 마드리드에 입성했을 때는 이미 전쟁 중 즉결 처형에 더해 정치책임조사위원회가 '스페인의 적'을 색출하기 시작한 시점이었다. 1939년부터 1943년까지 20만 명으로 추산되는 공화주의자가 일부는 처형으로, 또 일부는 감옥에서 질병으로 죽었다. 만일 공화파가 승리했더라면 더 자비로웠을지는 분명치 않다. 공화파의 커다란 비극은 그들이 때로 자기편도 죽였다는 것이며, 이 비통하고 신랄한 유산은 현재까지 이어지고 있다.

스페인내전이 끝나고 30년 동안, 무력감이 좌파의 내분을 부채질했다. 전쟁의 승자인 프란시스코 프랑코 장군이 그토록 오랫동안 스페인에서 정권을 잡았던 이유다. 서양의 민주국가들은 그를 독재자로 인식했지만 아무도 그에게 맞서지 않았다. 스페인 내부에서는 국민 상당수가 프랑코 정권의 목표에 동의했다. 그를 싫어했던 이들은 물론 그가 대표했던 거의 모든 이가 더 이상 내전을 원하지 않았다. 프랑코가 어떻게 그리 오랫동안 통치했는지 이해하려면 그의 정권이 어떻게 기능했는지 이해할 필요가 있다.

1892년에 태어난 프랑코는 매력적인 인물은 아니었지만 모로코 전쟁에서 용맹을 떨쳐 군에서 일찍이 두각을 나타냈으며, 지휘에 천부적인 재능이 있었다. 1936년 7월 군사 반란이 일어날 때까지 프랑코는 전 유럽 군대를 통틀어 가장 어린 나이에 장군이 된 인물이었다. 사실상 나폴레옹 이후 최연소 장군이었다. 반란을 장악한 이후, 그는 자신의 정권을 규정할 일련의 입장을 진전시켰다. 국가 통합이 핵심이었으며, 분열을 초래하는 정치는 설 자리가 없었다. 사실상 프랑코는 민주주의, 사회주의, 무정부주의, 공산주의, 프리메이슨주의까지도 스페인의 진정한 특성에 맞지 않는 이국의 운동으로 여겼다. 그의 독재는 정치 정당 대신 가족과 지역 공동체, 로마가톨릭교회와 일터를 통해 시민의 정체성을 발전시켰다. 그의 정권은 사유재산의 권리를 존중하고 자본주의를 지지했지만, 앞으로 보게 되듯 필요에 따라 국가가 경제에 관여했다.

프랑코의 오랜 독재 기간 대부분 팔랑헤당의 총수가 나라의 행정을 감독했다. 노동자와 고용주를 모두 아우르는 연합체들이 모든 종류의 노동조합을 대신했고 1938년 노동법Fuero del trabajo의 지배를 받았다. 1940년 1월, 프랑코는 직업조합통합법에 따라 연합체들의 통제권을 팔랑헤당에 넘겼다. 1942년 코르테스법에 따라 그는 코르테스를 정권의 이익에 명백히 영합하는 자문기관으로 재건했다. 프랑코는 내각의 자문을 받는 국가 수장이자 정부 수반이었으며, 코르테스는 부르봉왕가 치하의 18세기처럼 다시 수동적인 역할을 맡았다.

일부 역사가는 프랑코가 무솔리니와 히틀러 못지않은 파시스트였다고 주장하지만, 그는 분명 주변에 개인숭배의 분위기를 구축하기에는 카리스마가 부족했다. 그러기를 바랐을 테지만 말이다. 무엇보다 그는 군 장교이자 반공산주의자였고, 훗날 본인의 주장대로라면 군주제 지지자였다. 그는 자신의 통치 체제를 전통적인 용어로 '유기적 민주국가'라고 묘사하곤 했지만, 그 용어가 지닌 전통적인 의미는 제거해버렸다. 정치학자들은 프랑코 정권을 독재 정권으로 받아들이고 나치 독일과 소련 같은 전체주의 독재의 표준 유형에 애써 끼워 맞췄다. 1964년에 정치학자 후안 린츠는 스페인을 특징짓기 위해 권위주의 정권이라는 새로운 범주를 규정했다. 그 이후로 학자들은 현대의 다른 정권들을 묘사하는 데에도 이 용어를 채택했다.

권위주의 정권은 몇 가지 특징으로 정의될 수 있다. 전체주의 국가들과 달리, 프랑코 정권은 시민이 통제된 정치활동에 활발히 참여하도록 조장하지 않았다. 대규모 집회도 거의 없었고, 정권이 수립되고 나서는 시민의 활동적인 참여보다 수동적인 묵인을 목표로 했다. 더욱이 사상 감시에는 전혀 자원을 들이지 않았다. 대신 지도부는 사회 안정을 유지하고 다음 세대를 만들어가기 위해 전통적인 제도의 힘에 의지했다.

로마가톨릭교회는 프랑코 정권의 전통적 구조 아래 초석을 이루었다. 19세기 이후 기존 교회는 거의 틀림없이 맹공격을 겪었고, 고위층들은 프랑코 장군의 든든한 동맹 역할을 기쁘게 받아들였다. 이 정권은 또한 군대 조직, 귀족, 카를로스파, 농업, 산업, 은행의 경제적 지배층과 같은 다른 전통 세력도 지지했다. 이러한 제도 내에서 개인은 정권에 반대하지 않는 이상 대개 자유롭게 이익을 추구할 수 있었다. 가족, 교회, 노동 연합체와 더불어 이들 전통적 제도는 사회적·경제적 안정을 가져왔고, 이에 따라 정권에 대한 수동적인 묵인을 제공했다. 심지어 반대자들 측에서도 마찬가지였다.

프랑코는 정권 내에서 다양한 이익단체가 관심과 지원을 놓고 경쟁하는 것을 용인했을 뿐 아니라 조장하기도 했다. 내부 충돌이 거의 드물고 오래 지속되지 않는 경향이 있는 전체주의 국가와 달리 프랑코 정권은 경쟁적인 목소리들 덕에 조건에 따라 변할 수 있었지만, 구조를 전체적으로 불안정하게 할 만큼 갑작스럽게 바뀌지는 않았다. 더욱이 내부 경쟁을 통해 간부단 중 어느 누구도 프랑코의 지배에 위협이 되어서는 안 되었다. 이는 물론 15세기의 페르난도와 이사벨에서부터 18세기의 카를로스 3세까지 과거의 실질적인 군주들이 이용한 것과 동일한 원칙이었다.

프랑코 정권 지배층으로의 진입 경로는 크게 열려 있었으며, 다양하고 예측이 불가능했다. 다시 말해 야심 있는 지도자들은 성공을 위해 팔랑헤당에 속하거나 군대에 들어갈 필요가 없었다. 최고의 자리에 오른 이들 가운데 대부분은 법학 학위 소지자였다. 이외에는 교육자이거나 경제학 등의 전문 기술 분야에서 훈련받은 이들이었다. 그들의 전문 기술이 필요할 경우 프랑코는 지휘권이 있는 자리에 그들을 임명하고, 성공을 거두는 한 지원했다.

전반적으로 프랑코 정권은 전체주의 국가들과 달리 정권에 공개적으로 반대하지만 않는다면 일반 시민의 여행을 염려하지 않았다. 사람들은 자기가 좋다고 생각하면 정부의 반대에 부딪히지 않고 여기저기로 이동하거나 이민을 갈 수 있었다. 사실상 인구가 증가함에 따라 경제에 가해진 압력을 완화하고 외부 소득의 원천을 제공하기 위한 방편으로 프랑코 정권은 일시적인 혹은 영구적인 이민을 활발히 장려했다. 전체주의 정권과 권위주의 정권 사이의 가장 현저한 차이점 가운데 하나였다.

종합하면, 린츠는 본질적인 특성을 잃어버리지 않고서는 커다란 변화가 불가능한 민주주의 정권이나 전체주의 정권보다 용인된 반대와 다수성을 지닌 권위주의 정권이 더 유연해질 수 있었다고 주장했다. 린츠에 따르면 권위주의 정권은 국가 구조를 심각한 혼란에 빠뜨리지 않고도 민주주의나 전체주의로 이동할 수 있었다. 앞으로 보게 되듯이, 그의 분석은 스페인이 어떻게 해서 프랑코 사후에 매끄럽게 민주주의로 이행할 수 있었는지를 예측하고 설명하는 데 일조했다.

프랑코 정권은 40년 넘게 권력을 장악하고 있는 동안 몇 단계를 거쳤다. 스페인 외부에서는 이 시기가 제2차 세계대전과 그에 따른 냉전 시대로 특징지어진다. 제2차 세계대전은 스페인내전이 끝나고 겨우 다섯 달 후에 발발했다. 프랑코는 독일과 이탈리아의 원조에 얼마간 승리를 빚지고 있었으므로, 히틀러가 1939년 8월에 소련과 불가침 조약을 맺자 깜짝 놀랐다. 스페인은 더 큰 전쟁에 참여할 수 있는 상태가 전혀 아니었다. 전쟁이 시작되자 프랑코는 공식적으로는 중립정책을 채택했지만, 그의 행동은 추축국 편이라는 입장을 무심코 드러냈다. 하지만 히틀러의 목표 가운데 진정으로 프랑코의 흥미를 끌었던 유일한 부분은 소련 공격이었다. 그는 이를 열렬히 지지해, 소위 푸른 사단División Azul을 보내 동부 전선에서 독일 군대와 함께 싸우도록 했다. 히틀러가 스페인을 통과해 지브롤터를 공격할 수 있도록 접근권을 달라고 계속 압력을 가했지만, 그는 이를 물리쳤다. 1940년 프랑스 국경에서 두 독재자가 만났을 때 프랑코가 점심 식사 후 오수를 즐기는 동안 히틀러를 기다리게 한 것은 유명한 일이다. 하지만 그는 독일에게 중요한 전쟁 물자였던 스페인 텅스텐에 대한 권리를 매각하는 데 동의했다.

1942년 어느 무렵, 프랑코는 독일이 전쟁에서 이길 수 없으리라는 것을 깨닫고 추축국에 대한 지지를 철회하기 시작했다. 그는 프랑스 등지에서 격추된 연합군의 비행기들이 스페인과 포르투갈을 지나갈 수 있도록 허락하기 시작했다. 프랑코는 살로니카의 유대인들이 15세기 스페인에서 추방된 유대인의 후손이라고 주장하며 그들에게 스페인 여권을 발행하도록 명령했다. 또한 히틀러에게 압력을 가해 그들이 재산을 가지고 떠날 수 있도록 했다. 그는 나치가 유대인을 몰살하려고 애쓰는 것에서 어떤 가치도 발견하지 못한 게 분명하다. 동유럽의 스페인 영사들도 나치에게서 벗어나려는 유대인에게 여권을 발급했고, 프랑코는 스페인에 도착한 이들이 자유롭게 포르투갈로 이동하도록 허락했으며, 그곳에서 그들은 서반구로 가는 이동 수단을 발견할 수 있었다. 이런 일들이 히틀러의 비위를 거슬렀지만, 그는 여전히 프랑코가 공개적으로 그의 목표에 합류하기를 바라고 있었기 때문에 그들을 막으려 하지 않았다. 연합국 또한 스페인을 끌어들이고 싶어 했다.

프랑코에게는 중립이 실질적인 유일한 방책으로 보였지만, 그로 인해 양측으로부터 배제될 위험이 있다는 것도 알았다. 전쟁이 끝나고 나서 스페인이 소외되지 않을까 우려한 그는 경제자립정책, 즉 전체 경제의 자급자족을 추진했다. 1942년부터 연합국 측으로 슬며시 움직이긴 했지만, 프랑코의 추측은 옳았다. 유엔의 창립 회원국들은 1945년에 스페인의 가입을 금지했다. 비슷하게 미심쩍은 여러 국가들은 가입하도록 허락했으면서도 말이다. 유럽과 미국의 수많은 정치가는 프랑코를 그 전쟁에서 살아남은 최후의 독재자라며 경멸했다. 그들은 프랑코 정권을 무너뜨릴 조치를 지지했다. 1945~1946년에는 망명 중인 공화주의자들의 호소에 고무되어 스페인 침공을 논하는 이들도 있었다. 하지만 유럽은 지쳐 있었고 미국은 전쟁을 지속할 생각이 없었다. 스페인으로 되돌아가려는 게릴라군들의 노력도 마찬가지로 실패했다. 프랑코는 정권을 유지했으며, 온갖 정치적 신념을 지닌 스페인 사람들은 그로 인해 고통을 겪었다. 얄궂게도 서구 민주국가들이 스페인을 국제적으로 격리한 탓에 실상 스페인 사람들 사이에서 (특히 프랑코가 정부를 재정립하려고 했을 때) 프랑코 정권에 대한 지지가 강화되었을 것이다.

전후 서유럽의 기독교 민주 정부에 맞춰 스페인을 조정하기 위해, 프랑코는 파시스트적 수사법과 지도력의 남은 찌꺼기들을 포기하고 평신도 조직 가톨릭행동Acción Católica과 더욱 밀접하게 협력했다. 그는 또 1945년에 스페인 사람에 대한 특별법Fuero de los Españoles으로 알려진 헌법을 공표하고 시민의 인권을 강조했다. 하지만 시민의 정치적 권리까지 다루지는 않았다. 이 중 어느 것도 국제사회에 크게 여파를 미치지 못했지만, 일부 스페인 사람들은 프랑코 정권이 느슨해지고 있다고 납득했을 것이다. 내전 이후의 혹독한 탄압은 잔존 반대파가 모두 제거되거나 포섭된 1943년에 사그라들었다. 그렇기는 해도 정권에 공공연하게 저항하는 이는 엄격한 법적 구조에 부딪혀 사소한 행동으로도 투옥당했다.

1947년에 프랑코는 군주 없는 군주제로 정권을 재정립했고, 자신의 사후 왕가가 귀환할 것이라 약속했다. 스페인 사람들은 국민투표를 통해 이를 받아들였지만, 그것으로 프랑코 정권에 대한 배척이 끝나지는 않았다. 같은 해 미국은 산산이 부서진 유럽 경제의 재건을 위해 고안된 마셜플랜에서 스페인 원조를 금지했다. 마셜플랜의 원조 대상에는 제2차 세계대전의 추축국들도 포함되어 있었다. 스페인 사람들은 그러한 원조를 나눠 갖기를 바랐으나, 마셜플랜에서 배제됨으로써 스페인의 고립을 다시 한번 굴욕적으로 상기했다. 그들은 온 세상으로부터 버림받았다고 느꼈다. 대중에 영합하는 독재자 후안 페론이 통치하던 아르헨티나만 유일하게 원조를 제공해, 소고기와 밀을 실은 여러 척의 배를 보내왔다. 1940년대에 경제자립정책은 스페인의 경제 문제를 심화시킨 것으로 보인다. 특히 회의적인 농부들이 가격

상한제에 대응해 생산량을 줄이면서 농업 문제가 발생했다. 국영산업공사INI는 외국 수입품을 대체할 국내 산업을 개발하는 데 커다란 성공을 거두었다.

　1940년대 말경 국제사회는 프랑코 정권이 계속 집권할 가능성이 높다는 것을 인정하기 시작했다. 스페인은 평화로웠고 정치적으로 안정되어 있었으며, 인구는 2800만 명을 넘어섰다. 수십만 명의 스페인 공화주의자가 망명생활을 하고 있긴 했지만 유럽과 서반구 전역에 흩어져 있었다. 더욱이 그들은 한창때의 제2공화국처럼 서로 적대적인 다양한 정파로 구성되어 있었다. 현실적으로 프랑코의 대안이 될 수 없었던 것이다.

　1950년대에 미국 진영과 소련 진영이 겨루었던 냉전은 프랑코 정권이 국제정치계에 다시 진입할 좋은 기회를 제공했다. 프랑코는 확고한 반공산주의자였기에 반소련 연합에 더욱 매력적으로 여겨지기 시작했으며, 그 매력을 자신에게 유리한 쪽으로 이용했다. 프랑코 정권은 1953년에 바티칸과 새로운 정교협약을 체결함으로써 스페인의 로마가톨릭교회에 대한 상당한 지배권을 획득했다. 같은 해 미국은 아이젠하워 대통령의 지도하에 스페인과의 쌍무조약인 마드리드 협정에 조인함으로써 경제적·군사적 지원을 약속하는 대신 스페인 영토에서 공군 기지 세 곳을 제공받았다. 마드리드 인근의 토레혼데아르도스와 동북부 아라곤의 사라고사, 서남부 세비야 인근의 모론데라프론테라가 그곳이었으며, 특별히 건설한 송유관으로 항공기에 연료를 공급했다. 협정 조항에 따라 미국은 카디스 인근 대서양 연안에 위치한 로타에 소규모 해군 기지도 건설할 수 있었다. 그 이후로 냉전이 끝날 때까지 이 시설들은 미국의 반소련 방어 계획에 극도로 중요한 연결 고리를 제공했다. 10년 넘게 고립된 끝에 스페인은 서구 민주주의 국가의 일원으로 마지못해 받아들여졌으며, 아이젠하워 대통령이 스페인을 공식 방문해 프랑코를 껴안는 놀라운 광경이 이를 분명하게 보여주었다.

쌍무조약의 필수 조항은 스페인 경제 재건에 필요한 자금을 제공했지만, 프랑코 정권은 자금의 대부분을 미국에 지불해야 했다. 주로 군사 장비의 대금이었다. 스페인 내외의 프랑코 정권 비판자들은 그 조약을 굴욕으로 여겼다. 그들의 판단에 따르면 스페인은 국토 일부에 대한 통제권을 이양하는 대신 고작 구형 군사 장비를 구매할 능력을 얻었을 뿐이었다. 비판을 염두에 둔 프랑코는 스페인에 주둔하는 미군의 영향을 제한하고 눈에 잘 띄지 않도록 하려 애썼다. 프랑코 정권은 대체로 기혼의 가톨릭 신자들만 스페인에서 복무하기를 원했으며, 기지 밖에서는 제복을 입지 못하도록 했다. 차후 스페인은 한층 더 유리한 조건으로 조약을 갱신했지만, 양측 모두 협정을 지속하는 것이 이익이라고 보았다.

마드리드 협정의 시행에 뒤이어 국제사회가 스페인을 받아들인다는 신호들이 잇따랐다. 1950년대 말경 스페인은 계속 늘어나는 조약 기구들, 즉 세계은행, 국제통화기금, 유엔 등의 가입국으로 이름을 올렸다. 1950년대에는 또한 정권 내에서 변화의 속도와 특성에 대한 토론이 시작되었고, 전면적인 개혁을 주장하는 관료들도 있었다. 내전 동안 프랑코를 지지했지만 나중에 등을 돌린 다양한 비판자의 주요 대변인으로 디오니시오 리드루에호가 등장했다. 이들의 내부 논쟁은 처음에는 아무런 결론에 이르지 못했으며, 공식 정책을 공공연하게 비난한 이들은 권력에서 배제되었다. 그럼에도 논의는 시작되었다.

프랑코 정권에 대한 가장 심각한 도전은 경제에서 비롯되었다. 경제자립정책은 완화되었지만, 정권의 목표는 여전히 다른 국가와의 협력보다는 경제적 자립이었다. 프랑코 정권은 또한 경제와 사회를 모두 안정시키기 위해 전통적인 시골생활과 사회적 가치를 계속해서 칭송하고, 야심찬 관개 사업과 미사용 부동산의 재분배 및 개간 사업을 온건하고 꾸준하게 시도하며 농업경제를 강화했다. 그렇다 해도 시골 인구는 도시로 꾸준히 이동했다. 1960년경 인구의 약 56퍼센트가 1만 명 이상이 거주하는 도시에 살았는데, 이는 1940년 이후 7퍼센트가 증가한 수치였다.

산업 분야에서 프랑코 정권은 완전 고용과 고용 보장을 후원하는 것은 물론, 국내 수요를 초과하는 노동자들이 스페인 외부에서 일자리를 구하도록 독려했다. 그러나 1950년대 말 무렵 스페인 경제는 어느 정도 성공을 거두었음에도 유럽의 이웃 국가들에 비해 뒤처져 있었다. 그 와중에 통화는 부족한데 인플레이션은 점차 심해지는 상황까지 맞았다. 1957년에 스페인은 유럽경제공동체EEC 회원국에 들지 못함으로써 당면한 상황을 개선할 수 있다는 희망이 모두 꺾여버렸다.

경제적 도전에 맞서기 위해 프랑코 정권은 통화 팽창을 막기 위한 1959년의 안정화 계획을 시작으로 대규모 사회경제적 변화를 이행했다. 1960년, 인구가 3040만 명이었던 스페인은 경영 방식을 근대화해야 했으며 그러려면 자본이 필요했다. 하지만 1962년 세계은행은 스페인이 경제 변화를 위해, 또한 외국 투자에 더 많은 기회를 제공하기 위해 근본적인 움직임을 취하지 않는 한 신용할 수 없을 것이라는 보고서를 내놓았다.

세계은행의 보고서는 프랑코 정권이 조치를 더 취하도록 몰아갔다. 프랑코는 주요 내각을 대대적으로 개혁해 유능한 경제학자 등 기술 관료들을 임명했고, 그들로 하여금 국가 개발 계획을 보완하도록 했다. 그중 라우레아노 로페스 로도와 같이 가장 두드러진 이들은 평신도 가톨릭 조직 오푸스데이Opus Dei에 속해 있었다. 1928년에 스페인 성직자 호세마리아 에스크리바 데 발라게르가 설립한 오푸스데이는 개인과 사회의 전체적인 이익을 위해 경제 발달을 촉진하는 사회 지도층의 평신도들이라고 스스로를 규정한다. 가장 눈에 띄는 회원들 중에는 특히 법, 경영, 행정 관련 분야에서 고등교육을 받은 사람이 많았다. 대체로 정치와는 무관하다고 주장하는 조직이지만, 그 구성원들은 보수적이며, 좌익 정치계는 오랫동안 오푸스데이를 음모로 가득한 불길한 세력으로 여겨왔다. 하지만 프랑코가 임명한 전문가들이 스페인 경제를 개방해 1960년대의 급속한 경제성장에 박차를 가하는 데 도움이 됐다는 데는 대개가 동의한다.

몇몇 경제 계획을 기획해 성공을 거둔 라우레아노 로페스 로도는 산업을 성장시키면 더 많은 일자리가 창출될 것을 깨닫고 농업보다 산업을 더 강조했다. 정부는 수많은 도시를 산업의 '성장거점'으로 지정했으며, 이미 상당한 산업 시설을 보유했지만 성장을 북돋울 필요가 있는 일부 도시와 산업을 새로이 육성할 계획인 곳들이 여기에 포함되었다. 북부 중앙 카스티야의 바야돌리드와 살라망카, 안달루시아의 우엘바 등의 도시가 성장거점으로 지정되었다. 마드리드, 카탈루냐, 바스크와 같이 경제를 선도하던 도시들은 계속 산업 생산의 주를 이루었지만, 전통적인 지역 격차를 줄이려는 정부의 노력은 눈에 띄게 성공했다.

정부가 산업에 투자하고, 시골의 넘쳐나는 노동자들이 외지로 이주하고, 농업이 더욱 기계화되면서 스페인의 시골 인구는 급격하게 감소했다. 이는 경제 발달을 입증했다. 1940년에는 인구 절반이 시골에 살았지만 1975년경에는 시골 인구가 4분의 1 이하로 떨어졌는데, 대부분 1960년 이후에 생긴 변화였다. 인구 변화는 산업이 성장했다는 신호였으며, 시골의 해묵은 토지 부족 문제를 해결했다. 다시 말해 농업이 기계화되어 필요 노동력이 줄어들 만큼 생산성이 충분해지면서, 그리고 노동자들이 농업 이외의 일자리를 발견함으로써 토지 재분배 문제가 무의미해진 것이다. 스페인에 자유 시장이 세워지는 동안 프랑코 정권은 유럽경제공동체에 가입하려 했고, 1962년에 처음 신청서를 제출했다. 20년 넘도록 가입을 허가받지는 못했지만, 정부는 경제를 근대화하고 나머지 유럽과 합류하기 위해 오랫동안 전념했다.

1960년대에 관광산업이 스페인 경제의 주요 외환 소득원으로 떠올랐고, 정부는 스페인을 매력적인 관광지로 홍보하려 애썼다. 특히 태양에 굶주린 북유럽이 주요 고객이었다. 해를 더해감에 따라 점점 더 많은 관광객이 그들의 관습과 사고방식을 지닌 채 스페인의 해변 리조트로 모여들었다. 프랑코 정권의 고지식한 통제에 익숙해져 있던 스페인 사람들에게 관광객의 관습은 충격적인 동시에 자극적이었다. 관광산업이 사회에 미치는 영향을 제한하기 위해 정부가 최선을 다했음에도, 스페인 사회의 여러 부분은 외국인 관광객들이 보여주는 예를 변화의 압력으로 활용하기 시작했다. 외국 학자들도 1960년대부터 계속해서 상당수가 스페인으로 유입되었다. 그중 일부는 프랑코 정권에 한층 더 합법성을 제공하는 것처럼 보인 탓에 고향에서 동료들의 반대에 부딪힌 이들이었다. 그러나 학자의 유입은 변화의 압력을 더욱 강화했을 수도 있다.

사회 변화는 종종 그 여파로 정치 변화를 요구하기도 한다. 프랑코 정권은 정부의 구조와 기능을 사소하게나마 바꿔가면서 그런 요구를 수용 가능한 정도로 유지하려 애썼다. 1962년에 프랑코는 정부의 실질적 업무를 담당할 내각 부총리직을 만들도록 승인했다. 더욱 중요한 것은 1966년에 프랑코 정권이 언론의 사전 검열을 폐지한 일이다. 전에는 사실상 영화, 연극, 등 문화적 창작물은 물론 모든 출판물까지 정부의 검열관에게 승인을 받아야 했다. 1966년 법이 제정된 이후에는 정부가 어떤 출판물을 인정하지 않을 경우 그저 압수만 해갔다. 출판인들은 그런 일이 발생하면 엄청난 손실을 겪었기에, 정권을 공공연하게 자극하지 않으려 애쓰면서 정부가 용인하는 한계를 시험했다. 전체적으로 1960년대 초의 시험적인 정치 변화들은 정권 개방으로 한발 다가서는 신호였지만, 더 큰 변화를 요구하며 커져가는 목소리를 만족시키지는 못했다.

　　스페인 경제는 1960년대에 세계로 문을 열어젖힘으로써 엄청난 성장을 누렸다. 1960~1973년 스페인은 유럽의 주변국들과 큰 차이를 내며 서구에서 가장 빠른 성장률을 보였다. 비평가들은 이 '경제 기적'이 단지 이전의 경제 후퇴를 비춘 것뿐이라고 주장하지만, 어쨌든 성장세는 인상적이었다. 그 모든 과정에서 정부는 스페인 사회의 맥박에 조심스럽게 손가락을 갖다 댄 채, 좋건 나쁘건 경제 변화가 동반할 수 있는 불안의 가능성에 주의를 기울였다. 여론연구소는 스페인 생활의 다양한 측면에 대해 수많은 여론조사를 실시했으며 사회학, 역사학 등 여러 분야의 학자들도 시골에서 도시로의 인구 이동과 같이 정치적으로 영향을 미친 주제들을 독자적으로 광범위하게 조사했다. 조사 입안자가 정권과 관련 있든 없든 정부가 조사를 후원하고 촉진했다. 그런 식으로 권력자들은 잠재적인 정치적 요구들을 포함해 정책이 미친 효과를 판단할 수 있었다.

1960년대의 변화에 대한 압력에 더해 사회와 경제가 급속히 발달하자 프랑코 정권의 경직된 정치 구조에 저항하는 지하운동도 성장했다. 스페인공산당은 1960년에 총서기가 된 산티아고 카리요의 지도하에 그런 저항에서 중요한 역할을 했다. 하지만 스페인공산당은 다른 모든 전통적인 정치 정당과 마찬가지로 여전히 불법 세력이었을 뿐 아니라 내부 저항에도 직면해 있었다. 스페인공산당 우측에서는 1968년 엔리케 리스테르가 이끄는 친소련파가 등장했고 좌측에서는 트로츠키주의자와 마오주의자들이 카리요 지도부의 비교적 온건한 입장에 반대했다. 다른 좌파 정당들도 등장했는데, 전부 비밀 정당이었지만 정부는 이들을 잘 알고 있었다. 1960년대 말 스페인의 독특한 정치 상황 아래, 다양한 반체제 정당의 지도부는 코르테스 건물 뒤편 수에시아 호텔의 바와 같은 사교적인 장소에서 공개적으로 모임을 열었다. 연대에 관한 법을 준수하는 한 정부는 그들을 내버려두었다.

1960년대 말에도 스페인의 주요 대학들, 특히 마드리드국립대학의 학생과 교수들이 프랑스와 미국 교육계의 주도하에 중대한 교육 개혁을 요구했다. 대학을 바꾸는 데는 성공했지만, 그들 대다수가 바란 대로 대학의 변화를 전반적인 사회변혁의 본보기로 활용할 수는 없었다.

정부는 노동 연합체에 대한 팔랑헤당의 통제권을 해제하고 1958년에는 제한적으로 단체교섭을 허가하는 법을 통과시켰다. 결과적으로 노동자위원회Comisiones Obreras, CCOO는 실질적인 조합으로 기능하며 소속 노동자들을 위해 협상하고 일련의 파업을 실제로 조직했다. 그렇지만 프랑코 정권은 국제 노동자 단체들과 유럽경제공동체의 요구에도 불구하고 자율적인 위원회를 만들지는 않았다. 마르셀리노 카마초가 이끄는 노동자위원회 소속 노동자들은 1960년대에 점점 더 반항하기 시작했고, 프랑코 정권은 그들이 정치계 외부에 머무르는 한 사회 평화를 위해 종종 요구를 수용했다. 카마초는 공산주의자에다 코민테른의 일원이었지만 1970년대 말까지 이를 부인했다. 모스크바에 망명 중이던 내전의 여걸, 좌파의 돌로레스 이바루리 또한 코민테른의 일원이었지만 이를 부인했다. 스페인 안팎의 좌파 지도자들은 늘 신중을 기함으로써 잠자코 정권에 순종하며 노동자의 삶을 개선하기 위해 일할 수 있었다.

1960년대에 스페인의 산업 생산량이 급속히 증가했지만, 시골에서 온 새로운 노동자들을 흡수하기에는 경제의 수용력에 한계가 있었다. 따라서 프랑코 정권은 서유럽과 바다 건너 더 선진화된 곳으로 노동자가 이주하도록 장려하고 절차를 용이하게 했다. 정부는 휴가를 맞은 스페인 노동자들을 고향에 데려오기 위해 보조금을 내어 열차를 마련하기도 했다. 노동자들은 일시적인 이주가 고향에서 폭동이 일어나지 않도록 막는 안전판 역할을 한다는 것을 잘 알았다. 그들은 스페인의 가족에게 돈을 보냄으로써 고향의 경제성장에 직접적으로 공헌했다.

1960년대 말 무렵 프랑코와 그의 정권이 장기 집권에 따른 비판을 물리치기는 했지만, 어쨌든 프랑코가 영원히 집권할 수는 없었다. 나이와 질환, 특히 파킨슨병은 그를 1936년에 정권을 거머쥔 사람의 노쇠하고 뻣뻣한 그림자처럼 보이게 만들었다. 그래서 정권은 프랑코 없이 프랑코 독재를 영구화하기 위해 준비했고, 법과 정부 체제에 사소한 변화를 도입해 더 많은 전면적인 변화에 대한 요구를 모면하려 했다. 1966년에 새로운 기본법(사실상 새 헌법)이 코르테스를 통과했고, 1967년 1월 국민투표로 비준되었다. 그런 다음 정부는 새 헌법의 주요 조항을 시행하기 위해 세 가지 중요한 법안을 통과시켰다. 첫 번째 법안은 비가톨릭 단체들의 공개적인 운영을 허락했다. 두 번째 법안은 코르테스의 의원 5분의 1을 선거로 뽑도록 했다. 그리고 세 번째 법안은 정부에서 팔랑헤당의 역할을 축소하고 그 잔재를 '운동'이라는 특색 없는 이름으로 개명했다. 1966년의 언론 사전 검열 폐지를 포함해 이러한 변화들이 은밀한 반대파가 요구하는 민주적 자유에는 미치지 못했을지라도, 프랑코 정권은 노골적인 불만을 충분히 완화시킬 수 있기를 바랐다.

어느 정도까지는 성공이었다. 하지만 얄궂게도 프랑코 정권이 추진하는 지속적인 경제 발전 또한 계속해서 사회적·정치적 변화에 대한 요구를 낳았다. 스페인의 산업 생산량은 1959년에서 1972년 사이에 연간 7.9퍼센트 성장했는데, 이 경이적인 기록을 경신한 나라는 오직 일본뿐이었다. 1956년 바스크 지역의 몬드라곤에 설립된 노동자 협동기업은 깜짝 놀랄 만큼 성공을 거두었다. 스물세 명의 노동자로 시작한 몬드라곤 계획은 성장과 발전을 거쳐 노동자가 관리하는 산업과 사회복지사업의 모범이 되었다. 기존 기업과 새로운 기업들의 활약으로 스페인 제품의 수출은 1975년경에 총 생산량의 78퍼센트까지 증가했다. 막대한 경제력을 지닌 거대 은행 조합을 통해 외국의 투자가 스페인으로 흘러 들어왔다. 관광산업 또한 거액의 외국 자본을 불러들였다. 학자들은 스페인의 경제성장에서 정부 계획이 한 역할을 놓고 논쟁을 벌이지만, 성장 자체는 기록으로 충분히 입증되며 분명 개혁을 요구하는 압력을 강화했다.

1960년대 말 서구 민주국가에서 광범위한 저항운동이 일어나고 중동의 팔레스타인인, 영국의 아일랜드공화국군이 테러를 일으키면서 다양한 저항 세력이 더 많은 것을 요구했다. 스페인에서는 '바스크 조국과 자유$_{ETA}$'라고 알려진 테러 집단이 바스크 지방의 독립을 요구하기 위해 암살 작전과 폭탄 공격을 개시했다. 정부에 대한 ETA의 대담한 도전은 대다수 스페인 사람이 폭력을 비난하는 와중에도 다른 저항의 기폭제가 되었다. 스페인 사회에서 가장 보수적인 세력과 오래도록 동맹을 맺었던 로마가톨릭교회의 고위층조차 의도적으로 프랑코 정권에서 멀어져 제2차 바티칸 공의회(1962~1965)의 진보적인 사회적 칙령을 따랐다. 스페인의 성직자와 교회 고위층들은 직간접적으로 저항 세력을 지지했다.

장차 정권을 보존하기 위해 프랑코는 1969년 7월 21일 부르봉왕가의 후안 카를로스가 자신의 뒤를 잇도록 지명함으로써 마침내 왕가를 회복시키겠다는 1947년의 약속을 이행했다. 오푸스데이의 지도자 라우레아노 로페스 로도와 프랑코의 신뢰를 받는 친구였던 루이스 카레로 블랑코 제독이 협력해 그 결정이 불가피하다며 프랑코를 설득했다. 프랑코가 후안 카를로스 왕자를 20년 넘게 마땅한 후계자로 훈련시켜온 터였지만 반대파 지도자들은 이러한 움직임을 어떻게 생각해야 할지 전혀 알지 못했다. 철저한 군주제 지지자들에게는 후안 카를로스의 아버지 돈 후안만이 유일하게 합법적인 군주였다. 완고한 카를로스파는 카를로스를 지지했다. 그럼에도 보수적인 스페인 사람 대부분은 이 결정을 환영했다고 말하는 게 타당할 것이다.

좌파 저항 세력은 이를 환영하지 않았다. 그들은 후안 카를로스를 프랑코의 꼭두각시이자 정권을 지속시키기 위한 수동적인 허수아비로 보았다. 기관지는 그가 10대 시절에 받은 군사 훈련에 대한 수많은 잡다한 이야기와 1962년 그리스의 소피아 공주와의 결혼 및 늘어가는 가족 구성원에 대해 보도했지만, 스페인 대중은 한 사람으로서의 그에 대해 아는 바가 없었다. 프랑코에 의해 후계자로 지명된 여파로 '단명왕'이 될 거라는 우스갯소리가 돌았고, 사람들은 군대가 기회 닿는 대로 그를 타도할 거라고 생각했다. 군주제 지지자들 사이에서는 검증되지 않은 왕자 대신 그의 아버지 돈 후안을 지지하는 이가 많았다. 프랑코 정권 말기에 반대파 집단에서는 이러저러한 이야기와 소문들이 넘쳐났다.

프랑코 정권은 집권 말기에 거듭 위기에 부딪혔고 저항의 움직임을 억제하려 애썼다. 1970년경 스페인 인구는 약 3400만 명까지 증가했는데 적어도 그중 절반은 프랑코 정권에 반대했다고 보아야 할 것이다. 1970년 12월 테러 행위로 기소된 ETA 무리에 대한 재판으로 인해 반대파가 세간의 이목을 끌었다. 국제사회의 경고에도 불구하고 부르고스 군사재판소는 피고 16명 가운데 6명에게 사형을 선고했지만, 그들은 처형되지 않고 사법부의 항소를 기다렸다. 프랑코는 훗날 그들의 형을 감형했다. 피고들의 실제 유죄 여부와 관계없이 가톨릭 성직자, 학생, 노동자, 공산주의자, 사회주의자, 그리고 '좌파' 기독민주당으로 구성된 전략적인 연합체는 이 재판으로부터 자극받아 프랑코 정권이 거부했던 시민권 및 정치적 권리를 계속 요구했다.

이렇게 광범위한 반대에 직면했던 1970년대 초, 프랑코 정권은 앞서 수십 년간 이용했던 억압적 조치에 기대지 않았다. 학자들은 정권이 그렇게 자제한 이유에 대해 논쟁을 벌인다. 어떤 이들은 외부 압력과 유럽경제공동체 가입을 이유로 가리킨다. 유럽경제공동체 가입은 민주주의, 시민의 자유, 자율적인 노동운동을 요구하기 때문이다. 또 어떤 이들, 특히 저명한 역사학자 후안 파블로 푸시는 정권이 물리력 사용을 꺼리게 된 것을 "프랑코 정권의 양심의 가책"이라 부르며 당시의 위기에 국외보다 국내 원인을 부여했다. 푸시에 따르면, 1970년에 정부를 담당한 이들은 탄압 전략에 대한 의지가 부족했거나 스페인 내외의 변화된 상황을 고려했을 때 그런 전략이 역효과를 낳는다고 판단했다. 더욱이 1973년 미국과 유럽에서 유류 파동이 일어나자 해외에 고용된 스페인 노동자들의 수가 줄어들고, 귀환자들을 고용할 스페인 경제의 능력이 축소되었다. 따라서 정부는 경제 불안의 두려움이 더해져 저항에 대해 절제된 반응을 보였을 것이다.

1973년의 몇 가지 사건은 프랑코 정권의 지도력과 향방에 있어 중대한 위기였다. 7월에 프랑코는 카레로 블랑코 제독을 내각 의장으로, 따라서 정부의 실질적인 수반으로 임명했다. 다시 말해 노쇠한 독재자는 1936년 이후 처음으로 더 이상 국가 수장과 정부 수반 자리를 동시에 지킬 수 없었다. 프랑코 사후에 후안 카를로스 왕자가 국가 수장이 되는 것을 고려하면 변화는 불가피했다. 그럼에도 반대 세력은 카레로 블랑코의 임명이 프랑코 정권의 영속화를 의미한다는 명백한 결론을 끌어냈다. 같은 해에 정부 내 오푸스데이 구성원들과 관계된 금융 스캔들로 라우레아노 로페스 로도는 권좌에서 물러나야 했다. 그는 스페인 경제 부활의 설계자로서 엄청난 권위를 누린 인물이었다. 1973년의 경기 침체와 라우레아노의 면직, 오푸스데이의 스캔들은 정권의 지도력을 의심 속으로 내던졌다.

1973년 12월 20일, 미래에 대한 프랑코의 희망에 가장 충격적인 일이 발생했다. ETA 테러리스트가 카레로 블랑코 제독을 암살한 것이다. 그들은 제독의 규칙적인 습관을 이용해, 그가 미사를 마치고 나서 관용 차량을 타고 늘 지나는 거리 아래로 굴을 파 테러를 완수했다. 폭발로 인해 차가 어찌나 높이 솟구쳤는지 파편들이 인근 아파트 벽에 여러 층에 걸쳐 박혔다. 현장이 끔찍했던 만큼 여러 반대파 단체는 보안 부대의 경계를 뚫고 정권에 저항할 수 있다는 희망을 얻었다.

프랑코는 카레로에 이어 카를로스 아리아스 나바로를 내각 의장으로 임명했다. 아리아스는 오푸스데이 소속 과학기술 전문가들을 내각에서 면직하는 한편 걱정스러운 것들이 늘어가는 상황에서 국가를 운영하려 애썼다. 1974년 프랑코가 심각하게 병들었을 때도 정부는 잘 기능했고 이는 프랑코 사후의 과도기가 원활하리라는 희망을 주었다. 그럼에도 스페인 신문과 잡지들은 프랑코가 마침내 무대에서 사라지면 또 다른 군사 쿠데타가 일어나리라는 듯이 '군대 인명록'에 대한 기사를 수없이 쏟아냈다. 같은 시기에 포르투갈은 오랜 독재자 안토니우 살라자르의 후임자가 무혈 축출된 데 이어 1973~1974년까지 민주주의로의 혼란스러운 과도기를 거쳤다. 암묵적으로, 포르투갈의 경험은 개방된 민주사회로 이행하지 않을 수 있는 예로 기능했다. 스페인 정부는 변화를 계속 요구하는 힘의 넓이와 깊이를 충분히 감지했다. 일련의 특별 여론조사와 사회학적 연구를 거친 프랑코 정권에게 이는 명백해졌다.

1975년 가을, 이전의 군사재판에서 바스크족 테러리스트에게 내려진 열한 건의 사형선고를 내각에서 재검토하자 사태는 임계점에 도달했다. 내각은 여섯 건의 선고를 감형하고 다섯 건의 선고를 확정해 1975년 9월 27일 사형을 집행했다. 이들 사형수가 기소된 대로 유죄

든 아니면 무죄든, 처형으로 인해 프랑코 정권에 대한 국제사회의 오
랜 혐오는 더 분명해졌고 경악과 분노가 터져나왔다. 스페인이 다시
한번 국제적인 천덕꾸러기가 된 동안, 프랑코는 마지막 사투를 벌였
다. 의사들은 스러져가는 그의 몸을 한 달 이상 기계에 의지해 살려
놓았고, 이는 미국 텔레비전에 천박한 농담거리를 제공했다. 그의 가
족이 불가피한 상황에 직면하자 의사들이 기계를 떼어냈고, 프랑코는
근 40년간 권력을 유지하다가 1975년 11월 20일에 죽었다. 이틀 뒤
그가 지정한 후계자 카를로스가 취임 선서를 하고 후안 카를로스 1세
가 되었으며 헌법을 유지할 것을 약속했다. 뒤이어 무슨 일이 일어날
지 아무도 몰랐지만, 대부분의 스페인 사람이 미래에 닥쳐올 일을 걱
정했다고 보면 맞을 것이다.

CHAPTER 8

새로운 스페인,
새로운 스페인 사람 :

유럽인, 민주주의, 다문화

SPAIN

1975년 부르봉왕가 부활의 여파로 금방 달라진 것은 거의 없었다. 카를로스 아리아스 나바로 총리를 비롯해 프랑코 정권 말기에 공직에 있었던 정치인들이 후안 카를로스 1세의 치하에서도 대부분 계속 복무했다. 이러한 연속성은 극적인 변화를 바랐던 스페인 사람과 외부인들을 낙담시켰지만, 변화와 혼란을 두려워하는 스페인 사람들에게는 안정감과 위안을 가져다주었다. 신문과 잡지들은 심각한 기사와 정치 풍자만화를 통해 스페인의 미래에 대해 논쟁을 벌였다. 새로운 일간지 『파이스El País』는 변화를 향한 목소리를 내며 아직 비밀리에 활동하고 있던 사회주의자 정당과 강한 동맹을 맺었지만, 격렬한 비판보다는 분석 제공을 목표로 삼았다. 극좌파 주간지 『캄비오16Cambio16』은 프랑코 정권과 현 정부의 연속성을 혹독하게 비판하며 부상했다.

하지만 왕과 최측근 고문들은 물밑에서 스페인 정치계를 탈바꿈할 준비를 했다. 1973년 카레로 제독 암살의 범인은 변화를 반대하는 강력한 인물을 제거함으로써 우연히도 민주주의로의 이행을 더 쉽게 만들어주었다. 변화의 최초 조짐들 가운데 하나는 후안 카를로스 1세가 왕위에 오르고 7개월 뒤에 발생했다. 1976년 7월 1일 왕의 요구로 카를로스 아리아스가 왕을 만났고, 그 이후 총리직을 사임했다. 아리아스는 2년 반 전에 어렵기만 하고 보람도 없는 임무를 맡아 중대한 시기에 행정부를 관장해온 터였다. 사방의 압력으로 눈에 띄게 지친 그는 "줄타기를 하는데 누군가가 줄에 계속 기름칠을 하고 있는 것 같다"며 세간에 생각을 밝힌 적이 있다.

아리아스가 물러나고 이틀 뒤, 왕은 아돌포 수아레스를 택해 새 정부를 구성함으로써 스페인 안팎에서 정치를 비판하던 이들을 깜짝 놀라게 했다. 비교적 어리고 잘생기고 정치적으로 빈틈없는 수아레스는 프랑코 정부에서 승승장구해 공영 라디오와 텔레비전 방송사인 RTVE의 사장 자리까지 올랐다. 대중은 그의 얼굴과 배경을 알았고 스페인 사회의 보수 세력도 자신들이 그의 정치적 입장을 안다고 생각했다. 그들은 틀렸다. 왕은 공식적인 자리와 사회적인 만남에서 수아레스를 알게 되었고, 자신의 정치적 의도를 위한 이상적인 파트너로서 그가 갖춘 자질을 알아차렸다.

왕과 마찬가지로 수아레스도 취임 선서를 하고 프랑코 정권의 헌법을 유지하겠다고 약속했지만, 두 사람 모두 스페인이 변해야 한다는 사실을 알았다. 왕의 전폭적인 지지와 함께 수아레스는 오랜 권력 구조 내에서 자신의 지위를 이용해 기존의 정권과 헌법을 버리고 민주주의로의 이행을 준비하자며 동료들을 설득했다. 1년이 채 안 되어 코르테스는 실제로 자신들의 소멸을 놓고 투표를 했으며, 수아레스는 전국적인 민주 선거를 준비했다. 왕은 공적으로든 사적으로든 그 과정을 지지했고, 군대가 민주주의 스페인에서 새로운 역할을 받아들이도록 애썼다. 그 이행 과정에서 수아레스가 차지했던 중요성이나 그가 사방에서 부딪혔던 극심한 정치적 압력을 과소평가하는 것은 불가능하다.

나라 안팎에서 정치를 비판하던 이들은 스페인의 비밀 정당들이 모습을 드러내 합법화를 신청하고 새 코르테스를 위해 선거운동하는 장면을 놀라움 속에서 지켜보았다. 그러한 과정 가운데 공산당이 합법화된 1977년 4월 9일과 왕이 정치범들의 사면을 발표한 1977년 5월 27일은 중요한 날들이었다. 같은 달 후안 카를로스 1세의 아버지 돈 후안이 공식적으로 스페인 부르봉왕가의 합법적인 왕위 계승권을 포기하며 후안 카를로스의 지위를 둘러싼 모호함을 일소했다. 가장 회의적인 이들조차 변화가 도래했음을 갑작스레 깨달았다. 6월 15일 선거는 스페인에서 41년 만에 최초로 열린 자유 총선거였으며, 아돌포 수아레스의 민주중도연합UCD이 새 코르테스의 350석 가운데 165석을 차지했다. 카탈루냐사회당PSC과 연합한 스페인사회노동당이 118석을 차지했고 좌우의 소수 정당들이 나머지 의석을 차지했다.

이후 몇 년 동안 수아레스를 총리로 한 그의 정부는 새 헌법(1978)의 작성을 감독하고 그 시행을 위한 법률을 제정했다. 해결해야 할 가장 어려운 쟁점들 가운데 하나는 마드리드로부터 더 큰 자치권을 요구하는 바스크와 카탈루냐였다. 1979년 12월에 코르테스는 두 지역의 자치 법규를 승인하고 지역 지도자들에게 교육, 문화 문제, 경찰권을 비롯한 여러 사안에 상당한 권한을 부여했다. 지역 자치권이 증대되었음에도 21세기가 되도록 두 지역에서 자치를 강력히 지지하는 이들은 소수였으며 독립을 이루기에는 부족했다. 그럼에도 정부는 유사한 법규를 요구하는 다른 지역들의 압박에 아랑곳하지 않았고 수아레스의 당은 점차 지지를 잃었다. 그는 1981년 1월 총리직에서 물러났지만 코르테스의 의원직은 계속 유지했다.

스페인의 민주주의는 한 달 뒤 최대의 도전에 직면했다. 1981년 2월 23일 보안군에서 이탈한 안토니오 테헤로 중령이 무장한 추종자들을 이끌고 코르테스에 난입해 쿠데타를 선언하고 정부를 장악했다. 침입자들이 코르테스 회의실 천장에 총탄을 발사하자, 의원들은 대부분 몸을 납작 엎드렸다. 수아레스는 도전적으로 맨 앞줄의 자기 자리를 지켰고, 공산당원 산티아고 카리요도 자리에 머물며 담배에 불을 붙였다. 국방부 차관이었던 마누엘 구티에레스 메야라도 장군이 가장 극적으로 저항했다. 그는 당시 일흔 살이었으며 프랑코 정권에 수십 년간 충성을 바친 이후 민주주의로의 이행 과정에서 스페인군을 현대의 민주적 군대로 탈바꿈한 인물이었다. 그는 침입자들에게 상명하복을 주장하며 중지를 명했지만, 그들은 장군을 옆으로 밀쳐버리려 했다. 그날 코르테스의 일상을 촬영하기 위해 그곳에 있던 텔레비전 카메라가 사건을 전부 정확히 포착했고, 침입자들이 촬영을 중단시킬 때까지 방영되어 대중을 충격에 빠트렸다. 이어 긴장되는 몇 시간 동안 침입자들은 코르테스와 스페인 민주주의를 볼모로 붙잡았다.

공격에 대해 알게 된 왕은 군 지도자들에게 전화해 쿠데타에 대한 저항을 지지해줄 것을 요청했다. 왕은 군대 모든 분과의 장교 훈련을 거쳤기 때문에 그들을 모두 알았다. 군 지도부의 지지를 확인하고 나서 왕은 자정 조금 넘어 텔레비전에 등장해 자신이 스페인의 민주주의를 확고히 지지한다는 것을 시민에게 확언하며, 음모자들에게는 의원들을 석방하고 항복하라 명했다. 반란자들은 항복했고 대부분의 사람들은 크게 안심했다. 불발로 끝난 쿠데타의 여파로 왕은 스페인의 모든 정당 지도자를 만났다. 그는 그들이 이미 알고 있어야 했던 것들을 알려주었다. 이후의 음모자들은 모두 왕을 맨 먼저 죽일 터였고, 스페인의 정치 지도자들은 서로 간의 정치적 경쟁과는 별개로 자신들이 스페인의 민주주의를 육성하고 보호할 책임을 나눠 지고 있음을 깨달았다.

　민주주의로 이행하는 첫 5년 동안 네 정당이 선거판을 지배했다. 민주중도연합, 스페인사회노동당, 스페인공산당, 인민동맹AP이었다. 암묵적이지만 명백한 동의에 따라, 그들은 모두 자리다툼으로 정계를 마비시키기보다 민주주의를 공고히 하고 안정화하기 위해 노력했다. 1981년 쿠데타의 충격은 그런 접근법의 가치를 높였다. 다수당이든 스페인 사회 전체든 과거를 들추거나 내전과 오랜 프랑코 정권이 남긴 상처를 다시 벌리려 하지 않았다. 소수당, 그중에서도 특히 카탈루냐와 바스크의 지역 무장 단체와 연결된 소수당은 다수당의 전략과 전술에 동의하지 않고 더 큰 지역 자치권을 요구하곤 했다. 두드러지게 공격적인 바스크 정당들은 바스크 조국(에우스카디Euskadi)을 완전히 독립시키기 위한 길거리 폭력 사태를 용납하기도 했다. 1973년에 카레로 블랑코를 암살한 가장 극단적인 테러 단체인 ETA는 계속해서 바스크 민중의 상당한 지지를 누렸지만 계속된 범죄 행위로 여전히 불법 세력에 머무르고 있었다. 1978년에 ETA의 목표에 동조하는 바스크 독립주의자 정치인들이 에리바타수나Herri Batasuna, HB를 창설했는데, 이는 테러 조직의 정치 기구로 널리 인식되었던 마르크스-레닌주의 정당이었다.

1981년 4월에서 1982년 8월 사이에 코르테스는 남아 있는 대부분의 스페인령에 자치 법규를 통과시킴으로써 1979년 바스크와 카탈루냐에 준 것과 같은 자치권을 부여했다. 1982년에 스페인은 냉전 시대 소련에 대항한 서구 민주국가들의 방벽이었던 북대서양조약기구NATO에 가입했다. 1982년 여름, 북부에서는 테러 문제가 지속되고 있었지만, 회복된 스페인 사람들의 미래에 대한 신뢰 속에서 월드컵이 개최되었다.

  유권자들은 신뢰의 증거로 1982년 10월 말의 투표에서 사회노동당에 그들을 이끌 책임을 맡겼다. 정당의 100년 역사상 최대의 선거 승리를 가져다준 것이다. 사회당의 승리는 민주중도연합과 공산당이 패배한 대가였다. 좌파의 사회당과 마찬가지로 우파의 인민동맹도 1982년 선거에서 크게 표를 얻어 코르테스의 제2정당으로 부상했다. 정치학자들은 다양한 정당의 내부적 역동성 및 유권자들이 정당을 인식한 방식 덕분에 1982년 선거에서 커다란 변화가 생길 수 있었다고 본다. 간단히 말해 사회당과 인민동맹은 의제를 통합하고 자기 규정을 하기 위해 내적 불일치 문제를 해결한, 안정적이고 책임감 있는 정당처럼 보였던 것이다. 두 정당 모두 상당한 내분을 겪었지만 결정적인 통합을 이루어냈다. 반대로 민주중도연합과 공산당은 파벌이 들끓었기에 불안정해 보였다. 1982년의 스페인 유권자들은 무엇보다 안정적이고 책임감 있는 정부를 원했으며 그에 따라 투표했다. 1982년 권력이 사회당으로 평화롭게 이양되자, 정치학자들은 스페인의 민주화를 놀랄 만한 성공이자 세계 다른 곳의 민주화를 위한 모범 사례로 규정했다. 프랑코 사후 1970년대 중반에 광범위한 회의주의가 정권 변화의 첫걸음을 반겼던 것을 고려하면 더욱더 주목할 만한 사건이었다.

지도 8.1 1979년에서 1983년 사이에 확정된 스페인의 행정 구역 지도.

기존의 도_{provincia}는 그대로 지방 단위로 유지되었지만, 정치적·경제적 고려사항을 기초로 17개의 자치 공동체로 묶었다.

지중해

발레아레스 제도

마온

팔마데마요르카

발렌시아

발렌시아

무르시아

무르시아

카탈루냐

바르셀로나

안도라

아라곤

사라고사

카스티야-라만차

마드리드

마드리드

톨레도

안달루시아

세비야

엑스트레마두라

메리다

카스티야-레온

과달라하라

바야돌리드

레온

발렌티아

아스투리아스

오비에도

산탄데르

칸타브리아

빌바오

바스크

무르도

산티아고데콤포스텔라

갈리시아

나바라

팜플로나

라리오하

로그로뇨

대서양

대서양

카나리아제도

라스팔마스

대서양

N

0   100   200   300킬로미터

0   100   200마일

사회당은 1982년 선거 이후 펠리페 곤살레스의 역동적인 지도하에 12년 동안 집권하며 야심찬 법안을 제정했다. 스페인 나머지 지역의 자치권 법규를 완성한 것 외에도 재계의 부패를 공격적으로 추적했으며, 가톨릭교회와 그 지지자들의 강력한 반대에도 불구하고 1983년에 낙태 처벌을 중단했다. 1960년대 이후부터 정치력이 크게 쇠퇴했음에도, 교회는 사회적·문화적 문제에 여전히 상당한 권위를 유지하고 있었다.

사회당 정부는 적극적인 경제 안건을 추구하고 생활수준 및 경제 실적을 향상시키기로 결정했지만, 동시에 통화 팽창을 조절하기 위해 임금 인상을 억제했다. 그들의 목표는 경제가 꾸준히 성장해 더 많은 노동자를 고용하고 고질적으로 높은 실업률을 낮추는 것이었다. 1973년에서 1992년까지 스페인 노동력의 생산성은 거의 두 배로 올랐다. 국민의 교육 수준도 마찬가지였다. 1980년대에 스페인 인구는 3900만 명이었고, 젊은 인구 중 높은 비율이 상급 교육기관에 등록되어 있었다. 그럼에도 스페인 경제는 유럽의 주요 국가들에 계속 뒤처졌으며 농산품과 공산품 가격은 대부분의 이웃 국가들보다 저렴해졌다. 이는 유럽경제공동체가 1985년까지 스페인을 구성원으로 인정하지 않은 이유 가운데 하나였다.

1980년대 중반에 스페인 사람들이 NATO를 지지하는 데 의문을 제기한 것은 당연했다. 미하일 고르바초프가 이끄는 소련의 신세대 지도부 때문에 NATO가 유럽의 안정에 역효과라고 여기게 된 이가 많았기 때문이다. 소련을 적대하는 미국의 태도, 특히 로널드 레이건 대통령의 호전적인 수사법은 시대착오적으로 보였고, 미군이 계속 주둔하는 데 분개한 스페인 사람들에게 역효과를 낳는 것처럼 보였다. 펠리페 곤살레스도 그런 의구심을 품은 듯했고 NATO 잔류 여부에 대한 국민투표를 약속했다. 하지만 1986년 3월의 국민투표 전에 곤살레스는 방침을 변경하여 유권자들에게 스페인의 역할을 굳히게 해달라고 촉구했다. 유권자들은 근소한 차이로 곤살레스의 말을 따랐지만 여론조사는 6월 투표에서 국민이 사회당에 반대표를 던짐으로써 불만을 해소할 것이라고 예견했다. 하지만 NATO에 대한 태도를 180도 바꾼 곤살레스와 높아진 실업률, 정부의 경제긴축에 실망했음에도 유권자들은 사회당에 다시 세력을 돌려주었다.

NATO 잔류를 비준해달라고 국민을 설득하면서 곤살레스는 미군 주둔을 면밀히 검토해보겠다고 약속했다. 프랑코 정권이 국제사회에서 합법성을 획득하자마자 1953년 미국과 맺은 주둔 조약은 수많은 국민에게 아픈 상처로 남아 있었다. 옳건 그르건, 그들은 냉전 시대에 프랑코가 반공산주의자라는 이유로 얻은 힘이 없었다면 프랑코 정권이 붕괴했을 것이라고 생각했다. 사회당이 두 번째로 정권을 쥔 새로운 스페인에서 그 조약은 계속해서 과거의 실수와 굴욕을 상기시켰다. 미국은 그런 과거의 상징적이고 역사적인 중요성을 이해하지 못했으며, 1988년에 미국의 협상가들은 조약을 갱신하기 위해 가파른 학습 곡선을 타고 올라가 스페인이 받아들일 수 있는 개정 조약을 제시해야 했다. 그들은 마침내 양측 모두 수용할 수 있는 합의에 이르렀다. 결과는 양측에서 필수적이라 여기는 상호 안전의 요소들을 유지하면서, 스페인에 주둔한 미군을 대거 감축하는 것이었다.

경제 면에서 사회당 정부가 펼친 긴축정책은 급속한 경제성장의 시기에 통화 팽창을 억제하는 것이 목표였다. 1985년에서 1986년 사이에 스페인의 국내총생산은 1퍼센트 증가했다. 이듬해에는 약 2.5퍼센트 증가했는데, 이는 유럽 최고였으며 캐나다와 미국보다 매우 높은 수치였다. 스페인의 1인당 국내총생산은 여전히 유럽과 북아메리카 선진국들에 한참 뒤처졌지만 분명 증가 추세였고 꾸준한 성장 가능성이 있었다. 생활수준 또한 높아지고 있었다. 1992년 무렵, 스페인의 기대 수명은 유럽에서 높은 축에 속했다. 경제성장과 재계를 지지하는 정부의 입장도 사회당이 정권을 유지하는 데 일조했다.

프랑코 사후 10년 동안 스페인은 정치가 근본적으로 변화한 것 외에도 사회 또한 완전히 바뀌었다. 변화의 상당 부분은 이전부터 쌓여오고 있다가 1980년대에 표면화되었다. 아마도 가장 두드러진 변화는 원기 왕성한 여성주의 운동의 등장일 것이다. 여성운동은 남성의 권위 앞에서 수동적이고 순종적인 스페인 여성들의 이미지가 거짓임을 보여주었다. 가톨릭교회를 비롯한 보수 진영의 반대에도 불구하고 정부는 1980년대에 이혼, 가족계획, 특정한 경우의 낙태를 합법화했고, 새로운 헌법 아래 여성 평등 정책을 시행했다. 또 기록적인 수의 여성이 직업세계에 발을 들여놓았으며, 남성들이 독점하던 직업도 예외가 아니었다. 대학에서는 1980년대 말경에 여학생이 총 학생 수의 50퍼센트를 차지했다. 그중 많은 수는 그들의 엄마로서는 상상만 할 수 있었던 직업을 지망했다. 사회당은 여성이 정치적으로도 성장할 수 있는 방법을 준비했고, 당의 직책 중 25퍼센트에 달하는 비율이 여성에게 돌아가야 한다는 결정을 내렸다. 더 보수적인 정당들도 여성이 선거에 미치는 영향력을 깨닫고 유능한 여성을 당원으로 육성하기 시작했다.

이러한 변화들은 당연히 스페인 사람들의 성생활과 결혼생활 안팎으로 영향을 미쳤다. 대부분의 스페인 남성이 여성 평등을 지지한다고 했지만, 대다수가 본인의 생활과 관련된 여성 평등 문제에는 여전히 모호한 태도를 보였다. 여성들은 집 밖에서 일하더라도 여전히 집 안일과 자녀 양육에 대부분의 책임을 져야 했다. 변화는 인구통계학에도 영향을 주었다. 스페인의 연인들은 결혼을 늦게 하거나 하지 않는 경향이 있었고, 아이 갖기를 미루거나 아이 없이 살기로 선택함으로써 출산율이 점차 하락했다. 하지만 이러한 변화는 프랑코의 죽음과 함께 시작된 것이 아니라 최소 수십 년 동안 진행되어온 것이었다. 1960년대 중반 여러 스페인 사회학자의 통계 연구에 따르면 스페인 인구의 약 50퍼센트가 어떤 형태로든 피임법을 사용했다. 1990년대 초에 엄마에게 4개월, 아빠에게 1개월의 유급 출산 휴가를 승인하는 법안이 통과되었음에도 2000년경 스페인의 출산율은 1.07로 세계 최저였으며, 이는 세대교체를 보장하는 수준을 밑도는 수치였다. 공업화된 세계 곳곳에서도 전근대에서 근대로 이행하며 인구가 유사하게 변화했지만, 스페인에서는 변화가 특히 두드러졌다. 인구 변화가 무척 급작스럽게, 다른 수많은 사회적·문화적 변화들을 동반하며 찾아왔기 때문이다.

1990년대 초, 스페인의 은행과 상업계는 국내에서 기업들을 통합하고 사업을 밖으로 확장해 유럽과 라틴아메리카에 투자했다. 스페인의 주요 신문과 잡지들 대다수가 프랑코 사후에야 생겨났지만, 미디어 복합 대기업은 사업 확장에 있어 특히 중요했다. 진지한 국내외 뉴스에 초점을 맞추는 일간지들과 나란히 요란한 주간지들이 정치·문화계의 떠들썩한 주제들을 다루었고, 다른 유럽인들마저 놀라게 할 만큼 성을 개방적으로 다루었다. 더욱이 주요 신문들 가운데 몇몇은 다른 유럽 국가들이나 미국의 주요 신문에서는 생각할 수도 없을 정도로 외설적인 사진 및 글귀와 함께 다양한 성 매춘 광고를 용인했다.

스페인 정부는 1990년에 텔레비전 방송국의 독점을 포기하고 사유화했으며 국제 경쟁을 향한 문을 열었다. 이러한 모든 진전을 통해 스페인의 사회와 문화는 유럽 공동체로 더 완전히 융합되었고, 국민은 1992년에 시작된 경제 통합에서 자기 자리를 찾을 채비를 갖추었다.

1992년에 스페인은 주요 국제 행사 두 가지를 치렀다. 바로 4월에 세비야에서 개막한 엑스포와 8월 바르셀로나에서 열린 하계 올림픽 및 장애인 올림픽이었다. 두 행사는 아시아로 가는 서쪽 항로를 찾아 떠나며 지구촌 무역의 시작을 알렸던 콜럼버스의 첫 항해 500주년 기념제와 결부되었다. 현대의 스페인은 세계제국을 세우고 국제무역의 장을 여는 과정에서 맡았던 역할을 자랑스러워하며, 스페인제국에 속했던 아메리카대륙 국가들과의 관계에서 유럽의 이상적인 대표자를 자처하고 있다. 그런 과업이 남긴 유산이 좋은 것인지 나쁜 것인지는 모호하지만 말이다.

사회당 정부가 첫 번째 집권기에 국제회의 사업을 적극적으로 장려하면서 관광산업이 빠른 속도로 계속 성장했다. 1990년 인구 조사에서 스페인의 인구는 3900만을 아주 조금 넘겼는데, 연간 관광객 수는 그와 같거나 더 많았다. 스페인이 세계에 통합되고 관광산업을 개발하면서 국제적인 염려가 따랐다. 콜롬비아 이민자 및 여행객과 관련된 마약 복용과 밀매는 1980년대 말 스페인 사람들의 주요 걱정거리가 되었다. 선진화된 다른 사회들처럼 온갖 불법 약물이 스페인 사회 속으로 점차 침투해 들어왔으며, 특히 코카인이 널리 퍼졌다. 한껏 펼쳐진 스페인 해변의 리조트들은 관광객뿐 아니라 밀수범도 유혹한다. 보안군이 운송에 대한 권한에 기반해 마약 밀매범 차단에 앞장서곤 하며, 스페인의 법 집행 기관은 대개 국제 공조를 통해 범죄에 맞선다. 보안군은 또한 시골의 다양한 법 집행 문제를 해결하고 야생동물과 사냥에 관한 법을 강화하는 데 앞장선다. 시골 치안에서 보안군이 역사적으로 수행해온 역할에 따른 자연스러운 결과일지라도, 이런 활동으로 인해 보안군이 두려움 못지않게 존경도 불러일으키는 군대로 재정의되는 것은 눈여겨볼 만하다.

1990년대 초, 정치와 금융에 관련된 스캔들이 지속적으로 발생하면서 사회당은 집권한 후 10년 사이에 불가피한 변형을 겪었다. 1991년 1월에 법원은 몇몇 법률 집행관이 ETA 단원에게 위법 행위를 저질렀음을 발견했다. 펠리페 곤살레스 등 사회당 지도자들은 이 'GAL 사건'에 연루된 바 없다고 부인했지만, 정치적 반대파는 사건의 책임이 유죄로 밝혀진 이들보다 훨씬 더 높은 사회당 지휘 계통까지 이어져 있다고 주장했다. 그리고 1991년 5월 사회당 고위 관료가 소유한 바르셀로나의 소규모 회사 두 곳에 주요 은행과 기업들이 막대한 돈을 지급했다는 증거가 세상에 알려졌다. 관련 회사 가운데 하나의 이름을 따 '필레사 사건'으로 알려진 이 금융 스캔들은 GAL 사건의 결과와 더불어 사회당에 심각한 내분을 야기했고, 펠리페 곤살레스는 이를 무마하기 위해 엄청난 노력을 기울였다. 1992년 국가 행사 때의 과소비, 경제성장 둔화 등의 문제에도 불구하고 유권자들은 1993년 선거에서 또다시 사회당에 정권을 되돌려주었다.

스페인으로 들어오는 이민자 수는 1990년대에 기하급수적으로 증가해 유럽경제공동체의 다른 회원국들을 계속 앞지르고 있었다. 스페인과 라틴아메리카의 역사적 유대가 이민자 수의 증가를 부추겼다는 것이 한 가지 원인이었고, 스페인은 그런 유대를 열심히 유지했다. 정부는 1980년대 초부터 아메리카대륙에 있는 제국 시기의 역사적 문서와 식민지 시대 건물의 복원 및 보존에 돈을 쏟아부어왔다. 지중해에 위치한 스페인의 지리적 입지 또한 북아프리카와 사하라사막 이남에서 사람들이 몰래 이주해오는 데 기여한다. 하지만 이민을 원하는 사람 가운데 대다수는 위험한 상황 속에서 작은 보트에 의지해 목숨을 걸고 도착해서는 결국 보안군에게 입국을 저지당하고 출발지로 되돌아가게 될 뿐이다. 입국 저지를 피한 이들은 수많은 스페인 사람이 꺼리는 농업 및 산업 분야에서 일자리를 구하지만, 다른 이들은 착취와 체포의 지속적인 위협 속에 내버려진 존재로 자리잡는다. 그들의 수가 늘어나고 스페인 사람들이 이민과 범죄율 증가, 사회 분열 사이의 관계를 인식함에 따라 스페인 내 이민자들은 점점 자신들의 존재에 대한 저항에 직면하게 되었다.

1993년 유럽연합EU(유럽경제공동체의 후신)의 창설로 모든 회원국의 시민은 거주지를 쉽게 옮길 수 있게 되었고, 이는 스페인 안팎으로의 이민 물결로 이어졌다. 그리고 2004년 유럽연합의 확장으로 동유럽 국가들이 포함되자 물결은 더 거세졌다. 고향에는 없는 경제적 기회에 이끌린 동유럽인들, 특히 폴란드, 러시아, 루마니아 사람 다수가 스페인으로 이주했다. 스페인의 경제적 기회와 감소하는 출생률은 이 새로운 노동자들에게 꼭 맞는 자리를 만들어주었고, 그들로 인해 일부 교육과 사회 서비스 영역에 무리가 생기기도 했다. 오래도록 스페인의 노동시장은 정부기관이나 학자들에게 분석을 요하는 여러 문제를 일으켜왔다. 1990년대 경제 호황이 한창이었지만, 스페인의 공식 실업률은 유럽연합 최고 수준으로, 1993년 말 23퍼센트 주위를 맴돌았다. 하지만 가호별 방문 여론조사에서는 실제 실업률이 약 8퍼센트에 그쳤다. 공식적 실업 상태로 보조금을 수령하는 이들 가운데 많은 수가 한 가지 이상의 일을 하고, 실업 수당을 어려운 시기에 대비한 일종의 보험쯤으로 여기고 있었다. 스페인 노동시장의 분석가들은 공식 통계와 실제 사이의 간극을 이해하는 데 아직 어려움을 겪고 있지만, 이민자 수치는 스페인 경제가 새로운 노동자를 계속해서 흡수할 능력이 있음을 나타낸다.

1990년대 중반에는 새로운 민주주의 스페인이라는 특별한 본질을 상기시키는 몇 가지 중요한 이정표가 보인다. 민주화 과정에서 가톨릭 교회의 지지를 이끌어낸 주요 인물인 비센테 엔리케 이 타랑콘 추기경이 1994년 11월에 죽었다. 1995년에는 아돌포 수아레스가 민주화에 주요 역할을 한 공로로 대중으로부터 여러 상을 받았다. 게다가 그해 말 현대 민주주의에서 군부를 이끌며 군대의 역할을 재정의한 주요 인물, 마누엘 구티에레스 메야라도가 자동차 사고로 죽었다. 교회와 정치계와 군대를 대표하는 세 사람 모두 아주 어려웠던 시기에 지적이고 용감한 지도자의 모범으로 활약했다. 그들은 모두 후안 카를로스 1세의 신뢰와 지지를 누렸으나, 왕이야말로 틀림없이 그들 가운데 가장 특별한 인물일 것이다.

여론조사에서 후안 카를로스 1세는 늘 스페인에서 가장 존경받는 인물 1위를 차지했다. 왕과 왕실 구성원은 다양한 공적 역할을 도맡고 스포츠와 문화 행사부터 공식 회담에 이르는 광범위한 활동을 통해 스페인과 정부를 대표한다. 왕실 구성원은 저마다 주로 활동하는 분야가 있으며, 모두 사회에 유용한 역할을 수행하는 본인의 책임을 진지하게 받아들이는 듯하다. 소피아 왕비는 공식 행사 참여에 더해 정기적으로 문화적·학문적 행사들을 주관하며, 가족에 대한 그녀의 헌신은 귀감이 되고 있다. 어른이 된 왕위 계승자, 펠리페 왕자♦는 현대 입헌군주의 임무와 처신에 대해 아버지에게 주의 깊은 교육을 받았으며, 교훈을 제대로 배운 듯 보인다. 그는 20대 후반이 되자 늘어가는 공식 석상을 홀로 맡기 시작했고, 훌륭한 외모와 책임에 대한 분명한 진지함으로 언론을 매료시켰다. 그의 누나들인 엘레나 공주와 크리스티나 공주도 공부를 끝마치고 나서 점점 더 많은 공적 책임을 맡았다. 스페인의 대중지는 공적인 것이건 사적인 것이건 왕실의 활동에 큰 관심을 갖고 그들의 활동으로 지면을 도배했다. 애정 깊은 부모의 양육과 지지를 받은 왕가의 세 자녀는 책임 있는 시민으로 성장한 듯 보인다.

1995년 3월에 엘레나 공주는 나바라 귀족 가문의 아들인 하이메 데 마리찰라르와 결혼했다. 세비야에서 열린 그들의 결혼식은 스페인 영토에서 근 100년 만에 최초로 열린 왕가의 결혼식이었으며, 세계 여러 곳의 왕족 및 귀족과 더불어 온갖 스페인 정치인이 이날 한자리에 모였다. 2년 뒤에는 크리스티나 공주가 1996년 애틀랜타 올림픽에서 만난 바스크 출신 평민이자 스페인 올림픽 핸드볼 대표팀 선수 이냐키 우르당가린과 결혼했다. 그들은 바르셀로나에서 결혼식을 올린 뒤 계속 그곳에서 살며 일했다.

1996년 선거에서는 보수 정당인 국민당PP이 선거에서 승리하고 사회당은 정권을 잃었다. 국민당은 1989년 이후 호세 마리아 아스나르가 이끌어왔으며, 프랑코 정권 출신 인물들과의 연관성을 극복할 수 없었던 인민동맹을 개혁하여 설립된 정당이다. 아스나르는 1995년 4월 ETA 요원의 폭탄 암살 기도에서 살아남았고, 그의 지도하에 있

◆ 현재의 스페인 국왕 펠리페 6세. 2014년 6월 19일에 즉위했다. (옮긴이)

던 국민당은 스페인사회노동당에 환멸을 느낀 중도파 유권자의 논리적 선택지가 되었다. 1996년 말 스페인의 코르테스는 스페인내전 당시 프랑코의 국민파에 맞서 싸웠던 외국인 자원병들에게 경의를 표했다. 보수 정부가 당선되고 같은 해에 국제 여단에 경의를 표한 것은 국민이 내전과 그 여파가 남긴 상처를 다루기 시작할 만큼 스페인 민주주의에 대한 자신감을 가지게 되었다는 증거였다.

아스나르 정부는 1996년부터 2004년까지 8년간 집권했다. 그 시기에 스페인은 유럽연합에서 존재감을 강화하고 유럽과 라틴아메리카 사이는 물론, 유럽과 이슬람 세계 사이의 필연적인 연결 고리로 자리매김했다. 스페인 기업들은 여러 분야 중에서도 라틴아메리카의 은행, 통신망, 운송, 관광업 관련 벤처 사업에 돈을 쏟아부었다. 스페인 정부가 라틴아메리카 지도자들과의 관계를 늘 순조롭게 풀어나간 것은 아니었지만, 투자를 장려하고 지속성을 보장하기 위해 이베로아메리카 정상회담을 정기적으로 추진했다. 그 모든 계획에서 후안 카를로스 1세와 소피아 왕비는 스페인의 근면한 새 대표로서 꾸준히 중요한 역할을 맡았다. 이는 이슬람 세계 군주국들과의 관계에서 특히 중요했다.

아스나르 정부는 국내의 지속적인 ETA 테러리즘에 대항해 해외의 정치적 합의를 촉진함과 더불어 경제성장 강화에 초점을 맞추었다. 스페인은 사회복지에 열성적인 유럽의 접근법을 유지하는 한편 미국의 자본시장과 경쟁적인 분위기를 모범으로 삼았다. 스페인은 1999년 1월 1일에 새로이 등장한 유럽 공동 통화(유로)를 사용할 자격을 얻은 열두 국가에 속했다. 실제로 유로화는 2002년 1월 1일까지 유통되지 않았는데, 중대한 변화에 대비해 열두 국가가 경제의 하부

구조와 시민을 준비시킬 수 있도록 하기 위해서였다.

외교정책 면에서 아스나르 정부는 이전의 정부들보다 미국과 더 다정한 관계를 구축했다. 2001년 9월 미국에 가해진 테러 공격의 여파로 아스나르 정부는 아프가니스탄과 이라크에서 미국이 벌이는 전쟁을 공개적으로 지지했다. 2003년 아스나르의 외무장관 아나 팔라시오는 미국의 콜린 파월 국무장관과 협조하여 이 분쟁과 관련해 이슬람 세계와 협의를 거쳤다. 스페인 사람 대다수가 이라크 및 아프가니스탄 전쟁과 스페인의 참전에 반대했지만, 전쟁이 멀리서 벌어지는 한 국민은 정부의 조치를 기꺼이 묵묵히 따랐다.

스페인은 1990년대 후반에 사회·문화적으로 위상과 성숙함, 국제적 명성을 얻었다. 문화 면에서는 1997년에 프랭크 게리가 설계한 빌바오의 구겐하임미술관이 개관해 이목을 끌었다. 전 세계의 건축가와 문화 관광객들은 반드시 방문해야 하는 곳들의 목록에 구겐하임을 포함시켰고, 빌바오라는 오랜 산업도시와 주변 바스크 시골 지역에 새로운 생명력을 불어넣었다.

경제적 후생과 사회복지에 관한 다양한 객관적 평가에 따르면 1998년에 스페인은 수많은 유럽 이웃 나라를 제치고 세계에서 가장 살기 좋은 열한 번째 국가에 올랐다. 21세기가 다가오면서 스페인 경제는 급속도로 꾸준히 성장했고, 2000년에 스페인 유권자들은 국민당에 다시 4년간 정권을 되돌려주었다. 2001년에는 저축의 일부를 주식시장에 투자한 가구가 절반 이상이었는데, 이는 유럽 최고의 비율이었다. 신문에서 '대중자본주의'라고 이름 붙인 이러한 현상은 유권자들이 미래를 신뢰한다는 증거가 되었다.

주택과 임대 부동산에도 투자하는 사람이 많았는데, 이는 프랑코 정권 말기에도 흔한 양상이었다. 도시 주민 사이에서 최근에 나타나는 흥미로운 경향 중 하나는 조상 대대로 살던 마을에 두 번째 집을 짓거나 새로 꾸미는 데 투자하는 것이다. 수많은 도회지 중산층에게 옛 '마을'로의 주말여행은 가족생활의 기본이 되었다. 스페인 전역의 작고 조용한 소도시와 마을은 수십 혹은 수백 년간의 고립을 지나 이제 주말과 여름을 틈타 되살아나고 있다. 고래의 전통을 기반으로 한 지역 축제들도 관광객은 물론 수많은 국민을 유혹한다. 이렇게 도시와 시골을 규칙적으로 오가면 시골은 살기에 더욱 재미있는 곳이 되고, 도시민은 도시생활의 중압감 사이에서 필요한 휴식을 얻는다. 그러한 중압감에는 스페인의 젊은 세대와 이전 세대의 삶 사이 거대한 간극과 함께 범죄와 마약 복용 같은 사회 문제들이 포함되어 있다.

건설, 정보과학 등 많은 기술 직업의 호황이 새천년 스페인의 젊은 이들의 전문가적 열망에 불을 지폈다. 그중 대다수는 스페인이 민주화되던 놀라운 시기에는 태어나지도 않았던 이들이다. 이 젊은이들에게 조국은 미스모크라시아mismocracia, 즉 다른 모든 나라와 똑같은 mismo 민주국가다. 또한 이들은 본인이 스페인 사람일 뿐 아니라 유럽 및 세계의 시민이기도 하다고 여긴다. 2000년 12월 유럽의 여론조사에서 스페인 사람들은 유럽연합의 다른 나라들보다 더 종교에 관대했다. 여론조사에 응한 스페인 응답자의 92.9퍼센트가 다른 종교의 존재를 받아들이는 데 문제가 없다고 했는데, 이는 유럽 평균인 80퍼센트와 대비된다. 하지만 동시에 스페인 가톨릭은 대단히 역사적인 열정을 유지하고 있으며, 교회 지도자들은 현대적 삶의 여러 면이 부도덕하고 반종교적이라 여기고 이를 입 밖에 내기를 주저하지 않는다. 프랑코 정권과의 오랜 관계로 더럽혀진 교회는 스페인 사회의 다른 보수적인 요소들과 마찬가지로 새로운 스페인에서 스스로를 재정의하기 위해 애쓰고 있다.

1999년은 스페인내전이 끝난 지 60주년 되는 해였고 스페인의 다양한 통신 매체는 내전과 프랑코 정권에 대한 이야기를 싣고 분석할 기회를 놓치지 않았다. 민주화 기간과 그 이후 수십 년 동안, 과거의 상처를 다시 헤집지 않더라도 스페인에 민주주의가 쉽게 정착할 수 있으리라는 데 모두들 암묵적으로 동의했다. 정치적인 계파를 불문하고 널리 공유되는 관념이었다. 역사가들이 프랑코 정권을 진지하게 분석해 저서를 출간하고 「야만의 시대Los años bárbaros」와 같은 다양한 영화가 1940년대의 경찰 탄압을 다루었지만 대중은 여전히 만장일치로 입을 다물었다. 하지만 새로운 세기의 시작과 함께 스페인 사람들은 점차 자신들의 유령을 대면할 준비가 된 듯 보였다.

어쩌면 그러한 준비를 보여주는 가장 놀라운 증거는 2001년에 시작된 텔레비전 시리즈물의 인기일지도 모른다. 「무슨 일이 있었는지 말해줘Cuéntame como pasó」라는 제목의 주말 드라마는 가공의 알칸타라 가족 이야기를 몇 세대에 걸쳐 풀어놓는다. 이야기는 프랑코 정권 말기인 1968년부터 그들을 따라가면서 현재로 이어진다. 드라마 방영이 시작된 이후 매주 목요일, 스페인의 저녁 식사 시간인 밤 10시, 자신들의 삶과 조국의 최근 역사를 다룬 이야기가 펼쳐지면 수백만 명의 스페인 사람이 텔레비전 수상기 앞에 꼼짝 않고 앉는다. 노련한 작가, 프로듀서, 배우로 이루어진 팀이 얽히고설킨 역사를 인간애와 더불어 균형 있게 묘사하는 이 시리즈는 압도적인 성공작으로서 그 자체로 사회적·문화적 현상이 되었다. 이야기가 현재를 향해 전개되면서 지금까지 150편 이상의 에피소드가 방영되었다. 드라마는 계속 과거에 거울을 비추며 각계각층의 스페인 시청자들을 매혹한다. 왕실 구성원도 이 드라마를 시청한다.

누나들이 1997년에 결혼해 가족을 꾸리면서 펠리페 왕자는 적절한 아내를 찾아 다음 세대를 공고히 해야 한다는 압박을 점점 더 많이 받게 되었다. 대중지는 왕자의 연애에 관한 사실 혹은 소문을 활발히 다루었고 왕자는 스페인 사람들이 늘 자신의 사생활을 공적인 문제로 여길 거라는 불편한 진실을 마주해야 했다. 실제로 스페인 여론은 그가 노르웨이 모델과의 진지한 연애를 끝내는 데 중요한 역할을 했다. 그의 부모를 포함해 대부분의 스페인 사람들은 그저 그녀가 장차 왕비가 되기에 적절한 사람이 아니라고 생각했다. 왕자는 2001년 말에 자신보다 조국의 이익을 앞세우며 마지못해 관계를 정리하고 임무를 계속했다. 그는 공식 일정을 훨씬 더 활동적으로 소화하고 마드리드 외곽에 있는 부모의 사르수엘라 궁전 부지에 거처를 지었다. 왕자와 그의 가까운 친지 및 친구들은 과거 연애사에 관한 대중의 이야기에 상처 입고 낙담했으며, 그의 사생활 보호에 신경을 썼다.

2003년 가을 펠리페 왕자는 가까운 사람들 이외의 거의 모든 이를 놀라게 했다. 수상 경력이 있는 중산층 출신 TV 기자 레티시아 오르티스 로카솔라노를 아내로 선택한 것이다. 매우 총명하고 잘 교육받았으며 말도 잘하고 아름답기까지 한 그녀는 자기 분야에서도 성공했으며 높이 평가받고 있었다. 레티시아는 스페인 제1의 텔레비전 채널인 TV-1의 뉴스 앵커로서 정기적으로 등장했기에 대중은 그녀의 얼굴과 목소리를 잘 알았다. 그녀의 활동에 감탄한 왕자는 언론계에서 서로 아는 인물을 통해 그녀와의 자리를 만들었다. 하지만 왕자를 만날 당시 그녀는 이혼한 상태였고 다른 사람과 연애 중이었다. 레티시아가 다시 혼자가 되었을 때 왕자는 구애하기 시작했고, 주저하는 그녀를 마침내 설득해 장래의 스페인 왕비라는 만만치 않은 책임을 떠맡겼다. 그녀는 2003년 11월 1일 약혼 전날 밤에 일을 그만두었다. 결혼 전 7개월 동안 레티시아 오르티스는 사르수엘라 궁전에 기거하며 왕가의 교육을 받고 현대의 왕비로서 필요한 부수적인 기술들을 배웠다. 그녀는 공인이 된다는 것의 의미를 이미 알고 있었기 때문에 일거수일투족을 속속들이 드러내 보인다는 게 어떤 것인지를 금방 깨달았다. 혹독하지만 필요한 교훈이었다.

2003~2004년의 휴가철에 스페인은 3월 중순의 선거를 준비하고 있었다. 여론조사는 국민당의 승리를 점치고 있었으며, 사람들은 5월에 열릴 왕실 결혼식을 고대하고 있었다. 2004년 봄에 전대미문의 재앙이 스페인에 찾아오리라고는 누구도 예측할 수 없었다. 3월 11일 목요일 출근 시간의 마드리드에서, 테러리스트들은 통근하는 사람들로 북적이는 기차역 몇 곳을 폭탄으로 폭파했다. 그들은 최대한 많은 사상자를 내기 위해 폭발 장소와 시간을 계획했다. 이 테러로 사망자가 200명 가까이 발생했다. 부상자는 훨씬 더 많았다. 처음에 호세 마리아 아스나르 정부는 ETA를 의심했다. 한 달 전에 기차를 폭파하려는 ETA를 경찰이 저지했기 때문이다. 하지만 법의학적 증거에 따라 배후에 이슬람 극단주의자가 있음이 이내 명백해졌다. 짐작건대 스페인 정부가 미국의 이라크 전쟁을 지지한 것과 관계있었을 것이다. 선거가 3월 14일에 예정되어 있었는데, 아스나르의 국민당은 이 사건으로 인해 지지를 크게 잃었다.

테러 이튿날, 총인구의 4분의 1에 달하는 1100만 명의 국민이 스페인 전역에서 평화 시위에 참여해 사건을 규탄했다. 마드리드에서는 펠리페 왕자와 엘레나, 크리스티나 공주가 행렬을 이끌었다. 이틀 뒤 유권자들은 투표를 통해 국민당을 집권당에서 몰아냈다. 경찰은 다른 나라의 기밀 보고서를 추가로 활용해 아주 재빨리 용의자를 찾아냈다. 공격 전 몇 달간 용의자 수십 명이 보인 행적과 그들이 사용한 폭발물의 출처 후보들을 추적할 수 있었던 것이다. 용의자는 스무 명이 넘었고 대부분 모로코 출신이었다. 이들에 대한 사법 절차는 몇 년 동안 계속되어, 스페인도 다른 나라만큼이나 ETA는 물론 국제 테러리즘에도 취약하다는 사실을 계속 상기시켰다. 법원은 2007년 10월의 최후 판결을 통해 피고 28명 가운데 21명이 유죄이며 범행에 다양한 정도로 연루되어 있음을 밝혔다. 그렇지만 테러의 완전한 전후 사정에 관해서는 논란이 지속되고 있다.

2004년 선거 이후, 사회당 지도자 호세 루이스 로드리게스 사파테로가 정부의 총리직을 인계받았다. 선거 공약을 이행하기 위해 그는 스페인군을 이라크에서 즉시 철수시킴으로써, 아스나르와 그의 국민당과는 여러 면에서 다른 의제를 따를 것임을 명백히 했다.

사파테로 정부가 맞닥뜨린 골치 아픈 쟁점들 가운데 하나는 ETA 테러 단체의 지속적인 폭력 행위였다. 1968년 이후 수년 동안 ETA는 정치가와 민간인은 물론 군인과 경찰까지 포함해 800명 이상을 암살했다. 민주화 시기였던 1970년대 말에는 폭력 행위가 극에 달했다. 암살 피해자는 1980년에 92명으로 정점을 찍은 뒤 연간 30명에서 50명 사이를 오갔고, 스페인 사회에는 폭력의 위협이 검은 구름처럼 드리워져 있었다. 새로운 헌법 아래에서 지방 세력이 크게 강화되면서 바스크 지도자들 대다수는 무장투쟁이 시대에 뒤떨어진 행동이며 역효과를 낸다고 여기게 되었다. ETA에게 희생당한 이들 중 많은 이가 지방 경찰(에르차인차Ertzaintza)과 무장투쟁을 지지하지 않는 지역 정치인들이었다는 점이 이런 인식에 기여했다. 하지만 강경파들은 무장투쟁을 포기하지 않고 바스크의 여러 기업에서 '혁명세'를 갈취해 활동 자금을 조달한다. 몇몇 지역 정치가는 집권당이 어느 정당이든 간에 지속적인 폭력의 위협에 빌붙어 중앙정부와의 정치적 다툼에 유용한 도구로 삼고 있다.

ETA를 대표하는 첫 정당은 1978년에 창당한 에리바타수나였다. 수년 동안 테러리즘이 지속되자 수많은 스페인 사람은 에리바타수나가 표면상으로만 정치 정당일 뿐 정체를 위장한 테러 집단이라고 여기게 되었다. 1990년대 말 세계적으로 고조된 테러리즘에 대한 관심 속에서 스페인 사법부(특히 예심판사 발타사르 가르손)는 에리바타수나 지도부가 ETA와 연관되어 있다는 증거를 찾아냈고 다수의 관련자가 구속되어 재판받았다. 2001년 6월에 바타수나라 불리는 새로운 정당이 에리바타수나를 대체했지만 정치적 견해와 지도부는 바뀌지 않았다. 그 이후 사법부와 군대의 ETA 지지자들은 바타수나를 불법화하려는 사법부와 반복적으로 다툼을 벌였고, 그 결과 바타수나 지도부는 재정비를 통해 새 정당을 창당했다.

주기적으로 휴전을 맺어도 지속적인 효과가 없는 것처럼 보였기에 아스나르 정부는 ETA 지도자들이 무장투쟁을 공식적으로 단념할 때까지 평화 협상을 거부했다. 사파테로의 첫 번째 정부는 해결을 위한 정치적 접근법을 기꺼이 찾으려는 듯했지만, 그 순간에도 탈주 테러범을 체포하기 위해 유럽연합의 다른 회원국들과 공조했다.

현재 스페인 인구는 약 4400만 명이다. 이 숫자는 전 세계적으로 점차 다양한 사람이 스페인에 모여들고 있음을 나타낸다. 1995년에서 2005년까지 스페인에 거주하는 외국 출생자 비율은 5퍼센트에서 10퍼센트 이상으로 증가해 짧은 기간에 큰 변화를 겪었다. 재계와 정계를 포함해 스페인 사회 모든 곳에서 여성이 부각된 것도 주요한 변화였다. 스페인 전역에서 여성이 시장 및 지역 지도자 자리에 올랐고, 2004년 호세 루이스 로드리게스 사파테로의 첫 번째 내각에는 일곱 명의 여성이 포함되었으며 그중 한 명은 부총리였다. 모두 사회당에서 성장한 이들이었다. 사파테로는 2008년 3월 총선을 통해 두 번째로 집권했다. 그의 국방장관 카르메 차콘 피케라스는 코르테스 하원 부의장을 지내고 사파테로의 첫 정부에서 주택부 장관을 역임한 여성이었다. 이전의 국민당 정부 때도 아스나르가 외교부 장관 아나 팔라시오 등 몇 명의 여성을 내각에 임명했으며, 국민당 출신의 여성들이 코르테스의 상하원을 주도했다.

그 밖의 다양한 경제 및 사회 지표에 있어서도 스페인은 유럽연합에서 확고한 위치를 점했으며, 경우에 따라 선두에 서기도 한다.

그림 8.1 메리다의 풍경은 옛것과 새것이 병치된 현대 스페인을 분명히 드러낸다. 과디아나강의 로마식 다리는 건축가 산티아고 칼라트라바에 의해 1991년 루시타니아 다리로 대체되기 전까지 자동차 통행에 사용되었다.

2005년 스페인 여성의 기대 수명은 83.7세로 그해 유럽연합에서 최고 수준이었다. 같은 해에 코르테스가 법을 개정해 동성혼을 합법화함으로써 스페인은 네덜란드와 함께 유럽에서 가장 진보적인 동성애 관련 법을 보유한 두 나라 중 하나가 되었다. 가톨릭교회는 결혼을 단순한 시민 간 결합이 아닌 성사聖事로 간주하기에 강하게 반발했지만, 스페인 사람 대다수가 동성혼 합법화에 찬성한 것은 그것이 성에 기반한 법적 차별의 종말을 의미하기 때문이었다.

강력한 도덕적 중핵을 갖춘 동시에 외설물과 성 산업도 번성하고 있는 것을 보면 스페인은 여전히 놀라운 모순의 나라다. 사실 많은 스페인 사람은 삶의 여러 면에서 도덕성을 견고하게 유지하면서 성생활은 예외로 두는 것을 특별히 모순이라고 여기지 않는다. 정치적인 면에서는 민주화 기간에 억압되어 있던 대화의 장이 최근 들어 점차 공격적인 정치적 담론에 자리를 내주어, 효과적인 국정 운영을 위해 타협에 이르는 과정이 방해받고 있다. 하지만 대립을 꺼리지 않는 새로

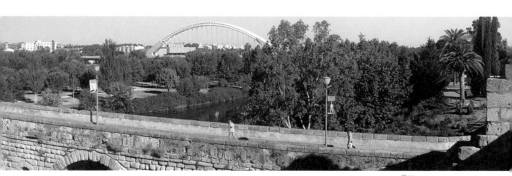

©Xosema

운 정치적 분위기는 스페인의 신세대가 뚜렷한 불화를 보이면서도 그 것이 민주주의의 지속적인 발전을 위험에 빠뜨릴까 두려워하지 않는 다는 증거를 제공한다.

후안 카를로스 1세와 입헌군주제는 현대의 스페인을 살아가며 맞 닥뜨리는 문제들 속에서 안정이라는 필수 요소를 제공한다. 매년 크 리스마스이브에 스페인의 텔레비전 방송국은 국민과 이민자에게 왕 의 연례 메시지를 내보낸다. 왕은 2008년의 경제 위기처럼 나라가 전 체가 당면한 최근의 걱정거리를 건드리고 개인적인 문제들도 언급한 다. 가령 본토박이 스페인 국민과 이민자들 사이의 긴장에 응답하기 위해, 더 나은 삶을 찾아 이민을 택한 용기를 존중하고 이민자를 환영 해달라며 유창한 솜씨로 국민에게 간청하는 식이다.

© Gzzz

그림 8.2 최근 몇십 년간 스페인 하부구조에 대한 막대한 투자는 여러 도시의 스카이라인을 변 형시켰다. 세비야 과달키비르강 위의 놀라운 건축물 알라미요 다리는 산티아고 칼라트라바가 1992년 엑스포 건설 프로젝트의 일환으로 설계했다.

왕은 미래의 스페인에 대해 왕실이 품고 있는 희망을 언급하기도 한다. 그와 소피아 왕비는 가족이 늘어, 2008년 현재 펠리페 왕자와 레티시아 왕자빈의 두 딸을 포함해 손자 손녀가 여덟 명이 되었다. 아스투리아스의 왕자 부부, 즉 펠리페와 레티시아에게 아들이 생기지 않는다면 스페인은 언젠가 다른 왕비를 얻을 것이고, 그러한 가능성은 많은 국민의 관심을 끌 듯하다. 부르봉왕가는 스페인에서 다소 홍미진진한 갈등을 겪은 이력이 있으며 과거 300년이 넘는 시간 동안 간격을 두고 나타났다 사라지기를 반복했다. 적어도 현 시점에서 왕가의 미래는 안정적인 것 같다. 왕실에 자녀가 여러 명이기도 하거니와, 현대 민주주의 내의 입헌군주제가 사회의 구심점이 되어주고 현재와 과거를 연결해 가시적인 연속성을 제공한다는 점을 모든 국민이 정치색과 상관없이 인정하기 때문이다.

새로운 스페인의 국민은 과거의 내전과 프랑코 정권뿐 아니라 2000년간의 역사와 관계된 광범위한 쟁점을 편안하게 다루는 것 같다. 정치 분석, 유명인의 가십, 패션, 주택 개선, 스포츠, 외설물을 다루는 신문이나 잡지들, 인기 있는 역사 잡지들이 신문 가판대의 자리를 나눠 가지고 있다. 역사 잡지들은 오늘날 가장 저명한 학자들이 쓴 글을 특집 기사로 다룬다. 이들 학자 가운데 일부는 제자들에게는 물론 스페인 대중에게도 잘 알려져 있다. 어떤 잡지의 대표적인 쟁점은 스페인 역사에 관한 글과 세계의 다양한 지역에 관한 글을 병치시킴으로써 훨씬 더 광범위한 맥락 속에서 역사가 진행되어왔음을 국민에게 미묘한 방식으로 상기시키는 것이다. 프랑코 정권을 거치며 몇 세대 동안 고립되어 있었기에, 스페인 국민은 고유성을 자각하면서도 선진 사회의 다른 모든 이와 자기들이 다를 바 없다는 사실이 지닌 가치를 날카롭게 깨닫고 있다. 이제 그들은 미래도, 과거도 두려워하지 않는다.

영토와 거주자

120만 년 전~110만 년 전	이베리아의 초기 인류 유적(아타푸에르카)
20만 년 전~2만 년 전	네안데르탈인
4만5000년 전~1만 년 전	후기 구석기 시대
기원전 800년경	페니키아인
기원전 6세기	최초의 그리스 도시 엠포리온 건설
기원전 3세기	카르타고의 지배
기원전 206년	로마인의 카르타고인 축출

고대의 유산

기원전 3세기~기원후 4세기	로마의 스페인 지배
409~415년	수에비족, 반달족, 알란족의 침입
5세기~711년	서고트족의 지배

중세 스페인의 다양성

711~1492년	이슬람 세력의 스페인 지배
8세기	기독교 왕국들의 성장 시작
756~788년	압두르라흐만 1세, 알안달루스를 독립 에미르국으로 선언
929년	압두르라흐만 3세(912~961), 스스로를 칼리프로 선언
1031년	칼리페이트 폐지, 타이파 왕국 시대 시작
1085년	레온(1065~1109)과 카스티야(1072~1109)의 알폰소 6세가 톨레도 정복
1094년	로드리고 디아스 데 비바르, 엘시드가 발렌시아 정복
1104~1134년	아라곤의 알폰소 1세가 사라고사 정복
1137년	아라곤과 바르셀로나의 연합
1232~1492년	그라나다의 나스르왕조
1236년	카스티야의 페르난도 3세(1217~1252, 레온의 왕 1230~1252)가 코르도바와 세비야(1248) 정복

국제 강국으로의 발흥

카스티야	
1252~1284년	알폰소 10세
1284~1295년	산초 4세
1295~1312년	페르난도 4세
1312~1350년	알폰소 11세
1350~1369년	페드로 1세(잔인왕)
1369~1379년	트라스타마라의 엔리케 2세
1379~1390년	후안 1세
1390~1406년	엔리케 3세

1406~1454년	후안 2세
1454~1474년	엔리케 4세
1474~1504년	이사벨 1세
1504~1506년	후아나 1세와 펠리페 1세
1506~1516년	아라곤의 페르난도 2세(후아나의 섭정)

아라곤

1213~1276년	하이메 1세
1276~1285년	페드로 3세
1285~1291년	알폰소 3세
1291~1327년	하이메 2세
1327~1336년	알폰소 4세
1336~1387년	페드로 4세
1387~1395년	후안 1세
1395~1410년	마르틴 1세
1412~1416년	안테케라의 페르난도 (트라스타마라의 페르난도 1세)
1416~1458년	알폰소 5세
1458~1479년	후안 2세
1479~1516년	페르난도 2세

최초의 세계제국

합스부르크왕조: 1516~1700년

1516~1556년	카를로스 1세(신성로마제국 황제 카를 5세)
1556~1598년	펠리페 2세
1598~1621년	펠리페 3세
1621~1665년	펠리페 4세

1665~1700년	카를로스 2세

부르봉왕조: 1700년~현재(몇 번의 단절)

1700~1724년	펠리페 5세
1724년	루이스 1세
1724~1746년	펠리페 5세(두 번째 즉위)
1746~1759년	페르난도 6세
1759~1788년	카를로스 3세
1788~1808년	카를로스 4세
1808년	페르난도 7세

근대성을 향하여: 나폴레옹의 침입에서 알폰소 13세까지

프랑스의 점령과 독립 전쟁

1808~1813년	조제프 보나파르트(호세 1세)

부르봉왕조 부활

1813~1833년	페르난도 7세
1833~1868년	이사벨 2세

이사벨 2세의 망명 후 임시 정부

1869~1870년	프란시스코 세라노(섭정)
1870~1873년	아마데오 1세(코르테스에서 선출)

제1공화국(1873년 2월~1874년 1월)

부활한 부르봉왕조

1875~1885년	알폰소 12세
1885~1931년	알폰소 13세
1923~1930년	미겔 프리모 데 리베라의 독재

스페인 정신을 위한 투쟁: 공화국, 내전, 독재

1930~1931년	다마소 베렝게르와 후안 바우티스타 아스나르의 '순한 독재'
1931년	알폰소 13세의 망명 시작

제2공화국(1931~1939년)

1931~1936년	니세토 알칼라 사모라
1936~1939년	마누엘 아사냐
1939~1975년	프란시스코 프랑코 독재

새로운 스페인, 새로운 스페인 사람: 유럽인, 민주주의, 다문화

부활한 부르봉왕조

1975~2014년	후안 카를로스 1세
2014년~	펠리페 6세

정부 총리 목록

1976년 7월 15일-1981년 1월 29일	아돌포 수아레스
1981년 1월 29일-1982년 12월 2일	레오폴도 칼보 소텔로 이 부스텔로
1982년 12월 2일-1996년 5월 5일	펠리페 곤살레스
1996년 5월 5일-2004년 4월 17일	호세 마리아 아스나르
2004년 4월 17일~2011년 12월 21일	호세 루이스 로드리게스 사파테로
2011년 12월 21일~2018년 6월 1일	마리아노 라호이
2018년 6월 1일~현재	페드로 산체스

여러 언어로 된 수많은 자료가 스페인과 15~19세기 스페인의 해외 모험을 다루고 있다. 인터넷 역시 책에서 언급되는 모든 사람과 장소에 대해 더 많은 정보와 삽화를 얻을 수 있는 훌륭한 장소다. 이 장에서 우리는 대략 연대순으로 등장하는 각각의 독립된 장과 관계된 도서들의 목록을 작성하고 특정 주제들에 관해서는 자료를 더 보충할 것이다. 목록이 완전하지는 않으며, 영어로 접할 수 있는 작품을 소개하려 한다. 3~8장에 관련해서는 스페인 사람이든 다른 나라 사람이든 스페인과 중요한 연관을 가진 자료를 생산한 대표적인 문화적 인물을 모두 언급할 것이다. 각 장에서 논의된 물질적·문화적 발달의 예가 되는 장소들도 다룰 것이다.

1장

지리학과 고고학 및 여러 지구과학 전문가가 오랫동안 이 광범위한 분야의 여러 측면에 몰두해왔지만, 역사가들에게 생태 환경은 비교적 생소한 관심사다. 스페인의 다채로운 풍경에 대해 배울 수 있는 최상의 방법은 서북부 갈리시아의 비에 흠뻑 젖은 계곡에서부터 동남부 알메리아의 사막까지, 그리고 북부 해안 인근 피코스데에우로파의 인상적인 산지에서부터 남부 해안 인근 네르하(안달루시아)의 선사시대 동굴까지를 직접 탐험하는 것이다. 스페인과 이웃 지중해 지역의 지리에 관한 출간물로의 진입 지점은 다음과 같다.

Karl W. Butzer, *Archaeology as Human Ecology*(Cambridge: Cambridge University Press, 1982).

John Robert McNeill, *The Mountains of the Mediterranean World: An Environmental History*(Cambridge: Cambridge University Press, 1992).

Fernand Braudel, *The Mediterranean and the Mediterranean World in the Age of Philip II*(New York: Harper and Row, 1972-1973), Vol. i.

Carla Rahn Phillips and William D. Phillips, Jr., *Spain's Golden Fleece: Wool Production and the Wool Trade from the Middle Ages to the Nineteenth Century*(Baltimore: Johns Hopkins University Press, 1997), Chapter 1.

카스티야-레온 아타푸에르카의 고고학 유적지는 지금까지 유럽에서 발견된 것들 중 가장 오랜 인류의 유적이다. 산탄데르(칸타브리아) 인근의 알타미라 동굴들은 1만 8500년 전에서 1만4000년 전까지 연원을 거슬러 올라가는 환상적인 벽화를 품고 있다. 울라카(카스티야-레온)에 있는 켈트족 거석들은 기원전 5세기에서 기원전 2세기까지 존재했던 정착지를 나타낸다. 어떤 고고학 유적지는 방문객에게 개방되어 있지만 많은 곳은 폐쇄되어 있으며, 발굴이 계속되는 동안 자격이 있는 연구자만 들어갈 수 있다. 안달루시아 우엘바 인근 리오 틴토의 노천광은 중세에 버려졌다가 산업혁명 이후에야 완전히 개발되었지만, 적어도 페니키아 시대 이후로 계속 운영되었다. 오늘날에도 여전히 운영 중이며, 대개 철과 구리를 추출하고 있지만 은과 다른 광물질도 존재한다. 세계에서 가장 오래된 광산으로 불리곤 하며 매장량도 아주 가장 풍부한 광산에 속하는 리오 틴토는 성경에 나오는 솔로몬의 광산 터였을 것이다. 리오 틴토는 수천 년 넘게 경제 개발에 공헌했지만 안달루시아 서남부의 거대한 띠 모양 땅덩어리를 식물이 전혀 없는 달 표면처럼 바꾸어버렸다. 그곳의 여러 강은 그 이름이 시사하듯 붉은 포도주 빛깔이다. 어떤 지역은 방문객에게 개방되어 있다.

'엘체 부인'이라는 이베리아의 장엄한 석상과 발렌시아의 유사한 여러 조각물은 짐작건대 기원전 4세기에 제작된 것이며, 마드리드 국립고고학박물관에 소장되어 있다. 아빌라 인근의 '기산도의 황소로 알려진 훨씬 투박한 거석상들은 기원전 2세기경에 만들어졌으며, 로마인들이 현재의 위치로 옮겨놓았다고 생각하는 학자들도 있다. 스페인의 선사시대인에 대한 추가 자료는 다음과 같다.

Juan Luis de Arsuaga, Eudald Carbonell, and José María Bermúdez de Castro, *The First Europeans: Treasures from the Hills of Atapuerca*(Valladolid: Junta de Castilla y León, 2003).

María Cruz Fernández Castro, *Iberia in Prehistory*(Oxford: Blackwell, 1995).

Ann Neville, *Mountains of Silver and Rivers of Gold: The Phoenicians in Iberia*(Oxford: Oxbow Books, 2007).

Richard J. Harrison, *Spain at the Dawn of History: Iberians, Phoenicians, and Greeks*(New York: Thames and Hudson, 1988).

Roger Collins, *Spain: An Oxford Archaeological Guide*(Oxford: Oxford University Press, 1998).

2장

로마 지배하의 스페인에 대한 학술적 저작은 이미 상당한 정도이고, 모든 새로운 고고학적 발견과 더불어 확장되고 있다. 저작 가운데 대다수는 전형적인 고고학 분야 자료처럼 학술 논문 형태로 출간되었다. 출간된 책 몇몇은 다음과 같다.

Leonard A. Curchin, *Roman Spain: Conquest and Assimilation*(New York: Routledge, 1991).

Michael Kulikowski, *Late Roman Spain and its Cities*(Baltimore: Johns Hopkins University Press, 2004).

J. S. Richardson, *The Romans in Spain*(Cambridge, Mass.: Blackwell Publishers, 1996).

로마 문명은 스페인 구석구석에 흔적을 남겼고 실제로 지방의 모든 박물관이 그 시기의 공예품을 소장하고 있다. 카스티야-레온 세고비아의 로마 시대 수로가 아마도 가장 잘 알려진 건축물일 테지만, 로마식 다리는 스페인 곳곳의 수많은 도시와 촌락에서 여전히 사용되고 있다. 카스티야-레온 소리아에는 누만시아의 유적지 출토물을 소장한 훌륭한 소규모 박물관이 있으며, 그곳 역시 방문객에게 개방되어 있다. 카탈루냐의 타라고나와 바르셀로나에는 중요한 로마 유적이 있다. 특히 바르셀로나박물관에는 바르시노(로마인이 바르셀로나를 부르던 이름) 폐허가 자리에 그대로 있다. 로마의 유물이 한곳에 모여 있는 최고의 장소는 엑스트레마두라의 메리다이며, 그곳에는 인상적인 극장과 종합 경기장 및 다른 유적들뿐 아니라 국립로마미술관이 있다. 안달루시아의 세비야 인근 이탈리카의 로마 시대 폐허에는 인상적인 모자이크가 있고, 타리파 인근 바엘로클라우디아의 수산물 가공장은 창문을 통해 로마 시대의 공업과 지중해 무역을 흥미진진하게 들여다볼 수 있다. 또 카스티야-레온의 폰페라다 인근 라스메둘라스의 로마 시대 수압식 금광은 그러한 작업의 생태학적 결과를 포함해 많은 것을 알려준다.

스페인의 서고트족을 연구하고 영어로 책을 낸 학자는 거의 없다. 그 가운데 접할 수 있는 책은 다음과 같다.

Roger Collins, *Visigothic Spain, 409–711*(Oxford, and Malden, Mass.: Blackwell, 2004).

Peter J. Heather, *The Visigoths from the Migration Period to the Seventh Century: An Ethnographic Perspective*(Woodbridge and Rochester: Boydell Press; San Marino: Center for Interdisciplinary Research on Social Stress, 1999).

Karen Eva Carr, *Vandals to Visigoths: Rural Settlement Patterns in Early Medieval Spain*(Ann Arbor: University of Michigan Press, 2002).

Kenneth Baxter Wolf, *Conquerors and Chroniclers of Early Medieval Spain*(Liverpool: Liverpool University Press, 1999).

2장에서 알 수 있듯 스페인의 서고트족의 주요 유산은 그들의 법전과 라틴어 및 토착어에 부가된 것들이다. 서고트족은 이베리아에 여러 도시를 건설하고 톨레도를 수도로 택했지만 그들이 존재했음을 가시적으로 상기시키는 구조물은 거의 남아 있지 않으며, 잔존하는 것은 대부분 카스티야-레온의 교회다. 7세기까지 시대를 거슬러 올라가는 팔렌시아 인근 산후안 교회가 그 예다.

3장

무슬림의 침략과 그에 따른 이슬람 문화의 이식은 여러 세대를 거치며 영국의 학자들을 매혹했고, 그러한 관심은 여전히 강하게 남아 있다. 중세의 기독교 스페인이나 유대교 스페인에 대해 연구하는 학자는 그보다도 훨씬 더 많다. 구세대는 종교 공동체를 하나하나 전문적으로 다루는 경향이 있었다. 반면 현대에는 전반적인 중세 스페인 문화의 다양성을 아우르는 학자가 많다. 영어로 출간된 저작의 예는 다음과 같다.

Roger Collin, *Early Medieval Spain: Unity in Diversity, 400–1000*(London: MacMillan Education, 1995).

Norman Roth, *Jews, Visigoths, and Muslims in Medieval Spain: Cooperation and Conflict*(Leiden and New York: E. J. Brill, 1994).

Jerrilynn Denise Dodds, *Al-Andalus: The Art of Islamic Spain*(New York: Metropolitan Museum of Art, 1992).

Joseph F. O'Callaghan, *A History of Medieval Spain*(Ithaca: Cornell University Press, 1975).

————, *Reconquest and Crusade in Medieval Spain*(Philadelphia: University of Pennsylvania Press, 2004).

B. F. Reilly, *The Medieval Spains*(Cambridge: Cambridge University Press, 1993).

R. A. Fletcher, *The Quest for El Cid*(New York: Oxford University Press, 1991).

Hugh Kennedy, *Muslim Spain and Portugal: A Political History of al-Andalus*(London: Longman, 1996).

Olivia Remie Constable, *Trade and Traders in Muslim Spain: The Commercial Realignment of the Iberian Peninsula, 900–1500*(Cambridge and New York: Cambridge University Press, 1994).

Thomas F. Glick, *From Muslim Fortress to Christian Castle: Social and Cultural Change in Medieval Spain*(Manchester: Manchester University Press, 1995).

Robert Ignatius Burns, SJ, *Muslims, Christians, and Jews in the Crusader Kingdom of Valencia: Societies in Symbiosis*(Cambridge: Cambridge University Press, 1984).

Heath Dillard, *Daughters of the Reconquest: Women in Castilian Town Society, 1100–1300*(Cambridge: Cambridge University Press, 1984).

James F. Powers, *A Society Organized for War: The Iberian Municipal Militias in the Central Middle Ages, 1000–1284*(Berkeley: University of California Press, 1987).

Teofilo F. Ruiz, *From Heaven to Earth: The Reordering of Castilian Society, 1150–1350*(Princeton: Princeton University Press, 2004).

Jonathan Ray, *The Sephardic Frontier: The Reconquista and the Jewish Community in Medieval Iberia*(Ithaca: Cornell University Press, 2006).

오랜 중세의 인상적인 물질 유산은 널리 퍼져 있다. 의심의 여지 없이 가장 유명한 이슬람 유물은 그라나다의 복합 궁전, 코르도바의 웅장한 사원, 세비야의 망루(라히랄다)이며, 모두 안달루시아에 있다. 덧붙여 스페인 곳곳에는 무슬림이나 기독교, 혹은 유대 공동체를 위해 건설된 다양한 구조물이 이슬람 요소를 간직하고 있다.

기독교와 이슬람 건축 양식 사이의 문화적 융합은 무데하르(기독교 통치하의 무슬림)와 모사라베(무슬림 통치하의 기독교도)에 의해 지어진 건축물을 낳았다. 톨레도(카스티야-라만차)에는 중세의 거대한 유대교 회당과 기독교 교회는 물론 무데하르의 건축 요소와 장식 무늬의 훌륭한 예가 되는 건축물이 있다. 칼라타유드와 사라고사 지방(아라곤)의 여러 소도시에서는 모사라베 건축물의 훌륭한 예를 찾아볼 수 있다. 다른 많은 지방처럼 칼라타유드에는 중세에 유대인이 살던 지역이 있다. 가장 유명한 곳은 세비야의 바리오데산타크루스일 테지만 수많은 도시가 중세 유대인 구역의 유물을 보유하고 있으며, 그 가운데 하나는 엑스트레마두라의 에르바스다.

세속의 건축물과 마찬가지로 중세 기독교 교회와 수도원도 여전히 스페인 전역에 존재한다. 비록 대다수는 수 세기를 거치면서 상당히 변모했지만, 로마네스크 건축의 최고 본보기가 되는 건축물은 산티아고데콤포스텔라로 향하는 순례길을 따라 세워져 있는 수많은 시골 교회다.

중세에 건설되어 확장된 소도시들도 먼 과거가 남긴 유물들을 보유하고 있다. 이슬람 도시와 유대인 구역의 특징인 구불구불한 길은 남부 여름의 혹독한 태양으로부터 그늘을 제공하기 위해 고안되었다. 재정복 시기에 건설된 기독교 도시의 중앙 광장과 좀더 규칙적인 거리는 로마 시대에 도입된 전통을 따른 것이다. 두 가지 전통적 요소는 여전히 여러 현대식 도시의 배경으로 남아 있다. 바르셀로나에는 유명한 '고트족 구역'이 있으며, 살라망카 지방의 라알베르카는 중세의 특성을 아주 많이 보존하고 있다. 이슬람 도시와 기독교 도시 모두 중세에는 보통 성벽으로 둘러싸여 있었다. 도시를 방어하고 사람과 상품의 흐름을 통제하기 위해서였다. 현대의 수많은 도시에 그런 중세 성벽의 잔재가 있으며, 아빌라는 중세 때 중앙을 둘러싸고 있던 둥근 모양의 벽을 새로 꾸몄다.

중세의 기억은 또 재정복 시기에 간헐적으로 발생했던 전투를 상기시키는 무어인과 기독교인 사이 모의 전투의 전통을 고수하고 있다. 무어인과 기독교인의 축제는 아직도 스페인과 포르투갈의 여러 곳에서, 그리고 아주 먼 페루, 파푸아뉴기니, 필리핀에서도 열리고 있다. 스페인에서는 매년 4월 알리칸테 지방(발렌시아)의 알코이에서 공들인 축제가 열린다.

4장

14세기에서 15세기 후반에 이르는 아주 중요한 시기에 대한 학문은 일반적인 것이든 특정 주제에 관한 것이든 광범위하다. 영어로 접할 수 있는 저작은 다음과 같다.

Angus MacKay, *Spain in the Middle Ages: From Frontier to Empire, 1000–1500*(New York: St. Martin's, 1977).

L. P. Harvey, *Islamic Spain, 1250 to 1500*(Chicago: University of Chicago Press, 1990).

John Edwards, *The Spain of the Catholic Monarchs, 1474–1520*(Malden, Mass., and Oxford: Blackwell, 2000).

Jocelyn N. Hillgarth, *The Spanish Kingdoms, 1250–1516*, 2 vols.(Oxford: Clarendon Press, 1976–1978).

Teofilo F. Ruiz, *Spanish Society, 1400–1600*(Harlow and New York: Longman, 2001).

Helen Nader, *The Mendoza Family in the Spanish Renaissance, 1350 to 1550*(New Brunswick, NJ: Rutgers University Press, 1979).

Henry Kamen, *The Spanish Inquistion: A Historical Revision*(New Haven: Yale University Press, 1998).

Norman Roth, *Conversos, Inquisition, and the Expulsion of the Jews from Spain*(Madison: University of Wisconsin Press, 1995).

Felipe Fernández Armesto, *Before Columbus: Exploration and Colonization from the Mediterranean to the Atlantic, 1229–1492*(Philadelphia: University of Pennsylvania Press, 1987).

Peggy K. Liss, *Isabel the Queen: Life and Times, rev. edn.*(Philadelphia:

University of Pennsylvania Press, 2004).

William D. Phillips, Jr., and Carla Rahn Phillips, *The Worlds of Christopher Columbus*(Cambridge: Cambridge University Press, 1992).

Barbara F. Weissberger, *Isabel Rules: Constructing Queenship, Wielding Power*(Minneapolis: University of Minnesota Press, 2004).

수백 명의 작가, 화가, 음악가가 스페인의 르네상스에 참여했다. 스페인 사람은 물론, 경제성장과 왕실 및 귀족의 문화적 투자를 통해 생겨난 기회를 잡으러 온 외국인들도 여기에 포함되었다. 가장 눈에 띄는 인물 중에는 작가 겸 음악가 후안 델 엔시나, 조각가 힐 데 실로에, 화가 페드로 베루게테와 후안 데 플란데스가 있다. 프라도박물관(마드리드)과 국립카탈루냐미술관(바르셀로나)은 중세 후기와 르네상스 시기의 훌륭한 작품들을 소장하고 있다.

15세기 말에는 플래터레스크 양식과 스페인식 르네상스 건축이 발달했다. 지나치게 장식적인 설계가 흡사 은세공사의 작품 같다는 데서 이름이 붙은 플래터레스크 양식은 북유럽, 이슬람, 이탈리아 르네상스의 전통을 특색으로 하고 있으며, 16세기 초에 정점에 이르렀다. 살라망카, 바야돌리드, 그라나다에는 플래터레스크 양식 파사드의 훌륭한 본보기들이 있으며, 그 시기의 경제적 팽창을 공유했던 다른 여러 도시도 마찬가지다.

5장

이 장에서 다루는 세 세기를 연구한 학술 저작은 방대하다. 합스부르크왕가에 대한 훌륭한 출발점은 J. H. 엘리엇의 『스페인 제국사』(까치글방, 2000)와 존 린치의 『합스부르크가 다스린 스페인Spain under the Habsburgs』(2 vols., 1964, and New York: New York University Press, 1981)이다. 존 린치의 『부르봉이 다스린 스페인, 1700~1808년Bourbon Spain, 1700~1808』(Oxford: Blackwell, 1989)은 이야기를 1808년으로 이끈다. 두 작가 모두 특정 주제에 대해 출간한 저작 목록이 아주 훌륭하다. 아메리카대륙의 스페인제국에 대한 훌륭한 개괄서로는 마크 버크홀더와 리먼 존슨의 『1830년까지 거슬러 올라가는 라틴아메리카Latin America to 1830』(6th edn., New York: Oxford University Press, 2007)가 있다. 이 책에 포함된 참고문헌은 영국에서 작업하는 수많은 라틴아메리카 학자가 입문서로 사용한다. 당대 스페인에 대한 이외의 도서 목록은 다음과 같다.

Carla Rahn Phillips and William D. Phillips, Jr., *Spain's Golden Fleece: Wool Production and the Wool Trade from the Middle Ages to the Nineteenth Century*(Baltimore: Johns Hopkins University Press, 1997).

Helen Nader, ed., *Power and Gender in Renaissance Spain: Eight Women of the Mendoza Family, 1450–1650*(Urbana: University of Illinois Press, 2004).

Richard Kagan and Fernando Marías, *Urban Images of the Hispanic World, 1493–1793*(New Haven: Yale University Press, 2000).

Jonathan Brown, *Painting in Spain: 1500–1700*(New Haven: Yale University Press, 1998).

Antonio Domínguez Ortíz, *The Golden Age of Spain, 1516–1659*(New York: Basic Books, 1971).

William S. Maltby, *The Reign of Charles V*(Basingstoke: Palgrave, 2002).

M. J. Rodríguez-Salgado, *The Changing Face of Empire: Charles V, Philip II, and Habsburg Authority, 1551–1559*(Cambridge: Cambridge University Press, 1988).

Sara T. Nalle, *God in La Mancha: Religious Reform and the People of Cuenca, 1500–1650*(Baltimore: Johns Hopkins University Press, 1992).

Geoffrey Parker, *Philip II*(Chicago: Open Court, 2002).

Peter Pierson, *Philip II of Spain*(London: Thames and Hudson, 1975).

Pablo Emilio Pérez-Mallaína Bueno, *Spain's Men of the Sea: Daily Life on the Indies Fleets in the Sixteenth Century*(Baltimore: Johns Hopkins University Press, 1998).

Garrett Mattingly, *The Armada*(Boston: Houghton Mifflin, 1959).

Margaret Greer and Walter Mignolo, *Rereading the Black Legend: The Discourses of Religious and Racial Difference in the Renaissance Empires*(Chicago: University of Chicago Press, 2007).

Antonio Feros, *Kingship and Favoritism in the Spain of Philip III, 1598–1621*(Cambridge: Cambridge University Press, 2000).

Jonathan Brown and John Huxtable Elliott, *A Palace for a King: The Buen*

Retiro and the Court of Philip IV(rev. edn., New Haven: Yale University Press, 2003).

JoEllen Campbell, *Monarchy, Political Culture and Drama in Seventeenth-Century Madrid: Theater of Negotiation*(Farnham, Surrey: Ashgate, 2006).

Allyson M. Poska, *Regulating the People: The Catholic Reformation in Seventeenth-Century Spain*(Leiden and Boston: Brill, 1998).

Ruth MacKay, *"Lazy, Improvident People": Myth and Reality in the Writing of Spanish History*(Ithaca: Cornell University Press, 2006).

Carla Rahn Phillips, *The Treasure of the San José: Death at Sea in the War of the Spanish Succession*(Baltimore: Johns Hopkins University Press, 2007).

Richard Herr, *The Eighteenth-Century Revolution in Spain*(Princeton: Princeton University Press, 1958).

John Huxtable Elliott, *Empires of the Atlantic World: Britain and Spain in America, 1492-1830*(New Haven: Yale University Press, 2006).

Suzanne L. Stratton and Ronda Kasl, *Painting in Spain in the Age of Enlightenment: Goya and his Contemporaries*(Indianapolis: Indianapolis Museum of Art and New York: The Spanish Institute, 1997).

David R. Ringrose, *Spain, Europe, and the "Spanish Miracle," 1700-1900*(Cambridge: Cambridge University Press, 1997).

스페인 '황금시대'의 수많은 문학적 인물의 작품은 영어로 접할 수 있는 것이 많다. 그중에는 미겔 데 세르반테스 사아베드라, 마테오 알레만, 루이스 데 공고라, 로페 펠릭스 데 베가 카르피오, 프란시스코 데 케베도, 디에고 데 사아베드라 파하르도 등이 있다. 그 시기 스페인 전역, 특히 마드리드의 극장들은 코랄레스 데 코메디아corrales de comedia라고 불리는 장소에서 다양한 청중을 위해 연극(코메디아스comedias)을 공연했고, 이는 셰익스피어 시대의 잉글랜드와 아주 흡사했다. 이 시기의 연극을 볼 수 있는 최고의 장소는 알마그로(카스티야-라만차)에 복원된 극장이다. 18세기는 분명 황금시대에 버금가는 스페인 작가들을 많이 배출하지는 못했다. 하지만 극작가 레안드로 페르난데스 데 모라틴은 부상하는 스페인 중류층의 허위의식을 날카롭게 묘사했다.

16세기 초부터 18세기까지 활동한 스페인과 관련된 대표적인 예술가에는 유럽 역사상 가장 유명한 화가들이 포함되어 있다. 알레호 페르난데스, 티치아노, 소포니스바

안귀솔라, 엘 그레코, 페테르 파울 루벤스, 안토니 반 다이크, 후안 바우티스타 마이노, 디에고 벨라스케스, 프란시스코 데 수르바란, 바르톨로메 에스테반 무리요, 클라우디오 코에요, 프란시스코 등이다. 그들의 작품은 전 세계의 주요 미술관에 소장되어 있지만, 한곳에서 대부분의 작품을 감상하기 가장 좋은 장소는 마드리드의 프라도미술관이다.

스페인과 북부 유럽이 정치적·경제적으로 연결되어 브뤼헐 일가와 히에로니뮈스 보스와 같은 화가들의 작품이 스페인 왕실과 귀족 수집가들 사이에서 유명해졌다. 그들의 작품 역시 프라도미술관에 잘 전시되어 있다. 이 시기에 활동한 저명한 작가와 음악가로는 후안 델 엔시나, 디에고 피사도르, 루이스 데 밀란, 안토니오 데 카베손, 가스파르 산스, 도메니코 스카를라티 등이 있다.

합스부르크왕조 시기의 건물, 다리, 기념물, 도시 구역도 여전히 스페인 전역에 남아 있다. 살라망카, 바야돌리드, 마드리드, 세비야, 발렌시아에는 특히 16세기와 17세기의 대표적인 교회, 수도원 등의 건축물이 풍부하다. 16세기 초의 정교한 플래터레스크 장식은 16세기 말에 더 소박한 양식으로 바뀌었고, 가장 잘 알려진 예가 마드리드 인근의 에스코리알 궁전이다. 17세기에는 스페인 바로크 양식의 정교한 석조물과 표면 장식이 부활했으며, 스페인 전역의 도시 중심부에서 이를 볼 수 있다. 산티아고데콤포스텔라의 성당처럼, 17세기에 건축되거나 개축된 교회와 구조물은 스페인 바로크 양식과 그 뒤를 이은 추리게라 양식(추리게라라는 건축가 가문 이후 생겨났다) 등 더 화려한 양식의 본보기가 된다. 라틴아메리카의 주요 도시들 역시 고도로 숙련된 지역 장인들이 장식한 스페인 바로크 양식의 근사한 건물이 즐비하다.

마드리드, 라그랑하, 리오프리오, 아랑후에스의 18세기 왕궁은 스페인 부르봉왕가가 선호했던 프랑스 및 이탈리아 양식의 예가 된다. 마드리드의 살레사스레알레스 교회는 18세기 스페인 종교 건축의 훌륭한 본보기다.

6장

19세기와 20세기 초는 다양한 분야에서 다양한 학자를 끌어들였다. 리처드 헤어의 『근대 스페인에 대한 역사적 소론An Historical Essay on Modern Spain』([1964] Berkeley: University of California Press, 1974)는 반세기 전에 처음 출간되었지만 19세기 정치에 대한 훌륭한 입문서다. 존 버가미니의 『스페인 부르봉왕가The Spanish Bourbons: The History of a Tenacious Dynasty』(New York: Putnam, 1974) 역시 왕가의 사적인 역사와

기벽에 초점을 맞춘 명작이다. 호세 알바레스 훈코와 에이드리언 슈버트가 엮은 에세이집 『1808년 이후의 스페인 역사Spanish History since 1808』(London: Arnold, and New York: Oxford University Press, 2000)에는 스무 명을 넘는 근대 스페인 역사 연구자의 에세이가 실려 있다. 다음은 추가적인 영어 도서 목록이다.

Raymond Carr, *Spain, 1808–1975*(Oxford: Clarendon Press, 1982).

Christopher J. Ross, *Spain, 1812–1996*(London: Arnold, and New York: Oxford University Press, 2000).

Charles J. Esdaile, *Spain in the Liberal Age: From Constitution to Civil War, 1812–1939*(Oxford: Blackwell, 2000).

Nicolás Sánchez-Albornoz, *The Economic Modernization of Spain, 1830–1930*(New York: New York University Press, 1987).

Adrian Shubert, *A Social History of Modern Spain*(London and Boston, Mass.: Unwin Hyman, 1990).

Mary Vincent, *Spain 1833–2002: People and State*(Oxford: Oxford University Press, 2007).

Adrian Shubert, *Death and Money in the Afternoon: A History of the Spanish Bullfight*(New York: Oxford University Press, 1999).

David Mackay, *Modern Architecture in Barcelona, 1854–1939*(New York: Rizzoli, 1989).

Carolyn P. Boyd, *Historia Patria: Politics, History, and National Identity in Spain, 1875–1975*(Princeton: Princeton University Press, 1997).

─────── , *Praetorian Politics in Liberal Spain*(Chapel Hill: University of North Carolina Press, 1979).

William J. Callahan, *The Catholic Church in Spain, 1875–1998*(Washington, DC: Catholic University of America Press, 2000).

Joseph Harrison and Alan Hoyle, *Spain's 1898 Crisis: Regenerationism, Modernism, Post-colonialism*(Manchester: Manchester University Press, and New York: St. Martin's, 2000).

Enrique A. Sanabria, *Republicanism and Anticlerical Nationalism in Spain*(New York: Palgrave Macmillan, 2009).

더 알아보기

419

Deborah L. Parsons, *A Cultural History of Madrid: Modernism and the Urban Spectacle*(New York: Berg, 2003).

Teresa-M. Salas, *Barcelona 1900*(Ithaca: Cornell University Press, and Amsterdam: Van Gogh Museum, 2008).

Joan Connelly Ullman, The Tragic Week: A Study of Anti-clericalism in Spain, 1875-1912(Cambridge, Mass.: Harvard University Press, 1968).

Edmund Peel, ed., *The Painter Joaquín Sorolla y Bastida*(London: Sotheby's Publications, 1989).

William H. Robinson and Jordi Falgàs, *Barcelona and Modernity: Picasso, Gaudí, Miró, Dalí*(New Haven: Yale University Press, and Cleveland: Cleveland Museum of Art, 2006).

Francisco J. Romero Salvadó, *The Foundations of Civil War: Revolution, Social Conflict and Reaction in Liberal Spain, 1916–1923*(New York: Routledge, 2008).

Alejandro Quiroga, *Making Spaniards: Primo de Rivera and the Nationalization of the Masses, 1923–30*(Basingstoke and New York: Palgrave Macmillan, 2007).

19세기 스페인의 문학가 가운데 작품을 영어로 접할 수 있는 작가로는 구스타보 아돌포 베케르, 베니토 페레스 갈도스, 레오폴도 알라스(혹은 클라린) 등이 있다. 많은 스페인 작가가 지역 정체성과 언어뿐 아니라 스페인의 여러 특성을 탐험하는 데 몰두했고, 이는 유럽식 낭만주의 특유의 접근법이었다. 가령 로살리아 데 카스트로는 종종 갈리시아어로 작품을 썼으며, 호아킴 루비오 이 오르스는 카탈루냐 르네상스를 이끌었다. 불행히도 카스티야 스페인어 외의 언어로 쓰인 작품들은 영어로 접할 수 있는 경우가 거의 없다. 19세기 말에서 약 1930년까지 대립의 시기를 대표하는 작가들로는 비센테 블라스코 이바녜스, 미겔 데 우나무노, 라몬 마리아 델 바예잉클란, 피오 바로하 등이 있다.

프란시스코 고야는 19세기에 한참 접어든 시점까지 작업을 계속했으며, 후기의 강렬하고 불온한 그림들은 마드리드의 프라도미술관에 잘 전시되어 있다. 고야 이후 세대의 스페인 화가들 가운데 그의 위상에 근접할 만한 이는 아무도 없지만, 그들은 유럽 다른 곳의 예술적 경향을 따르고 시대의 정치적 혼란과 사회적 변화를 기록했다.

바르셀로나의 국립카탈루냐미술관도 프라도미술관처럼 19세기와 20세기 초의 작품들에 상당한 구역을 할애하고 있다. 20세기 초에 호아킨 소로야는 뉴욕의 히스패닉협회를 위해 스페인 전원생활의 영원함을 포착한 일련의 지역 풍경화를 그렸다. 마드리드의 소로야 생가에 꾸며진 박물관에서는 수도 중상류층 가족의 안락한 삶을 엿볼 수 있다. 소로야와 동시대인이며 작가이자 금융가, 미술품 수집가였던 호세 라사로갈디아노의 부와 예술적인 취향은 라사로갈디아노미술관에 전시되어 있다.

음악 분야에서 페르난도 소르, 파블로 사라사테, 이사크 알베니스, 엔리케 그라나도스는 유럽 낭만주의의 틀 안에서 독특한 스페인의 표현 양식을 규정하는 데 일조했다. 이 시기에는 또한 스페인의 국민 악극인 사르수엘라zarzuela의 인기가 정점에 다다랐다. 부분적으로 오페라이고 부분적으로 희가극이며 길이와 주제가 다양한 사르수엘라는 17세기 후반부터 창작되었지만, 초기 부르봉왕가 치하에서 프랑스와 이탈리아의 여러 형식에 의해 대체로 빛을 잃었다. 스페인 전역의 뛰어난 작곡가 및 오페라 극작가 수십 명과 여전히 남아 있는 수천 편의 작품과 더불어 19세기 중엽에 주목할 만한 부활이 시작되었고, 20세기까지 한참 지속되었다. 스페인과 라틴아메리카 바깥에는 거의 알려지지 않았지만 사르수엘라는 열정적인 청중을 위해 여전히 무대에 오르고 있으며, 그 구성은 스페인 대중문화로의 훌륭한 진입 지점을 제공한다. 공연을 볼 수 있는 최고의 장소 가운데 하나인 마드리드의 사르수엘라 극장에서는 매년 정기적으로 공연을 하고 있다.

7장과 8장

제2공화국에서 프랑코 독재 말기까지의 시기는 프랑코 사후 민주주의로의 이행과 떼어놓고 생각하기 어렵지만 이 책에서는 명료함을 위해 그렇게 했다. 정치적 사건들로 보면 둘을 분리할 정당성이 어느 정도 있다. 내전 및 프랑코 시기와 관련된 역사적 저술들은 다음과 같다.

Chris Ealham, *Class, Culture and Confl ict in Barcelona, 1898–1937*(London: Routledge, 2005).

Paul Preston, *The Coming of the Spanish Civil War: Reform, Reaction, and Revolution in the Second Republic*(London and New York: Routledge, 1994).

Jordana Mendelson, *Documenting Spain: Artists, Exhibition Culture, and the Modern Nation, 1929–1939*(University Park, Penn.: Pennsylvania State University Press, 2005).

Martin Blinkhorn, *Democracy and Civil War in Spain, 1931–1939*(London: Routledge, 1996).

Stanley G. Payne, *The Collapse of the Spanish Republic, 1933–1936: Origins of the Civil War*(New Haven: Yale University Press, 2006).

George R. Esenwein and Adrian Shubert, *Spain at War: The Spanish Civil War in Context, 1931–1939*(London and New York: Longman, 1995).

Michael Seidman, Republic of Egos: A Social History of the Spanish Civil War(Madison: University of Wisconsin Press, 2002).

Gerald Howson, *Arms for Spain: The Untold Story of the Spanish Civil War*(New York: St. Martin's, 1999).

Gijs Van Hensbergen, *Guernica: The Biography of a Twentieth-Century Icon*(New York: Bloomsbury, 2004).

Ronald Radosh and Mary R. Habeck, *Spain Betrayed: The Soviet Union in the Spanish Civil War*(New Haven: Yale University Press, 2001).

Paul Preston, *Franco: A Biography*(New York: Basic Books, 1994).

Sheelagh M. Ellwood, *Spanish Fascism in the Franco Era: Falange Española de las Jons, 1936–76*(New York: St. Martin's, 1987).

Michael Richards, *A Time of Silence: Civil War and the Culture of Repression in Franco's Spain, 1936–1945*(Cambridge: Cambridge University Press, 2006).

Stanley G. Payne, *Franco and Hitler: Spain, Germany, and World War II*(New Haven: Yale University Press, 2008).

———, *The Spanish Civil War, the Soviet Union, and Communism*(New Haven: Yale University Press, 2004).

Lesley Ellis Miller, *Balenciaga*(London: V&A, 2007).

Inbal Ofer, *Señoritas in Blue: The Making of a Female Political Elite in Franco's Spain: The National Leadership of the Sección Femenina de la Falange(1936–1977)*(Brighton: Sussex Academic Press, 2009).

Sasha D. Pack, *Tourism and Dictatorship: Europe's Peaceful Invasion of Franco's Spain*(New York: Palgrave Macmillan, 2006).

Cristina Palomares, *The Quest for Survival after Franco: Moderate Francoism and the Slow Journey to the Polls, 1964–1977*(Brighton: Sussex Academic Press, 2006).

민주주의로의 이행에서 현재까지를 다루는 역사적 저술들은 대체로 다음과 같다.

José Luis de Villalonga, *The King: A Life of King Juan Carlos of Spain*(London: Weidenfeld and Nicolson, 1994).

Charles T. Powell, *Juan Carlos of Spain: Self-Made Monarch*(New York: St. Martin's, 1996).

Paul Preston, *The Triumph of Democracy in Spain*(London: Routledge, 1987).

─────, *Juan Carlos: Steering Spain from Dictatorship to Democracy*(London: Harper Perennial, 2005).

Laura Desfor Edles, *Symbol and Ritual in the New Spain: The Transition to Democracy after Franco*(Cambridge: Cambridge University Press, 1998).

John Hooper, *The New Spaniards*(London and New York: Penguin Books, 1995).

Oriol Bohigas and Peter Buchanan, *Barcelona, City and Architecture, 1980–1992*(New York: Rizzoli, 1991).

Olympia Bover and Pilar Velilla, *Migrations in Spain: Historical Background and Current Trends*(Madrid: Banco de España, Servicio de Estudios, 1999).

Kathryn Crameri, *Catalonia: National Identity and Cultural Policy, 1980–2003*(Cardiff: University of Wales Press, 2008).

Victoria L. Enders and Pamela B. Radcliff, eds., *Constructing Spanish Womanhood: Female Identity in Modern Spain*(Albany: State University of New York Press, 1999).

José María Garrut Romá, *Casa-Museu Gaudí*(Barcelona: Andres Moron, 2002).

Selma Holo, *Beyond the Prado: Museums and Identity in Democratic Spain*(Liverpool: Liverpool University Press, 2000).

Kenneth MacRoberts, *Catalonia: Nation Building without a State*(New York: Oxford University Press, 2001).

Edward F Stanton, *Culture and Customs of Spain*(Westport, Conn.: Greenwood

Press, 2002).

Giles Tremlett, *Ghosts of Spain: Travels through Spain and its Silent Past*(New York: Walker, 2006).

Alexander Tzonis, *Santiago Calatrava: The Poetics of Movement*(New York: Universe, 1999).

문화적 경향을 가장 잘 이해하는 법은 20세기 전체를 고려하는 것이다. 근대 스페인의 수많은 주요 문화 인물이 20세기 초에 태어나 내전을 겪고 새 천년으로 진입해 일생 동안 스페인 사회의 수많은 변화를 붙잡고 씨름했다. 어떤 이들은 프랑코 독재 시기에 태어났지만, 그럼에도 내전의 그림자 속에서 전문적인 활동을 시작했다. 이들의 작품이 어떻게 변화했는지를 이해하기 위해서는 7장과 8장에서 다루는 시기 전체를 고려할 필요가 있다.

문학 분야에서 20세기의 스페인 사람들은 꾸준히 비평가의 찬사를 받고 폭넓은 독자층을 누리는 작품을 생산해냈다. 제2공화국 문화계에서 활발히 활동한 페데리코 가르시아 로르카는 국민파에게 체포되어 내전이 시작되자마자 살해당했지만 20세기 스페인 문학의 상징적인 인물로 남아 있다. 다른 작가들은 내전 기간에 망명길에 올라, 프랑코가 권력을 잡았던 동안 대체로 스페인 바깥에서 사는 쪽을 택했다. 후안 라몬 히메네스, 라몬 센데르, 호르헤 기옌, 후안 고이티솔로 등이 그런 인물에 속한다. 다른 이들은 프랑코 정권과의 관계와 상관없이 다양한 이유로 스페인에서 대부분의 시간을 보내며 작업활동을 하기로 결정했다. 작품을 영어로 접할 수 있는 작가들은 다음과 같다. 호세 오르테가 이 가세트, 곤살로 토렌테 바예스테르, 카르멘 마르틴 가이테, 카밀로 호세 셀라, 아나 마리아 마투테, 비센테 알레익산드레.

미술 및 다른 분야의 예술가들 역시 내전 기간과 그 이후에 어디에서 어떻게 경력을 쌓을지 선택해야 했다. 예술적인 성향과 마찬가지로 정치적 견해가 그들의 선택에 폭넓게 영향을 미쳤다. 예를 들어 초상화와 투우, 플라멩코, 스페인의 삶의 여러 낭만적인 세계를 그린 풍속화로 잘 알려진 바스크인 이그나시오 술로아가는 내전 기간에 국민파를 지지한 것으로도 잘 알려져 있다. 얼마간 그런 이유 때문에 그는 프랑코 정권 때 국제 예술 공동체의 지지를 받지 못했지만, 유럽 등지의 수많은 미술관에 그의 작품이 전시되어 있다. 세고비아(카스티야-레온) 인근 페드라사와 바스크 지방 수마야에도 술로아가와 관련된 작은 미술관들이 있다.

고야 이후 스페인의 가장 위대한 화가라 불리는 파블로 피카소는 다양한 표현 수단과 양식을 써서 훌륭한 작품들을 창작했지만, 아마 입체파 작품으로 가장 잘 알려져 있을 것이다. 말라가에서 태어나 다양한 곳에서 교육받고 성인기의 대부분을 프랑스에서 보냈지만, 그는 내전이 일어나기 오래전부터 이미 국제적 환경에 익숙했다. 오랜 공산당원이었지만 대의명분에 특별히 전념하는 모습을 보여주지는 않았다. 프랑스(앙티브, 파리)와 독일(베를린, 뮌스터) 그리고 스페인(바르셀로나, 말라가)에 그의 작품을 주로 전시하는 미술관이 존재하며, 다른 주요 미술관 여러 곳도 그의 작품들을 소장하고 있다.

삶에서도 예술에서도 초현실주의자로 잘 알려진 살바도르 달리는 화가생활을 시작할 무렵 사교계의 좌파 정치운동을 지지했지만 후에 보수로 돌아서 동료 초현실주의자들의 격분을 샀다. 내전 시기를 해외에서 보내고 나서 1942년에 고향 카탈루냐로 돌아와 여생을 보냈으며 프랑코 정권과는 아주 편안하게 지냈고, 따라서 국제 예술 공동체와는 대부분 불화를 겪었다. 그가 피게라스(카탈루냐)에 세운 살바도르달리미술관 및 플로리다 세인트피터즈버그의 달리미술관과 마찬가지로, 여러 주요 미술관에 그의 대표적인 작품이 소장되어 있다. 또 다른 저명한 카탈루냐 출신 화가, 호안 미로 역시 작품활동을 하던 시기 대부분을 카탈루냐에서 보냈지만, 프랑코 정권과는 거리를 유지했다. 20세기 초 주요 예술운동의 영향을 받은 그는 카탈루냐의 주제와 원시의 예술에서 주로 영감을 발견했다. 표현 수단이 다양한 그의 전형적인 작품들은 바르셀로나의 호안미로미술관과 여러 주요 미술관에서 소장하고 있다.

작곡가 가운데 호아킨 로드리고는 그라나도스와 알베니스 이후의 세대 중 어쩌면 스페인에서 가장 중요한 인물일 것이다. 로드리고의 작품은 두 사람의 작품과 마찬가지로 서구 세계 전체에서 음악가들의 기본 레퍼토리 가운데 일부를 구성하며, 스페인의 음악적 표현 양식과 스페인의 전형적인 악기인 기타를 떠올리게 한다. 안드레스 세고비아 같은 스페인 기타리스트는 클래식 레퍼토리에 로드리고의 음악을 도입했고, 세계의 기타리스트들이 그러한 전통을 유지하고 있다. 20세기에 국제적으로 극찬을 받은 스페인 음악가로는 파블로 카살스(첼리스트이자), 알리시아 데 라로차(피아니스트), 알프레도 크라우스(테너), 몽세라 카바예(소프라노), 라파엘 프뤼베크 데 부르고스(지휘자), 테레사 베르간사(메조소프라노), 플라시도 도밍고(테너, 지휘자), 호세 카레라스(테너) 등이 있다. 이들의 연주는 이미 음반으로 접할 수 있다.

루이스 부뉴엘과 같은 스페인 사람들은 영화의 새로운 예술적 표현 수단 개척에 일조했지만 부뉴엘을 포함해 대다수는 프랑코 집권 시기에 스페인 바깥에서 살기를 선택했다. 카를로스 사우라와 필라르 미로와 같이 스페인에서 경력을 쌓은 이들은 어려움과 종종 변덕스러운 검열 시스템을 이겨내야 했지만 영화는 여전히 인기 있는 오락의 한 형태다. 새로운 스페인에서 페르난도 콜로모와 페드로 알모도바르 같은 영화감독의 작품은 영화 산업과 사회의 개방성을 반영하며, 특히 페드로 알모도바르는 영어권 세계에 국제적으로 충실한 추종자들을 보유하고 있다.

20세기 스페인의 가장 영구적인 문화적 산물의 본보기로는 현대적 사용을 위해 복원된 이전 세기들의 건물과 기념물들이 있다. 파라도르Paradores라 알려진 정부 소유 호텔은 1928년에 시작된 사업으로 성, 수도원, 호텔, 궁궐 등의 역사적 구조물 내부에 위치한다. 개인 소유의 많은 호텔 및 호텔 체인 역시 역사적인 건축물을 현대식으로 단장해 관광 산업 부흥의 혜택을 누리고 있다. 그 최종 결과로, 스페인 전역에 걸쳐 수천 년이 넘은 건축물을 고스란히 보존한 숙박지들의 놀랄 만한 관계망이 형성되었다. 이와 유사하게 여러 도시의 역사적 건축물은 정부와 건축물 복원 전문가들로 이루어진 팀의 원조를 받아 미술관, 콘서트홀, 상업 시설로 복원되거나 개축되었다. 마드리드의 국립 도서관과 아토차역은 현명한 복원 노력의 예를 제공한다. 프라도미술관 단지 또한 개보수를 거쳐 고색창연해졌고, 프로젝트를 맡은 라파엘 모네오가 화려한 건물을 설계해 단지에 더했다. 개수된 프라도미술관은 합스부르크 시대까지 거슬러 올라가는 인근의 성 히에로니무스 교회와 외형상의 연결점을 보인다.

모네오 외에도 몇 명의 근대 건축가가 스페인에 놀라운 건축물을 설계하고 국제적으로도 명성을 얻었다. 그 가운데 현대 도시 디자인의 선구자인 주제프 류이스 세르트, 리카르도 보필, 형태를 재 정의한 다리들과 고향 발렌시아의 예술 과학 단지로 이름을 알린 산티아고 칼라트라바가 있다. 1992년 바르셀로나 올림픽과 같은 해에 세비야에서 열린 엑스포는 스페인 건축가와 도시 계획가들에게 새로운 스페인을 위해 상상력을 펼칠 수많은 기회를 제공했다. 역사적인 곳임에도 방치되었던 바르셀로나의 부두 지역은 올림픽 선수들에게 거처를 제공하기 위해 재건축되었고 도시 거주자들을 위한 매력적인 산책 장소로 변모했다. 홍수에 대처하기 위해 물길을 다른 데로 돌렸던 세비야의 과달키비르강은 원래의 수로가 복원되었고 새로운 다리들이 그 위를 가로질렀으며, 그중 숨이 멎을 듯 아름다운 다리가 바로 칼라트라바가 설계한 알라미요 다리다. 역사적 건축물을 보존하고 도시 중심부를 보행자 친화적으로 강화하기 위해, 스페인 전역의 크고 작은 도시들 역시 건물들을 복원하고 교통 시스템을 손보려는 야심찬 계획에 착수했다. 그 결과 저녁 산책이라는 스페인의 훌륭한 풍습, 즉 파세오paseo가 더욱 인기를 얻었다.

현대 스페인이 안정적으로 근대화한 것과 동시에 투우와 플라멩코 음악 및 춤사위

등 수 세기 묵은 여러 예술이 부흥을 누리며 새로운 형태를 시험했다. 이렇게 스페인의 삶은 직물처럼 신구의 이음매가 없는 짜임을 이어가고 있다.

케임브리지 스페인사

초판 인쇄 2024년 9월 5일
초판 발행 2024년 9월 12일

지은이 윌리엄 D. 필립스 주니어, 칼라 란 필립스
옮긴이 박혜경
펴낸이 강성민
편집장 이은혜
기획 노만수
책임편집 진상원
마케팅 정민호 박치우 한민아 이민경 박진희 정유선 황승현
브랜딩 함유지 함근아 박민재 김희숙 이송이 박다솔 조다현 정승민 배진성
제작 강신은 김동욱 이순호

펴낸곳 (주)글항아리
출판등록 2009년 1월 19일 제406-2009-000002호
주소 10881 경기도 파주시 심학산로 10 3층
전자우편 bookpot@hanmail.net
전화번호 031-955-2689(마케팅) 031-941-5158(편집부)

ISBN 979-11-6909-298-2 03920

www.geulhangari.com